DELEGADO DE POLÍCIA CIVIL

Coordenação
Raphael Castro Lima

Mapeando o Edital

DELEGADO DE POLÍCIA CIVIL

2ª edição
revista, atualizada e ampliada

2024

EDITORA JusPODIVM
www.editorajuspodivm.com.br

EDITORA *Jus*PODIVM
www.editorajuspodivm.com.br

Rua Canuto Saraiva, 131 – Mooca – CEP: 03113-010 – São Paulo – São Paulo
Tel: (11) 3582.5757
• Contato: https://www.editorajuspodivm.com.br/central-de-relacionamento

Copyright: Edições *Jus*PODIVM

Diagramação: Luiz Fernando Romeu *(lfnando_38@hotmail.com)*

Capa: Ana Caquetti

L732m Lima, Raphael Castro.
Mapeando o Edital - Delegado de Polícia Civil / coordenação Raphael Castro Lima – 2.ed., rev., atual. e ampl. - São Paulo: Editora JusPodivm, 2024.
400 p.

Vários autores
ISBN: 978-85-442-4722-8

1. Concursos Públicos. 2. Delegado de Polícia Civil. I. Lima, Raphael Castro. II. Título.

CDD 341. 33312

BIBLIOTECÁRIA RESPONSÁVEL

Ana Carolina Ribeiro Mois – CRB7 – RJ 007348/0

APRESENTAÇÃO da obra

O livro Mapeando o Edital - Delegado de Polícia Civil traz uma completa análise sobre cada uma das disciplinas potencialmente exigidas nos concursos para Delegado de Polícia Civil, portanto, visa permitir ao leitor o entendimento do que é mais relevante no cenário experimentado.

Nesse sentido, importante observarmos, de início, que não há um regramento de âmbito nacional que vise indicar as disciplinas a serem cobradas nas fases de conhecimento ou mesmo regras gerais para o certame e suas complexas fases classificatórias e eliminatórias.

Diferente, portanto, do certame para outros cargos de natureza jurídica, como para as carreiras da magistratura e do Ministério Público, o estudo aqui proposto se torna ainda mais complexo, pois necessariamente exige o cotejo entre normas e editais de 26 Estados da Federação e o Distrito Federal, cada um com características próprias, algumas comuns, outras nem tanto.

Além disso, veremos também que, não só as fases de conhecimento dos concursos para Delegado de Polícia Civil, formadas por provas de natureza objetiva, discursiva e, em muitos casos, prova oral, mas também a estruturação das etapas do concurso público não é unânime entre as dezenas de Polícias Judiciárias existentes no Brasil.

Isso mesmo, a prova oral não está presente em todos os certames para a carreira de Delegado de Polícia Civil, nem mesmo o teste de aptidão física. Ocorre que é importante considerarmos que a preparação para a carreira deve se soltar das amarras de um ou outro edital de determinado Estado, pois até mesmo entre a publicação de um edital para provimento de cargos de Delegado de Polícia Civil e outro, do mesmo ente federativo, há radicais modificações na estrutura do concurso público.

Conhecer as tendências neste contexto torna-se primordial para o sucesso.

Portanto, na presente obra, a fim de munir o leitor de todos os possíveis desafios a enfrentar em certames para a instigante carreira de Delegado de Polícia Civil, vamos desenvolver análises que permita ao candidato perceber temas como:

- Quais são as disciplinas indispensáveis para o enfrentamento das provas de natureza objetiva, discursiva e oral;
- Quais são as disciplinas secundárias, mas de igual relevância, e como perceber a diferença no método de estudos para cada fase e em cada ramo jurídico;
- Quais são as principais bancas examinadoras que realizam certames para as Polícias Civis de nossa nação;
- Qual é a melhor forma de estudar;
- Como se preparar de verdade para o concurso de Delegado de Polícia Civil, em todos os Estados do Brasil;
- Quais pontos do edital devem ser priorizados;
- Quais são as estratégias mais adequadas para cada fase de conhecimento;
- Porque a fase de títulos pode mudar sua vida;
- Como se preparar para a fase de aptidão física;
- Como perceber o exame psicológico;
- Como funciona o curso de formação profissional.
- Quando é necessário possuir prática jurídica para exercer o cargo de Delegado de Polícia.

Para responder perguntas tão complexas, contaremos com um time formado por seis Delegados de Polícia Civil, de várias regiões do Brasil e que, juntos, já participaram de centenas de concursos para a carreira.

Assim, com os estudos a seguir, a futura Delegada de Polícia e o futuro Delegado de Polícia terão todos os detalhes que irão fazer parte de sua preparação para este desafio profissional e pessoal que, todos sabemos, é complexo e exigirá do candidato foco, determinação e paciência, mas que se realizará com os conhecimentos adquiridos ao longo de seu projeto.

Raphael Castro Lima

Coordenador da Obra

Sobre
OS AUTORES

ANNA VICTORIA MEDEIROS ESCOREL ALMEIDA HENRIQUE

Delegada de Polícia Civil no Estado do Ceará. Aprovada para Delegada da Polícia Civil no Distrito Federal. Professora de graduação e pós-graduação em Direito Penal e Direito Processual Penal. Mentora e professora de cursos preparatórios. Organizadora do VADE MECUM PENAL - da Editora Rideel. Palestrante e Escritora. No Instagram @delegadavictoria.

ANTÔNIO FLÁVIO ROCHA FREIRE

Aprovado para Delegado da Polícia Federal (2018), Delegado de Mato Grosso (2017), Delegado de Sergipe (2018), Policial Rodoviário Federal (2003) e Agente da Polícia Civil de Sergipe (2001). Pós-graduado lato sensu em nível de especialista em Direito Processual Civil pela Escola da Magistratura de Sergipe. Pós-graduado lato sensu em nível de especialista em Inteligência de Segurança Pública pela Secretaria Nacional de Segurança Pública – SENASP. Bacharel em Direito pela Faculdade Pio X. Graduado em Ciências Econômicas, pela Universidade Federal de Sergipe. Membro Titular da Cadeira de Direito Penal e Legislação Penal Especial no Ponto dos Concursos de Aracaju. Professor em Direito Processual Penal do Curso 1° Plano, professor do CPiuris no Curso para Delegado da Polícia Federal e professor na pós-graduação lato sensu, em nível de especialização em Ciências Criminais, pelo Instituto de Estudos Jurídicos - IEJUR. Professor em preparação para Prova Oral e Peça Prático-profissional para o Cargo de Delegado de Polícia. No Instagram @prof_flaviofreire.

FERNANDO BEZERRA DE OLIVEIRA LIMA

Delegado de Polícia Civil no Estado do Amazonas. Mestre em Segurança Pública, Cidadania e Direitos Humanos pela Universidade do Estado do Amazonas. Pós-graduação Lato Sensu, em nível de especialização em Direito Processual pela Universidade Federal da Bahia. Pós-graduação Lato Sensu, em nível de especialização em Segurança Pública e Inteligência Policial pela Faculdade UNIC. Bacharel em Direito pela Universidade Federal da Bahia. Professor em graduação na CIESA. Professor de pós-graduação pelo Instituto de Estudos Jurídicos – IEJUR. Professor em cursos preparatórios para concursos públicos pelo Estratégia Concursos, Sou Concurseiro e Vou passar. No Instagram @deltafernandobezerra.

IVO HENRIQUE MOREIRA MARTINS

Delegado de Polícia Civil no Estado do Amazonas. Pós-graduado em Direito Processual Civil pelo Instituo Brasiliense de Direito Público - IDP - Brasília/DF. Graduado em Direito pelo Instituto Metodista Bennett no Rio de Janeiro. Foi Delegado-Geral

Adjunto da Polícia Civil do Amazonas. Diretor do Departamento de Inteligência da Secrataria-executiva Adjunta de Inteligência do Estado do Amazonas. Foi Delegado Titular da Delegacia Eslecializada em Homicídios e Sequestros. Professor de Direito Penal, processual penal e de Legislação penal especial em nível de graduação e Pós-graduacao. Professor do Instituto integrado de segurança Pública do Estado do Amazonas e de cursos preparatórios para concursos públicos.

LÚCIO VALENTE

Delegado de Polícia Civil no Distrito Federal. Coordenador do Programa META Vou Ser Delegado. Autor. Palestrante. No Instagram @vouserdelegado.

RAPHAEL CASTRO LIMA

Mestrando em Direito e Ciência Jurídico-Criminal pela Faculdade de Direito da Universidade de Lisboa. Mestrando em Educação e Formação a Distância pelo Instituto de Educação da Universidade de Lisboa. Pós-graduado Lato Sensu, em nível de especialização em Direito Notarial e Registral. Pós-graduado Lato Sensu em nível de Especialização em Direito Processual Civil. Bacharel em Direito pela Faculdade de Direito de Ipatinga – FADIPA. Delegado de Polícia Civil no Distrito Federal. Foi Delegado de Polícia Civil no Estado de São Paulo (2016). Aprovado no Concurso de Delegado de Polícia Civil do Estado do Tocantins – 2014. Aprovado no Concurso de Delegado de Polícia Civil do Estado de São Paulo – 2015 (2º lugar na prova discursiva). Aprovado no Concurso de Delegado de Polícia Civil do Distrito Federal – 2016 (nota máxima na prova oral). Foi Professor substituto convidado no Bacharelado em Direito da Faculdade Pitágoras. Foi coordenador pedagógico no Curso Mege e responsável pela aprovação de mais de 1.000 Delegadas e Delegados de Polícia. Coordenador Pedagógico e Professor no Instituto de Estudos Jurídicos – IEJUR. No Instagram @delegadoraphaellima.

SANDRO CALDEIRA

Delegado de Polícia Civil do Estado do Rio de Janeiro. Mestrando em Criminologia; Porto, Portugal. Especialista em Direito Penal e Processo Penal. Especialista em Didática e Metodologia do Ensino Superior. Professor em cursos de pós-graduação em Direito Penal e Processo Penal. Professor e Consultor em cursos preparatórios para concursos públicos e para exames da OAB. Articulista e palestrante, com vários trabalhos publicados na imprensa especializada. Criador do Método Um Jeito Legal de Estudar Direito. Especialista em aprendizagem de mapas mentais e em Linguagem Ericksoniana Aplicada. Professional & Self Coaching formado pelo Instituto Brasileiro de Coaching/IBC, com certificação pelos European Coaching Association, Global Coaching Comunity, International Association of Coaching e Beharioval Coaching Institute. Master Coach, com certificação pelos European Coaching Association, Global Coaching Comunity, International Association of Coaching e Beharioval Coaching Institute. No Instagram @sandrocaldeira.

THIAGO PERALVA BARBIRATO FRANÇA

Delegado de Polícia Civil do Distrito Federal. Pós-graduado Lato Sensu em nível de especialização em Ciências Penais pela Anhanguera - LFG. Bacharel em Direito pela Faculdade de Direito de Campos (UNIFLU/RJ). Foi Inspetor de Polícia Civil no Rio de Janeiro (2013-2018). Aprovado no Concurso de Delegado de Polícia Civil do Estado do Espírito Santo (2013). Aprovado no concurso para técnico judiciário do TRF da 2ª Região (2012). Professor no Curso Mege. Professor no Instituto de Estudos Jurídicos - IEJUR. No Instagram @thiago.peralva.

Sumário

INTRODUÇÃO

Em meus alguns anos de "concurseiro" prestei 15 (quinze) concursos para Delegado de Polícia, sendo 14 (quatorze) para Delegado de Polícia Civil, e um para Delegado Federal. Neste período, foi possível perceber marcas distintas em cada prova pública realizada, além da noção do que é comum a muitas, senão todas elas, inclusive entre as carreiras em âmbito federal e estadual.

Com início dos estudos em 2012, partindo do concurso para Delegado de Polícia Civil do Estado do Rio de Janeiro, um dos poucos que conta com banca examinadora própria, composta por juristas, em regra, cariocas, e um cenário extremamente específico, e uma eliminação já na prova objetiva, até minha última participação em certames para a carreira, no Distrito Federal, sem dúvida, um dos mais complexos dos últimos anos, e com um edital bastante recheado de disciplinas secundárias, mas com aprovação com nota máxima na prova oral, foi possível perceber a relevância em se dar a devida atenção a cada ramo de estudos.

Não é porque o leitor será Delegado de Polícia Civil, que os ramos do Direito Ambiental, Direito Tributário, Direito Processual Civil, Direito Civil, ou outros, aparentemente não tão relacionadas ao exercício profissional de investigação criminal, deixam de ser relevantes.

Tomando o último exemplo, em relação ao certame para Delegado de Polícia no Distrito Federal, relembro que a prova objetiva envolveu nove disciplinas, o que não ocorreu no concurso público anterior, já a fase discursiva, embora possível serem cobradas disciplinas relacionadas às Ciências Criminais nas questões abertas, foram abordados temas em Direito Tributário, Ambiental e Constitucional.

O que pretendo demonstrar com estes exemplos, além da natural importância de todas as disciplinas, embora cada uma em sua medida, é a falta de normatização em âmbito nacional, e na maior parte das vezes também local, a respeito dos concursos públicos para a carreira de Delegado de Polícia Civil, nem entre fases de conhecimento, tampouco em relação às demais fases, classificatórias ou eliminatórias, como o teste de aptidão física, exame psicológico ou médico.

Nesse sentido, é importante que a análise a ser feita na presente obra se paute em um prognóstico do que é relevante para a carreira e as tendências observadas por nosso time de *experts* em concursos para Delegado de Polícia Civil, pois, como alertado anteriormente, até mesmo entre um e outro edital do mesmo ente federativo, não é incomum percebermos profundas mudanças na estrutura do certame respectivo.

Além disso, a análise quanto ao caminhar que o leitor deve percorrer é imprescindível, afinal, estamos diante de um plano, em regra, de médio prazo. Naturalmente, já vimos candidatos serem aprovados com poucos meses de preparação, outros após anos de estudos, e isso não indica acerto ou erro no percurso, mas, além de indicar o tempo de cada um, também demonstra a adoção, ou não, de uma estratégia relevante de estudos.

De nada adianta um suposto foco imenso nos primeiros meses, com 8, 10 ou 12 horas de estudos durante todos os dias da semana, e obtenção de um nível de estresse e ansiedade perigoso, logo no início do projeto, quando o plano é sim, em regra, e assim deve ser entendido, a nosso ver, de médio prazo.

Nesse sentido, um estudo regular e um cronograma de atividades factível são essenciais nesta caminhada. A continuidade é o principal segredo para sua aprovação, e manter a qualidade de vida é ainda mais importante.

Não se compare com pessoas que têm realidades e bases de vida diferentes da sua, aliás, ninguém compartilha os mesmos caminhos até a fase adulta e de preparação para concursos públicos, dificilmente o colega ao lado terá passado pelas mesmas experiências ou terá as mesmas responsabilidades que você, então, meça sua evolução com base em si mesmo, observe o que você próprio avançou entre um mês e outro, e não aquele colega, que diz ter evoluído sempre mais que qualquer um.

Portanto, podemos perceber que, se a continuidade é a chave para a aprovação, o controle mental é o motor propulsor de foco e equilíbrio e é o que permitirá ao nosso leitor alcançar a tão sonhada aprovação, par que possa presidir os mais relevantes procedimentos de investigação criminal da região onde atuará.

Se precisar chorar, chore, você não será mais fraco por isso, mas muito pelo contrário, reflexões nos permite entender o que há em nós mesmos e o que potencialmente pode causar um bloqueio nos estudos. Se precisar descansar alguns dias, descanse, vá sim às reuniões familiares e aniversários de entes queridos, participe da ceia de Natal.

Busque o equilíbrio.

Feito este esclarecimento, e verdadeiro desabafo, após anos de acompanhamento de candidatos a concursos para a carreira de Delegado de Polícia, e tantas outras, além da própria vivência nesse sentido, já que, óbvio, quem vos escreve também passou pelo exato momento de vida e construção em que você está, seguimos para a análise da estrutura mais comum para o certame em estudo.

Antes, porém, convido nossos leitores a considerar o seguinte: não se "pré" ocupe com o que não está em seu controle, preocupe-se com sua parte, com o que está ao seu alcance e o que depende só de você, é só o que você pode mudar neste momento, e lembre-se, no fim de todo caminho de espinhos, há um mar de rosas.

Em continuidade, o certame para o provimento de cargos de Delegado de Polícia Civil é composto pelas seguintes etapas:

- Fase de Conhecimento, sempre de caráter eliminatório e classificatório, que inclui:
  - Prova objetiva;
  - Prova discursiva;
  - Prova oral.
- Prova de Capacidade Física, que pode ser classificatória ou eliminatória, ou somente eliminatória, a depender do edital;
- Exames Médicos e Toxicológico, sempre de caráter eliminatório;
- Sindicância de Vida Pregressa e Investigação Social, sempre de caráter eliminatório;

- Avaliação Psicológica, sempre de caráter eliminatório;
- Prova de Títulos, sempre de caráter classificatório;
- Curso de Formação Profissional, que pode ser classificatória ou eliminatória, ou somente eliminatória, a depender do edital, ou nem ser fase do concurso público;

Como mencionamos acima, não há um padrão estrutural em certames para a carreira de Delegado de Polícia, de modo que a divisão citada pode sofrer supressões em algum contexto específico.

Desta forma, em alguns estados, como São Paulo e Rio de Janeiro, não haverá teste de aptidão física, como prova da capacidade física, para o exercício do cargo de natureza jurídico-policial. Igualmente, a prova oral pode não estar presente em algum processo de seleção pública decorrente de concurso para o provimento do cargo em estudo, como ocorreu nos últimos certames realizados pelas polícias do Ceará, Tocantins e outros, e mencionamos "últimos", pois nada impede que nos próximos concursos públicos a serem realizados para os respectivos entes federativos, esta fase venha a compor a estrutura do certame.

Quando da análise de cada disciplina, vamos abordar a preparação específica para cada fase de conhecimento, abrangendo as provas de natureza objetiva, discursiva e oral.

Ainda em relação à prova de capacitação física, que pode receber diversos nomes, assim como as demais fases do certame, podemos encontrar editais que a considerem não só eliminatória, mas classificatória, atribuindo pontuação conforme o desempenho no exercício físico proposto, e que irá repercutir na classificação final do candidato, sendo sopesada a pontuação obtida com a aquela decorrente das provas da fase de conhecimento e da fase de títulos, esta última sempre presente.

Em relação ao exame toxicológico, tema de extrema relevância e que pode custar o próprio cargo, mesmo após a superação de todas as difíceis fases do certame, há quem tenha indicação, predileção ou prescrição para o uso de determinada substância incluída em lista de restrição por agência reguladora com tal atribuição, seja alçando o princípio ativo respectivo à condição de substância ilícita, com ou sem exceções, como o *tetrahidrocannabinol*, encontrado na planta *Cannabis Sativa*, ou o *Éster Metílico da Benzoilecgonina*, extraído da folha de *Erythroxylon coca*, conhecida como componente da droga popularmente chamada de cocaína, mas encontrada em remédios lícitos de uso controlado, com finalidade estimulante, ou terapêutica, como o primeiro.

Nesse rumo, é imprescindível que o candidato tenha a cautela de não se inserir em situações capazes de considerá-lo inapto ao exercício de tão relevante função, e não pela condição de usuário de determinada substância, tema com o qual não nos ocuparemos neste trabalho, mas pela condição de irregularidade, apto a causa exclusão sumária do concurso público.

Portanto, caso possua receita médica que dê fundamento ao uso de determinada substância, mesmo a indicação de sua presença em exame toxicológico, não será capaz de eliminar o candidato, mas a ausência de regularidade no uso, como aquela decorrente da falta de receita médica específica, levará o candidato à reprovação em tal etapa.

Tal raciocínio também se aplica em relação à etapa de investigação social e sindicância de vida pregressa. Ora, quem pretende exercer função pública qualquer que seja, deve se portar de maneira ilibada, mantendo a honra e postura social adequada ao mister que pretende cumprir no setor público. Com igual razão, o pretendente ao cargo de Delegado de Polícia deve possuir reputação digna a exercer tal cargo.

Nesse sentido, a fase de investigação social ganha relevância, pois erros cometidos durante a vida podem nos marcar permanentemente, assim, recomendamos sempre cautela e consideração de riscos e consequências de atos do dia a dia, tido por alguns como banais, por fatores externos ou internos, a exemplo da condução de veículo automotor após o uso de bebida alcóolica, o qual pode causar resultados desastrosos e traumáticos para diversos personagens, que não o próprio causador do perigo abstrato, que poderá ter contra si uma condenação criminal apta a afastá-lo do certame público, mesmo após a superação das demais fases.

Importante obtemperar, no entanto, que a condenação criminal não gera o automático efeito de reprovação na fase de investigação social e vida pregressa, cada caso é um caso e assim será analisado pela banca examinadora.

O que nos parece indispensável, porém, é sempre indicar seu histórico de vida de maneira honesta, não esconda informações ao ser questionado em formulários próprios, pois a investigação social é abrangente e pode chegar até mesmo na sua vizinhança, com perguntas íntimas sobre o comportamento do candidato ao cargo de Delegado de Polícia.

Ainda a respeito do tema, é relevante esclarecer que dívidas ou nome incluído em serviços de proteção de crédito não levam, igualmente, à automática exclusão do certame na fase de investigação social. Em verdade, diferente do contexto criminoso, considerado com maior gravidade na análise de vida pregressa, questões cíveis e financeiras não têm o mesmo peso. Afinal, é potencialmente a posse em cargo público, com boa remuneração e estabilidade financeira, que irá permitir que o candidato cumpra eventuais obrigações de natureza civil.

A avaliação psicológica surge em momento mais avançado do certame, já após as fases de conhecimento, em regra, com exceção para a fase oral que, em alguns casos, pode aparecer como a última do concurso público, e é comumente geradora de grande ansiedade em bons candidatos, o que será desmistificado nesta obra.

Note que, diferente das fases de conhecimento e de aptidão física, não há forma de se treinar para o exame psicológico, também chamado de psicotécnico, mas é indispensável perceber que não difere muito do exame realizado quando de sua primeira habilitação para conduzir veículos automotores, com inclusão de alguns testes de personalidade e de raciocínio lógico ou memorização.

Atividades que visam aferir a personalidade do candidato não são treináveis, no entanto, exercícios de memorização ou raciocínio lógico são passíveis de estudos, já que exames psicológicos são regidos por normas prévias e definidas para o país inteiro, portanto, sempre os exercícios serão extraídos de lista de atividades aprovadas pelo Conselho Federal de Psicologia como adequadas a tal avaliação.

De qualquer sorte, não é uma fase que deva preocupar candidato algum, pelo contrário, é justamente a excessiva preocupação que pode levar à reprovação pelo estado de nervosismo e ansiedade criado. Vá com leveza para a prova, descanse e se alimente bem no dia anterior, e seja você mesmo.

Em outro aspecto, o artigo 37, inciso II, da Constituição Federal de 1988 indica que "a investidura em cargo ou emprego público depende de aprovação prévia em concurso público de provas ou de provas e títulos, de acordo com a natureza e a complexidade do cargo ou emprego", assim, todos os cargos de natureza jurídica possuem fase de títulos, e que não pode ser esquecida, sob pena de custar seu cargo diante da classificação final obtida.

Após a média obtida pela somatória da pontuação decorrente das provas da fase de conhecimento, tratando-se de concurso em que o teste de aptidão física é apenas eliminatório, a última oportunidade de pontuar e ter repercussão na classificação final é na fase de títulos, na qual o candidato irá indicar experiências acadêmicas ou profissionais anteriores e receber pontuação extra por isso.

Não é incomum vermos saltos de dezenas de posições após a consideração da pontuação decorrente da fase de títulos, que pode chegar à casa dos 20 pontos.

Neste momento, apresento um exemplo prático e vivenciado por quem vos escreve. Durante a jornada "concurseira" dediquei-me com afinco aos estudos específicos para provas públicas, e abri mão de diversas oportunidades de cursas uma pós-graduação *lato sensu*, em nível de especialização, o que não me custou o cargo, mas alguns meses extra de espera pela nomeação.

Muitas das vezes, por contarem com grande número de vagas, as nomeações para cargos de Delegado de Polícia vem em etapas, sendo parcelada por "levas" de nomeação, e assim o foi no Distrito Federal, em que a classificação 51º obtida estava a 0,01 ponto da classificação 50º, e poucos pontos da classificação entre os primeiros do certame.

Deste modo, por não pontuar na fase de títulos do concurso público para o provimento do cargo de Delegado de Polícia Civil no Distrito Federal, esperei 11 (onze) meses para a nomeação e posse, dos quais 3 (três) meses se deram por 0,01 ponto. Se fizéssemos as contas numéricas sobre o investimento na pós-graduação *lato sensu* e os vencimentos não angariados neste período de espera, seria possível concluir que valeria a pena, e muito, ter títulos a pontuar em concurso público.

Além disso, não são poucos os exemplos em que, por não pontuar na fase de títulos, o candidato deixe de compor a classificação dentro do número de vagas de provimento imediato, e vá para o cadastro de reserva, ou ainda mais grave, para fora dele, perdendo a oportunidade de obtenção do cargo público naquele certame.

Atualmente, é possível perceber que a conciliação entre os estudos para concurso público e a participação em programas de pós-graduação *lato sensu*, em nível de especialização, é plenamente possível, aliás, indicada, já que a especialização jurídica tem o potencial de impactar positivamente também no resultado na prova pública, por ampliar o raciocínio jurídico e potencializar a curva de aprendizado do candidato.

O programa de especialização a experimentar pode ser na modalidade *on-line* ou presencial, não há diferença, mas é importante observar que cumpre os requisitos indicados na Resolução n. 1/18 do CNE/MEC, que exige a carga horária mínima de 360 (trezentos e sessenta) horas, que o corpo docente seja composto por, pelo menos, 30% de Mestres e/ou Doutores, além de contar com atividade avaliativa. Assim, não é incomum encontrarmos programas de pós-graduação *lato sensu* com duração de 6 (seis) meses e integralmente na modalidade *on-line*.

O exercício de funções policiais pretéritas, como o cargo de agente de polícia civil ou escrivão, soldado da polícia militar, policial penal, e outros, podem ser considerados na fase de títulos, a partir da pontuação por ano completo de exercício.

Da mesma forma, temos a pontuação em casos de aprovação em outros concursos públicos de natureza jurídica ou por títulos de pós-graduação *stricto sensu*, em nível de Mestrado e Doutorado, o que é mais raro, é verdade.

O mais comum é realmente a obtenção de pontuação na fase de títulos decorrente da conclusão de programas de pós-graduação *lato sensu*, que possuem duração de até 6 meses e podem ser feitos integralmente *on-line*, sendo a opção da maioria dos candidatos atualmente, por questões de economia, segurança e investimento.

Assim como as demais, a fase de títulos terá estrutura de retribuição de pontos e considerações próprias, conforme o edital publicado.

Em relação ao curso de formação profissional, este pode ou não integrar o concurso público como sua fase. No Distrito Federal, e na maior parte dos Estados da Federação, é fase do concurso público, para a qual o candidato poderá, ou não, receber bolsa auxílio. Em Estados como Minas Gerais e São Paulo, de outro lado, o curso de formação decorre da primeira lotação do candidato nomeado e empossado no cargo de Delegado de Polícia Civil, já com vínculo administrativo com o Poder Executivo e remuneração integral, à disposição da Administração, com lotação na Academia de Polícia.

Por fim, mas não menos importante, e essencial, é a noção quanto à exigência de prática jurídica, também chamada de experiência ou atividade jurídica, para o exercício do cargo de Delegado de Polícia.

Mais uma vez, não temos regramento em âmbito nacional, mas neste caso, sempre haverá regramento local, pois para se exigir prática jurídica é necessário haver lei prévia determinando tal exigência. Nesse sentido, fizemos um levantamento para indicar quais Estados, além do Distrito Federal, exigem prática jurídica para o cargo de Delegado de Polícia.

Unidade Federativa	Exigência de Prática Jurídica
Acre	3 anos.
Amazonas	3 anos.
Roraima	Não se exige prática.
Rondônia	Exige desde a EC n. 97/2015. Não regulamentado.
Pará	Não se exige prática.
Amapá	Não se exige prática.
Mato Grosso	Não se exige prática.
Mato Grosso do Sul	3 anos. Não regulamentado.
Goiás	Não se exige prática.
Tocantins	3 anos. Não regulamentado.
Maranhão	Não se exige prática.
Piauí	Não se exige prática.
Ceará	2 anos.
Paraíba	Não se exige prática.
Rio Grande do Norte	Não se exige prática.
Pernambuco	3 anos. Não regulamentado.
Alagoas	Não se exige prática.
Sergipe	Não se exige prática.
Bahia	Não se exige prática.
Minas Gerais	Não se exige prática.
Rio de Janeiro	Não se exige prática.
Espírito Santo	3 anos.
São Paulo	2 anos.
Paraná	Não se exige prática.
Santa Catarina	Não se exige prática.
Rio Grande do Sul	3 anos.
Distrito Federal/União	3 anos.
Total de UF que exigem Atividade Jurídica	10

Fonte: pesquisa na internet e consulta a sites oficiais. Dados de fevereiro de 2023.

Pela análise acima percebemos que perto de dois terços dos Estados ainda não exigem prática jurídica para o cargo de Delegado de Polícia, o que nos revela uma excelente oportunidade, já que o candidato pode concluir seu bacharelado em Direito já aprovado para o cargo de Delegado de Polícia, ao considerarmos que o grau de escolaridade deve ser comprovado no momento da posse do candidato aprovado em concurso para provimento no cargo público a que concorreu.

Já se imaginou, concluindo o 10º período do bacharelado, prestes a atuar em cargo de tal relevância social? Ou, de outro lado, após anos de conclusão do bacharelado em Direito e não inserção em contexto apto a contabilizar prática ou atividade jurídica, ter a oportunidade de retornar ao ramo e se ver em um cargo de tão alta respeitabilidade.

É realmente um sonho, e plenamente possível.

De qualquer sorte, a prática jurídica poderá ser obtida de formas diversas, seja pelo exercício de cargo privativo de bacharel em Direito, ou o efetivo exercício da advocacia, com a prática mínima de 5 (cinco) atos privativos de advogado, em causas ou questões distintas, dentro do período de um ano, exercício de magistério superior ou cargos que exijam preponderante conhecimento jurídico, exercício da função de conciliador, mediação ou arbitragem, sempre após a obtenção do grau de bacharel em Direito.

Em alguns entes federativos a pós-graduação, *lato* ou *stricto sensu*, são consideradas como prática jurídica, a exemplo do Estado de São Paulo, sendo atribuído 1 (um) ano por pós-graduação *lato sensu* e, 2 (dois) ou 3 (três), para pós-graduação *stricto sensu*, em nível de Mestrado e Doutorado, respectivamente.

Note que alguns candidatos exercem cargos de nível médio ou de natureza não jurídica, mas legalmente incompatíveis com o exercício da advocacia, por serem cargos decorrentes de funções inacumuláveis, como policiais e técnicos de tribunais, Ministérios Públicos, defensorias e outros, e por isso terão sua função considerada como prática jurídica, como já entendem os tribunais pátrios.

Lado outro, boa parte das Polícias Judiciárias que incluem entre os requisitos de acesso ao cargo de Delegado de Polícia a comprovação de experiência jurídica pretérita, admitem a substituição desta experiência profissional específica, pela experiência de natureza profissional decorrente da função policial, em alguns entes limitados às Polícias Judiciárias, em outros aos órgãos integrantes da Segurança Pública, indicados no artigo 144 da Constituição da República.

Percebam que todas as análises feitas até aqui se correlacionam, desde os estudos para a prova objetiva, discursiva e oral, que veremos detidamente em relação a cada disciplina elegida como relevante para a preparação para a carreira de Delegado de Polícia, passando pelo teste de aptidão física, cuja preparação auxiliará em contribuição para controle de foco e ansiedade durante a preparação para as fases de conhecimento, avançando pela fase de títulos, que possui especial relevância, além da contabilização de prática jurídica ou policial.

Assim, a melhor estratégia de preparação determina que o candidato esteja pronto para cada uma dessas fases, sobretudo aquelas de natureza classificatória, desde a publicação do edital.

Não adie planos esperando ser aprovado na fase objetiva, ou demais fases de conhecimento, pois, ao contrário do que muitos pensam, as fases que potencialmente mais tomam tempo do candidato, são efetivamente as posteriores, com a realização de dezenas de exames médicos, mudança de rotina para se preparar física e psicologicamente, além das viagens e deslocamentos, que acabam se tornando rotineiros.

Nesse sentido, desejamos a todos boa leitura.

Raphael Castro Lima

O teste de
APTIDÃO FÍSICA

Raphael Castro Lima

Como mencionado quando da introdução a esta obra, a prova de capacidade ou capacitação física, mais conhecida como Teste de Aptidão Física, ou simplesmente, TAF, é essencial no concurso para Delegado de Polícia Civil, e por isso merece tópico próprio.

A essencialidade citada não decorre somente da necessária presença e aprovação nesta fase do concurso público, a qual, sabemos, não está presente em todos os Estados da Federação, a exemplo de São Paulo e Rio de Janeiro, que retiraram tal exigência recentemente, a indicar uma leve tendência, porém longe de ser a regra.

O caráter essencial decorre, sobretudo, da percepção biológica do quanto a prática regular de atividades físicas impacta positivamente nos estudos para concurso público. Não é incomum vermos candidatos tão empenhados em aproveitar cada minuto livre das atividades obrigatórias do dia a dia nos estudos, e deixarem de lado alguns preciosos minutos para se exercitar.

Intencionamos tornar o leitor, não um atleta, nem de competição, nem de final de semana, mas, pessoa com consciência dos cuidados que se deve ter com o corpo e a mente, que precisam andar em sintonia. Se há cansaço mental, o corpo sofre e indica com sintomas, como dores de cabeça e no corpo, perda de foco e até doenças psicossomáticas, a exemplo da depressão.

Ter uma rotina leve e equilibrada irá permitir eliminar qualquer distração e fazer com que seu tempo de estudos seja integralmente aproveitado, sem pausas para lamúrias por sintomas de estresse decorrente da soma entre a ociosidade física e intenso esforço psicológico.

Recomendamos, portanto, se esforçar no sentido de estabelecer uma rotina que inclua a prática habitual de atividades físicas em seus afazeres. A partir de 15 minutos diários, é possível perceber diferenças.

Após um ciclo de estudos, experimente dar algumas voltas no parque ou no seu quarteirão, veja os pássaros, deixe a mente se soltar dos pensamentos "concurseiros" e do dia a dia, com 15, 20 ou 30 minutos, é potencialmente provável que o próximo ciclo de estudos renda tão bem, ou mais, quanto o primeiro.

Ao contrário, se isto não se fizer, a mente, que decai na capacidade de absorção de conteúdo conforme o avanço no tempo dedicado ao estudo contínuo, não se executará com seu potencial máximo, e aquele tempo que pensou estar perdendo para a prática de atividades físicas, será o menor dos tempos perdidos.

Terá maior valor 2 (duas) horas de estudos focado a 1 (uma) hora e 45 (quarenta e cinco) minutos de estudos com a mente cansada. Assim, feito este incentivo, que não poderia estar ausente em tópico tão importante desta obra, traçaremos o cenário mais complexo a ser vivenciado em um Teste de Aptidão Física mas, como vimos, não se aplicará necessariamente em todos os certames, por não haver normativa de âmbito nacional a regular o tema.

Vamos considerar todos os seguintes exercícios como potencialmente cobrados em provas de aptidão física, conforme sua indispensável presença ou não.

- Exercícios que estarão em seu TAF:
    - Corrida de 12 minutos (com 2 a 2.4km);
    - Flexão de braços;
    - Abdominal.
- Exercícios que poderão ser exigidos em seu TAF:
    - Barra fixa;
    - Salto de extensão;
    - Impulsão vertical e horizontal;

- Corda (escalada);
- Natação;
- Meio-sugado;
- Corrida aeróbica (vai e vem).

Não obstante se trate de tema que gera medo e afasta muitos candidatos por si só, não deve ser assim. Uma realidade a ser considerada é a de que poucos dos candidatos aprovados no Teste de Aptidão Física têm histórico de vida relacionado à prática de atividades físicas. A maioria, em verdade, inicia a preparação alguns meses antes da provável realização do teste físico, embora não seja recomendável.

A melhor postura, a nosso ver, é realmente ter o hábito de prática de atividades físicas, assim, a preparação para o TAF será não só menos cansativa, mas também potencializadora de seu aprendizado, como mencionamos acima.

Caso a opção do candidato seja em adiar o início da preparação física, certamente irá correr alguns riscos, como o de obter lesões que podem inviabilizar a participação na etapa em estudo, além de se estressar em razão da sobrecarga na fase específica. Aliás, diga-se em todas as fases, já que durante o período de estudos para as fases de conhecimento podemos concluir não ter praticado atividade física, portanto, foi um período mais intenso psicologicamente.

Assim, o candidato que divide bem o tempo entre os estudos para a fase de conhecimento e o teste de aptidão física, obtém dupla vantagem, como vimos.

Vale lembrar que não é indispensável ter um contrato na academia do bairro, nem mesmo contratar um *personal trainer*, embora existam vantagens neste sentido, pelo viés profissional, naturalmente. Contudo, há inúmeros vídeos confiáveis em canais disponíveis em aplicativos de *streaming*, acessados via *internet*, a partir dos quais é possível aprender exercícios específicos para a prática física adequada a se preparar para cada exercício potencialmente presente no TAF.

A atividade pode ser dar em seu bairro ou parque da cidade, com corridas diárias e evolução contínua. Não se engane, ninguém começa correndo 2.400 (dois mil e quatrocentos) metros, começamos sempre do início. Na primeira semana, o praticante caminhará a maior parte do tempo, e correrá poucas dezenas ou centenas de metros, mas dia após dia, a evolução é presente, e em pouco tempo, correr 2.400 metros em 12 minutos não será um desafio tão assustador.

Pensamento semelhante se aplica à barra fixa. O mais natural é que não tenhamos força para realizar o exercício completo, salvo se já praticante de atividades relacionadas, o que não é o caso da maioria, embora deva ser, como recomendamos, e reiteramos. Na primeira semana, o exercício será só de se sustentar na barra, por alguns segundos, sem capacidade de se elevar para cima do ponto fixa, mas, com os treinos semanais, rapidamente o praticante consegue realizar um, dois, três, dez repetições completas, e assim sucessivamente.

Não é diferente em relação à flexão de braços ou exercício abdominal, tampouco em relação ao salto vertical e horizontal, escalada em cordas, natação, meio-sugado, ou qualquer desafio que lhe seja imposto.

Mesmo candidatos que nunca praticaram atividades físicas na infância ou adolescência, como o caso de quem vos escreve, terá capacidade de se preparar para o Teste de Aptidão Física e ser aprovado.

Quando o TAF tem natureza classificatória e eliminatória, o treino se torna ainda mais importante, pois, embora aprovado ao fazer duas repetições de barra fixa, por exemplo, com a atribuição de 6 (seis) pontos, poderia obter a pontuação máxima, de 10 (dez) pontos, exemplificadamente, ao fazer 10 (dez) repetições. E isso se aplica a todos os exercícios propostos.

Importante notar, ainda, o cenário de candidatas em estado gravídico, pois é pacífico na jurisprudência, e nem sempre foi assim, o direito ao adiamento da realização da etapa de teste físico a candidatas gestantes, independente de previsão no edital.

Por fim, não há dúvidas de que a inclusão de uma rotina de prática de atividades físicas vá potencializar seu plano de médio prazo, permitindo que seja cumprido com a leveza que pode coexistir à preparação para o certame, a desmitificar a antiga fabula de que, para ser aprovado em concurso público, se deveria abrir mão de tudo e somente estudar, estudar.

Isso não é verdade, e precisa ser desconstruído. O desafio não é de tiro curto, mas de longa maratona, e seu maior oponente é você mesmo. Acredite em seu potencial de quebrar desafios, o limite do corpo é tudo, o encontre e o supere, todos os dias que possa.

Direito CONSTITUCIONAL

Antônio Flávio Rocha Freire

1 ESTRATÉGIA DE ESTUDOS E INDICAÇÃO DE BIBLIOGRAFIA

Estudar para concurso público requer ações direcionadas e determinadas na consecução desse objetivo. Muitos candidatos estudam de forma aleatória e desorganizada, o que leva a uma demora grande para obter resultados, sem contar que na grande maioria a desistência acaba sendo inevitável.

O concurso para Delegado de Polícia é um dos certames mais difíceis de se alcançar a aprovação. Além da grande concorrência (uma das maiores entre os concursos das carreiras jurídicas) e alto nível dos candidatos, as fases secundárias acabam sendo um desafio a parte para se chegar à lista final.

Diferentemente dos demais cargos jurídicos, estudar para Delegado requer não só uma preparação intelectual para as provas objetiva, discursiva e oral, mas também uma preparação física e mental, tendo em vista a grande dificuldade de conseguir aprovação no teste físico, exames médicos e teste psicotécnico.

As fases de provas de conhecimento têm que ser estudadas com estratégias diferentes, cada uma em seu devido tempo. Um erro muito comum entre os candidatos consiste no estudo para a prova objetiva já com pensamento em acertar eventual questão da prova oral. Entretanto, a preparação para as provas física, de saúde e psicológica tem que ser concomitante à preparação paras as fases intelectuais, tem que haver uma conciliação entre os estudos e o cuidado com a parte física, com a saúde e com o psicológico.

Antes de iniciar a análise sobre as estratégias de estudo em Direito Constitucional para as provas objetiva, discursiva e prova orla, é importante deixar bem claro (mesmo correndo risco de ser redundante) que o estudo deve ser conciliado com atividades físicas e cuidados com a saúde mental, o que significa dá menor atenção a momentos de lazer.

Cada fase deve ser estudada com uma estratégia específica, a escolha da bibliografia mais adequada faz parte da estratégia e pode variar de acordo com a fase a ser estudada.

2 PREPARAÇÃO EM DIREITO CONSTITUCIONAL PARA PROVA OBJETIVA

Estudar para prova objetiva requer a absorção do máximo de conteúdo possível. É uma fase em que não se busca a qualidade, mas a **quantidade de informações.**

Direito Constitucional é uma **matéria-base** para concurso público das carreiras jurídicas, para o cargo de Delegado de Polícia não é diferente. É preciso estudar tendo por base não só o texto da Constituição Federal, mas também conceitos e classificações doutrinários e entendimentos jurisprudenciais sobre temas relacionados à Constituição.

Primeiramente é necessário ter domínio da parte dispositiva da CF/88. **A leitura dos artigos da Constituição Federal é imprescindível** na preparação para o concurso de Delegado de Polícia. **Grande parte das questões aborda somente texto da lei.** Outro fator importante se deve ao fato de ter a necessidade do Conhecimento prévio dos dispositivos constitucionais para obter um adequado entendimento dos conceitos doutrinários e jurisprudenciais, que serão estudados na sequência.

O estudo correto da lei seca vai além da memorização dos dispositivos constitucionais, é necessário compreendê-los. Muitas questões que versam sobre lei seca não exigem apenas a memorização dos artigos da constituição, mas sua aplicação em um caso em concreto.

Uma dica simples e eficiente consiste em baixar aplicativos da **Constituição em áudio** no celular e, assim, manter um **contato constante** com os dispositivos constitucionais. Mas vai um alerta! Primeiro é necessário ler os dispositivos antes de acompanhá-los por áudio. Não é suficiente ter contato com os dispositivos somente por áudio, tendo em vista que a memória fotográfica será uma grande aliada durante a realização da prova.

Não se aconselha de forma alguma acompanhar a Constituição em áudio durante a condução de veículo, tendo em vista o grande risco de causar acidentes. Os áudios podem ser acompanhados nos momentos de espera, seja em fila de banco, espera para atendimento médico e, principalmente, nos momentos que antecedem o sono.

Segunda parte da preparação em Direito Constitucional para a prova objetiva se deve ao estudo de **conceitos e classificações doutrinários**. Autores tradicionais do Direito Constitucional, como JOSÉ AFONSO DA SILVA, costumam ser cobrados na prova objetiva, entretanto, não se aconselha estudar por suas obras nessa fase do concurso.

Deve-se buscar uma **bibliografia direcionada para concurso público que seja objetiva e completa.** Como dito inicialmente, nessa fase do concurso o candidato deve prezar pela quantidade de informação, então quando mais se estudar por um livro com conteúdo completo, que seja sucinto e com leitura agradável, melhor serão as chances desse candidato ter um bom resultado.

O livro "Direito Constitucional Descomplicado" dos autores Vicente Paulo e Marcelo Alexandrino possui uma leitura agradável e um texto muito elucidativo. São autores com obras direcionadas a concurso público e estão em constate atualização jurisprudencial.

Outra obra também a ser indicada é "Curso de Direito Constitucional" do Prof. Flávio Martins. Obra muito completa e atualizada, escrita por um professor com viés nos concursos públicos, mas também com posicionamentos coerentes próprios.

O "Manual de Direito Constitucional" de Nathália Masson também pode ser muito bem recomendado, muito embora seja um livro do tipo "manual", o que acaba sendo muito extenso, é um livro completo e com leitura muito agradável.

"Direito Constitucional Esquematizado", de Pedro Lenza também pode ser uma obra adotada para a preparação em Direito Constitucional. O livro assusta por seu tamanho, mas possui as ideias muito bem organizadas e possui um conteúdo jurisprudencial farto.

Outra recomendação que também pode ser adotada no estudo para concurso público é a Coleção Sinopse da Editora Juspodivm. A Sinopse em Direito Constitucional dos autores Juliano Taveira e Olavo Augusto é muito recomendada para a preparação da primeira fase dos concursos públicos para Delegado de Polícia. É um livro sintetizado, mas completo. Contém as informações necessárias para essa fase do concurso em poucas páginas.

Por fim, o candidato ao cargo de Delegado de Polícia precisa de um material vasto para treinar resolução de questões, o que faz da obra "Revisaço – Delegado de Polícia" imprescindível nessa preparação. O Revisaço é muito importante para a fixação do conteúdo estudado, além de possuir comentários, dicas, súmulas e informativos relacionados às questões abordadas.

Terceira parte da preparação para a primeira fase do concurso de Delegado de Polícia consiste no estudo e atualização da **jurisprudência do STJ e do STF** aos temas de Direito Constitucional, constantes no edital.

Cada vez mais as bancas de concurso estão abordando entendimentos dos Tribunais Superiores, principalmente a CEBRASPE. Mas uma dúvida muito recorrente nos candidatos consiste em como se estudar jurisprudência para concurso público. Poderia expor aqui diversas maneiras de se manter atualizado com as decisões dos Tribunais Superiores, entretanto, nenhuma delas seria tão eficaz quanto estudar pelo "Vade Mecum de Jurisprudência – Dizer o Direito" de Marcio André Lopes Cavalcanti. Nesse Livro é possível encontrar as decisões dos Tribunais Superiores dos últimos anos, divididas por matéria e por assunto, o que facilita muito a vida do candidato.

Importante mencionar que o estuda da jurisprudência para a primeira fase se mostra suficiente **apenas conhecer do entendimento jurisprudencial**, não sendo necessário também conhecer do fundamento dessa decisão, que será objeto de estudo para as fases seguintes.

A título de exemplo, é possível citar o conhecido julgado proferido pelo Plenário do STF no RE nº 593727, submetido a repercussão geral, que dirimiu a dúvida quanto à possibilidade do Ministério Público realizar investigação.

Para o estudo da primeira fase, é suficiente o candidato saber que a decisão foi no sentido de considerar constitucional a investigação criminal realizada diretamente pelo Ministério Público.

Mas no estudo para a segunda fase, além de saber a decisão do STF, o candidato terá que conhecer dos requisitos que o STF impôs para que o membro do MP possa investigar. E, por fim, também se torna necessário o candidato conhecer os fundamentos utilizados nessa decisão, principalmente sobre a invocação da Teoria dos Motivos Determinantes.

> "O Ministério Público dispõe de competência para promover, por autoridade própria, e por prazo razoável, investigações de natureza penal, desde que respeitados os direitos e garantias que assistem a qualquer indiciado ou a qualquer pessoa sob investigação do Estado, observadas, sempre, por seus agentes, as hipóteses de reserva constitucional de jurisdição e, também, as prerrogativas profissionais de que se acham investidos, em nosso País, os Advogados (Lei 8.906/94, artigo 7°, notadamente os incisos I, II, III, XI, XIII, XIV e XIX), sem prejuízo da possibilidade - sempre presente no Estado democrático de Direito - do permanente controle jurisdicional dos atos, necessariamente documentados (Súmula Vinculante 14), praticados pelos membros dessa instituição".
>
> STF. Plenário. RE 593727/MG, red. p/ o acórdão Min. Gilmar Mendes, julgado em 14/5/2015.

Importante destacar que diante da quantidade de conteúdo, o estudo para a prova objetiva exige uma grande quantidade de informação. Por isso, é necessário que o candidato tenha a sua disposição um material sintético e que seja completo. É necessário que esse material permita ao candidato repassar pelo conteúdo diversas vezes até o dia da prova. Então, uma última dica para a prova objetiva é o candidato elabora seu próprio material, seja através da elaboração de um caderno, seja através de material produzido em arquivo, desde que seja escrito por ele próprio, assim, terá uma fonte de estudo capaz de repassar pelo conteúdo diversas vezes. **A repetição é o grande segredo da preparação para a prova objetiva!**

3 PREPARAÇÃO EM DIREITO CONSTITUCIONAL PARA A PROVA DISCURSIVA

Nessa fase do concurso, o candidato já adquiriu uma bagagem dos conteúdos cobrados no edital, então é hora de prezar pela qualidade, a quantidade de informações já foi obtida. É hora de **formar uma base teórica**, aprofundando o conhecimento obtido. É nesse momento que o candidato tem que se preparar de maneira a lhe permitir dissertar e explicar temas do Direito Constitucional.

Na segunda fase do concurso para Delegado de Polícia as bancas examinadoras **dificilmente cobram texto de lei**, mas é importante manter esse conhecimento porque uma citação correta poderá contar como pontos extras e mostra domínio do conteúdo. Então segue uma dúvida recorrente: é necessário decorar os dispositivos constitucionais? Sim! Mas, claro, não todos. Os principais dispositivos relacionados à atividade do Delegado de Polícia, o examinador trata como obrigação do candidato saber, como por exemplo os relacionados à busca domiciliar (art. 5º, XI), comunicação telefônica (art. 5º, XII), cláusulas pétreas (art. 60, § 4º), integrantes da segurança pública (art. 144), dentre outros.

Então, como se percebe, a leitura do texto constitucional **continua sendo obrigatória** nessa fase do concurso, mas se restringindo aos dispositivos que têm relação com a atividade do Delegado de Polícia e outros correlatos.

Os **conceitos e classificações doutrinários significam a parte fundamental de estudo para a fase discursiva.** Nesse momento o candidato deverá se aproximar com mais intimidade sobre assuntos ligados à doutrina, tais como Teoria da Constituição, eficácia da norma constitucional, hermenêutica constitucional e, principalmente, controle de constitucionalidade.

É suficiente manter a bibliografia indicada para a prova objetiva, entretanto o estudo deverá ser direcionado à qualidade das informações obtidas de maneira que lhe permita discorrer com base teórica sobre os conceitos e classificações doutrinários.

O domínio da Jurisprudência nessa fase também se torna de fundamental importância, principalmente nos **temas que possuem relação com o Direito Penal e Processual Penal**. O "Vade Mecum de Jurisprudência" deve ser lido com mais detalhes, permitindo que possa não só saber o entendimento dos Tribunais Superiores, mas que também permita escrever sobre o fundamento que foi utilizado para a decisão. Dessa forma **não é suficiente saber somente o posicionamento, mas também a fundamentação que levou a essa posição.**

Visto a estratégia de estudo para a fase discursiva, resta analisar a **forma correta de responder uma questão subjetiva** no concurso para Delegado de Polícia.

Inicialmente é oportuno salientar que o **domínio da ortografia é imprescindível** nessa fase. O candidato tem que se policiar quanto à correta grafia das palavras utilizadas, além da adequada colocação pronominal e concordâncias verbal e nominal do texto produzido, não por que contabiliza pontos, mas por que deixará de perder pontos preciosos.

Na grande maioria dos concursos, a resposta tem que ser produzida com um número limitado de linhas, em média 30 (trinta). Dessa forma, há espaço suficiente para o candidato responder a questão de forma completa e organizada. Lembre-se, a resposta deve ser a mais completa possível, já que o espelho de correção é uma incógnita. **O candidato deve ser objetivo, completo e com ideias organizadas.**

Aconselha-se dividir o a resposta conforme uma dissertação: **introdução, desenvolvimento e conclusão.** Na introdução o candidato deverá trazer conceitos e/ou base constitucional/legal ao qual se relaciona o tema da questão. Isso deve ser feito em um único parágrafo de no máximo 6 (seis) linhas.

No desenvolvimento o candidato deverá discorrer sobre a fundamentação da resposta que será dada, citar posicionamentos divergentes de maneira sucinta (caso haja) e explicar temas correlatos (sem fugir do tema), que serão imprescindíveis à conclusão. Utiliza-se, em média, 2 ou 3 parágrafos com 6 linha cada.

Por fim, a conclusão. Aqui é o momento de trazer a resposta de forma objetiva, clara, sem deixar dúvidas quanto ao posicionamento, que será o ponto crucial de sua avaliação.

Na grande maioria dos concursos para Delegado de Polícia, a segunda fase é composta de questões subjetivas e uma peça prático-profissional.

A **peça prático-profissional** consiste na elaboração de uma peça exclusiva de Delgado de Polícia, quase sempre uma representação. É um tema relacionado às matérias de direito Penal, Processo Pena e Legislação Penal Especial, motivo pelo qual não será exposto maiores detalhes. Entretanto, inevitável indicar uma obra que contribui muito na preparação do candidato para elaboração da peça solicitada: "Prática Penal - Delegado de Polícia", escrita por Márcio Alberto Gomes da Silva.

4 PREPARAÇÃO EM DIREITO CONSTITUCIONAL PARA A PROVA ORAL

Última fase de conhecimento de um concurso para Delegado de Polícia. É bom destacar que nem todos os estados cobram prova oral em seu certame, a exemplo do Paraná.

Sem a menor dúvida é a fase que mais causa pânico nos candidatos, principalmente quando da sua primeira vez. Inúmeras dúvidas surgem durante a preparação: o que estudar? Como estudar? Como responder as questões? Como se portar durante a prova? O que é avaliado? Enfim, essas são algumas dessas dúvidas que serão respondidas a seguir como o máximo de objetividade possível.

Como dito, nem todos os concursos para Delegado de Polícia possuem a fase da prova oral. As matérias cobradas são, em regra, Constitucional, Administrativo, Penal, Processo Penal e Legislação Penal Especial. Alguns concursos excluem a matéria de Direito Administrativo.

A preparação para essa fase vai muito além dos estudos, é necessário o candidato ter um domínio da argumentação jurídica, uso correto do vernáculo e de técnicas da oratória, que inclui uma adequada postura. Vamos começar pelo domínio do conhecimento jurídico, o que estudar para a prova oral em Direito Constitucional?

O estudo de Constitucional para a prova oral é muito parecido com o estudo para a fase discursiva, o candidato deve focar na atualização da **jurisprudência, conceitos e classificações doutrinários**, mas sem perder o domínio da **parte dispositiva da Constituição**. A bibliografia sugerida também segue a mesma utilizada para o estudo da fase anterior, acrescentando apenas obra ou artigo escrito pelos examinadores, caso eles tenham seus nomes divulgados.

A depender da banca examinadora, o candidato deverá focar mais na doutrina ou na jurisprudência, a exemplo do concurso para Delegado de São Paulo, em que essa fase é realizada por uma banca de professores da Academia de Polícia e tem por tradição se basear na doutrina para elaboração das questões. Já os concursos organizados pela Banca Cebraspe, a tendência é de serem cobradas questões atinentes à jurisprudência dos Tribunais Superiores.

Quando os integrantes da banca são divulgados com antecedência, torna-se imprescindível uma **análise criteriosa sobre os posicionamentos dos examinadores**. Caso tenham obra ou artigo publicado, é aconselhável ler ou, ao menos, conhecer do posicionamento abordado, isso por que, mesmo não sendo objeto direto de uma questão, o candidato ganhará a simpatia ao citar a obra ou artigo escrito pelo examinador.

O candidato deve ser o mais objetivo e completo em suas respostas, mas sempre fundamentando seu posicionamento. Também se sugere fazer uma pequena introdução no início da resposta, identificando o tema abordado, sua localização na constituição (se lembra é interessante citar o artigo) ou um breve conceito de eventual instituto objeto da questão.

A título de exemplo, no concurso para Delegado da Polícia Federal de 2018, uma das questões versava sobre os pressupostos do Incidente de Deslocamento de Competência (IDC). Antes de responder efetivamente a questão eu fiz uma breve introdução conceituando o instituto e indicando o dispositivo constitucional que lhe regulamenta (art. 109, 5º da CF), para só em seguida listar os requisitos, órgão legitimado e Tribunal competente para julgar. Ao final, o examinador me perguntou se eu conhecia alguma jurisprudência sobre o tema. Por "sorte", lembrei do caso da missionária americana Dorothy Stang, assassinado no estado do Pará e com isso recebi uma nota muito próxima da máxima para a questão.

Em síntese, a resposta para uma pergunta de prova oral também deve seguir a regra da dissertação com introdução, desenvolvimento e conclusão, mas sempre de forma objetiva e fundamentada.

O **modo de se portar** durante a prova oral é de fundamental importância, não por valer pontos, mas para ganhar a simpatia e o respeito dos examinadores durante a arguição. O candidato deverá se apresentar vestido conforme determina o edital, optando por cores neutras. Deverá se portar de maneira formal, tratando os examinadores sempre por "Excelência". Caso a prova seja com o candidato sentado, o candidato deverá manter durante toda a arguição uma postura formal e natural, ou seja, nem relaxado, nem totalmente ereto.

Normalmente a avaliação é composta pelo domínio do conhecimento jurídico, capacidade de argumentação, articulação do raciocínio e uso correto do vernáculo.

O treinamento de respostas consiste em um dos pilares na preparação para a fase oral. É necessário que o candidato simule a exaustão a arguição que lhe será feita. Para isso, é sugestivo realizar um bom **curso de prova oral** que lhe proporcione uma prática na resolução de perguntas, dicas de oratória, além de conteúdo jurídico passível de cobrado durante a prova.

Assim, pode-se dizer que o sucesso em uma prova oral depende de um bom **domínio do conteúdo jurídico**, **treinamento constante** que simule a arguição e **orientações da oratória**.

5 ANÁLISE GERAL DAS ÚLTIMAS PROVAS PARA DPC

Do ano de 2015 a 2023 foram realizados 26 concursos para Delegado de Polícia Civil. Ao se observar esses últimos editais, verifica-se que as bancas Cebraspe e Vunesp são as que mais organizaram concursos nesse período. Entretanto, na Região Sul há uma clara preferência por bancas locais, como se observa dos últimos certames: Rio Grande do Sul – FUNDATEC; Santa Catarina – ACAFE; e Paraná – FUNPAR.

A quantidade de questões de Direito Constitucional nas provas objetivas é bem variável, tendo uma média de 11% das questões totais, isto é, em uma prova com cem questões, em média 11 são de Constitucional.

Segue abaixo análise sobre os concursos realizados para Delegado de Polícia entre os anos de 2015 a 2023, constando o estado ao qual foi realizado o certame; o ano; o número total de questões cobradas na prova; o número de questões de Direito Constitucional em cada prova; e a banca organizadora.

	ESTADO	ANO	Nº TOTAL DE QUESTÕES	Nº DE QUESTÕES DE CONSTITUCIONAL	BANCA EXAMINADORA
01	CEARÁ	2015	100	6 – 6%	VUNESP
02	DISTRITO FEDERAL	2015	100	17 – 17%	FUNIVERSA
03	PARÁ	2016	80	10 – 12,5%	FUNCAB
04	PERNAMBUCO	2016	100	10 – 10%	CEBRASPE
05	ACRE	2017	100	9 – 9%	IBADE
06	GOIÁS*	2017	100	10 – 10%	CEBRASPE
07	MATO GROSSO	2017	80	10 – 12,5%	CEBRASPE
08	AMAPÁ	2017	60	8 – 13,3%	FCC
09	MATO GROSSO DO SUL	2017	100	10 – 10%	FAPEMS
10	BAHIA	2018	100	8 – 8%	VUNESP
11	MARANHÃO	2018	100	12 – 12%	CEBRASPE
12	MINAS GERAIS	2018	70	10 – 14,28%	FUMARC
13	PIAUÍ	2018	100	10 – 10%	NUCEPE
14	RIO GRANDE DO SUL	2018	120	10 – 8,3%	FUNDATEC
15	SERGIPE	2018	150	10 – 6,6%	CEBRASPE

	ESTADO	ANO	Nº TOTAL DE QUESTÕES	Nº DE QUESTÕES DE CONSTITUCIONAL	BANCA EXAMINADORA
16	SÃO PAULO	2018	100	15 - 15%	VUNESP
17	GOIÁS	2018	100	15 - 15%	UEG
18	ESPÍRITO SANTO*	2019	100	13 - 13%	INSTITUTO ACESSO
19	RIO DE JANEIRO	2021	100	20 - 20%	CEBRASPE
20	PARAÍBA	2021	80	8 - 10%	CEBRASPE
21	MATO GROSSO DO SUL	2021	100	10 - 10%	FAPEMS
22	ALAGOAS	2022	120	15 - 12,5%	CEBRASPE
23	ESPÍRITO SANTO	2022	80	10 - 12,5%	CEBRASPE
24	RONDÔNIA	2022	100	10 - 10%	CEBRASPE
25	RORAIMA	2022	60	8 - 13,3%	VUNESP
26	SÃO PAULO	2022	100	14 - 14%	VUNESP

*. Concurso anulado.

Percebe-se no perfil das bancas examinadoras que há uma preponderância, quase que unânime, para se cobrar lei seca em suas provas, motivo pelo qual se alerta mais uma vez ao candidato da importância de seu estudo. Verifica-se que somente a banca IBADE não possui uma tendência em cobrar texto de lei em suas provas, optando por questões relacionadas à doutrina e à jurisprudência.

O Cebraspe tem por costume cobrar muitas questões literais sobre o direito constitucional, assim como também questões relacionadas à jurisprudência. Somente foge dessa regra quando tema da questão é assunto exclusivo da doutrina, a exemplo da classificação das constituições, federalismo, poder constituinte, sentidos da Constituição e hermenêutica constitucional. Os demais assuntos o Cebraspe tem por base a literalidade da Constituição e entendimento jurisprudencial.

É importante salientar que as questões literais cobradas pelo Cebraspe nem sempre exigem a memorização do dispositivo constitucional, mas o seu entendimento para aplicar em um caso concreto.

Análise interessante também a ser levada em consideração se refere à Vunesp. Percebe-se em suas provas incidência muito grande de questões retiradas exatamente do texto constitucional. Assim, ao se deparar com uma prova organizada pela Vunesp, o candidato deve ter especial atenção à leitura da parte dispositiva da Constituição Federal. Entretanto, ao contrário do Cebraspe, a Vunesp tem por costume cobrar exatamente como consta no texto da Constituição e não seu entendimento para aplicação em caso concreto.

Já as bancas FUNIVERSA, FUNDATEC e Instituto Acesso possuem divisão muito equânime em suas questões, cobrando tanto doutrina, quanto lei seca e jurisprudência.

Segue abaixo quadro do perfil de cada banca no que se refere à preponderância de suas questões nos concursos para Delegado de Polícia Civil, tendo por base as últimas provas aplicadas.

	BANCA EXAMINADORA	PREPONDERÂNCIA
1	CEBRASPE	LEI SECA + JURISPRUDÊNCIA
2	VUNESP	LEI SECA
3	FCC	LEI SECA + JURISPRUDÊNCIA
4	FUNIVERSA	LEI SECA + DOUTRINA + JURISPRUDÊNCIA
5	INSTITUTO ACESSO	LEI SECA + DOUTRINA + JURISPRUDÊNCIA
6	FUNCAB	LEI SECA + JURISPRUDÊNCIA
7	FUMARC	LEI SECA + JURISPRUDÊNCIA
8	FUNDATEC	LEI SECA + DOUTRINA + JURISPRUDÊNCIA
9	FAPEMS	JURISPRUDÊNCIA
10	IBADE	DOUTRINA + JURISPRUDÊNCIA
11	NUCEPE	LEI SECA
12	UEG	LEI SECA + JURISPRUDÊNCIA

6 CONTEÚDO PROGRAMÁTICO DE DIREITO CONSTITUCIONAL

O conteúdo de Direito Constitucional não costuma ter diferenças significativas entre os concursos para Delegado de Polícia, o que possibilita ao candidato se preparar com bastante antecedência para essa matéria.

Após análise de 26 provas aplicadas para Delegado de Polícia entre os anos de 2015 a 2023 foi possível verificar a seguinte distribuição de questões conforme tópico do conteúdo programático de Direito Constitucional.

	Tópico do Conteúdo Programático Cobrado	Porcentagem
1	Conceitos de Constituição; noções gerais; ciclos constitucionais; **classificação das Constituições**; divisão do Direito Constitucional; relação do Direito Constitucional com outras disciplinas jurídicas; fontes do Direito Constitucional; preâmbulo das Constituições.	3%
2	Formas de estado e formas de Governo. Federalismo.	0,5%
3	Sentidos da Constituição: sociológico, político e jurídico.	1,5%
4	**Hermenêutica**; evolução histórica das constituições brasileiras; Efetividade e força normativa da Constituição. Naturalismo e Positivismo jurídico. Neoconstitucionalismo.	5%
5	**Poder constituinte** e mudança constitucional. Normas constitucionais, **eficácia e aplicabilidade**. Intertemporalidade Constitucional.	5%
6	Princípios fundamentais. Direitos e garantias fundamentais. Direitos e deveres individuais e coletivos. Remédios Constitucionais. Direitos sociais.	19%
7	Tratados Internacionais.	3%
8	Nacionalidade. Direitos políticos. Partidos políticos.	5%
9	Organização do Estado. **Organização político-administrativa**. A União. Estados federados. Municípios. O Distrito Federal. Territórios Federais. **Competências comum, privativa e concorrente**. Intervenção federal. **Intervenção dos Estados e nos Municípios**. Mecanismos de freios e contrapesos.	12%
10	Poder Legislativo. Estrutura, funcionamento e atribuições. **Processo Legislativo**. Espécies normativas. **Comissões parlamentares de inquérito**. Fiscalização contábil, financeira e orçamentária. Tribunal de Contas. **Prerrogativas parlamentares**.	10%
11	**Administração pública. Disposições gerais**. Servidores públicos. Regiões. Militares dos Estados, do Distrito Federal e dos territórios.	2,5%

	Tópico do Conteúdo Programático Cobrado	**Porcentagem**
12	Poder Executivo. **Presidente da República. Atribuições, prerrogativas e responsabilidades.** Ministros de Estado. Conselho da República e de Defesa Nacional.	4%
13	Poder Judiciário. Disposições gerais. Órgãos do Poder Judiciário. Organização e competências. Conselho Nacional de Justiça (CNJ).	2,5%
14	Funções essenciais à justiça. **Ministério Público.** Advocacia Pública. Advocacia e Defensoria Públicas.	3,5%
15	**Controle de Constitucionalidade.** Controle Concentrado e controle difuso. ADI, ADC, ADO, ADPF e ADI Interventiva.	8,5%
16	Defesa do Estado e das instituições democráticas. **Estado de Defesa e Estado de Sítio.**	1,5%
17	**Segurança Pública.**	8%
18	Sistema Tributário Nacional. 11.1 Noções gerais. 11.2 Limitações do poder de tributar. Impostos da União, dos Estados e dos Municípios. Repartição das receitas tributárias. Finanças públicas. Normas gerais. Orçamentos. **Ordem econômica e financeira. Princípios gerais da atividade econômica.**	3%
19	Política urbana, agrícola e fundiária e reforma agrária. **Ordem social.** Dos índios. **Seguridade Social.** Educação, Cultura e Desporto. Ciência e Tecnologia. Comunicação Social. Meio Ambiente. Família, criança, adolescente e idoso.	2,5%

Obs.: Percentual arredondado para facilitar o entendimento.

Como se percebe, os tópicos relacionados aos direitos e garantias fundamentais e à organização político-administrativa do estado são os que possuem maior incidência nas provas de Direito Constitucional.

Em contrapartida, os assuntos relacionados ao federalismo, sentidos da Constituição e à defesa das instituições democráticas (estado de sítio e estado de defesa) formam a parte do conteúdo com menor incidência das provas para Delegado de Polícia Civil, entretanto não podem ser negligenciados.

Também foi possível observar a maneira de cobrança em cada tópico do conteúdo de Direito Constitucional. Alguns tópicos são cobrados exclusivamente entendimentos doutrinários e outros apenas o estudo da letra da lei associado ou não a entendimento jurisprudencial.

De acordo com o quadro a seguir é possível orientar a forma como o candidato deve se preparar para cada tópico do conteúdo de Direito Constitucional. Essa análise tem por base as 26 últimas provas realizadas entre os anos de 2015 e 2023 para Delegado de Polícia.

	TÓPICO DO CONTEÚDO PROGRAMÁTICO	FORMA DE ESTUDO
1	Conceitos de Constituição; noções gerais; ciclos constitucionais; **classificação das Constituições**; divisão do Direito Constitucional; relação do Direito Constitucional com outras disciplinas jurídicas; fontes do Direito Constitucional; preâmbulo das Constituições.	DOUTRINA
2	Formas de estado e formas de Governo. Federalismo.	DOUTRINA
3	Sentidos da Constituição: sociológico, político e jurídico.	DOUTRINA
4	Hermenêutica; evolução histórica das constituições brasileiras; Efetividade e força normativa da Constituição. Naturalismo e Positivismo Jurídico. Neoconstitucionalismo.	DOUTRINA
5	**Poder constituinte** e mudança constitucional. Normas constitucionais, **eficácia e aplicabilidade**. Intertemporalidade Constitucional.	DOUTRINA
6	Princípios fundamentais. Direitos e garantias fundamentais. Direitos e deveres individuais e coletivos. Remédios Constitucionais. Direitos sociais.	LEI SECA + JURISPRUDÊNCIA
7	Tratados Internacionais.	LEI SECA + JURISPRUDÊNCIA
8	Nacionalidade. Direitos políticos. Partidos políticos.	LEI SECA + JURISPRUDÊNCIA
9	Organização do Estado. **Organização político-administrativa.** Estado federal brasileiro. A União. Estados federados. Municípios. O Distrito Federal. Territórios Federais. **Competências comum, privativa e concorrente.** Intervenção federal. **Intervenção dos Estados e nos Municípios.** Mecanismos de freios e contrapesos.	LEI SECA + JURISPRUDÊNCIA
10	Poder Legislativo. Estrutura, funcionamento e atribuições. **Processo Legislativo.** Espécies normativas. **Comissões parlamentares de inquérito.** Fiscalização contábil, financeira e orçamentária. Tribunal de Contas. **Prerrogativas parlamentares.**	LEI SECA + JURISPRUDÊNCIA

	TÓPICO DO CONTEÚDO PROGRAMÁTICO	FORMA DE ESTUDO
11	**Administração pública. Disposições gerais.** Servidores públicos. Regiões. Militares dos Estados, do Distrito Federal e dos territórios.	LEI SECA
12	Poder Executivo. Presidente da República. Atribuições, prerrogativas e responsabilidades. Ministros de Estado. Conselho da República e de Defesa Nacional.	LEI SECA
13	Poder Judiciário. Disposições gerais. Órgãos do Poder Judiciário. Organização e competências. Conselho Nacional de Justiça (CNJ).	LEI SECA
14	Funções essenciais à justiça. Ministério Público. Advocacia Pública. Advocacia e Defensoria Públicas.	LEI SECA
15	**Controle de Constitucionalidade.** Controle Concentrado e controle difuso. ADI, ADC, ADO, ADPF e ADI Interventiva.	LEI SECA + JURISPRUDÊNCIA + DOUTRINA
16	Defesa do Estado e das instituições democráticas. **Estado de Defesa e Estado de Sítio.**	LEI SECA
17	**Segurança Pública.**	LEI SECA + JURISPRUDÊNCIA
18	Sistema Tributário Nacional. 11.1 Noções gerais. 11.2 Limitações do poder de tributar. Impostos da União, dos Estados e dos Municípios. Repartição das receitas tributárias. Finanças públicas. Normas gerais. Orçamentos. Ordem econômica e financeira. **Princípios gerais da atividade econômica.**	LEI SECA
19	Política urbana, agrícola e fundiária e reforma agrária. **Ordem social.** Dos índios. **Seguridade Social.** Educação, Cultura e Desporto. Ciência e Tecnologia. Comunicação Social. Meio Ambiente. Família, criança, adolescente e idoso.	LEI SECA

Percebe-se que alguns tópicos devem ser estudados exclusivamente pela doutrina, já outros apenas por leitura do texto da Constituição associado ou não a entendimento jurisprudencial. O tópico relacionado ao controle de Constitucionalidade deve ser estudado pelos ensinamentos da doutrina, texto constitucional (também a Lei nº 9.868/99) e jurisprudência.

Mesmo com o conteúdo de Direito Constitucional dividido em tópicos nas tabelas acima, alguns assuntos costumam ser cobrados com preponderância em relação aos outros que constem no mesmo tópico, motivo pelo qual estão identificados com a escrita em negrito.

7 PRINCIPAIS PONTOS DE DIREITO CONSTITUCIONAL

Nas tabelas acima o conteúdo de Direito Constitucional foi dividido em 18 tópicos para ser feita uma análise mais completa sobre a incidência de cada tópico nas últimas provas, bem como análise sobre a forma de cobrança para cada assunto: doutrina, lei seca ou jurisprudência.

Entretanto, mesmo com o conteúdo divido em 18 tópicos é possível observar que alguns assuntos possuem uma preponderância relevante em relação a outros assuntos constantes no mesmo tópico, motivo pelo qual se torna necessário fazer análise também dos principais assuntos em cada tópico no conteúdo de Direito Constitucional.

- **Tópico 1** - Conceitos de Constituição; noções gerais; ciclos constitucionais; classificação das Constituições; divisão do Direito Constitucional; relação do Direito Constitucional com outras disciplinas jurídicas; fontes do Direito Constitucional; preâmbulo das Constituições.

Neste tópico todas as questões cobradas foram em relação à classificação das constituições. Não se verificou nenhuma questão nos últimos concursos sobre os demais assuntos do tópico 1.

- **Tópico 2** - Formas de estado e formas de Governo. Federalismo.

Consiste no tópico de menor incidência com apenas uma única questão em 18 provas analisadas.

- **Tópico 3** - Sentidos da Constituição: sociológico, político e jurídico.

Também consiste em um tópico muito pouco explorado nos últimos concursos, mas em síntese as questões cobradas exigiram o conceito a identificação do autor que simboliza cada sentido.

- **Tópico 4** - Hermenêutica; evolução histórica das constituições brasileiras; Efetividade e força normativa da Constituição. Naturalismo e Positivismo Jurídico. Neoconstitucionalismo.

As questões cobradas com relação a esse tópico são direcionadas à hermenêutica constitucional e à efetividade e força da Constituição.

- **Tópico 5** – Poder constituinte e mudança constitucional. Normas constitucionais, eficácia e aplicabilidade. Intertemporalidade constitucional.

Questões recorrentes neste tópico são relacionadas ao poder constituinte a à classificação trazida pelo Professor José Afonso da Silva sobre a eficácia das normas constitucionais. Foi encontrada uma única questão sobre a sucessão das constituições (intertemporalidade).

- **Tópico 6** – Princípios fundamentais. Direitos e garantias fundamentais. Direitos e deveres individuais e coletivos. Remédios Constitucionais. Direitos sociais.

Neste tópico se encontra os assuntos de maior incidência nas últimas provas. As questões abordaram a letra seca da lei e, principalmente, jurisprudência sobre esses temas. O assunto de menor incidência nesse tópico consiste nos direitos sociais.

- **Tópico 7** – Tratados Internacionais.

Tópico com uma incidência relativamente alta nas últimas provas, inclusive com abordagem na segunda fase, a exemplo do concurso do Ceará, aplicado pela Vunesp. As questões abordaram tanto a parte literal constante no art. 5º, § 3º da CF/88, quanto o entendimento do STF acerca do status constitucional de supralegalidade.

- **Tópico 8** – Nacionalidade. Direitos políticos. Partidos políticos.

Tópico também com incidência relativamente alta. As questões cobradas nos últimos concursos têm por base a aquisição (originária e secundária) e perda da nacionalidade, bem como os cargos ocupados exclusivamente por brasileiros natos. Com relação aos partidos políticos, as questões são relacionadas ao texto da Constituição, principalmente com relação às últimas alterações.

- **Tópico 9** – Organização do Estado. Organização político-administrativa. Estado federal brasileiro. A União. Estados federados. Municípios. O Distrito Federal. Territórios Federais. Competências comum, privativa e concorrente. Intervenção federal. Intervenção dos Estados e nos Municípios. Mecanismos de freios e contrapesos.

Foram observadas muitas questões sobre esse tópico, na sua grande maioria relacionadas às competências comum, privativa e concorrente dos entes da federação.

Tópico 10 - Poder Legislativo. Estrutura, funcionamento e atribuições. Processo Legislativo. Espécies normativas. Comissões parlamentares de inquérito. Fiscalização contábil, financeira e orçamentária. Tribunal de Contas. Prerrogativas parlamentares.

Os pontos de maior incidência nesse tópico são o processo legislativo, as comissões parlamentares de inquérito e as prerrogativas dos parlamentares. Ressalta-se que é um tópico de grande incidência nas últimas provas, foram cobrados não só o texto da Constituição, mas também entendimentos jurisprudenciais.

Tópico 11 - Administração pública. Disposições gerais. Servidores públicos. Regiões. Militares dos Estados, do Distrito Federal e dos territórios.

As disposições gerais formam a parte de maior incidência desse tópico nas últimas provas.

Tópico 12 - Poder Executivo. Presidente da República. Atribuições, prerrogativas e responsabilidades. Ministros de Estado. Conselho da República e de Defesa Nacional.

Tópico com incidência alta nas últimas provas, principalmente sobre os assuntos relacionados às atribuições, prerrogativas e responsabilidade do Presidente da República.

Tópico 13 - Poder Judiciário. Disposições gerais. Órgãos do Poder Judiciário. Organização e competências. Conselho Nacional de Justiça (CNJ).

As questões cobradas sobre o Poder Judiciário são retiradas do texto constitucional e possuem como preponderância perguntas sobre as competências de seus órgãos, em especial, do STF.

Tópico 14 - Funções essenciais à justiça. Ministério Público. Advocacia Pública. Advocacia e Defensoria Públicas.

O que se observa das questões cobradas nesse tópico são questões sobre o Ministério Público, mais especificamente sobre seus princípios.

Tópico 15 - Controle de Constitucionalidade. Controle Concentrado e controle difuso. ADI, ADC, ADO, ADPF e ADI Interventiva.

Um dos tópicos mais cobrados nos concursos para Delegado de Polícia, com questões bem diversificadas em relação à classificação doutrinária (controle difuso e concentrado, preventivo e repressivo, formal e material e político e jurídico), texto da Constituição (legitimados e sobre a Lei nº 9.868/99) e entendimentos jurisprudenciais, a exemplo do controle político preventivo realizado por parlamentar federal.

- **Tópico 16** – Defesa do Estado e das instituições democráticas. Estado de Defesa e Estado de Sítio.

Tópico pouco explorados nas provas anteriores. As poucas questões buscam verificar do candidato as diferenças entre estado de defesa e estado de sítio.

- **Tópico 17** – Segurança Pública.

Assunto que possui total pertinência temática com o cargo de Delegado de Polícia, motivo pelo qual possui alta incidência nas provas. As questões buscaram verificar o conhecimento do candidato a respeito do art. 144 da CF/88 e entendimento dos Tribunais Superiores sobre a segurança pública.

- **Tópico 18** – Sistema Tributário Nacional. 11.1 Noções gerais. 11.2 Limitações do poder de tributar. Impostos da União, dos Estados e dos Municípios. Repartição das receitas tributárias. Finanças públicas. Normas gerais. Orçamentos. Ordem econômica e financeira. Princípios gerais da atividade econômica.

Não se encontra alta incidência nas últimas provas. Único assunto que costuma ser cobrado nesse tópico se refere aos princípios gerais da atividade econômica.

- **Tópico 19** – Política urbana, agrícola e fundiária e reforma agrária. Ordem social. Dos índios. Seguridade Social. Educação, Cultura e Desporto. Ciência e Tecnologia. Comunicação Social. Meio Ambiente. Família, criança, adolescente e idoso.

Por fim, os temas que constam na parte final da Constituição Federal. Também possuem baixa incidência nas provas, destacando-se perguntas sobre a ordem social ou seguridade social.

8 ANÁLISE DAS QUESTÕES DE DIREITO CONSTITUCIONAL

As provas de Direito Constitucional, em concurso para Delegado De Polícia, têm por tradição cobrar a literalidade da Constituição, Conceitos e Classificações Doutrinários e entendimentos jurisprudenciais.

Ao analisar as 26 últimas provas aplicadas para Delegado de Polícia entre os anos de 2015 a 2023 é possível constatar que as questões extraídas da literalidade do texto constitucional representam mais da metade das provas de Direito Constitucional. Em seguida, cada vez mais crescente nas questões de concurso, os entendimentos dos Tribunais Superiores representam aproximadamente um terço das questões. Já as questões relacionadas à doutrina possuem uma incidência menor, como se observa no gráfico abaixo.

LETRA DE LEI	DOUTRINA	JURISPRUDÊNCIA
151 – 48%	56 – 18%	104 – 34%

Total de questões em Direito Constitucional: 311 = 100%

Algumas bancas examinadoras possuem características específicas na elaboração de suas questões. Ao analisar as questões elaboradas pelas duas bancas que mais organizaram concurso para Delegado de Polícia, Cebraspe e Vunesp, percebeu-se que ambas possuem uma preponderância na lei seca em suas questões de Direito Constitucional.

Perceba que as questões relacionadas à lei seca possuem uma preponderância muito alta nessas duas bancas examinadoras, observando um índice bem mais acentuado em relação à Vunesp.

As duas bancas acima costumam cobrar lei seca em suas provas, entretanto, essas questões possuem um viés distinto. A questões da Vunesp versam exatamente sobre a literalidade da Constituição ou da Lei nº 9.868/99, procura verificar se o candidato memorizou o texto constitucional ou legal. O Cebraspe também cobra a literalidade da lei, mas algumas questões versam sobre o entendimento do texto da Constituição, quando diante de um caso em concreto, ou seja, uma parte das questões não se cobra a memorização da lei, mas o seu entendimento.

Vejamos alguns exemplos de questões elaboradas pela Vunesp no concurso para Delegado de Polícia de São Paulo (2018), em que se exige a memorização da literalidade dos dispositivos.

QUESTÃO 45

Ao dispor sobre os direitos e garantias fundamentais, a Constituição Federal de 1988 dispõe que

A após o registro dos filiados, as entidades associativas têm legitimidade automática para representá-los judicial ou extrajudicialmente.

B a lei estabelecerá o procedimento para desapropriação por necessidade ou utilidade pública, ou por interesse social, mediante justa e prévia indenização em títulos da dívida pública, ressalvados os casos previstos na Constituição.

C as associações só poderão ser compulsoriamente dissolvidas ou ter suas atividades suspensas por decisão judicial, exigindo-se, no primeiro caso, o trânsito em julgado.

D é livre o exercício de qualquer trabalho, ofício ou profissão, atendidas as qualificações profissionais que o respectivo órgão de classe estabelecer.

E os tratados internacionais sobre direitos humanos que forem aprovados por maioria absoluta em cada casa do Congresso Nacional, em dois turnos, serão equivalentes às emendas constitucionais.

Resposta: C (art. 5º, XIX, CF/88)

QUESTÃO 46

Suponha que Joseph, brasileiro naturalizado e atualmente com 20 anos de idade, decida se candidatar ao cargo de Deputado Federal. Nesse caso, é correto afirmar que ele

A poderá se candidatar, pois o cargo é elegível tanto para brasileiros natos como naturalizados e a idade mínima exigida é 18 anos.

B poderá se candidatar, pois o cargo é elegível tanto para brasileiros natos como naturalizados e a idade mínima exigida é 20 anos.

C não poderá se candidatar, uma vez que embora o cargo não seja privativo de brasileiros natos, Joseph não possui a idade mínima de 21 anos exigida pela Constituição.

D não poderá se candidatar, pois ainda que possua a idade necessária para a candidatura, o cargo é privativo de brasileiros natos.

E não poderá se candidatar, pois além de não possuir a idade mínima exigida para a candidatura, o cargo é privativo de brasileiros natos.

Resposta: C (art. 14, VI, "c" c/c art. 12, § 3º, II da CF/88)

QUESTÃO 47

Suponha que o Partido X lhe consulte sobre quais são os requisitos constitucionais para que um partido político tenha acesso aos recursos do fundo partidário e acesso gratuito ao tempo de rádio e televisão. Nesse sentido, segundo o disposto na

Constituição Federal de 1988, após a reforma dada pela Emenda Constitucional no 97/2017, é correto afirmar que o acesso a tais benefícios ocorrerá

A) se obtiver, nas eleições para a Câmara dos Deputados e do Senado Federal, conjuntamente, o mínimo de 5% dos votos válidos nacionais, distribuídos em pelo menos 1/3 das unidades da federação, exigindo-se, para ambos, o mínimo de 2% dos votos válidos em cada uma delas.

B) somente se obtiver, nas eleições para a Câmara dos Deputados, no mínimo, 3% dos votos válidos, distribuídos em pelo menos 1/3 das unidades da Federação, com um mínimo de 2% dos votos válidos em cada uma delas, ou se elegerem pelo menos 15 deputados distribuídos em pelo menos 1/3 das unidades da federação.

C) de forma automática, não sendo necessário o preenchimento de outros requisitos, sob pena de violação ao princípio da liberdade partidária reconhecido pela Constituição Federal.

D) se obtiver, nas eleições para o Senado Federal, no mínimo 2% dos votos válidos, distribuídos em pelo menos 2 unidades da federação, com um mínimo de 1% dos votos válidos em cada uma delas.

E) somente se obtiver, nas eleições para a Câmara dos Deputados, no mínimo, 5% dos votos válidos, distribuídos em pelo menos 1/3 das unidades da Federação, com um mínimo de 2% dos votos válidos em cada uma delas, e, obrigatoriamente, se elegerem pelo menos 15 deputados federais distribuídos em pelo menos 1/3 das unidades da federação.

Resposta: B (art. 17, § 3º, I e II da CF/88)

QUESTÃO 49

Assinale a alternativa correta que corresponda à previsão da Constituição Federal de 1988 sobre a repartição de competências entre os entes federativos.

A) É competência privativa da União legislar sobre procedimentos em matéria processual.

B) Compete privativamente à União legislar sobre proteção e integração social das pessoas portadoras de deficiência.

C) Em se tratando de competência legislativa concorrente, caso um Estado X legisle de forma plena sobre normas gerais e específicas, e, posteriormente, sobrevenha lei federal sobre normas gerais, a lei estadual será abrogada no que lhe for contrário.

D) Compete à União, Estados-membros e Distrito Federal legislar concorrentemente sobre custas dos serviços forenses.

E É competência comum da União, Estados-membros e Distrito Federal legislar sobre populações indígenas.

Resposta: D (art. 24, IV da CF/88)

QUESTÃO 50

Considere que o Estado X, em função da diversidade cultural constatada em sua região, decida desmembrar-se para formação de dois novos Estados. Nessa hipótese, é correto afirmar que tal desmembramento

A será constitucional desde que a proposta seja aprovada pela população diretamente interessada, por meio de plebiscito, e, cumulativamente, pelo Congresso Nacional, por lei complementar.

B será constitucional se aprovada diretamente pela população interessada, por meio de referendo, e do Congresso Nacional, por meio de lei ordinária.

C é automaticamente inconstitucional, pois a unidade federativa é cláusula pétrea imutável nos termos da Constituição.

D é automaticamente inconstitucional, uma vez que a Constituição Federal veda tanto a separação como a criação de novos Estados-membros, ante a já estabelecida simetria federal.

E será constitucional desde que aprovada pela Assembleia do Estado mediante lei estadual e, cumulativamente, pelo Congresso Nacional, por meio de lei complementar.

Resposta: A (art. 18, § 3º da CF/88)

QUESTÃO 51

Supondo que o Senador Y deixe de comparecer, em cada sessão legislativa, à terça parte das sessões ordinárias do Senado Federal, é correto assinalar que

A perderá o seu mandato automaticamente, mediante decisão constitutiva por maioria simples do Senado Federal.

B perderá o seu mandato automaticamente, mediante decisão declaratória por maioria absoluta do Senado Federal.

C perderá o seu mandato, mediante decisão constitutiva do Congresso Nacional, assegurando-se contraditório e ampla defesa.

D perderá o seu mandato automaticamente, mediante decisão constitutiva por maioria absoluta do Senado Federal, independentemente de que lhe seja assegurado contraditório e ampla defesa.

E perderá o seu mandato, mediante decisão declaratória do Senado Federal, salvo se a ausência decorra de licença ou missão autorizada pela Casa legislativa.

Resposta: E (art. 55, III c/c § 3º da CF/88)

QUESTÃO 52

É correto afirmar sobre o Conselho da República:

A dele participam como membros, dentre outros, os líderes da maioria e da minoria, tanto na Câmara dos Deputados como no Senado Federal.

B possui como um de seus membros o Ministro do Planejamento.

C dentre as suas competências constitucionais deve opinar nas hipóteses de declaração de guerra e de celebração de paz.

D compete-lhe estudar, propor e acompanhar o desenvolvimento de iniciativas necessárias a garantir a independência nacional e a defesa do Estado democrático.

E é composto, dentre outros membros, de oito cidadãos brasileiros natos ou naturalizados, com mais de trinta e cinco anos de idade, sendo três nomeados pelo Presidente da República, três eleitos pelo Senado Federal e dois eleitos pela Câmara dos Deputados, todos com mandato de três anos, sendo possível a recondução por uma única vez.

Resposta: A (art. 89, IV e V da CF/88)

QUESTÃO 53

Assinale a alternativa correta a respeito do Controle de Constitucionalidade no Brasil.

A A decisão sobre a constitucionalidade ou a inconstitucionalidade da lei ou do ato normativo somente será tomada se presentes na sessão pelo menos seis Ministros.

B Após a propositura da ação direta de inconstitucionalidade, somente se admitirá a sua desistência mediante concordância da autoridade responsável pela edição da lei ou ato normativo impugnado.

C Em se tratando de Ação Direta de Constitucionalidade, o Supremo Tribunal Federal, por decisão da maioria simples de seus membros, poderá deferir pedido de medida cautelar consistente na determinação de que os juízes e os Tribunais suspendam o julgamento dos processos que envolvam a aplicação da lei ou do ato normativo objeto da ação até seu julgamento definitivo.

D A medida cautelar deferida na Ação Direta de Inconstitucionalidade, que será em regra dotada de eficácia contra todos de efeito *ex nunc*, torna aplicável a legislação anterior acaso existente, salvo manifestação expressa em sentido contrário.

E Os partidos políticos, independentemente de representação no Congresso Nacional, possuem legitimação para propor Ação Direta de Inconstitucionalidade, uma vez que possuem representatividade nacional.

Resposta: D (art. 11, §§ 1º e 2º da Lei nº 9.868/99)

QUESTÃO 55

Suponha que o Presidente da República, depois de ouvir o Conselho da República e o Conselho de Defesa Nacional, decretou estado de defesa para restabelecer a paz social ameaçada por grave e iminente instabilidade institucional no local X. Nesse caso, é certo assinalar que

A o estado de defesa poderá ser instituído pelo prazo máximo de 45 dias, prorrogado uma única vez por mais 45 dias.

B o decreto poderá restringir tanto o sigilo de comunicação telegráfica como telefônica.

C o decreto que instituir o estado de defesa poderá se dar por prazo indeterminado em casos de grave violação da ordem pública.

D na vigência do estado de defesa a prisão ou detenção de qualquer pessoa não poderá ser superior a 30 dias, salvo quando autorizada pelo Poder Judiciário.

E o direito de reunião poderá ser restringido, excetuando-se naquelas exercidas no seio das associações.

Resposta: B (art. 136, § 1º, "c" da CF/88)

QUESTÃO 56

Supondo que o Presidente da República decida nomear como novo Ministro de Defesa FULANO DE TAL, é correto afirmar que referido Ministro

A deverá possuir no mínimo 18 anos de idade, podendo ser brasileiro nato ou naturalizado, no gozo de seus direitos políticos.

B obrigatoriamente, deverá possuir mais de 21 anos de idade e ser exclusivamente brasileiro nato, no gozo de seus direitos políticos.

C uma vez nomeado, caso pratique crime de responsabilidade juntamente com o Presidente da República, será julgado pelo Supremo Tribunal Federal.

D deverá contar no máximo 30 anos de idade, podendo ser brasileiro nato ou naturalizado, no gozo dos seus direitos políticos.

E tendo preenchido os requisitos constitucionais para sua nomeação e assumido o cargo, caso pratique infração penal comum, será julgado pelo Superior Tribunal de Justiça.

Resposta: B (art. 87 c/c art. 12, § 3º, VII da CF/88)

Percebam que no Concurso para Delegado de São Paulo (2018), a Vunesp cobrou 14 questões (do total de 100) de Direito Constitucional, sendo 10 delas exigindo somente a memorização do texto constitucional, sem a necessidade de qualquer entendimento sobre ele. É possível concluir também que são poucas as questões relacionadas à doutrina e menor ainda questões relacionadas à jurisprudência.

Já o Cebraspe possui um perfil diferente em suas provas, tem por costume mesclar suas questões entre lei seca e jurisprudência. Entretanto, algumas questões relacionadas à lei seca possuem um enforque diferente das questões elaboradas pela Vunesp. O Cebraspe não exige somente o conhecimento literal do texto da Constituição, mas também o seu entendimento. O próprio edital lá alerta ao candidato a maneira como são elaboradas as questões:

> "As questões das provas poderão avaliar habilidades que vão além do mero conhecimento memorizado, abrangendo compreensão, aplicação, análise, síntese e avaliação, com o intuito de valorizar a capacidade de raciocínio".

Abaixo alguns exemplos em que o Cebraspe exige não só o conhecimento do texto constitucional, mas o seu entendimento para aplicação em caso em concreto.

QUESTÃO 45

Delegado de Polícia de Mato Grosso (2017)

No estado de Mato Grosso, Pedro cometeu crime contra a economia popular; Lucas cometeu crime de caráter transnacional contra animal silvestre ameaçado de extinção; e Raí, um agricultor, cometeu crime comum contra índio, no interior de reserva indígena, motivado por disputa sobre direitos indígenas.

Nessa situação hipotética, a justiça comum estadual será competente para processar e julgar

A somente Pedro e Raí.

B somente Lucas e Raí.

C Pedro, Lucas e Raí.

D somente Pedro.
E somente Pedro e Lucas.

Resposta: D.

Para responder corretamente a questão acima, o candidato deveria ter o conhecimento das matérias de competência da justiça federal (art. 109 da CF/88) e saber que a competência da justiça estadual é residual, isto é, quando a matéria será de competência da justiça estadual quando não estiver reservada a nenhum outro órgão. Como se observa, é necessário conhecer não só da literalidade da Constituição, mas saber aplicar seus dispositivos em um caso em concreto.

QUESTÃO 46

Delegado de Polícia de Mato Grosso (2017)

O boliviano Juan e a argentina Margarita são casados e residiram, por alguns anos, em território brasileiro. Durante esse período, nasceu, em território nacional, Pablo, o filho deles.

Nessa situação hipotética, de acordo com a CF, Pablo será considerado brasileiro

A naturalizado, não podendo vir a ser ministro de Estado da Justiça.
B nato e poderá vir a ser ministro de Estado da Defesa.
C nato, mas não poderá vir a ser presidente do Senado Federal.
D naturalizado, não podendo vir a ser presidente da Câmara dos Deputados.
E naturalizado e poderá vir a ocupar cargo da carreira diplomática.

Resposta: B.

Observe que a questão não cobrou diretamente o texto da Constituição, mas o entendimento das formas de aquisição da nacionalidade brasileira, previstas no art. 12, I, CF/88, bem como sobre os cargos privativos de brasileiro nato, art. 12, § 3º, CF/88.

Além do entendimento dos dispositivos da Constituição, também se observou questões extraídas da literalidade da lei, como se observa nos exemplos abaixo.

QUESTÃO 63

Delegado de Polícia de Goiás (2017)

No modelo de funcionamento da justiça montado no Brasil, entendeu-se ser indispensável a existência de determinadas funções essenciais à justiça. Nesse sentido, a CF considera como funções essenciais à justiça

A o Poder Judiciário, o Ministério Público, a defensoria pública, a advocacia e as polícias civil e militar.

B o Ministério Público, a defensoria pública, a advocacia pública, a advocacia e as polícias civil e militar.

C o Poder Judiciário e o Ministério Público.

D o Ministério Público, a defensoria pública, a advocacia pública e a advocacia.

E o Poder Judiciário, o Ministério Público e a defensoria pública.

Resposta: D. Conforme se observa do capítulo IV da CF/88.

QUESTÃO 36

Delegado de Polícia do Maranhão (2017)

De acordo com a CF, é função de chefe de governo, exercida pelo presidente da República,

A permitir que forças estrangeiras transitem pelo território nacional ou nele permaneçam temporariamente.

B controlar a legalidade dos atos normativos e administrativos.

C fixar limites globais para o montante da dívida mobiliária dos estados.

D requisitar e designar membros do MP, delegando-lhes atribuições.

E dispor sobre os limites globais para as operações de crédito externo e interno da União.

Resposta: A (art. 84, XXII da CF/88).

Como é sabido, questões relacionadas a entendimentos jurisprudenciais são certos nas provas elaboradas pelo Cebraspe.

QUESTÃO 47

Delegado de Polícia de Mato Grosso (2017)

De acordo com o entendimento dos tribunais superiores, a condenação criminal de um parlamentar federal em sua sentença transitada em julgado resultará na

A perda de seus direitos políticos, cabendo à casa legislativa a decisão acerca da manutenção de seu mandato legislativo.

B suspensão de seus direitos políticos, mas a perda de seu mandato legislativo dependerá de decisão da Câmara dos Deputados.

C suspensão de seus direitos políticos, com a consequente perda automática de seu mandato.

D cassação de seus direitos políticos, o que levará também à perda automática de seu mandato legislativo.

E perda de seus direitos políticos, o que acarretará a perda automática de seu mandato legislativo.

Resposta: B.

Conforme atual entendimento da 2ª Turma do STF, proferido na ação penal nº 470, ao julgar que a condenação criminal de um parlamenta federal não gera a perda automática do cargo. A condenação será comunicada a respectiva casa que deverá deliberar sobre a perda ou manutenção do mandato.

QUESTÃO 43

Delegado de Polícia do Maranhão (2017)

De acordo com o entendimento do STF, a polícia judiciária não pode, por afrontar direitos assegurados pela CF, invadir domicílio alheio com o objetivo de apreender, durante o período diurno e sem ordem judicial, quaisquer objetos que possam interessar ao poder público. Essa determinação consagra o princípio do (a)

A legalidade.

B reserva da jurisdição.

C ampla defesa.

D contraditório.

E direito ao sigilo.

Resposta: B.

Conforme entendimento do STF exposto no Mandado de Segurança N. 23.595-DF.

9 DICAS FINAIS

O concurso para Delgado de Polícia é um dos mais de difíceis dentre os cargos de carreiras jurídicas com prova objetiva, prova discursiva, prova oral, teste de aptidão física, teste psicotécnico, exame médico e curso de formação. O candidato precisão se preparar com estudos e com atividades físicas para manter uma boa saúde física e mental.

Por outro lado, o cargo de Delegado de Polícia possui uma rotatividade muito grande, o que possibilita a realização de constantes concursos pelo Brasil e com um número alto de vagas disponibilizadas.

A preparação deve ser individualizada para cada fase do concurso. Segue abaixo dicas finais para conseguir a então sonhada aprovação no cargo de Delegado de Policial.

- 1 -Prepare-se com antecedência, antes do lançamento do edital e procure fazer todos os concursos possíveis para Delegado de Polícia. Mesmo não estando preparado para a prova, se possível, faça o concurso. Isso porque em cada concurso feito pelo candidato será obtida uma carga de experiência muito grande, que será necessária para as próximas provas.

- 2 -O Candidato deve obter um material sintético e completo para que possa repassar por todo conteúdo o máximo de vezes possível durante sua preparação. Lembre-se, a repetição no estudo é essencial!

- 3 -Procure construir um material próprio de cada matéria, de preferência por cadernos. Isso por que, a escrita configura uma maneira de se estudar, além de facilitar a fixação do assunto através da memória fotográfica. Com um caderno de cada matéria o candidato poderá passar diversas vezes pelo conteúdo em um espaço curto de tempo e concretizar uma das principais dicas: repetição!

O caderno deverá ser construído de maneira organizada, sempre deixando espaço para futuramente completar ou alterar o que foi escrito. **A desorganização desestimula o estudo.** Ele pode ser elaborado através de um bom curso (vídeo aulas ou presencial) ou através de resumo de livros. Com esse material pronto, a fonte de estudo do candidato será somente os **cadernos, vade mecum e jurisprudência.**

- 4 - Diante da realização da prova, procure iniciar pelas matérias que mais tem o domínio. Isso te dará confiança para seguir firme nas matérias com mais dificuldade.

- 5 -Caso a prova objetiva seja aplicada junto com a discursiva, o candidato deverá dividir o tempo para cada uma delas. Caso opte por iniciar pela prova objetiva, resista a tentação e não olhe as questões da prova discursiva enquanto resolve a prova objetiva. Isso vai te ajudar a manter a concentração total em cada uma das provas por vez.

- 6 -Sempre que estiver diante de questões com dúvidas entre dois itens, procure marcar aquele que possui uma redação mais clara, objetiva. Exclua os itens que possuem palavras com sentido absoluto, tais como "sempre", "nunca", "necessariamente", "jamais"...

- 7 –Preste bastante atenção no enunciado da questão, verifique se ela quer a resposta por um assunto específico ou com base na lei, doutrina ou jurisprudência. Isso ajuda a eliminar alguns itens da questão.

- 8 –Não se pode negligenciar nenhuma matéria ou assunto constante no edital.

Por fim, gostaria de deixar uma mensagem de perseverança que sempre me acompanha na busca por meus objetivos:

FOCO, DISCIPLINA E DETERMINAÇÃO SÃO O SEGREDO DO SUCESSO!

Muitos alunos perguntam o que significa foco, disciplina e determinação. Então vamos lá...

- **Foco** significa abdicação, significa ter prioridades em sua vida. Se você realmente quer passar no concurso para Delegado de Polícia, leve isso como uma prioridade, tem que abrir mão de certos momentos da vida em sociedade, das séries de televisão. Lembre-se: esse esforço é temporário que vai valer muito a pena no final!

- **Disciplina** é se preparar com estratégia, com planejamento. Monte um cronograma de estudos com base em sua disponibilidade pessoal, com as dicas acima expostas e siga à risca. Os momentos que se programar para estudar, tem que ser estudado.

- **Determinação** significa persistir, não desistir diante das dificuldades que serão encontradas. Pode acreditar, todos passam por grandes dificuldades durante a preparação, seja financeira, de saúde, de relacionamento, familiar ou de falta de tempo. Todos acreditam que sua dificuldade é a maior de todos. Não é verdade! Enfrente o obstáculo com garra, tenha a certeza que ao ultrapassá-lo você estará mais forte, não use ele como desculpas para desistir. Siga firme até chegar o dia da aprovação, dure o tempo que durar, se não desistir você conseguirá. Cada um tem seu tempo!

Finalizo desejando muito sucesso, aliás, foco, disciplina e determinação!

Direito

ADMINISTRATIVO

Thiago Peralva Barbirato França

1 ESTRATÉGIA DE ESTUDOS

O estudo para concurso público necessita de organização, direcionamento e perseverança.

A grande maioria dos candidatos, primeiramente, estuda de forma equivocada e, por tal motivo, após sucessivas reprovações, acabar desistindo de obter o sucesso da aprovação.

Um dos grandes erros que os candidatos cometem é não ter organização e programação nos seus estudos.

Os concursos para o cargo de Delegado de Polícia, além de exigirem um alto nível de conhecimento jurídico, também exigem que o candidato esteja apto fisicamente, além de submetido a exames médicos e teste psicotécnico.

Percebemos que, além do fator concorrência, que hoje é muito grande, o concurso para o cargo de Delegado de Polícia torna-se peculiar por esta soma de fatores.

As fases que compõem o certame para o cargo de Delegado de Polícia devem ser estudadas de forma específica, pois cada uma delas possui sua especificidade.

O estudo para as fases do certame deve ser concomitante à preparação física, psicológica e médica, tendo em vista que, para obter a aprovação final, o candidato deverá estar plenamente apto em todas as cobranças descritas.

Pois bem. Agora passaremos a analisar as estratégias de estudo em Direito Administrativo para as provas objetiva, discursiva e oral.

1.1 PREPARAÇÃO EM DIREITO ADMINISTRATIVO PARA PROVA OBJETIVA

Estudar para a prova objetiva, requer antes de tudo, que o candidato tenha conseguido absorver o máximo de informações possíveis.

É de suma importância que o candidato faça o estudo específico da lei seca, procurando entendê-la e não somente decorá-la.

Uma boa técnica de estudo de lei seca é a que versa sobre grifar os dispositivos mais importantes e tentar resumir cada dispositivo grifado com uma ou duas palavras.

Tal técnica ajuda bastante o candidato a memorizá-los e, consequentemente, a revisá-los.

Aliado ao estudo da lei seca, o candidato também deve estudar a parte teórica, pois a provas para o cargo de Delegado de Polícia costumam cobrar questões teóricas como conceitos e classificações sobre o Direito Administrativo.

Deve-se adotar um manual de Direito Administrativo que possua leitura simples e completa.

A leitura de um manual que possua uma linguagem tranquila e que aborde todos os temas de forma completa é essencial para esta fase do concurso.

Ademais, desta forma, o candidato também estará se preparando para as outras fases do concurso, pois não costuma haver muito tempo entre as provas objetivas e discursivas.

O "Curso de Direito Administrativo" do professor Rafael Carvalho Rezende Oliveira possui uma boa linguagem e, na nossa visão, é um livro que aborda todos os temas necessários para garantir um bom rendimento na disciplina de Direito Administrativo.

O "Manual de Direito Administrativo" do professor Matheus Carvalho é outro livro extremamente indicado para quem deseja obter o conhecimento necessário para ter um excelente rendimento nas provas de Direito Administrativo.

Ademais, na disciplina de Direito Administrativo, o estudo da jurisprudência também é de vital importância, tendo em vista que os julgados dos tribunais superiores costumam ser cobrados, não obstante, nesta fase, é necessário somente saber qual é a posição dos tribunais sobre determinado tema, sendo desnecessário, pelo menos por ora, saber os motivos da decisão.

Na prova para o cargo de Delegado de Polícia Civil do Estado de Rondônia aplicada pelo Cebraspe no ano de 2022, foi exigido do candidato o conhecimento acerca do entendimento do STJ:

> A respeito da prestação de serviços públicos essenciais e da possibilidade de sua interrupção, observada a jurisprudência do Superior Tribunal de Justiça (STJ), é legítimo o corte do fornecimento de serviços públicos essenciais
>
> A) quando inadimplente o usuário, independentemente de prévia notificação.
>
> B) quando inadimplente pessoa jurídica de direito público, desde que tenha havido prévia notificação e a interrupção não atinja as unidades prestadoras de serviços indispensáveis à população.
>
> C) em unidade de saúde, ainda que ela esteja inadimplente.
>
> D) quando o débito decorrer de irregularidade no hidrômetro ou no medidor de energia elétrica, apurada unilateralmente pela concessionária.
>
> E) por débitos de usuário anterior, considerada a natureza real da dívida.

Para o estudo jurisprudencial, o candidato possui a faculdade de acompanhar as publicações diretamente dos sites do STF e do STJ bem como no site www.dizerodireito.com.br do professor Márcio André Lopes Cavalcante.

O citado professor possui obras especificas que tratam sobre a jurisprudência e são denominadas de "coleção dizer o direito" da editora Juspodivm.

Por fim, para que haja um bom rendimento na prova objetiva, deve-se treinar bastante, pois é aquele velho ditado: "é errando que se aprende".

O corpo humano é uma máquina e seu cérebro funciona por instintos racionais. Assim sendo, quando você treina bastante seja lá o que for, mais aprimora o seu rendimento. Nos concursos públicos não é diferente, ainda mais na prova objetiva.

Quando o candidato estuda e, em seguida, exercita o que estudou, ou seja, realiza um treinamento, ele está aprimorando o seu conhecimento para obter um bom rendimento na hora da prova tão desejada.

Portanto, resolver questões de provas anteriores é de suma importância.

A editora Juspodivm possui uma coleção chamada de "Coleção Revisaço" que é bem interessante. São livros divididos por matéria ou pelo cargo almejado que contém questões de provas objetivas comentadas. É uma excelente pedida!

Lado outro, há sites de questões de concursos em que o candidato também poderá exercitar o seu conhecimento, entretanto, deverá tomar cuidado com comentários incoerentes sobre as questões.

Exercite o seu conhecimento e resolva questões. Se porventura você errar uma questão durante o seu exercício diário, procurando entender o porquê do seu erro, dificilmente errará na hora da sua prova. Isso é primordial!

1.2 PREPARAÇÃO EM DIREITO ADMINISTRATIVO PARA A PROVA DISCURSIVA

Nessa fase do concurso, o candidato já possui conhecimento das matérias em razão de já tê-las estudado e, portanto, deve-se verticalizar o conhecimento já obtido.

É nesse momento que o candidato deve se preparar de maneira que possa ajudá-lo a discorrer bem sobre o seu conhecimento jurídico em Direito Administrativo.

O candidato deve, enquanto estuda para a prova discursiva, procurar formar seu alicerce jurídico, isto é, uma base sólida de conhecimento jurídico.

Nas provas dissertativas, dificilmente o examinador de Direito Administrativo cobrará texto literal da lei, entretanto, dominar a lei é importante já que a sua citação pode valer pontos importantíssimos que diferenciará você do seu concorrente.

A parte teórica do Direito Administrativo torna-se de vital importância nessa fase, devendo o candidato apoiar o seu estudo sobre a doutrina.

É muito comum o examinador elaborar questões em Direito Administrativo através de casos concretos bem como por meio de questões com entendimentos jurisprudenciais.

Nessa fase o candidato deve tomar muito cuidado com os temas sobre licitações, responsabilidade civil do Estado, serviços públicos, agentes públicos, improbidade administrativa e contratos administrativos.

Considero o livro "Curso de Direito Administrativo" do professor Rafael Carvalho Rezende Oliveira uma boa pedida também para as fases discursivas.

O livro do professor Rafael de Oliveira, além de ter uma boa linguagem como já dito anteriormente, é completo e trata de todos os temas controvertidos em Direito Administrativo, trazendo a posição de cada corrente doutrinária, desde as correntes mais contemporâneas até as mais modernas.

Sabemos que, os examinadores gostam de temas controvertidos para as provas discursivas, pois exigem que o candidato disserte e demonstre o seu conhecimento jurídico.

Nesta fase, entendimentos jurisprudenciais costumam ser cobrados como já dito, contudo, diferentemente das cobranças em provas objetivas, o examinador não quer que o candidato demonstre apenas conhecer a posição dos tribunais superiores. Aqui, se deve fundamentar, inclusive, os motivos que levaram ao respectivo tribunal decidir de tal forma.

Lado outro, havendo componente da banca examinadora que possua obra, artigo ou texto jurídico publicado, é de suma importância que o candidato domine os entendimentos do examinador.

Ter o necessário conhecimento jurídico e saber discorrer sobre o tema exigido não é suficiente para uma prova discursiva de direito administrativo.

O candidato, para obter uma excelente pontuação, deve dominar a correta grafia das palavras, a adequada colocação pronominal e concordâncias verbal e nominal da resposta elaborada.

Nas provas discursivas a resposta para cada questão deve ser produzida com um número limitado de linhas, portanto, o candidato deve tomar cuidado para responder a questão de forma completa e organizada sem que haja excesso ao espaço delimitado para a resposta, tendo em vista a possibilidade de ser sancionado com retirada de pontos ou até mesmo a desconsideração da resposta apresentada por completo.

Dividir a resposta conforme uma dissertação é aconselhável. Dever-se-á dividir a resposta em introdução, desenvolvimento e conclusão.

Na introdução o candidato deverá mencionar os conceitos e as bases legais ou constitucionais sobre o tema.

No desenvolvimento o candidato deverá escrever sobre a fundamentação da sua resposta, citando os posicionamentos divergentes e explicando temas correlatos.

Na conclusão o candidato deverá trazer a resposta de forma cabal e sem deixar margem para dúvidas quanto ao posicionamento.

Devemos lembrar que o candidato deve tomar um grande cuidado: não fugir do tema. Embora o candidato tenha que demonstrar o seu domínio quanto ao tema, deve tomar as precauções para não exagerar na sua dissertação de forma que discorra sobre pontos irrelevantes e desconexos com a questão exigida.

Refazer provas anteriores, buscando as mais recentes, é um bom teste para o candidato não ser pego de surpresa quando chegar a hora de fazer a sua prova. E, claro, tome cuidado com o tempo, pois ele nem sempre é um bom aliado.

1.3 PREPARAÇÃO EM DIREITO ADMINISTRATIVO PARA A PROVA ORAL

A prova oral é, sem dúvidas, a prova mais temida pelos candidatos.

Todos os candidatos almejam chegar até a prova oral, entretanto, quando conseguem obter a aprovação na prova dissertativa e chega a hora de enfrentar a prova oral, o "filme" é sempre o mesmo: temor.

Nem todos os editais de concursos para Delegado de Polícia costumam trazer a prova oral como etapa necessária para o candidato ser aprovado, contudo, em razão da carreira de Delegado de Polícia ter sido reconhecida como carreira jurídica, a tendência é que todos os certames passem a ter prova oral.

A título de exemplo, temos o concurso para Delegado de Polícia do Estado do Espírito Santo que não cobrou prova oral no concurso de 2013, certame este em que fui aprovado, e no concurso de 2022 já havia essa exigência.

Nesta etapa do concurso, é natural surgirem inúmeros questionamentos entre os candidatos de como deverá ser o estudo, o que deverá ser estudado, dentre outros.

O estudo de Direito Administrativo para a prova oral é similar ao estudo para a fase discursiva, devendo o candidato focar na atualização da jurisprudência, conceitos e classificações doutrinárias.

Da mesma forma que na fase discursiva, caso haja examinador em Direito Administrativo com obra, artigo ou texto jurídico publicado, o candidato deve ter domínio sobre o seu entendimento.

O certame para o cargo de Delegado de Polícia do Estado do Rio de Janeiro é um bom exemplo, tendo em vista que já é tradição possuir banca examinadora própria e, portanto, é de vital importância conhecer os entendimentos da banca formada pelos examinadores de Direito Administrativo.

O candidato deve ser o mais objetivo e completo em suas respostas, mas sempre fundamentando seu posicionamento.

No concurso para Delegado de Polícia Civil do Distrito Federal, edital do ano de 2014 e prova realizada em fevereiro de 2016, o meu ponto sorteado foi serviços públicos.

O examinador exigiu, em um dos questionamentos, que eu mencionasse as classificações de serviços públicos e conceituasse cada um, diferenciando todos eles. Assim sendo, primeiramente, eu citei cada classificação de serviço público e, posteriormente, conceituei e diferenciei cada um deles.

Como já dito, os candidatos, ao serem aprovados na prova dissertativa, ficaram pavorosos acerca do modo de estudo para a prova oral.

Primeiramente, devemos ter em mente que realizar simulados com outros candidatos é uma boa técnica de treinamento.

Outra boa técnica e, inclusive, adotada por mim quando estava prestes a realizar minha prova oral, consiste na técnica de perguntas nos cabeçalhos e rodapés dos livros.

Quando estava revisando as partes mais importantes do conteúdo de direito administrativo em determinada obra, costumava escrever perguntas no cabeçalho ou no rodapé de determinada página sobre aquele determinado ponto que eu estava estudando.

Assim, ao folhear o livro, ia sempre encontrando perguntas sobre a matéria. Portanto, procurava respondê-las oralmente. Desta forma, ia treinando e procurando chegar próximo à realidade que eu iria encontrar na prova.

Outro ponto importantíssimo na prova oral: o modo de se portar.

Durante a prova oral é fundamental que o candidato se apresente vestido conforme determina o edital, optando por cores neutras e portando-se de maneira formal, tratando os examinadores sempre por "Excelência".

Caso a prova seja com o candidato sentado, este deverá manter-se durante toda a prova uma postura formal e natural.

Outro questionamento muito comum é: o que deve ser feito se não souber a resposta?

A melhor saída é responder para o examinador: "Excelência, no momento não me recordo sobre o tema abordado".

É recomendado que o candidato faça um bom curso para sua preparação para a prova oral, pois receberá todas as dicas de oratória, postura e como deve se portar no momento da prova.

Ademais, ao realizar um curso preparatório, será arguido por alguém que já tem a experiência necessária para orientar sobre os últimos ajustes para conseguir um bom desempenho.

Por fim, devemos ter em mente que, embora seja difícil, não devemos nos desesperar quando estivermos nesta fase do concurso, afinal, se chegamos até aqui é porque temos o conhecimento suficiente para sermos aprovados. Neste momento, devemos ter calma e realizar os ajustes finais para a tão sonhada aprovação.

2 ANÁLISE GERAL DAS ÚLTIMAS PROVAS PARA DELEGADO DE POLÍCIA CIVIL

Nos últimos anos foram realizados vários concursos para o cargo de Delegado de Polícia Civil e a tendência é que o número de certames continue a crescer já que segurança pública sempre é prioridade.

A banca organizadora Cebraspe figura como campeã na organização dos certames, seguida pela banca organizadora Vunesp.

Noutro giro, verifica-se que, em alguns certames, há banca examinadora própria que é formada por Delegados de Polícia na sua maioria, como, por exemplo, no Rio de Janeiro.

A quantidade de questões de Direito Administrativo nas provas objetivas é oscilante, contudo, após análise das últimas provas para o cargo de Delegado de Polícia, constata-se que as bancas costumam exigir que o candidato responda 10 (dez) questões de Direito Administrativo num total de 100 (cem) questões, havendo variação destes números para mais ou para menos de forma excepcional.

Logo abaixo, segue uma tabela demonstrativa sobre as questões de direito administrativo nos concursos desde 2015:

	Estado	Ano	Nº total de questões	Nº de questões de Administrativo	Banca examinadora
01	CEARÁ	2015	100	6 - 6%	VUNESP
02	DISTRITO FEDERAL	2015	100	15 - 15%	FUNIVERSA
03	PARÁ	2016	80	10 - 12,5%	FUNCAB
04	PERNAMBUCO	2016	100	10 - 10%	CEBRASPE
05	ACRE	2017	100	10 - 10%	IBADE
06	GOIÁS*	2017	100	9 - 9%	CEBRASPE
07	MATO GROSSO	2017	80	10 - 12,5%	CEBRASPE
08	AMAPÁ	2017	60	8 - 13,3%	FCC
09	MATO GROSSO DO SUL	2017	100	10 - 10%	FAPEMS
10	BAHIA	2018	100	6 - 6%	VUNESP
11	MARANHÃO	2018	100	12 - 12%	CEBRASPE
12	MINAS GERAIS	2018	70	10 - 14,28%	FUMARC
13	PIAUÍ	2018	100	10 - 10%	NUCEPE
14	RIO GRANDE DO SUL	2018	120	10 - 8,3%	FUNDATEC
15	SERGIPE	2018	150	12 - 8%	CEBRASPE
16	SÃO PAULO	2018	100	14 - 14%	VUNESP
17	GOIÁS	2018	100	5 - 5%	UEG

Administrativo

	Estado	Ano	Nº total de questões	Nº de questões de Administrativo	Banca examinadora
18	ESPÍRITO SANTO*	2019	100	16 – 16%	INSTITUTO ACESSO
19	PARÁ	2021	80	2 - 2,5%	INSTITUTO AOCP
20	RIO GRANDE DO NORTE	2021	100	5 - 5%	FGV
21	PARANÁ	2021	100	13 - 13%	UFPR
22	MATO GROSSO DO SIL	2021	100	7 - 7%	FAPEC
23	MINAS GERAIS	2021	70	8 - 11,42%	FUMARC
24	PARAIBA	2022	80	4 – 5%	CEBRASPE
25	RIO DE JANEIRO	2022	100	13 – 13%	CEBRASPE
26	AMAZONAS	2022	100	4 – 4%	FGV
27	SÃO PAULO	2022	100	9 – 9%	VUNESP
28	ESPÍRITO SANTO	2022	80	7 – 8,5%	CEBRASPE
29	BAHIA	2022	100	8 – 8%	IBFC
30	RORAIMA	2022	60	5 – 8,33%	VUNESP
31	RONDÔNIA	2022	100	12 – 12%	CEBRASPE
32	GOIÁS	2022	100	8 – 8%	INSTITUTO AOCP
33	ALAGOAS	2023	120	14 – 14%	CEBRASPE

*. Concurso anulado.

Analisando-se as respectivas provas objetivas, percebe-se que o perfil das bancas examinadoras de Direito Administrativo consiste em optar pela cobrança de conhecimento da legislação administrativa, da parte teórica doutrinária bem como da jurisprudência.

Quando a prova for do Cebraspe, teremos a certeza que cairão questões versando sobre a jurisprudência. A referida banca examinadora exige bastante que o candidato conheça os julgados dos tribunais superiores.

Lado outro, as provas da Vunesp, por exemplo, não têm o costume de cobrar tanto o conhecimento da jurisprudência em questões de prova objetiva, prezando pelo conhecimento da legislação administrativa aliado ao conhecimento da parte teórica (doutrina).

Insta mencionar que ler, entender e aplicar a legislação administrativa em questões objetivas é uma tarefa que o candidato deve aprender e exercitar.

Todas as bancas examinadoras têm o costume de exigir tal prática em suas provas.

No quadro abaixo, temos o perfil de cada banca organizadora acerca da forma de cobrança nas questões de direito administrativo:

	BANCA EXAMINADORA	PREPONDERÂNCIA
1	CEBRASPE	LEI SECA + TEORIA + JURISPRUDÊNCIA
2	VUNESP	LEI SECA + TEORIA
3	FCC	LEI SECA + TEORIA
4	FUNIVERSA	LEI SECA + TEORIA + JURISPRUDÊNCIA
5	INSTITUTO ACESSO	LEI SECA + TEORIA
6	FUNCAB	LEI SECA + TEORIA
7	FUMARC	LEI SECA + TEORIA
8	FUNDATEC	LEI SECA + TEORIA
9	FAPEMS	LEI SECA + TEORIA + JURISPRUDÊNCIA
10	IBADE	LEI SECA + TEORIA + JURISPRUDÊNCIA
11	NUCEPE	LEI SECA + TEORIA
12	UEG	LEI SECA + TEORIA + JURISPRUDÊNCIA
13	UFPR	LEI SECA + TEORIA + JURISPRUDÊNCIA
14	INSTITUTO AOCP	LEI SECA + TEORIA + JURISPRUDÊNCIA
15	IBFC	LEI SECA + TEORIA + JURISPRUDÊNCIA
16	FVG	LEI SECA + TEORIA

3 CONTEÚDO PROGRAMÁTICO DE DIREITO ADMINISTRATIVO

O conteúdo de Direito Administrativo não costuma sofrer consideráveis variações entre os editais dos concursos para Delegado de Polícia. Este fato possibilita ao candidato a se preparar previamente para as futuras provas.

Não obstante, devemos saber que, em alguns editais, há cobrança da legislação própria como, por exemplo, o respectivo estatuto dos servidores, a lei de processo administrativo estadual ou o regimento da respectiva Policia Civil.

Após análise das provas aplicadas para Delegado de Polícia entre os anos de 2015 a 2023 foi possível verificar a seguinte distribuição de questões conforme tópico do conteúdo programático de Direito Administrativo.

	Tópico do Conteúdo Programático Cobrado
1	Estado, Governo e Administração Pública: conceitos, elementos, poderes e organização;
2	Direito Administrativo: conceito, fontes e princípios;
3	Atos Administrativos: Conceito, requisitos, atributos, classificação e espécies; Extinção do ato administrativo: cassação, anulação, revogação e convalidação; Decadência administrativa.
4	Agentes Públicos.
5	Bens Públicos: Classificação, Características Domínio Público; Utilização dos bens públicos: autorização, permissão e concessão de uso, ocupação, aforamento e concessão de domínio pleno
6	Intervenção do Estado na propriedade privada e no domínio econômico. Limitação Administrativa. Tombamento. Servidão administrativa. Requisição Administrativa. Ocupação Temporária.
7	Poderes da administração pública. Hierárquico, disciplinar, regulamentar e de polícia. Uso e abuso do poder
8	Regime jurídico-administrativo. Conceito. Princípios expressos e implícitos da administração pública
9	Responsabilidade civil do Estado
10	Serviços públicos. Conceito. Elementos constitutivos. Formas de prestação e meios de execução. Delegação: concessão, permissão e autorização. Classificação. Princípios.

	Tópico do Conteúdo Programático Cobrado
11	Organização administrativa. Centralização, descentralização, concentração e desconcentração. Administração direta e indireta. Autarquias, fundações, empresas públicas e sociedades de economia mista. Entidades paraestatais e terceiro setor: serviços sociais autônomos, entidades de apoio, organizações sociais, organizações da sociedade civil de interesse público.
12	Controle da Administração Pública;
13	Processo Administrativo;
14	Licitações;
15	Contratos Administrativos;
16	Convênios e Consórcios;
17	Improbidade Administrativa;

Após análise minuciosa, percebemos que os temas sobre atos administrativos, poderes administrativos, licitações e organização administrativa são os temas mais incidentes em provas objetivas de direito administrativo.

Lado outro, temas como bens públicos e intervenção do Estado na propriedade privada possuem menor incidência em provas objetivas.

Além disso, foi possível observar qual a forma de cobrança de cada tópico do conteúdo de Direito Administrativo.

Alguns tópicos são cobrados exclusivamente conceitos teóricos e outros apenas o estudo da legislação administrativa aliada ou não a entendimento jurisprudencial.

De acordo com o quadro a seguir é possível orientar a forma como o candidato deve ser preparar para cada tópico do conteúdo de Direito Administrativo.

	Tópico do Conteúdo Programático Cobrado	Forma de cobrança
1	Estado, Governo e Administração Pública: conceitos, elementos, poderes e organização;	DOUTRINA
2	Direito Administrativo: conceito, fontes e princípios;	DOUTRINA

	Tópico do Conteúdo Programático Cobrado	Forma de cobrança
3	Atos Administrativos: Conceito, requisitos, atributos, classificação e espécies; Extinção do ato administrativo: cassação, anulação, revogação e convalidação; Decadência administrativa.	DOUTRINA
4	Agentes Públicos.	DOUTRINA + LEI SECA
5	Bens Públicos: Classificação, Características Domínio Público; Utilização dos bens públicos: autorização, permissão e concessão de uso, ocupação, aforamento e concessão de domínio pleno	DOUTRINA
6	Intervenção do Estado na propriedade privada e no domínio econômico. Limitação Administrativa. Tombamento. Servidão administrativa. Requisição Administrativa. Ocupação Temporária.	DOUTRINA
7	Poderes da administração pública. Hierárquico, disciplinar, regulamentar e de polícia. Uso e abuso do poder	DOUTRINA + JURISPRUDÊNCIA
8	Regime jurídico-administrativo. Conceito. Princípios expressos e implícitos da administração pública	DOUTRINA + JURISPRUDÊNCIA
9	Responsabilidade civil do Estado	DOUTRINA + JURISPRUDÊNCIA
10	Serviços públicos. Conceito. Elementos constitutivos. Formas de prestação e meios de execução. Delegação: concessão, permissão e autorização. Classificação. Princípios.	DOUTRINA +JURISPRUDÊNCIA
11	Organização administrativa. Centralização, descentralização, concentração e desconcentração. Administração direta e indireta. Autarquias, fundações, empresas públicas e sociedades de economia mista. Entidades paraestatais e terceiro setor: serviços sociais autônomos, entidades de apoio, organizações sociais, organizações da sociedade civil de interesse público.	DOUTRINA
12	Controle da Administração Pública;	DOUTRINA
13	Processo Administrativo;	DOUTRINA + LEI SECA
14	Licitações;	LEI SECA

	Tópico do Conteúdo Programático Cobrado	Forma de cobrança
15	Contratos Administrativos;	DOUTRINA + JURISPRUDÊNCIA
16	Convênios e Consórcios;	DOUTRINA + JURISPRUDÊNCIA
17	Improbidade Administrativa;	DOUTRINA + JURISPRUDÊNCIA +LEI SECA

Como é possível perceber, o forte do Direito Administrativo para as provas de concursos é o estudo da teoria, isto é, da doutrina administrativa. Não obstante, a jurisprudência relacionada a determinados temas costuma ser cobrada.

Quando o assunto é agentes públicos devemos ter conhecimento da lei 8.112/90 bem como da respectiva legislação administrativa estadual já que o desconhecimento da respectiva legislação que rege os servidores públicos estaduais poderá custar preciosos pontos que poderão deixar o candidato fora da lista de aprovados.

O acima dito vale também para o tema relacionado ao processo administrativo, pois em alguns editais, há necessidade de conhecimento da respectiva lei de processo administrativo estadual.

Por fim, o conhecimento da legislação que vigora na respectiva Policia Civil como, por exemplo, o seu regimento, deve ser de conhecimento do candidato.

4 PRINCIPAIS PONTOS DE DIREITO ADMINISTRATIVO

Consoante demonstrado acima, é possível chegar à conclusão de que o conteúdo de Direito Administrativo foi divido em 17 tópicos para que fosse possível ser feita uma análise minuciosa de cada tema e a forma de cobrança dos mesmos.

Contudo, observamos que alguns assuntos possuem uma preponderância maior do que outros assuntos, razão pela qual se torna necessário fazer uma análise de cada tópico no conteúdo de Direito Administrativo.

- **Tópico 1** – Estado, Governo e Administração Pública: conceitos, elementos, poderes e organização.

Quanto a este ponto do conteúdo, as questões costumam cobrar conceitos e classificações. Nesta parte, prevalece a parte teórica do Direito Administrativo.

➔ **Tópico 2** – Direito Administrativo: conceito, fontes e princípios.

Neste ponto, mais uma vez, prevalece a parte teórica do Direito Administrativo, prezando por definições teóricas dentro do referido tema.

➔ **Tópico 3** – Atos Administrativos: Conceito, requisitos, atributos, classificação e espécies; Extinção do ato administrativo: cassação, anulação, revogação e convalidação; Decadência administrativa.

Tema bastante explorado nas provas de Direito Administrativo. Os examinadores costumam cobrar conceitos, classificações, espécies e os tipos de extinção do ato administrativo. É um tema que o candidato deve ter bastante atenção ao estudar, pois, certamente, estará na sua prova.

➔ **Tópico 4** – Agentes Públicos.

O tema relacionado a agentes públicos possui grande relevância nas provas de Direito Administrativo. Contudo, como já dito anteriormente, o candidato deve ficar atento para a legislação estadual pertinente.

➔ **Tópico 5** – Bens Públicos: Classificação, Características Domínio Público; Utilização dos bens públicos: autorização, permissão e concessão de uso, ocupação, aforamento e concessão de domínio pleno.

O tema acima tem menor incidência em provas de Direito Administrativo, entretanto, não podemos menosprezá-lo, já que na sua prova ele poderá ser cobrado.

Quando o mesmo é cobrado, os examinadores prezam por conceitos teóricos e, portanto, deve-se ficar atento ao estudo da doutrina.

➔ **Tópico 6** – Intervenção do Estado na propriedade privada e no domínio econômico. Limitação Administrativa. Tombamento. Servidão administrativa. Requisição Administrativa. Ocupação Temporária.

Da mesma forma do que foi dito sobre o tema acima, este tópico tem menor incidência nas provas de Direito Administrativo. Não obstante, o candidato não deve excluí-lo da sua rotina de estudos, devendo fazer a opção de estudá-lo através da doutrina administrativa.

Tópico 7 – Poderes da administração pública. Hierárquico, disciplinar, regulamentar e de polícia. Uso e abuso do poder.

Tema importantíssimo e, com exceção de raros casos, sempre estará na prova de Direito Administrativo.

Os examinadores adoram este ponto do conteúdo programático. É um tema completamente conceitual e, portanto, deve ser estudado através da doutrina administrativista. Deve-se ficar atento para a jurisprudência sobre o poder de polícia, pois, ainda mais se tratando de prova do Cebraspe, costuma ser cobrada.

Tópico 8 – Regime jurídico-administrativo. Conceito. Princípios expressos e implícitos da administração pública.

Tópico com incidência relativamente alta. As questões cobradas costumam exigir conhecimento de cada princípio do Direito Administrativo, inclusive, trazendo casos concretos para que o candidato identifique qual o princípio foi aplicado ou foi violado.

Conforme já alertado, o candidato deverá conhecer tanto a parte doutrinária quanto os julgados dos tribunais superiores.

Tópico 9 – Responsabilidade civil do Estado.

Tema com alta incidência em provas para Delegado de Polícia. Os examinadores de Direito Administrativo costumam exigir o conhecimento tanto da parte teórica sobre o tema quanto da jurisprudência do STJ e STF.

Neste ponto, os examinadores gostam de cobrar casos concretos em que se deve afirmar se há responsabilidade do Estado e qual é a respectiva responsabilidade.

Tópico 10 – Serviços públicos. Conceito. Elementos constitutivos. Formas de prestação e meios de execução. Delegação: concessão, permissão e autorização. Classificação. Princípios.

Outro tema corriqueiro em provas para Delegado de Polícia. Neste tópico os examinadores exigem conhecimento da parte teórica aliado ao conhecimento da jurisprudência.

É de costume serem cobrados os casos concretos decididos pelos tribunais superiores bem como conceitos e classificações de serviços públicos.

Lado outro, o candidato deve conhecer o conteúdo da lei nº 8987/95.

➔ **Tópico 11** – Organização administrativa. Centralização, descentralização, concentração e desconcentração. Administração direta e indireta. Autarquias, fundações, empresas públicas e sociedades de economia mista. Entidades paraestatais e terceiro setor: serviços sociais autônomos, entidades de apoio, organizações sociais, organizações da sociedade civil de interesse público.

Mais um tema que possui grande incidência em provas para Delegado de Polícia. Em regra, os examinadores de Direito Administrativo costumam cobrar conceitos teóricos sobre o tema tais como, por exemplo, as características das entidades da administração direta e indireta.

➔ **Tópico 12** – Controle da Administração Pública.

Tópico com incidência menor do que os tópicos anteriores. As provas para Delegado de Polícia costumam exigir o conhecimento da parte teórica sobre o tema, principalmente, acerca das formas de controle.

➔ **Tópico 13** – Processo Administrativo.

Tema com incidência mediana em provas para Delegado de Polícia. Contudo, o candidato, além de conhecer a lei nº 9.784/99, deve conhecer também a lei de processo administrativo que rege o respectivo estado que irá prestar o concurso.

Em regra, as provas costumam cobrar conhecimento literal da lei e, em algumas ocasiões, conhecimento da parte teórica sobre o tema.

➔ **Tópico 14** – Licitações.

Tópico importantíssimo e muito cobrado nas provas. Os examinadores, em regra, costumam exigir conhecimento literal da lei nº 14.133/2021.

As modalidades de licitação são bastante cobradas em provas, bem como as hipóteses de licitação dispensável, dispensada e inexigível.

Os conceitos de licitação fracassada e deserta também costumam ser cobrados.

➔ **Tópico 15** – Contratos Administrativos.

Um dos tópicos mais cobrados nos concursos para Delegado de Polícia.

Acerca dos contratos administrativos, os examinadores costumam cobrar bastante a exigência do conhecimento sobre as cláusulas exorbitantes, as alterações contratuais, as revisões econômicas do contrato, a execução do contrato (fiscalização, responsabilidade, encargos trabalhistas e previdenciários, subcontratação e recebimento provisório e definitivo) e a inexecução e rescisão do contrato.

O candidato deve estar atendo ao estudo doutrinário bem como deve conhecer a jurisprudência sobre o tema.

➔ **Tópico 16** – Convênios e Consórcios.

Embora tenha ligação com o tópico anterior, este tema costuma ser menos cobrado do que o tema de contratos administrativos propriamente dito.

Não obstante, o candidato deve ter conhecido do tema e saber a sua parte conceitual, priorizando o estudo da doutrina administrativa e da jurisprudência sobre o tema.

➔ **Tópico 17** – Improbidade Administrativa.

Assunto importantíssimo, pois, além de possuir total pertinência com o cargo do Delegado de Polícia, está em voga.

As ações de improbidade administrativa, rotineiramente, são notícias nos canais de comunicação.

O combate às condutas ímprobas de agentes públicos tem sido notícia por todo o país.

Assim sendo, o candidato deve conhecer e decorar a lei de improbidade administrativa (nº 8429/92) bem como deve estudar a doutrina administrativa sobre o tema.

Lado outro, é de suma importância conhecer os entendimentos e os julgados dos tribunais superiores sobre improbidade administrativa.

O candidato deve saber distinguir os atos de improbidade administrativa que importam enriquecimento ilícito dos que causam prejuízo ao erário assim como dos que atentam contra os princípios da Administração Pública.

Vale a pena mencionar que deve ser de conhecimento do candidato a recente alteração legislativa na referida lei de improbidade que inseriu o art. 10-A e definiu o que vem a ser ato de improbidade administrativa decorrente de concessão ou aplicação indevida de benefício financeiro ou tributário.

Por fim, o candidato deve saber diferenciar as consequências e as penalidades decorrentes de cada tipo de ato de improbidade administrativa.

5 ANÁLISE DAS QUESTÕES DE DIREITO ADMINISTRATIVO

As provas de Direito Administrativo nos concursos para o cargo de Delegado De Polícia têm por costume cobrar conceitos e definições teóricas sobre o Direito Administrativo.

Conforme já dito anteriormente, quando se trata da banca Cebraspe, aumenta a exigência do conhecimento jurisprudencial sobre o tema de Direito Administrativo.

A banca Vunesp tem a tradição de cobrar questões mais objetivas, isto é, mais literais.

Vale a pena mencionar que em muitas questões é cobrada a aplicação do conhecimento da lei em casos concretos.

Verifica-se que as bancas examinadoras exigem bastante conhecimento teórico sobre o Direito Administrativo.

A banca Cebraspe, a principal organizadora dos certames para o cargo de Delegado de Polícia, tem a tradição de misturar a exigência da parte teórica com a exigência de conhecimento da jurisprudência nas suas questões.

Vejamos alguns exemplos de questões elaboradas no concurso para Delegado de Polícia de Alagoas (2023):

QUESTÃO

- Julgue o item seguinte, a respeito dos prazos estabelecido na Lei n.º 10.520/2002, que trata da modalidade de licitação denominada pregão.

  O prazo de interposição de recurso e contrarrazões é com às licitantes interessadas, sendo de, no mínimo, três úteis, a contar da divulgação do resultado de julgamento certame. (gabarito: E)

- Julgue o item a seguir, de acordo com a Lei nº 11.079/2004, que dispõe sobre as parcerias públicas-privadas.

  O seguro-garantia fornecido por instituição privada é modalidade apta a garantir as obrigações pecuniárias contraídas pela administração pública. (gabarito: C)

- Considerando o disposto na Lei n.º 8.987/1995, que trata das concessões e permissões de serviços públicos, julgue o próximo item.

  Ocorrerá a caducidade da concessão sempre que houver alteração no controle societário da concessionária sem prévia anuência do poder concedente. (gabarito: C)

- Considerando os preceitos da Lei n.º 9.784/1999, que regula o processo administrativo, julgue o item a seguir.

  Para os efeitos do processo administrativo, são capazes perante a administração pública, além dos maiores de idade, os menores de dezoito anos de idade, desde que em exercício de emprego público efetivo e com idade acima dos quatorze anos. (gabarito: E)

Vejamos alguns exemplos de questões elaboradas pela banca Instituto AOCP no concurso para Delegado de Polícia de Goiás (2023):

QUESTÃO

Em matéria de intervenção do Estado sobre a propriedade privada, observa-se que a função social da propriedade pugnada pela ordem constitucional brasileira imprime à atuação da Administração Pública prerrogativas extraordinárias, próprias do regime jurídico administrativo. Assim, por vezes, a própria aquisição de bens públicos se articula com tal intervenção. Nesse contexto, insere-se o caso de um Prefeito Municipal que, verificando a existência de um imóvel abandonado, por meio de decreto, declarou tal imóvel de necessidade pública para fins de desapropriação, o que finalmente levou à instalação de uma escola no imóvel. Diante dessa situação, assinale a alternativa correta.

Alternativas

A O ato administrativo praticado pelo Prefeito Municipal conta com vício quanto à forma, uma vez que deveria ser praticado por meio de lei ordinária precedida de indenização prévia, justa e em dinheiro.

B No caso narrado, considerando que a escola é voltada para o interesse da coletividade, pode-se afirmar que, após a instalação e efetivo uso do bem público, este pode ser caracterizado como tacitamente afetado e de uso especial.

C Após a concretização da desapropriação, o imóvel se tornou bem público dominical, já que o seu domínio é do Município que procedeu com a desapropriação.

D O ato administrativo em comento deveria ser precedido de aval da Câmara dos Vereadores, que deveria emitir parecer a respeito da possibilidade jurídica da desapropriação em autorização legislativa específica.

Ⓔ Conforme o caso narrado, caracteriza-se desapropriação por interesse social, tendo em vista o papel das escolas públicas na preservação da segurança alimentar de seus alunos.

Gabarito: B

QUESTÃO

Além dos princípios próprios do regime jurídico administrativo, a compreensão das normas aplicáveis à Administração Pública perpassa pelas construções constantes da literatura. Assim, a prática e veiculação de atos administrativos têm relação íntima com construções teóricas clássicas, como a de Otto von Gierke, entre outros autores. Diante de todo este cenário, assinale a alternativa correta sobre os atos administrativos.

Alternativas

Ⓐ A vontade no ato administrativo é idêntica àquela verificada quanto aos atos jurídicos de direito privado, sendo ambas uma manifestação de vontade autônoma.

Ⓑ O ato praticado por um particular, no exercício de sua autonomia privada, que produza efeitos no âmbito do direito administrativo, pode ser categorizado como ato administrativo.

Ⓒ Inobstante haver obrigação de atuação da Administração Pública em determinado caso, a omissão na manifestação de vontade perante a situação não irá repercutir em ilicitude.

Ⓓ A extinção das relações jurídicas derivadas dos atos administrativos não está sujeita ao regime da legalidade.

Ⓔ A autoexecutoriedade do ato administrativo, para sua regularidade, deve obedecer de forma estrita aos princípios da legalidade e da proporcionalidade.

Gabarito: E

QUESTÃO

Realizando uma cobertura jornalística de manifestação popular que acabou em conflito entre manifestantes e agentes policiais, um profissional da imprensa, que cumpria todas as advertências impostas pelas autoridades policiais, acabou por ser alvo de uma bala de borracha disparada por um agente policial, que o cegou. Seguindo a jurisprudência do Supremo Tribunal Federal a respeito da Responsabilidade Civil do Estado, assinale a alternativa correta.

Alternativas

Ⓐ Ao permanecer no local do conflito instaurado em manifestação pública, a vítima assumiu o risco, não havendo que se falar em responsabilidade do Estado na reparação dos danos.

B É objetiva a responsabilidade civil do Estado em relação a profissional da imprensa ferido por agentes policiais durante cobertura jornalística de manifestações com conflito entre policiais e manifestantes.

C A apuração da responsabilidade civil do Estado deve seguir parâmetros subjetivos, diante do princípio do interesse público, devendo o profissional da imprensa demonstrar dolo ou culpa na atuação do agente policial.

D Inexiste responsabilidade civil do Estado no caso, tendo em vista o estrito cumprimento do dever legal por parte do agente policial.

E No caso tal como exposto, a responsabilidade civil do Estado apenas se configurará se demonstrado o dolo por parte do agente policial que efetuou o disparo, caso em que caberá ação de regresso em face do agente responsável.

Gabarito: B

Vejamos agora algumas questões cobradas pela banca VUNESP na prova para Delegado de Polícia de Roraima (2022):

QUESTÃO

A respeito da invalidade dos atos administrativos é correto afirmar que

Alternativas

A o ato proferido com excesso de poder caracteriza um vício em sua competência, enquanto o defeito na motivação caracteriza um vício de conteúdo do ato.

B o ato discricionário, em que há ampla liberdade de escolha da conveniência e oportunidade pela Administração, dispensa a motivação, bastando a invocação do interesse público.

C nem todo ato inválido é um ato ilícito, existem atos com irregularidade irrelevante, que não apresentam vício jurídico, e atos com irregularidade suprível.

D quando houver decisão judicial que anula a contratação de servidor público, esse deve devolver a remuneração percebida durante o período em que exerceu as suas funções.

E a invalidação de ato que seja eivado de vício insanável, que tenha prejudicado o particular e a própria Administração, não se sujeita a prazo decadencial para a sua efetivação.

Gabarito: C

QUESTÃO

Segundo o que estabelece a Lei nº 8.987/1995, é correto afirmar, sobre a concessão e permissão da prestação de serviço público, que

Alternativas

A não se caracteriza como descontinuidade do serviço a sua interrupção em situação de emergência ou após prévio aviso, quando motivada por razões de ordem técnica ou de segurança das instalações e por inadimplemento do usuário, considerado o interesse da coletividade.

B as concessionárias de serviços públicos, de direito público e privado, são obrigadas a oferecer ao consumidor e ao usuário, dentro do mês de vencimento, o mínimo de três datas opcionais para escolherem os dias de vencimento de seus débitos.

C a tarifa não será subordinada à legislação específica anterior e, somente nos casos expressamente previstos em decreto, sua cobrança poderá ser condicionada à existência de serviço público alternativo e gratuito para o usuário.

D a outorga de concessão ou permissão terá caráter de exclusividade, salvo no caso de inviabilidade técnica ou econômica justificada no ato da administração que anteceder o edital de licitação.

E incumbe à concessionária a execução do serviço concedido, cabendo-lhe responder por todos os prejuízos causados ao poder concedente, aos usuários ou a terceiros, em solidariedade com o poder público.

Gabarito: A

Agora vamos ver algumas questões cobradas pela banca FGV no concurso para Delegado de Polícia de Amazonas (2022):

QUESTÃO

Em janeiro de 2022, o policial civil João, do Estado Alfa, de forma dolosa, a fim de obter proveito ou benefício indevido para outra pessoa, revelou fato de que tinha ciência em razão das suas atribuições e que devia permanecer em segredo, propiciando beneficiamento a terceiro por informação privilegiada. Consoante dispõe a Lei de Improbidade Administrativa (com as alterações introduzidas pela Lei nº 14.230/21), João praticou ato de improbidade administrativa que atentou contra os princípios da Administração Pública (Art. 11 da Lei nº 8.429/92) e, no bojo de ação civil pública por ato de improbidade administrativa, o policial

Alternativas

- **A** não está sujeito a perda da função pública, por ausência de previsão legal.
- **B** está sujeito a perda da função pública, que atinge qualquer vínculo existente entre o agente público e o poder público no momento do trânsito em julgado da sentença.
- **C** está sujeito a perda da função pública, que atinge qualquer vínculo existente entre o agente público e o poder público no momento em que for prolatada a sentença.
- **D** está sujeito a perda da função pública, que atinge apenas o vínculo de mesma qualidade e natureza que o agente público detinha com o poder público na época do cometimento da infração.
- **E** está sujeito à perda da função pública, que atinge apenas o vínculo de mesma qualidade e natureza que o agente público detinha com o poder público na época do cometimento da infração, podendo o magistrado, em caráter excepcional, estendê-la aos demais vínculos, consideradas as circunstâncias do caso e a gravidade da infração.

Gabarito: A

QUESTÃO

Em fevereiro de 2022, a Polícia Civil do Estado Gama pretende realizar locação de imóvel para servir de depósito para bens que já foram periciados e aguardam determinação judicial quanto à sua destinação.

Não se tratando de imóvel cujas características de instalações e de localização tornem necessária sua escolha, e levando em conta que será adotado o regime jurídico da nova Lei de Licitações (Lei nº 14.133/21), é correto afirmar que a contratação em tela deverá

Alternativas

- **A** ocorrer mediante inexigibilidade de licitação, por expressa previsão legal.
- **B** ocorrer mediante dispensa de licitação, por expressa previsão legal.
- **C** ser precedida de licitação na modalidade leilão, de prévias avaliação do bem e autorização legislativa.
- **D** ser precedida de licitação e avaliação prévia do bem, do seu estado de conservação, dos custos de adaptações e do prazo de amortização dos investimentos necessários.
- **E** ser precedida de licitação na modalidade concorrência e dependerá de autorização legislativa e de avaliação prévia do bem, observado o princípio da economicidade.

Gabarito: D

O Cebraspe costuma mesclar a exigência de cobrança nas provas, variando entre a aplicação da parte teórica e da jurisprudência.

Conforme podemos analisar nas questões acima, o Cebraspe não tem por costume cobrar aplicação literal da lei.

Noutro giro, a Vunesp possui um perfil diferente em suas provas, tendo por costume cobrar a aplicação do conhecimento da lei em suas questões, embora exija a aplicação da legislação em casos concretos.

Juntamente com tal fato, a Vunesp tem a tradição de cobrar o conhecimento da parte teórica do Direito Administrativo.

Da mesma forma é o que o ocorre com a FVG e o Instituto AOCP que priorizam o conhecimento da teoria.

E as cobranças nas provas discursivas e orais são bem parecidas com as cobranças realizadas nas provas objetivas.

Na verdade, o que muda, é somente a forma de resposta, já que na prova objetiva o candidato analisará o questionamento e marcará a assertiva correta, enquanto na prova discursiva e oral, o candidato formulará a resposta adequada.

Por exemplo, na prova oral para Delegado de Rondônia ocorrida em 2023, foi cobrada a seguinte pergunta: Descreva cinco atributos dos atos administrativos.

Outra questão cobrada neste certame foi: Qual é a forma de extinção do contrato aplicável ao caso em que o poder público firma contrato de concessão de serviço público, mas pretende retomar a prestação do serviço por motivos de interesse público? Na resposta, aponte os requisitos para essa forma de extinção.

Como podemos ver, as questões cobradas na citada prova oral, poderiam também ser cobradas numa eventual prova discursiva.

Já na prova oral para Delegado de Polícia de São Paulo, ocorrida em 2023, foi perguntado quais são os princípios administrativos e quais são as características do poder de polícia, por exemplo.

6 DICAS FINAIS

O concurso para Delegado de Polícia é um dos mais de difíceis dentre os cargos de carreiras jurídicas.

O certame é composto por provas de conhecimentos jurídicos bem como testes médicos, físicos e psicotécnicos.

Ademais, na maioria dos certames, o curso de formação na academia de polícia é etapa eliminatória do concurso e torna-se mais um grande desafio.

Embora o candidato tenha que enfrentar toda essa dificuldade, os concursos para Delegado de Polícia são rotineiros, pois segurança pública é e sempre será prioridade.

Assim sendo, mesmo havendo um grande nível de dificuldade para chegar até a aprovação, os candidatos podem encontrar conforto em saber que ocorrem alguns certames anualmente.

Outro fator positivo consiste na quantidade elevada de vagas disponibilizadas nos editais já que raramente os editais para o cargo de Delegado de Polícia vêm com número de vagas reduzido.

O candidato deve iniciar a sua preparação de forma antecipada e procurar fazer o maior número de provas possível.

Conforme já dito inicialmente, realizar questões de provas anteriores é essencial para a preparação do candidato.

Não obstante, prestar o maior número de concursos que for possível é primordial. Com raras exceções, ninguém passa nos primeiros concursos que presta e o fato de realizar várias provas faz com que o candidato ganhe "experiência de prova". Tal experiência consiste no fato do candidato aprender a utilizar o tempo disponível para a realização da prova de forma correta e proporcional, sem ficar perdido e desesperado para conseguir finalizar a mesma.

Ademais o candidato começa a administrar a pressão e a cobrança de estar prestando prova para o cargo tão almejado.

Por fim, desejo toda a sorte do mundo a cada um de vocês e que Deus concretize os seus sonhos de se tornarem Delegados de Polícia.

Direito PENAL

Sandro Caldeira

1 BIBLIOGRAFIA INDICADA E ESTRATÉGIAS DE ESTUDO

A relação do tempo de estudo disponível para a preparação do candidato é uma variável que deve ser tratada com cuidado, estratégia e disciplina de modo que o candidato precisa ter planejamento para usar o tempo a seu favor. A extensão, importância e a generalidade do conteúdo programático de Direito Penal presente nos editais das provas que serão posteriormente analisados exigirão do candidato essa boa gestão, que será auxiliada com as orientações que daremos nesta seção.

Antes de tudo é preciso deixar claro que o candidato deve seguir as orientações dadas considerando suas subjetividades, limitações e os fatores pessoais adequando à sua rotina uma estratégia que tenha em conta as suas preferências e especificidade. Mas para a estratégia e planejamento de estudo existem alguns fatores objetivos que devem ser considerados seja qual for a forma que o candidato optar por fazê-lo.

O Direito Penal, neste caso, funciona como uma matéria base, de peso neste concurso e que é responsável por um número considerável de questões. Aqui, o candidato não pode se esquivar de uma rotina combinada de muito treinamento, mesclando leitura da Lei seca, doutrina, jurisprudência e treino de questões, especialmente porque esta disciplina exige, como se verá, um considerável número de questões em que predomina a fonte de estudo da lei seca e, dessa forma, os resultados dos números de acertos podem ser melhorados depois da resolução exaustiva de questões que levarão o candidato na simulação das provas a adquirirem prática e assentarem alguns conceitos exigidos, memorizando com mais facilidade dispositivos legais.

É preciso, portanto, considerar a necessária divisão do estudo numa detalhada análise da legislação penal e da legislação penal especial que são exigidas neste concurso. Como se verá a legislação assume uma função de grande relevância nos conhecimentos exigidos na prova e será essencial para o acerto das questões. Lei seca esparsa ou codificada – por meio da leitura e resolução de questões – deve ocupar o candidato na divisão do tempo e esta é uma estratégia que não se pode deixar de lado conforme se verá neste capítulo quanto às estatísticas da forma de abordagem predominante das questões.

Apesar da resolução de questões ser um treino importante e que, para mim, deve seguramente fazer parte da rotina de estudos, nem sempre ela vai ser tão útil porque algumas questões exigirão com mais profundidade outras fontes de estudo, como aquelas que envolvem a doutrina e o conhecimento da jurisprudência mais atualizada para o tema.

O que se pretende dizer aqui é que apesar de sempre ser importante o treinamento, ele pode não ser tão eficaz, sobretudo quando a questão exige uma doutrina mais aprofundada, pelo que o candidato deverá dedicar tempo para conhecer as matérias mais afeitas à doutrina.

Para tanto, é preciso uma doutrina-guia. Todavia, indicar uma obra no Direito Penal não é tarefa fácil diante da vasta e qualificada produção. Aqui, partilho aquelas que pessoalmente entendo ser adequadas e ficam como uma proposta para o candidato. As provas costumam exigir uma parcela de questões que, em primeiro lugar, pretendem reconhecer que o candidato tenha a compreensão das bases do Direito Penal que devem estar assentes e consolidadas para um bom desenvolvimento na disciplina de Penal durante as provas do concurso de Delegado da Polícia Civil.

Tópicos envolvendo a Teoria Geral do Direito Penal são recorrentes nos editais, e como em todas as disciplinas, é indispensável saber o fundamento para após ter firmada as bases para o aprofundamento de outras questões mais específica que partem dos preceitos básicos que são retirados na doutrina. Por isso, caso o candidato não tenha este pilar do Direito Penal, é preciso que dedique um tempo para começar por obras mais aprofundadas. Aqui, aponto as seguintes:

- **MANUAL DE DIREITO PENAL – VOLUME ÚNICO, PARTE ESPECIAL DO CÓDIGO PENAL, EDITORA JUSPODIVM**, autor – Rogério Sanches. Este livro se revela muito completo para o estudo do candidato, merece ser analisado.
- **LEGISLAÇÃO CRIMINAL ESPECIAL COMENTADA, EDITORA JUSPODIVM**, autor **Renato Brasileiro de Lima.** Um ponto importante é que, como se verá, a Legislação Penal Especial estará incluída em muitos dos conteúdos programáticos de Direito Penal dos Editais analisados, pelo que se recomenda a obra volume único, atualizada com pontos divergentes da doutrina e evidenciando o posicionamento dos Tribunais sobre a legislação penal especial.
- **SINOPSE DE DIREITO PENAL, EDITORA JUSPODIVM, autores Marcelo André de Azevedo e Alexandre Salim.** Esta obra é indicada para uma leitura mais objetiva dos temas , mas aborda de forma atualizada temas relevantes cobrados nos certames.

Do mesmo modo, a forma mais eficaz para estudar a jurisprudência dos Tribunais Superiores atualizada sobre os tópicos de penal não será somente a resolução de questões, mas seria igualmente interessante que o candidato estivesse atento ao site "Dizer o Direito", que dispensa apresentações mais detalhadas, onde é possível acessar com facilidade e de forma atualizada os julgamentos relevantes dos Tribunais, que se fazem acompanham de doutrina e comentários pertinentes, incluindo, além disso aspectos sobre novidades legislativas envolvendo o tema.

- REVISÃO ESTRATÉGICA DIZER O DIREITO, EDITORA JUSPODIVM, autor Márcio André Lopes Cavacante. Neste ponto, o autor publicou de forma sistematizada o conteúdo em livro, permitindo ao leitor acesso às atualizações publicadas no site Dizer o Direito até o final do ano, incluindo alerta sobre os julgados alterados pelas novidades legislativas de 2023. Além desse, o autor oferece duas outras obras na mesma linha que merecem atenção: Os Principais Julgados do STF e STJ comentados e Súmulas do STF e STJ anotadas e organizadas por assunto.

Portanto, um aporte doutrinário que congregue, portanto, doutrina, lei seca e jurisprudência será a guarnição do candidato para ter sucesso nesta disciplina. Isto tudo acompanhado por um intensivo treinamento de resolução de questões (atualizadas) e a preparação certeira que o estudo do Direito Penal merece e esta seção pretende orientar, sobretudo para os concursos de Delegado da Polícia Civil.

2 O CONTEÚDO PROGRAMÁTICO DOS EDITAIS

Com a ausência de normas que regulamentam e unificam os procedimentos dos concursos para Delegado da Polícia Civil, em razão da competência ser atribuída a cada unidade da federação que realiza o certame, os assuntos a serem abordados pelos editais na disciplina Direito Penal podem encontrar alguma variedade de um edital para outro.

Alguns pontos serão comuns a praticamente todos os editais e outros serão mais específicos da forma que um ou outra banca organizadora decidir elencar os assuntos abordados. Não há outra forma de pontuar os editais, a não ser olhando para cada um deles e tirando algumas conclusões que podem orientar boa parte da preparação do candidato, mesmo antes do edital ser lançado.

A disciplina de Direito Penal, portanto, envolveu, conforme cada edital publicado entre os anos de 2015 e 2023, nos diversos Estados, os seguintes pontos:

Distrito Federal, 2015

1 Introdução ao direito penal. 1.1 Conceito, caracteres e função do direito penal. 1.2 Princípios do direito penal. 1.3 Relações com outros ramos do direito. 1.4 Direito penal e política criminal. 1.5 História do Direito Penal. 2 A lei penal. 2.1 Características, fontes, interpretação, vigência e aplicação. 2.2 Lei penal no tempo e no espaço. 2.3 Imunidade. 2.4 Condições de punibilidade. 2.5 Concurso aparente de normas. 3 Teoria geral do crime. 3.1 Conceito, objeto, sujeitos, conduta, tipicidade, culpabilidade. 3.2 Bem jurídico. 3.3 Tempo e lugar do crime. 3.4 Punibilidade. 3.5 Concurso de crimes e crime continuado. 4 Teoria do tipo. 4.1 Crime doloso e crime culposo. 4.2 Crime qualificado pelo resultado e crime preterdoloso. 4.3 Erro de tipo. 4.4 Classificação jurídica dos crimes. 4.5 Crimes comissivos e omissivos. 4.6 Crimes de dano e de perigo. 4.7 Punibilidade: causas de extinção da punibilidade. 4.8 Iter criminis. 4.9 Consumação e tentativa. 4.10 Desistência voluntaria e arrependimento eficaz. 4.11 Arrependimento posterior. 4.12 Crime impossível. 5 Ilicitude. 5.1 Causas de exclusão da ilicitude: estado de necessidade, legitima defesa, estrito cumprimento do dever legal e exercício regular de direito. 6 Teoria geral da culpabilidade. 6.1 Fundamentos, conceito, elementos e conteúdo. 6.2 Princípio de culpabilidade. 6.3 Culpabilidade e pena. 6.4 Causas de exclusão da culpabilidade. 6.5 Imputabilidade. 6.6 Erro de proibição. 7 Concurso de agentes: autoria e participação; conduta delituosa; resultado; relação de causalidade; imputação. 8 Teoria geral da pena. 8.1 Cominação das penas. 8.2 Penas privativas de liberdade. 8.3 Penas restritivas de direitos. 8.4 Regimes de pena. 8.5 Pena pecuniária. 8.6 Medidas de segurança. 8.7 Aplicação da pena. 8.8 Elementares e circunstâncias. 8.9 Causas de aumento e de diminuição das penas. 8.10 Fins da pena. 8.11 Livramento condicional e suspensão condicional da pena. 8.12 Efeitos da condenação. 8.13 Execução penal. 9 Extinção da punibilidade. 9.1 Conceito, causas gerais e especificas, momentos de ocorrência. 9.2 Prescrição: conceito, teorias, prazos para o cálculo da prescrição, termos iniciais, causas suspensivas ou impeditivas, causas interruptivas. 10 Crimes. 10.1 Crimes contra a pessoa. 10.2 Crimes contra o patrimônio. 10.3 Crimes

contra a propriedade imaterial. 10.4 Crimes contra a propriedade intelectual. 10.5 Crimes contra a organização do trabalho. 10.6 Crimes contra o sentimento religioso e contra o respeito aos mortos. 10.7 Crimes contra a dignidade sexual. 10.8 Crimes contra a família. 10.9 Crimes contra a incolumidade publica. 10.10 Crimes contra a paz publica. 10.11 Crimes contra a fé publica. 10.12 Crimes contra a administração publica. 10.13 Crimes contra as finanças publicas. 10.14 Trafico ilícito e uso indevido de substâncias entorpecentes (Lei nº 11.343/2006). 10.15 Crime organizado (Lei nº 12.850/2013). 10.16 Crimes contra a ordem econômica e tributaria e as relações de consumo (Lei nº 8.137/1990). 10.17 Lavagem de dinheiro (Lei nº 9.613/1998). 10.18 Crimes contra a ordem econômica (Lei nº 8.176/1991). 10.19 Crimes hediondos (Lei nº 8.072/1990). 10.20 Crimes resultantes de preconceitos de raça ou de cor (Lei nº 7.716/1989). 10.21 Crimes de tortura (Lei nº 9.455/1997). 10.22 Crimes contra o meio ambiente (Lei nº 9.605/1998). 10.23 Crimes de responsabilidade (Decreto-Lei nº 201/1967, Lei nº 1.079/1950 e Lei nº 8.176/1991). 10.24 Crimes falimentares (Lei nº 11.101/2005). 10.25 Crimes nas licitações e contratos da administração publica (Lei nº 8.666/1993). 11 Direito de representação e processo de responsabilidade administrativa, civil e penal nos casos de abuso de autoridade (Lei nº 4.898/1965). 12 Estatuto do desarmamento (Lei nº 10.826/2003). 13 Apresentação e uso de documento de identificação pessoal (Lei nº 5.553/1968). 14 Código de proteção e defesa do consumidor (Lei nº 8.078/1990). 15 Estatuto do Índio (Lei nº 6.001/1973). 16 Estatuto da Criança e do Adolescente (Lei nº 8.069/1990). 17 Interceptação telefônica (Lei nº 9.296/1996). 18 Lei nº 12.037/2009. 19 Código Eleitoral (Lei nº 4.737/1965). 20 Execução penal (Lei nº 7.210/1984). 21 Juizados especiais criminais (Lei nº 9.099/1995). 22 Lei n. 11.340/2006 (Lei Maria da Penha). 23 Lei n. 12.830/2013.

Goiás, 2016.

1 Garantias penais fundamentais da Constituição. 2 Direito penal e política criminal. 3 A lei penal. 3.1 Características, fontes, interpretação, vigência e aplicação. 3.2 Lei penal no tempo e no espaço. 3.3 Imunidade. 3.4 Condições de punibilidade. 3.5 Concurso aparente de normas. 4 Teoria geral do crime. 4.1 Conceito, objeto, sujeitos, conduta, tipicidade, culpabilidade. 4.2 Bem jurídico. 4.3 Tempo e lugar da pena. 4.4 Lei penal excepcional, especial e temporária. 4.5 Territorialidade e extraterritorialidade da lei penal. 4.6 Analogia. 4.7 Irretroatividade da lei penal. 4.8 Causas de exclusão da ilicitude. 4.9 O fato típico e seus elementos. 4.10 Causas de exclusão da tipicidade. 4.11 Teoria da ação. 4.12 Relação de causalidade e teorias. 4.13 Imputação objetiva. 4.14 Consumação e tentativa. 4.15 Desistência voluntária, arrependimento eficaz e arrependimento posterior. 4.16 Crime impossível. 4.17 Agravação pelo resultado. 4.18 Descriminantes putativas. 4.19 Erro determinado por terceiro e erro sobre a pessoa. 4.20 Causas de exclusão da culpabilidade. 4.21 Imputabilidade. 4.22 Erro de proibição. 4.23 Concurso de agentes. 4.24 Autoria e participação. 4.25 Conduta delituosa, resultado, relação de causalidade e imputação. 4.26 Extinção da punibilidade. 4.26.1 Conceito, causas gerais e específicas, momentos de ocorrência. 4.26.2 Prescrição: conceito, teorias, prazos para o cálculo da prescrição, termos iniciais, causas suspensivas ou impeditivas, causas interruptivas. 5 Teoria geral da pena. 5.1 Cominação das penas. 5.2 Penas privativas de liberdade. 5.3 Penas restritivas de direitos. 5.4 Regimes de pena. 5.5 Pena pecuniária. 5.6 Medidas de segurança. 5.7 Aplicação da pena. 5.8 Elementares e circunstâncias. 5.9 Causas de aumento e de diminuição das penas. 5.10 Fins da pena. 5.11 Livramento condicional e suspensão condicional da pena. 5.12

Efeitos da condenação. 5.13 Execução penal. 6 Crimes. 6.1 Crimes contra a pessoa. 6.2 Crimes contra o patrimônio. 6.3 Crimes contra a propriedade imaterial. 6.4 Crimes contra a propriedade intelectual. 6.5 Crimes contra a organização do trabalho. 6.6 Crimes contra o sentimento religioso e contra o respeito aos mortos. 6.7 Crimes contra a dignidade sexual. 6.8 Crimes contra a família. 6.9 Crimes contra a incolumidade pública. 6.10 Crimes contra a paz pública. 6.11 Crimes contra a fé pública. 6.12 Crimes contra a administração pública. 7 Garantismo Penal, Direito Penal do Inimigo. 8 Crime e Contravenção Penal. 9 Crimes previstos no Estatuto do Idoso (Lei nº 10.741/2003). 10 Crimes contra a Ordem Tributária (Lei nº 8.137/1990). 11 Lei nº 8.072/1990 e suas alterações (delitos hediondos). 12 Lei nº 7.716/1989 e suas alterações (crimes resultantes de preconceitos de raça ou de cor). 13 Lei nº 9.455/1997 (crimes de tortura). 14 Lei nº 12.694/2012 e Lei nº 12.850/2013 (crime organizado). 15 Lei nº 9.605/1998 e suas alterações (crimes contra o meio ambiente). 16 Lei nº 9.503/1997 e suas alterações (crimes de trânsito). 17 Lei nº 11.343/2006 42 (Lei de Drogas). 18 Lei nº 4.898/1965 (abuso de autoridade). 19 Lei nº 10.826/2003 e suas alterações (Estatuto do Desarmamento). 20 Lei nº 8.078/1990 e suas alterações (Código de Proteção e Defesa do Consumidor). 21 Lei nº 9.613/1998 e suas alterações (Lavagem de dinheiro). 22 Convenção americana sobre direitos humanos (Pacto de São José e Decreto nº 678/1992). 23 Lei nº 11.340/2006 (Lei Maria da Penha). 24 Lei nº 8.069/1990 (Estatuto da Criança e do Adolescente). 25 Direito Penal Econômico. 26 Disposições constitucionais aplicáveis ao direito penal. 27 Entendimento dos tribunais superiores acerca dos institutos de direito penal.

Pará, 2016.

1. Princípios do Direito Penal. 2. A lei penal no tempo. 3. A lei penal no espaço. 4. Interpretação da lei penal. 5. Infração penal: elementos, espécies, tentativa. 6. Sujeito ativo e sujeito passivo da infração penal. 7. Tipicidade, ilicitude, culpabilidade, punibilidade. 8. Excludentes de ilicitude e de culpabilidade. 9. Erro de tipo; erro de proibição. 10. Imputabilidade penal. 11. Concurso de pessoas. 12. Concurso de crimes. Erro na execução. Resultado diverso do pretendido. 13. Crimes contra a pessoa. 14. Crimes contra o patrimônio. 15. Crimes contra o sentimento religioso. 16. Crimes contra a dignidade sexual. 17. Crimes contra a família. 18. Crimes contra a incolumidade pública. 19. Crimes contra a paz pública. 20. Crimes contra a fé pública. 21. Crimes contra a administração pública. 22. Penas: teoria da pena, penas restritivas de direito, penas privativas de liberdade.

Pernambuco, 2016

1 Princípios básicos. Crime e Contravenção Penal. 2 Aplicação da lei penal. 2.1 A lei penal no tempo e no espaço. 2.2 Tempo e lugar do crime. 2.3 Lei penal excepcional, especial e temporária. 2.4 Territorialidade e extraterritorialidade da lei penal. 2.5 Pena cumprida no estrangeiro. 2.6 Eficácia da sentença estrangeira. 2.7 Contagem de prazo. 2.8 Frações não computáveis da pena. 2.9 Interpretação da lei penal. 2.10 Analogia. 2.11 Irretroatividade da lei penal. 2.12 Conflito aparente de normas penais. 3 O fato típico e seus elementos. Tipicidade e causas de exclusão. 3.1 Crime consumado e tentado. 3.2 Pena da tentativa. 3.3 Concurso de crimes. 3.4 Ilicitude e causas de exclusão. 3.5 Excesso punível. 3.6 Culpabilidade. 3.6.1 Elementos e causas de exclusão. 4 Imputabilidade penal. 5 Concurso de pessoas. 6 Crimes contra a pessoa. 7 Crimes contra o patrimônio. 8 Crimes contra a dignidade sexual. 9 Crimes contra a fé pública. 10

Crimes contra a administração pública. Crimes contra a administração da Justiça. 11 Lei nº 8.072/1990 (delitos hediondos). Abuso de Autoridade (Lei nº 4.898/1965). Lei de Tortura (Lei nº 9.455/1997). Dos Crimes no Estatuto da Criança e do Adolescente (Lei nº 8.069/1990). Estatuto do Desarmamento (Lei nº 10.826/2003). Crimes contra o Meio Ambiente (Lei nº 9.605/1998). Lei Maria da Penha (Lei nº 11.340/2006). Lei de Drogas (Lei nº 11.343/2006). Dos crimes no Código de Trânsito Brasileiro (Lei nº 9.503/1997). Lavagem de Dinheiro (Lei nº 9.613/1998 e suas alterações). 12 Disposições constitucionais aplicáveis ao direito penal.

Acre, 2017.

Princípios do Direito Penal. Teoria do bem jurídico. Teoria da norma penal. Concurso aparente de normas. A lei penal no tempo. A lei penal no espaço. Eficácia pessoal da lei penal. Interpretação da lei penal. Infração penal: classificação dos crimes, elementos, espécies, tentativa. Sujeito ativo e sujeito passivo da infração penal. Tipicidade, ilicitude, culpabilidade, punibilidade. Excludentes de ilicitude e de culpabilidade. Extinção da punibilidade. Erros essenciais e acidentais: erro de tipo, de proibição, de tipo permissivo, de permissão, erro na execução, sobre a pessoa, sobre o objeto, de subsunção, resultado diverso do pretendido. Concurso de pessoas. Concurso de crimes. Crimes contra a pessoa. Crimes contra o patrimônio. Crimes contra a propriedade imaterial e contra a organização do trabalho. Crimes contra o sentimento religioso. Crimes contra o respeito aos mortos. Crimes contra a dignidade sexual. Crimes contra a família. Crimes contra a incolumidade pública. Crimes contra a paz pública. Crimes contra a fé pública. Crimes contra a administração pública. Penas: teoria da pena, pena de multa, funções da pena, penas restritivas de direito, penas privativas de liberdade.

Amapá, 2017.

1. Direito Penal e Poder Punitivo. 1.1 Política Criminal e Criminologia. Noções básicas 1.2 Criminalização Primária e Secundária. 1.3 Seletividade do sistema penal. 1.4 Direito Penal de Autor e Direito Penal do Ato. 1.5 Garantismo Penal. 1.6 Direito Penal do inimigo. 1.7 Evolução Histórica da Legislação Penal. História da Programação Criminalizante no Brasil.1.8 Genealogia do Pensamento Penal. 1.9. Garantias penais fundamentais da Constituição. 2 Direito penal e política criminal. 3 A lei penal. 3.1 Características, fontes, interpretação, vigência e aplicação. 3.2 Lei penal no tempo e no espaço. 3.3 Imunidade. 3.4 Condições de punibilidade. 3.5 Concurso aparente de normas. 4 Teoria geral do crime. 4.1 Conceito, objeto, sujeitos, conduta, tipicidade, culpabilidade. 4.2 Bem jurídico. 4.3 Tempo e lugar da pena. 4.4 Causas de exclusão da culpabilidade. 4.5 Imputabilidade. 4.6 Erro de proibição. 5 Concurso de agentes. 5.1 Autoria e participação. 5.2 Conduta delituosa, resultado, relação de causalidade e imputação. 6 Teoria geral da pena. 6.1 Cominação das penas. 6.2 Penas privativas de liberdade. 6.3 Penas restritivas de direitos. 6.4 Regimes de pena. 6.5 Pena pecuniária. 6.6 Medidas de segurança. 6.7 Aplicação da pena. 6.8 Elementares e circunstâncias. 6.9 Causas de aumento e de diminuição das penas. 6.10 Fins da pena. 6.11 Livramento condicional e suspensão condicional da pena. 6.12 Efeitos da condenação. 6.13 Execução penal. 7 Extinção da punibilidade. 7.1 Conceito, causas gerais e específicas, momentos de ocorrência. 7.2 Prescrição: conceito, teorias, prazos para o cálculo da prescrição, termos iniciais, causas suspensivas ou impeditivas, causas interruptivas. 8 Crimes. 8.1 Crimes contra a pessoa. 8.2 Crimes contra o patrimônio. 8.3 Crimes contra a propriedade imaterial. 8.4 Crimes contra a propriedade intelectual. 8.5 Crimes contra

a organização do trabalho. 8.6 Crimes contra o sentimento religioso e contra o respeito aos mortos. 8.7 Crimes contra a dignidade sexual. 8.8 Crimes contra a família. 8.9 Crimes contra a incolumidade pública. 8.10 Crimes contra a paz pública. 8.11 Crimes contra a fé pública. 8.12 Crimes contra a administração pública. 8.13 Crimes contra as finanças públicas. 9 Lei federal nº 11.343/2006 (Tráfico ilícito e uso indevido de substâncias entorpecentes). 10 Lei federal nº 8.137/1990 (crimes contra a ordem econômica e tributária e as relações de consumo). 11 Lei federal nº 9.613/1998 e alterações da Lei federal nº 12.683/2012 (lavagem de dinheiro). 12 Lei federal nº 8.072/1990 (crimes hediondos). 13 Lei federal nº 7.716/1989 (crimes resultantes de preconceitos de raça ou de cor). 14 Lei federal nº 9.455/1997 (crimes de tortura). 15 Lei federal nº 9.605/1998 (crimes contra o meio ambiente). 16 Lei federal nº 8.666/1993 (crimes nas licitações e contratos da administração pública). 17 Lei federal nº 4.898/1965 (Crimes de abuso de autoridade). 18 Lei federal nº 10.826/2003 (Estatuto do desarmamento). 19 Lei Federal nº 8.069/1990 (Estatuto da Criança e do Adolescente). 20 Lei federal nº 4.737/1965, Lei federal nº 6.091/1974 e Lei federal nº 9.504/1997). 21 Lei federal nº 9.099/1995 e Lei federal nº 10.259/2001 (juizados especiais criminais). 22 Lei Federal nº 10.741/2003 (crimes no Estatuto do Idoso). 23 Lei federal nº 9.503/1997 (crimes de trânsito – Código de Trânsito Brasileiro). 24 Lei federal nº 11.340/2006 (Violência Doméstica e Familiar contra a Mulher "Lei Maria da Penha"). 25 Lei federal nº 8.078/1990 (crimes contra as relações de consumo). 26 Decreto-Lei federal nº 3.688/1941 (Lei das Contravenções Penais). 27 Lei federal nº 9.807/1999 (proteção a vítimas e testemunhas). 28 Lei federal nº 9.609/1998 (proteção intelectual ao programa de computação). 29 Aspectos penais da Lei federal nº 8.429/1992 (enriquecimento ilícito). 30 Disposições constitucionais aplicáveis ao direito penal. 31 Entendimento dos tribunais superiores acerca dos institutos de direito penal.

Maranhão, 2017

1 Direito Penal e Poder Punitivo. 1.1 Política Criminal e Criminologia. Noções básicas. 1.2 Criminalização Primária e Secundária. 1.3 Seletividade do sistema penal. 1.4 Direito Penal de Autor e Direito Penal do Ato. 1.5 Garantismo Penal. 1.6 Direito Penal do Inimigo. 1.7 Evolução Histórica da Legislação Penal. História da Programação Criminalizante no Brasil. 1.8 Genealogia do Pensamento Penal. 1.9 Bem jurídico. 2 Funções da Pena. Teorias. 3 Características e Fontes do Direito Penal. 4 Princípios aplicáveis ao Direito Penal. 5 Interpretação da lei penal. 5.1 Analogia. 6 Aplicação da lei penal. 6.1 A lei penal no tempo e no espaço. 6.2 Tempo e lugar do crime. 6.3 Territorialidade e extraterritorialidade da lei penal. 6.4 Pena cumprida no estrangeiro. 6.5 Eficácia da sentença estrangeira. 6.6 Contagem de prazo. 6.7 Frações não computáveis da pena. 6.8 Irretroatividade da lei penal. 6.9 Conflito aparente de normas penais. 7 Do Delito. 7.1 Classificação 46 dos crimes. 7.2 Teoria da Ação. 7.3 Teoria do tipo. O fato típico e seus elementos. 7.4 Relação de causalidade. Teorias. Imputação objetiva. 7.5 Tipos dolosos de ação. 7.6 Tipos dos Crimes de Imprudência. 7.7 Tipos dos Crimes de Omissão. 7.8 Consumação e tentativa. 7.9 Desistência voluntária e arrependimento eficaz. 7.10 Arrependimento posterior. 7.11 Crime impossível. 8 Agravação pelo resultado. 9 Erro. 9.1 Descriminantes putativas. 9.2 Erro determinado por terceiro. 9.3 Erro sobre a pessoa. 9.4 Erro sobre a ilicitude do fato (erro de proibição). 10 Concurso de crimes. 11 Ilicitude. 12 Culpabilidade. 13 Concurso de Pessoas. 14 Penas. 14.1 Espécies de penas. 14.2 Cominação das penas. 14.3 Aplicação da pena. 14.4 Suspensão condicional da pena. 14.5 Livramento condicional. 14.6 Efeitos da condenação. 14.7 Reabilitação.

14.8 Limites das penas. 15 Medidas de segurança. 15.1 Execução das medidas de segurança. 16 Ação penal. 17 Punibilidade e causas de extinção. 18 Prescrição. 19 Crimes contra a pessoa. 20 Crimes contra o patrimônio. 21 Crimes contra a propriedade imaterial. 22 Crimes contra a organização do trabalho. 23 Crimes contra o sentimento religioso e contra o respeito aos mortos. 24 Crimes contra a dignidade sexual. 25 Crimes contra a família. 26 Crimes contra a incolumidade pública. 27 Crimes contra a paz pública. 28 Crimes contra a fé pública. 29 Crimes contra a administração pública. 30 Crimes contra as finanças públicas.

Mato Grosso, 2017

1 Direito Penal e Poder Punitivo. 1.1 Política Criminal e Criminologia. Noções básicas. 1.2 Criminalização Primária e Secundária. 1.3 Seletividade do sistema penal. 1.4 Direito Penal de Autor e Direito Penal do Ato. 1.5 Garantismo Penal. 1.6 Direito Penal do Inimigo. 1.7 Evolução Histórica da Legislação Penal. História da Programação Criminalizante no Brasil. 1.8 Genealogia do Pensamento Penal. 1.9 Bem jurídico. 2 Funções da Pena. Teorias. 3 Características e Fontes do Direito Penal. 4 Princípios aplicáveis ao Direito Penal. 5 Interpretação da lei penal. 5.1 Analogia. 6 Aplicação da lei penal. 6.1 A lei penal no tempo e no espaço. 6.2 Tempo e lugar do crime. 6.3 Territorialidade e extraterritorialidade da lei penal. 6.4 Pena cumprida no estrangeiro. 6.5 Eficácia da sentença estrangeira. 6.6 Contagem de prazo. 6.7 Frações não computáveis da pena. 6.8 Irretroatividade da lei penal. 6.9 Conflito aparente de normas penais. 7 Do Delito. 7.1 Classificação dos crimes. 7.2 Teoria da Ação. 7.3 Teoria do tipo. O fato típico e seus elementos. 7.4 Relação de causalidade. Teorias. Imputação objetiva. 7.5 Tipos dolosos de ação. 7.6 Tipos dos Crimes de Imprudência. 7.7 Tipos dos Crimes de Omissão. 7.8 Consumação e tentativa. 7.9 Desistência voluntária e arrependimento eficaz. 7.10 Arrependimento posterior. 7.11 Crime impossível. 8 Agravação pelo resultado. 9 Erro. 9.1 Descriminantes putativas. 9.2 Erro determinado por terceiro. 9.3 Erro sobre a pessoa. 9.4 Erro sobre a ilicitude do fato (erro de proibição). 10 Concurso de crimes. 11 Ilicitude. 12 Culpabilidade. 13 Concurso de Pessoas. 14 Penas. 14.1 Espécies de penas. 14.2 Cominação das penas. 14.3 Aplicação da pena. 14.4 Suspensão condicional da pena. 14.5 Livramento condicional. 14.6 Efeitos da condenação. 14.7 Reabilitação. 14.8 Limites das penas. 15 Medidas de segurança. 15.1 Execução das medidas de segurança. 16 Ação penal. 17 Punibilidade e causas de extinção. 18 Prescrição. 19 Crimes contra a pessoa. 20 Crimes contra o patrimônio. 21 Crimes contra a propriedade imaterial. 22 Crimes contra a organização do trabalho. 23 Crimes contra o sentimento religioso e contra o respeito aos mortos. 24 Crimes contra a dignidade sexual. 25 Crimes contra a família. 26 Crimes contra a incolumidade pública. 27 Crimes contra a paz pública. 28 Crimes contra a fé pública. 29 Crimes contra a administração pública. 30 Lei nº 8.072/1990 e suas alterações (crimes hediondos). 31 Lei nº 7.716/1989 e suas alterações (crimes resultantes de preconceitos de raça ou de cor). 32 Lei nº 9.455/1997 (crimes de tortura). 33 Lei nº 12.694/2012 e Lei nº 12.850/2013 (organização criminosa). 34 Lei nº 9.605/1998 e suas alterações(crimes contra o meio ambiente). 35 Lei nº 9.503/1997 e suas alterações (parte relativa aos crimes de trânsito). 36 Lei nº 11.343/2006 (Lei Antidrogas). 37 Lei nº 4.898/1965 (abuso de autoridade). 38 Lei nº 10.826/2003 e suas alterações (Estatuto do Desarmamento). 39 Lei nº 8.078/1990 e suas alterações (parte relativa aos crimes contra as relações de consumo). 40 Lei nº 9.613/1998 e suas alterações (Lavagem de dinheiro). 41 Lei nº 8.069/1990 e suas alterações (Estatuto da Criança e

do Adolescente). 42 Direito Penal Econômico. 43 Disposições constitucionais aplicáveis ao direito penal. 44 Entendimento dos tribunais superiores acerca dos institutos de direito penal.

Mato Grosso do Sul, 2017

1. Introdução ao Direito Penal. 1.1. Conceito, fontes e características; 1.2. Direito Penal e poder punitivo; 1.3. Funções do Direito Penal; 1.4 Seletividade do sistema penal; 2. Evolução histórica do Direito Penal; 3. Princípios aplicáveis ao Direito Penal; 4. Interpretação e aplicação da lei penal; 4.1. Critérios de interpretação; 4.2. Analogia; 4.3. A lei penal no tempo e no espaço; 4.4. Tempo e local do crime; 4.5. Conflito aparente de leis penais; 4.7. Extraterritorialidade da lei penal; 4.8. Pena cumprida no estrangeiro; 4.9 Eficácia da sentença estrangeira; 4.10. Lei penal em relação às pessoas; 4.11. Frações não computáveis da pena; 4.12. Irretroatividade da lei penal; 5. Teoria geral do crime; 5.1. Conceito; 5.2. Ilícito penal; 5.3. Sujeitos do crime; 5.4. Objeto do crime; 5.5. Bem jurídico; 5.6. Conduta; 5.7. Tipicidade; 5.8. Culpabilidade; 5.8. Classificações dos crimes; 5.9. Fato típico; 5.10. Teoria do tipo; 5.11. Crime culposo; 5.12. Crime doloso; 5.13 Crime preterdoloso; 5.14. Erro determinado por terceiro e erro sobre a pessoa; 5.15. Erro de tipo; 5.16. Erro de proibição; 5.17. Caminho do crime (inter criminis); 5.18. Consumação e tentativa; 5.19. Desistência voluntária, arrependimento eficaz e arrependimento posterior; 5.20. Crime impossível; 5.21. Agravação pelo resultado; 5.22. Discriminantes putativas; 5.23. Causas de exclusão da culpabilidade; 5.24. Imputabilidade penal; 5.25. Autoria e participação; 5.26. Concurso de agentes; 5.27. Excludentes de ilicitude; 6. Concurso de crimes; 6.1. Concurso material; 6.2. Concurso material; 6.3. Crime continuado; 7. Teoria geral da pena; 7.1. Aspectos gerais das penas; 7.2. Sanção penal; 7.3. Princípios; 7.4. Teorias e finalidades; 7.5. Espécies de penas; 7.6. Cominação das penas; 7.7. Aplicação das Penas; 7.8. Limites das penas; 7.9. Suspensão condicional da pena; 7.10. Livramento condicional; 7.11. Efeitos da condenação; 8. Ação Penal; 9. Punibilidade e causas de extinção; 10. Crimes contra a pessoa; 11. Crimes contra o patrimônio; 12. Crimes contra a propriedade imaterial; 13. Crimes contra a propriedade intelectual; 14. Crimes contra a organização do trabalho; 15. Crimes contra o sentimento religioso e contra o respeito aos mortos; 16. Crimes contra a dignidade sexual; 17. Crimes contra a família; 18. Crimes contra a incolumidade pública; 19. Crimes contra a paz pública; 20. Crimes contra a fé pública; 21. Crimes contra a administração pública; 22. Crimes hediondos: Lei nº 8.072/1990; 23. Crimes de tortura: Lei nº 9.455/1997; 24. Crimes resultantes de preconceito de raça e cor: Lei nº 7.716/1989; 25. Crimes de trânsito: Lei nº 9.503/1997 (artigos 291 ao 312-A); 26. Crimes contra a criança e o adolescente: Lei nº 8.069/1990 (artigos 225 ao 244-B); 27. Crimes do Estatuto do Idoso: Lei nº 10.741/2003; 28. Crimes ambientais: Lei nº 9.605/1998; 29. Crimes contra a ordem tributária: Lei nº 8.137/90; 30. Lavagem de dinheiro: Lei nº 9.613/1998; 31. Direito Penal econômico; 32. Violência doméstica e familiar contra a mulher: Lei nº 11.340/2006; 33. Organização criminosa: Lei nº 12.850/2013; 34. Lei de tóxicos: Lei nº 11.343/2006 (artigos 27 ao 64); 35. Armas de fogo: Lei nº 10.826/2003 (artigos 6º ao 21); 36. Convenção americana sobre direitos humanos: Pacto de São José da Costa Rica e Decreto nº 678/1992; 37. Abuso de autoridade: Lei n º 4.898/1965. 38. Jurisprudência dos tribunais superiores sobre os institutos de Direito Penal.

São Paulo, 2017

A – Introdução – Direito Penal: Conceito e caracteres – Princípios fundamentais do Direito Penal – Fontes do Direito Penal – Escolas Penais – Evolução histórica do Direito Penal no Brasil – Interpretação da Lei Penal **B – Código Penal (Decreto-Lei nº 2.848/1940 com suas alterações) B.1– Parte Geral** – Aplicação da Lei Penal – Do Crime- Da Imputabilidade Penal – Do Concurso de Pessoas – Das Penas- Das Medidas de Segurança – Da Ação Penal – Da Extinção da Punibilidade **B.2– Parte Especial** – Título I: Dos Crimes contra a Pessoa – Título II: Dos Crimes contra o Patrimônio – Título III: Dos Crimes contra a Propriedade Imaterial – Título IV: Dos Crimes contra a Organização do Trabalho – Título V: Dos Crimes contra o Sentimento Religioso e contra o Respeito aos mortos – Título VI: Dos Crimes contra a Dignidade Sexual – Título VII: Dos Crimes contra a Família – Título VIII: Dos Crimes contra a Incolumidade Pública – Título IX: Dos Crimes contra a Paz Pública – Título X: Dos Crimes contra a Fé Pública – Título XI: Dos Crimes contra a Administração Pública.

Bahia, 2018

1. Direito Penal e Poder Punitivo. 1.1 Política Criminal e Criminologia. Noções básicas 1.2 Criminalização Primária e Secundária. 1.3 Seletividade do sistema penal. 1.4 Direito Penal de Autor e Direito Penal do Ato. 1.5 Garantismo Penal. 1.6 Direito Penal do inimigo. 1.7 Evolução Histórica da Legislação Penal. História da Programação Criminalizante no Brasil.1.8 Genealogia do Pensamento Penal. 1.9. Garantias penais fundamentais da Constituição. 2 Direito penal e política criminal. 3 A lei penal. 3.1 Características, fontes, interpretação, vigência e aplicação. 3.2 Lei penal no tempo e no espaço. 3.3 Imunidade. 3.4 Condições de punibilidade. 3.5 Concurso aparente de normas. 4 Teoria geral do crime. 4.1 Conceito, objeto, sujeitos, conduta, tipicidade, culpabilidade. 4.2 Bem jurídico. 4.3 Tempo e lugar da pena. 4.4 Causas de exclusão da culpabilidade. 4.5 Imputabilidade. 4.6 Erro de proibição. 5 Concurso de agentes. 5.1 Autoria e participação. 5.2 Conduta delituosa, resultado, relação de causalidade e imputação. 6 Teoria geral da pena. 6.1 Cominação das penas. 6.2 Penas privativas de liberdade. 6.3 Penas restritivas de direitos. 6.4 Regimes de pena. 6.5 Pena pecuniária. 6.6 Medidas de segurança. 6.7 Aplicação da pena. 6.8 Elementares e circunstâncias. 6.9 Causas de aumento e de diminuição das penas. 6.10 Fins da pena. 6.11 Livramento condicional e suspensão condicional da pena. 6.12 Efeitos da condenação. 6.13 Execução penal. 7 Extinção da punibilidade. 7.1 Conceito, causas gerais e específicas, momentos de ocorrência. 7.2 Prescrição: conceito, teorias, prazos para o cálculo da prescrição, termos iniciais, causas suspensivas ou impeditivas, causas interruptivas. 8 Crimes. 8.1 Crimes contra a pessoa. 8.2 Crimes contra o patrimônio. 8.3 Crimes contra a propriedade imaterial. 8.4 Crimes contra a propriedade intelectual. 8.5 Crimes contra a organização do trabalho. 8.6 Crimes contra o sentimento religioso e contra o respeito aos mortos. 8.7 Crimes contra a dignidade sexual. 8.8 Crimes contra a família. 8.9 Crimes contra a incolumidade pública. 8.10 Crimes contra a paz pública. 8.11 Crimes contra a fé pública. 8.12 Crimes contra a administração pública. 8.13 Crimes contra as finanças públicas. 9 Lei federal nº 11.343/2006 (Tráfico ilícito e uso indevido de substâncias entorpecentes). 10 Lei federal nº 8.137/1990 (crimes contra a ordem econômica e tributária e as relações de consumo). 11 Lei federal nº 9.613/1998 e alterações da Lei federal nº 12.683/2012 (lavagem de dinheiro). 12 Lei federal nº 8.072/1990 (crimes hediondos). 13 Lei federal nº 7.716/1989 (crimes resultantes de preconceitos de raça ou de cor). 14 Lei federal nº 9.455/1997 (crimes de tortura). 15 Lei federal nº

9.605/1998 (crimes contra o meio ambiente). 16 Lei federal nº 8.666/1993 (crimes nas licitações e contratos da administração pública). 17 Lei federal nº 4.898/1965 (Crimes de abuso de autoridade). 18 Lei federal nº 10.826/2003 (Estatuto do desarmamento). 19 Lei Federal nº 8.069/1990 (Estatuto da Criança e do Adolescente). 20 Lei federal nº 4.737/1965, Lei federal nº 6.091/1974 e Lei federal nº 9.504/1997). 21 Lei federal nº 9.099/1995 e Lei federal nº 10.259/2001 (juizados especiais criminais). 22 Lei Federal nº 10.741/2003 (crimes no Estatuto do Idoso). 23 Lei federal nº 9.503/1997 (crimes de trânsito – Código de Trânsito Brasileiro). 24 Lei federal nº 11.340/2006 (Violência Doméstica e Familiar contra a Mulher "Lei Maria da Penha"). 25 Lei federal nº 8.078/1990 (crimes contra as relações de consumo). 26 Decreto-Lei federal nº 3.688/1941 (Lei das Contravenções Penais). 27 Lei federal nº 9.807/1999 (proteção a vítimas e testemunhas). 28 Lei federal nº 9.609/1998 (proteção intelectual ao programa de computação). 29 Aspectos penais da Lei federal nº 8.429/1992 (enriquecimento ilícito). 30 Disposições constitucionais aplicáveis ao direito penal. 31 Entendimento dos tribunais superiores acerca dos institutos de direito penal.

Goiás, 2018

1 Garantias penais fundamentais da Constituição. 2 Direito penal e política criminal. 3 A lei penal. 3.1 Características, fontes, interpretação, vigência e aplicação. 3.2 Lei penal no tempo e no espaço. 3.3 Imunidade. 3.4 Condições de punibilidade. 3.5 Concurso aparente de normas. 4 Teoria geral do crime. 4.1 Conceito, objeto, sujeitos, conduta, tipicidade, culpabilidade. 4.2 Bem jurídico. 4.3 Tempo e lugar da pena. 4.4 Lei penal excepcional, especial e temporária. 4.5 Territorialidade e extraterritorialidade da lei penal. 4.6 Analogia. 4.7 Irretroatividade da lei penal. 4.8 Causas de exclusão da ilicitude. 4.9 O fato típico e seus elementos. 4.10 Causas de exclusão da tipicidade. 4.11 Teoria da ação. 4.12 Relação de causalidade e teorias. 4.13 Imputação objetiva. 4.14 Consumação e tentativa. 4.15 Desistência voluntária, arrependimento eficaz e arrependimento posterior. 4.16 Crime impossível. 4.17 Agravação pelo resultado. 4.18 Descriminantes putativas. 4.19 Erro determinado por terceiro e erro sobre a pessoa. 4.20 Causas de exclusão da culpabilidade. 4.21 Imputabilidade. 4.22 Erro de proibição. 4.23 Concurso de agentes. 4.24 Autoria e participação. 4.25 Conduta delituosa, resultado, relação de causalidade e imputação. 4.26 Extinção da punibilidade. 4.26.1 Conceito, causas gerais e específicas, momentos de ocorrência. 4.26.2 Prescrição: conceito, teorias, prazos para o cálculo da prescrição, termos iniciais, causas suspensivas ou impeditivas, causas interruptivas. 5 Teoria geral da pena. 5.1 Cominação das penas. 5.2 Penas privativas de liberdade. 5.3 Penas restritivas de direitos. 5.4 Regimes de pena. 5.5 Pena pecuniária. 5.6 Medidas de segurança. 5.7 Aplicação da pena. 5.8 Elementares e circunstâncias. 5.9 Causas de aumento e de diminuição das penas. 5.10 Fins da pena. 5.11 Livramento condicional e suspensão condicional da pena. 5.12 Efeitos da condenação. 5.13 Execução penal. 6 Crimes. 6.1 Crimes contra a pessoa. 6.2 Crimes contra o patrimônio. 6.3 Crimes contra a propriedade imaterial. 6.4 Crimes contra a propriedade intelectual. 6.5 Crimes contra a organização do trabalho. 6.6 Crimes contra o sentimento religioso e contra o respeito aos mortos. 6.7 Crimes contra a dignidade sexual. 6.8 Crimes contra a família. 6.9 Crimes contra a incolumidade pública. 6.10 Crimes contra a paz pública. 6.11 Crimes contra a fé pública. 6.12 Crimes contra a administração pública. 7 Garantismo Penal, Direito Penal do Inimigo. 8 Crime e Contravenção Penal. 9 Crimes previstos no Estatuto do Idoso (Lei nº 10.741/2003). 10 Crimes contra a Ordem Tributária (Lei nº 8.137/1990). 11 Lei nº 8.072/1990 e suas alterações (delitos

hediondos). 12 Lei nº 7.716/1989 e suas alterações (crimes resultantes de preconceitos de raça ou de cor). 13 Lei nº 9.455/1997 (crimes de tortura). 14 Lei nº 12.694/2012 e Lei nº 12.850/2013 (crime organizado). 15 Lei nº 9.605/1998 e suas alterações (crimes contra o meio ambiente). 16 Lei nº 9.503/1997 e suas alterações (crimes de trânsito). 17 Lei nº 11.343/2006. (Lei de Drogas). 18 Lei nº 4.898/1965 (abuso de autoridade). 19 Lei nº 10.826/2003 e suas alterações (Estatuto do Desarmamento). 20 Lei nº 8.078/1990 e suas alterações (Código de Proteção e Defesa do Consumidor). 21 Lei nº 9.613/1998 e suas alterações (Lavagem de dinheiro). 22 Convenção americana sobre direitos humanos (Pacto de São José e Decreto nº 678/1992). 23 Lei nº 11.340/2006 (Lei Maria da Penha). 24 Lei nº 8.069/1990 (Estatuto da Criança e do Adolescente). 25 Direito Penal Econômico. 26 Disposições constitucionais aplicáveis ao direito penal. 27 Entendimento dos tribunais superiores acerca dos institutos de direito penal.

Minas Gerais, 2018

4.1. Conceito e fim do Direito Penal. 4.2. Princípios e fontes do Direito Penal. 4.3. Fontes do Direito Penal. 4.4. Aplicação da Lei Penal. 4.4.1. A lei penal no tempo. 4.4.2. A lei penal no espaço. 4.4.3. A lei penal em relação às pessoas. 4.5. Teoria Geral do Crime. 4.5.1. Classificação das infrações penais. 4.5.2. Concurso aparente de normas penais. 4.5.3. Tipicidade (elementos do fato típico). 4.5.3.1. Elementos do tipo doloso e do tipo culposo. 4.5.4. Ilicitude. 4.5.5. Causas de Exclusão da Antijuridicidade. 4.5.5.1. Estado de Necessidade. 4.5.5.2. Legítima Defesa. 4.5.5.3. Estrito Cumprimento do Dever Legal. 4.5.5.4. Exercício regular de direito. 4.5.5.5. Consentimento do ofendido4.5.6. Culpabilidade. 4.5.7. Imputabilidade penal. 4.5.7.1. Doença mental. 4.5.7.2. Desenvolvimento mental incompleto ou retardado. 4.5.7.3. Menoridade. 4.5.7.4. Emoção. 4.5.7.5. Paixão. 4.5.7.6. Embriaguez. 4.5.8. Potencial consciência da ilicitude. 4.5.9. Erro de tipo e erro de proibição. 4.5.10. Exigibilidade de conduta diversa; obediência hierárquica; coação moral irresistível, Estado de Necessidade exculpante e Excesso exculpante na Legítima Defesa. 4.5.11. Fases de realização do crime. 4.5.11.1. Crime consumado e tentado. 4.5.11.2. Crime impossível. 4.5.11.3. Desistência voluntária e arrependimento eficaz. 4.5.11.4. Arrependimento posterior. 4.6. Concurso de Pessoas. 4.7. Das Penas. 4.7.1 Privativas de liberdade, pecuniária, restritivas de direito. 4.7.2. Cominação das penas. 4.7.3. Aplicação da pena. 4.7.4. Concurso de crimes. 4.7.5. Suspensão condicional da pena. 4.7.6. Livramento condicional. 4.7.7. Efeitos da condenação. 4.7.8. Reabilitação. 4.8. Das Medidas de Segurança. 4.9. Da Ação Penal. 4.10. Da Extinção da Punibilidade. 4.10.1. Causas extintivas da punibilidade. 4.11. Dos crimes contra a pessoa - art. 121 ao art. 154 do Código Penal Brasileiro. 4.12. Dos crimes contra o patrimônio - art. 155 ao art. 183 do Código Penal Brasileiro.4.13 Dos crimes contra a propriedade imaterial - art. 184 ao art. 186 do Código Penal Brasileiro. 4.14 Dos crimes contra a organização do trabalho - art. 197 ao art. 207 do Código Penal Brasileiro. 4.15 Dos crimes contra o sentimento religioso e contra o respeito aos mortos - art. 208 ao art. 212 do Código Penal Brasileiro. 4.16 Dos crimes contra a dignidade sexual - art. 213 ao art. 234-B do Código Penal Brasileiro. 4.17 Dos crimes contra a família - art. 235 ao art. 249 do Código Penal Brasileiro. 4.18 Dos crimes contra a incolumidade pública - art. 250 ao art. 285 do Código Penal Brasileiro. 4.19 Dos crimes contra a paz pública - art. 286 ao art. 288 do Código Penal Brasileiro. 4.20 Dos crimes contra a fé pública - art. 289 ao art. 311-A do Código Penal Brasileiro. 4.21 Dos crimes contra a Administração Pública - art. 312 ao art. 359-H do Código Penal Brasileiro. 4.22 Da legislação complementar ao Código Penal Brasileiro. Decreto-Lei nº 3.688/1941 (atualizado) – Lei das Contravenções Penais. Lei nº 1.521/1951 (atualizada) – Crimes contra Economia Popular. Lei nº 4.898/1965 (atualizada) – Lei de Abuso de Autoridade. Lei nº 7.716/1989 (atualizada) – Crimes Resultantes de Preconceito de Raça ou Cor. Lei nº 8.069/1990 (atualizada) – Estatuto da Criança e do Adolescente. Lei nº 8.072/1990 (atualizada) – Lei dos Crimes Hediondos. Lei nº 8.078/1990 (atualizada) – Código de Proteção e Defesa do Consumidor. Lei nº 8.137/1990 (atualizada) – Lei dos Crimes contra a Ordem Tributária. Lei nº 8.176/1991 (atualizada) – Lei dos Crimes contra a Ordem Econômica. Lei nº 9.034/1995 (atualizada) – Lei dos Crimes de Organização Criminosa. Lei nº 9.279/1996 (atualizada) – (Título V – Dos Crimes contra a Propriedade Industrial). Lei nº 9.455/1997 (atualizada) – Lei de Crimes de Tortura. Lei nº 9.503/1997 (atualizada) – Código de Trânsito Brasileiro – crimes de trânsito. Lei nº 9.605/1998 (atualizada) – Lei dos Crimes contra o Meio Ambiente. Lei nº 9.609/1998 (atualizada) – Crimes contra a Propriedade Intelectual de Programa de Computador. Lei nº 9.613/1998 (atualizada) – Lei de Crimes de Lavagem e Ocultação de Bens, Direitos e Valores. Lei nº 10.741/2003 (atualizada) – Estatuto do Idoso. Lei nº 10.826/2003 (atualizada) – Estatuto do Desarmamento. Lei nº 11.340/2006 (atualizada) – Lei para Coibir a Violência Doméstica e Familiar contra a Mulher – Lei Maria da Penha. Lei nº 11.343/2006 (atualizada) – Lei Antidrogas. Lei nº 12.850/2013 (atualizada) – Crime Organizado. Lei nº 13.146/2015 (atualizada) – Crimes previstos no Estatuto da Pessoa com Deficiência.

Piauí, 2018

1. Fontes do direito penal; princípios aplicáveis ao direito penal. 2. Aplicação da lei penal: princípios da legalidade e da anterioridade; a lei penal no tempo e no espaço; tempo e lugar do crime; lei penal excepcional, especial e temporária; territorialidade e extraterritorialidade da lei penal; pena cumprida no estrangeiro; eficácia da sentença estrangeira; contagem de prazo; frações não computáveis da pena; interpretação da lei penal; analogia; irretroatividade da lei penal; conflito aparente de normas penais. 3. Do Crime. 3.1. Classificação dos crimes; teorias do crime; o fato típico e seus elementos; relação de causalidade; superveniência de causa independente; relevância da omissão; crime consumado e tentado; pena da tentativa; desistência voluntaria e arrependimento eficaz; arrependimento posterior; crime impossível; crime doloso, culposo e preterdoloso; agravação pelo resultado; concurso de crimes; erro sobre elementos do tipo; descriminantes putativas; erro determinado por terceiro; erro sobre a pessoa; erro sobre a ilicitude do fato (erro de proibição); coação irresistível e obediência hierárquica; ilicitude e causas de exclusão; excesso punível; culpabilidade: teorias, elementos e causas de exclusão. 4. Da Imputabilidade penal. 5. Do concurso de pessoas. 6. Das Penas: espécies de penas; cominação das penas; aplicação da pena; suspensão condicional da pena; Livramento condicional; efeitos da condenação; reabilitação; execução das penas em espécie e incidentes de execução. 7. Medidas de segurança; execução das medidas de segurança. 8. Ação penal. 9. Punibilidade e causas de extinção. 10. Crimes contra a pessoa. 11. Crimes contra o patrimônio. 12 Crimes contra a propriedade imaterial. 13. Crimes contra a organização do trabalho. 14. Crimes contra o sentimento religioso e contra o respeito aos mortos. 15. Crimes contra a dignidade sexual. 16. Crimes contra a família. 17. Crimes contra a incolumidade pública. 18. Crimes Contra a paz pública. 19. Crimes

contra a fé pública. 20. Crimes contra a administração pública. 21. Jurisprudência dos tribunais superiores.

Rio Grande do Sul, 2018

1. Princípios gerais de direito penal. 2. Lei penal no tempo e no espaço. 3. Tempo e lugar do crime. 4.Contagem de prazo e frações da pena. 5. Conflito aparente de normas. 6. Teoria geral do crime: 6.1. Classificações das infrações penais. 6.2. Conceituação de crime e seus elementos. 6.3. Fato típico. 6.3.1. Conduta. 6.3.2. Resultado. 6.3.3. Nexo de causalidade. 6.3.4. Tipicidade, tipicidade conglobante. 6.3.5. Princípio da insignificância. 6.4. Crime doloso, Crime culposo, crimes qualificados pelo resultado. 6.5. Ilicitude. 6.6. Culpabilidade. 6.7. Crime consumado e tentativa. 6.8. Desistência voluntária, arrependimento eficaz, arrependimento posterior e crime impossível. 6.9. Teoria da imputação objetiva. 6.10. Erro de tipo e erro de proibição. 6.11. Concurso de pessoas. 7. Teoria geral da pena: 7.1. Penas privativas de liberdade. 7.2. Penas restritivas de direito. 7.3. Pena pecuniária. 7.4. Aplicação da pena. 7.5. Erro na execução e resultado diverso do pretendido. 7.6. Concurso de infrações. 7.7. Suspensão condicional da pena. 7.8. Livramento condicional. 7.9. Efeitos da condenação. 7.10. Reabilitação. 7.11. Medida de segurança. 7.12. Ação penal. 7.13. Extinção da punibilidade. 7.13.1. Prescrição. 8. Crimes em espécie: 8.1. Crimes contra a pessoa. 8.2. Crimes contra o patrimônio 8.3. Crimes contra o sentimento religioso e respeito aos mortos. 8.4. Crimes contra a dignidade sexual. 8.5. Crimes contra a família. 8.6. Crimes contra a incolumidade pública. 8.7. Crimes contra a paz pública. 8.8. Crimes contra a fé pública. 8.9. Crimes contra a administração pública. 9. Leis Especiais e suas atualizações: 9.1. Abuso de Autoridade (Lei nº 4.898/65). 9.2. Código de Trânsito Brasileiro (Lei nº 9.503/97). 9.3. Código do Consumidor (Lei nº 8.078/90). 9.4. Contravenções Penais (Dec. nº 3.688/41). 9.5. Crime Organizado (Lei nº 12.850/13). 9.6. Crimes Ambientais (Lei nº 9.605/98). 9.7. Crimes Cibernéticos (Lei nº 12.737/12). 9.8. Crimes Hediondos (Lei nº 8.072/90). 9.9. Crimes Raciais e por Preconceito (Lei nº 7.716/89). 9.10. Crimes de Responsabilidade de Prefeitos e Vereadores (Decreto-Lei nº 201/67). 9.11. Crimes contra a Economia Popular (Lei nº 1.521/51). 9.12. Crimes do Estatuto da Pessoa com Deficiência (Lei nº 13.146/2015). 9.13. Estatuto da Criança e do Adolescente (Lei nº 8.069/90). 9.14. Estatuto do Desarmamento (Lei nº 10.826/03). 9.15. Estatuto do Idoso (Lei nº 10.741/03). 9.16. Estatuto do Torcedor (Lei nº 10.671/03). 9.17. Juizados Especiais Criminais (Lei nº 9.099/95). 9.18. Lavagem de Dinheiro (Lei nº 9.613/98 e Lei nº 12.683/12). 9.19. Lei de Drogas (Lei nº 11.343/06). 9.20. Lei de Licitações (Lei nº 8.666/93). 9.21. Ordem Tributária e Relações de Consumo (Lei nº 8.137/90). 9.22. Terrorismo (Lei nº 13.260/16). 9.23. Tortura (Lei nº 9.455/97). 9.24. Transplante de Órgãos (Lei nº 9.434/97). 9.25. Violência Doméstica e Familiar contra a Mulher (Lei nº 11.340/06). 10. Jurisprudência e Súmulas dos Tribunais Superiores (STJ e STF).

Roraima, 2018

3.1 Introdução.3.1.1 Direito Penal: Conceito e caracteres.3.1.2 Princípios fundamentais do Direito Penal.3.1.3 Fontes do Direito Penal.3.1.4 Escolas Penais.3.1.5 Evolução histórica do Direito Penal no Brasil.3.1.6 Interpretação da Lei Penal.3.1.7 Direito Penal e Poder Punitivo.3.2 Interpretação e aplicação da lei penal.3.3 Delito.3.3.1 Classificação dos crimes.3.3.2 Teoria da Ação.3.3.3 Teoria do tipo. O fato típico e seus elementos.3.3.4 Relação de causalidade. Teorias. Imputação objetiva.3.3.5

Tipos dolosos de ação.3.3.6 Tipos dos Crimes de Imprudência.3.3.7 Tipos dos Crimes de Omissão.3.3.8 Consumação e tentativa.3.3.9 Desistência voluntária e arrependimento eficaz.3.3.10 Arrependimento posterior.3.3.11 Crime impossível.3.4 Agravação pelo resultado.3.5 Erro.3.5.1 Descriminantes putativas.3.5.2 Erro determinado por terceiro.3.5.3 Erro sobre a pessoa. 3.5.4 Erro sobre a ilicitude do fato (erro de proibição).3.6 Concurso de crimes.3.7 Ilicitude.3.8 Culpabilidade.3.9 Concurso de Pessoas.3.10 Penas.3.10.1 Função.3.10.2 Espécies de penas.3.10.3 Cominação das penas.3.10.4 Aplicação da pena.3.10.5 Suspensão condicional da pena.3.10.6 Livramento condicional.3.10.7 Efeitos da condenação.3.10.8 Reabilitação.3.10.9 Limites das penas.3.11 Medidas de segurança.3.12 Ação penal.3.13 Punibilidade e causas de extinção.3.14 Prescrição.3.15 Crimes contra a pessoa.3.16 Crimes contra o patrimônio.3.17 Crimes contra a propriedade imaterial.3.18 Crimes contra a organização do trabalho.3.19 Crimes contra o sentimento religioso e contra o respeito aos mortos.3.20 Crimes contra a dignidade sexual.3.21 Crimes contra a família.3.22 Crimes contra a incolumidade pública.3.23 Crimes contra a paz pública.3.24 Crimes contra a fé pública.3.25 Crimes contra a Administração Pública.3.26 Disposições constitucionais aplicáveis ao direito penal. 3.27 Entendimento dos tribunais superiores acerca dos institutos de direito penal. **V. Crimes das Leis Especiais** - Lei n.º 11.343/2006 (Lei de Drogas) - Lei n.º 9.455/1997 (Tortura) - Lei n.º 8.072/1990 (Crimes Hediondos) - Lei n.º 8.069/1.990 (Estatuto da Criança e do Adolescente) - Lei n.º 9.605/1998 (Crimes Ambientais).

Sergipe, 2018

1 Garantias penais fundamentais da Constituição. 2 Direito penal e política criminal. 3 A lei penal. 3.1 Características, fontes, interpretação, vigência e aplicação. 3.2 Lei penal no tempo e no espaço. 3.3 Imunidade. 3.4 Condições de punibilidade. 3.5 Concurso aparente de normas. 4 Teoria geral do crime. 4.1 Conceito, objeto, sujeitos, conduta, tipicidade, culpabilidade. 4.2 Bem jurídico. 4.3 Tempo e lugar da pena. 4.4 Lei penal excepcional, especial e temporária. 4.5 Territorialidade e extraterritorialidade da lei penal. 4.6 Analogia. 4.7 Irretroatividade da lei penal. 4.8 Causas de exclusão da ilicitude. 4.9 O fato típico e seus elementos. 4.10 Causas de exclusão da tipicidade. 4.11 Teoria da ação. 4.12 Relação de causalidade e teorias. 4.13 Imputação objetiva. 4.14 Consumação e tentativa. 4.15 Desistência voluntária, arrependimento eficaz e arrependimento posterior. 4.16 Crime impossível. 4.17 Agravação pelo resultado. 4.18 Descriminantes putativas. 4.19 Erro determinado por terceiro e erro sobre a pessoa. 4.20 Causas de exclusão da culpabilidade. 4.21 Imputabilidade. 4.22 Erro de proibição. 4.23 Concurso de agentes. 4.24 Autoria e participação. 4.25 Conduta delituosa, resultado, relação de causalidade e imputação. 4.26 Extinção da punibilidade. 4.26.1 Conceito, causas gerais e específicas, momentos de ocorrência. 4.26.2 Prescrição: conceito, teorias, prazos para o cálculo da prescrição, termos iniciais, causas suspensivas ou impeditivas, causas interruptivas. 5 Teoria geral da pena. 5.1 Cominação das penas. 5.2 Penas privativas de liberdade. 5.3 Penas restritivas de direitos. 5.4 Regimes de pena. 5.5 Pena pecuniária. 5.6 Medidas de segurança. 5.7Aplicação da pena. 5.8 Elementares e circunstâncias. 5.9 Causas de aumento e de diminuição das penas. 5.10 Fins da pena. 5.11 Livramento condicional e suspensão condicional da pena. 5.12 Efeitos da condenação. 5.13 Execução penal. 6 Crimes. 6.1 Crimes contra a pessoa. 6.2 Crimes contra o patrimônio. 6.3 Crimes contra a propriedade imaterial. 6.4 Crimes contra a propriedade intelectual. 6.5 Crimes contra a organização do trabalho. 6.6 Crimes

contra o sentimento religioso e contra o respeito aos mortos. 6.7 Crimes contra a dignidade sexual. 6.8 Crimes contra a família. 6.9 Crimes contra a incolumidade pública. 6.10 Crimes contra a paz pública. 6.11 Crimes contra a fé pública. 6.12 Crimes contra a Administração Pública. 7 Garantismo Penal, Direito Penal do Inimigo.

Espírito Santo, 2019

1) Introdução ao direito penal. 1.1 Conceito, caracteres e função do direito penal. 1.2 Princípios básicos do direito penal. 1.3 Relações com outros ramos do direito. 1.4 Direito penal e política criminal. **2)** A lei penal. 2.1 Características, fontes, interpretação, vigência e aplicação. 2.2 Lei penal no tempo e no espaço. 2.3 Imunidade. 2.4 Condições de punibilidade. 2.5 Concurso aparente de normas. **3)** Teoria geral do crime. 3.1 Conceito, objeto, sujeitos, conduta, tipicidade, culpabilidade. 3.2 Bem jurídico. 3.3 Tempo e lugar do crime. 3.4 Punibilidade. 3.5 Concurso de crimes e crime continuado. **4)** Teoria do tipo. 4.1 Crime doloso e crime culposo. 4.2 Crime qualificado pelo resultado e crime preterdoloso. 4.3 Erro de tipo. 4.4 Classificação jurídica dos crimes. 4.5 Crimes comissivos e omissivos. 4.6 Crimes de dano e de perigo. 4.7 Punibilidade: causas de extinção da punibilidade. 4.8 *Iter criminis*. 4.9 Consumação e tentativa. 4.10 Desistência voluntária e arrependimento eficaz. 4.11 Arrependimento posterior. 4.12 Crime impossível. **5)** Ilicitude. 5.1 Causas de exclusão da ilicitude: estado de necessidade, legítima defesa, estrito cumprimento do dever legal e exercício regular de direito. **6)** Teoria geral da culpabilidade. 6.1 Fundamentos, conceito, elementos e conteúdo. 6.2 Princípio de culpabilidade. 6.3 Culpabilidade e pena. 6.4 Causas de exclusão da culpabilidade. 6.5 Imputabilidade. 6.6 Erro de proibição. **7)** Concurso de agentes: autoria e participação; conduta delituosa; resultado; relação de causalidade; imputação. **8)** Teoria geral da pena. 8.1 Cominação das penas. 8.2 Penas privativas de liberdade. 8.3 Penas restritivas de direitos. 8.4 Regimes de pena. 8.5 Pena pecuniária. 8.6 Medidas de segurança. 8.7 Aplicação da pena. 8.8 Elementares e circunstâncias. 8.9 Causas de aumento e de diminuição das penas. 8.10 Fins da pena. 8.11 Livramento condicional e suspensão condicional da pena. 8.12 Efeitos da condenação. 8.13 Execução penal. **9)** Extinção da punibilidade. 9.1 Conceito, causas gerais e específicas, momentos de ocorrência. 9.2 Prescrição: conceito, teorias, prazos ara o cálculo da prescrição, termos iniciais, causas suspensivas ou impeditivas, causas interruptivas. **10)** Crimes. 10.1 Crimes contra a pessoa. 10.2 Crimes contra o patrimônio. 10.3 Crimes contra a propriedade imaterial. 10.4 Crimes contra a propriedade intelectual. 10.5 Crimes contra a organização do trabalho. 10.6 Crimes contra o sentimento religioso e contra o respeito aos mortos. 10.7 Crimes contra a dignidade sexual. 10.8 Crimes contra a família. 10.9 Crimes contra a incolumidade pública. 10.10 Crimes contra a paz pública. 10.11 Crimes contra a fé pública. 10.12 Crimes contra a administração pública. 10.13 Crimes contra as finanças públicas. 10.14 Lei nº 11.343/2006 e suas alterações (Tráfico ilícito e uso indevido de substâncias entorpecentes). 10.15 Lei nº 12.850/2013 e suas alterações (Crime organizado). 10.16 Crimes no Código de Trânsito Brasileiro (Lei nº 9.503/97). 10.17 Lei nº 8.137/1990 e suas alterações (Crimes contra a ordem econômica e tributária e as relações de consumo). 10.18 8.176/1991 (Crimes contra a Lei nº 9.613/1998 e suas alterações (Lavagem ordem econômica). 10.20 Lei nº 8.072/1990 de dinheiro). 10.19 Lei nº e suas alterações (Crimes hediondos). 10.21 Lei nº 7.716/1989 e suas alterações (Crimes resultantes de preconceitos de raça ou de cor). 10.22 Lei nº 9.455/1997 e suas alterações (Crimes de tortura). 10.23 Lei nº 9.605/1998 e suas alterações (Crimes

Penal

contra o meio ambiente). 10.24 Crimes de responsabilidade (Decreto-Lei nº 201/1967 e suas alterações, Lei nº 1.079/1950 e suas alterações e Lei nº 8.176/1991). 10.25 Lei nº 11.101/2005 e suas alterações (Crimes falimentares). 10.26 Lei nº 8.666/1993 e suas alterações (Crimes nas licitações e contratos da administração pública). **11)** Lei nº 4.898/1965 e suas alterações (Direito de representação e processo de responsabilidade administrativa, civil e penal nos casos de abuso de autoridade). **12)** Lei nº 10.826/2003 e suas alterações (Estatuto do desarmamento). **13)** Lei nº 5.553/1968 e suas alterações (Apresentação e uso de documento de identificação pessoal). **14)** Lei nº 8.078/1990 e suas alterações (Código de proteção e defesa do consumidor). **15)** Terrorismo (Lei nº 13.260/16) **16)** Crimes na Lei nº 8.069/1990 e suas alterações (Estatuto da Criança e do Adolescente). **17)** Lei nº 9.296/1996 (Interceptação telefônica). **18)** Lei nº 12.037/2009 e suas alterações. **19)** Lei nº 4.737/1965 e suas alterações (Código Eleitoral). **20)** Estatuto do Torcedor (Lei nº 10.671/03). **21)** Violência Doméstica e Familiar contra a Mulher (Lei nº 11.340/06). **22)** Lei nº 9.099/1995 e suas alterações (Juizados especiais criminais). **23)** Lei nº 13.146/2015 e suas alterações (Crimes previstos no Estatuto da Pessoa com Deficiência). **24)** Lei 10.741/2003 e suas alterações (Crimes cometidos contra idosos).

Paraná, 2020

1. Princípios constitucionais do Direito Penal. 2. A lei penal no tempo. 3. A lei penal no espaço. 4. Interpretação da lei penal. 5. Infração penal: elementos, espécies. 6. Sujeito ativo e sujeito passivo da infração penal. 7. Tipicidade, ilicitude, culpabilidade, punibilidade. 8. Excludentes de ilicitude e de culpabilidade. 9. Erro de tipo; erro de proibição. 10. Imputabilidade penal. 11. Concurso de pessoas. 12. Código Penal: Parte Geral e Parte Especial.

Pará, 2020

Direito Penal: 1. Direito Penal e Poder Punitivo. 1.1 Política Criminal e Criminologia. Noções básicas. 1.2 Criminalização Primária e Secundária. 1.3 Seletividade do sistema penal. 1.4 Direito Penal de Autor e Direito Penal do Ato. 1.5 Garantismo Penal. 1.6 Direito Penal do Inimigo. 1.7 Evolução Histórica da Legislação Penal. História da Programação Criminalizante no Brasil. 1.8 Genealogia do Pensamento Penal. 1.9 Bem jurídico. 2. Funções da Pena. Teorias. 3. Características e Fontes do Direito Penal. 4. Princípios aplicáveis ao Direito Penal. 5. Interpretação da lei penal. 5.1 Analogia. 6. Aplicação da lei penal. 6.1 A lei penal no tempo e no espaço. 6.2 Tempo e lugar do crime. 6.3 Territorialidade e extraterritorialidade da lei penal. 6.4 Pena cumprida no estrangeiro. 6.5 Eficácia da sentença estrangeira. 6.6 Contagem de prazo. 6.7 Frações não computáveis da pena. 6.8 Irretroatividade da lei penal. 6.9 Conflito aparente de normas penais. 7. Do Delito. 7.1 Classificação dos crimes. 7.2 Teoria da Ação. 7.3 Teoria do tipo. O fato típico e seus elementos. 7.4 Relação de causalidade. Teorias. Imputação objetiva. 7.5 Tipos dolosos de ação. 7.6 Tipos dos Crimes de Imprudência. 7.7 Tipos dos Crimes de Omissão. 7.8 Consumação e tentativa. 7.9 Desistência voluntária e arrependimento eficaz. 7.10 Arrependimento posterior. 7.11 Crime impossível. 8. Agravação pelo resultado. 9. Erro. 9.1 Descriminantes putativas. 9.2 Erro determinado por terceiro. 9.3 Erro sobre a pessoa. 9.4 Erro sobre a ilicitude do fato (erro de proibição). 10. Concurso de crimes. 11. Ilicitude. 12. Culpabilidade. 13. Concurso de Pessoas. 14. Ação penal. 15. Punibilidade e causas de extinção. 16. Prescrição e decadência (Sugestão na reunião de fechamento). 17. Crimes contra a pessoa. 18. Crimes contra o patrimônio.

19. Crimes contra a propriedade imaterial. 20. Crimes contra a organização do trabalho. 21. Crimes contra o sentimento religioso e contra o respeito aos mortos. 22. Crimes contra a dignidade sexual. 23. Crimes contra a família. 24. Crimes contra a incolumidade pública. 25. Crimes contra a paz pública. 26. Crimes contra a fé pública. 27. Crimes contra a administração pública. 28. Crimes contra as finanças públicas.

Rio de Janeiro 2021

PONTO 1: 1 Missões do direito penal. Poder punitivo e direito penal. Teoria do bem jurídico-penal. Princípios constitucionais e gerais do Direito Penal. Fontes do Direito Penal. Interpretação da norma penal. 2 Escolas penais: sistemas clássico, neoclássico, finalista e funcionalistas. Teorias da conduta. Ilicitude. Causas de exclusão da ilicitude. 3 Concurso de pessoas. Reincidência e maus antecedentes. Punibilidade. Condições objetivas de punibilidade. Causas extintivas da punibilidade. Escusas absolutórias. 4 Dos crimes contra a pessoa. Dos crimes contra o patrimônio. Dos crimes contra a dignidade sexual. Dos crimes contra a família. Dos crimes contra a paz pública. Dos crimes contra a fé pública. 5 Abuso de Autoridade (Leis n° 4.898/1965 e 13.869/2019). Lei de Drogas (Lei n° 11.343/2006). Crimes hediondos (Lei n° 8.072/1990). Organizações Criminosas (Leis nº 12.694/2012 e 12.850/2013). Tortura (Lei n° 9.455/1997). Estatuto do Desarmamento (Lei n° 10.826/03). Código Brasileiro de Trânsito (Lei n° 9.503/1997). Lei das Interceptações Telefônicas (Lei n° 9.296/1996). Violência doméstica e familiar contra a mulher (Lei n° 11.340/2006). Lei dos Transplantes de órgãos (Lei n° 9.434/1997) Crimes ambientais (Lei n° 9.605/1998). 21 Crimes falimentares (Lei n° 11.101/2005). Estatuto da Criança e do Adolescente (Lei n° 8.069/1990). Desobediência na Lei da Ação Civil Pública (Lei nº 7.347/1985). Lei de Planejamento Familiar (Lei nº 9.263/1996). 6 Doutrina, julgados, enunciados, súmulas, teses de repercussão geral e teses de recurso repetitivo sobre os temas mencionados. PONTO 2: 1 Noções gerais de criminologia, modelos teóricos de criminologia, escolas criminológicas, teorias criminológicas, vitimologia, prevenção criminal e reação social ao delito, movimentos atuais de política criminal, criminologia contemporânea. 2 Conflito aparente de normas e concurso de crimes. Teoria da norma penal. Norma penal em branco. Interpretação da norma penal. Integração da norma penal. Fontes do direito penal. 3 Fato típico. Conduta. Teorias da conduta. Ação e omissão. Resultado. Nexo causal. Responsabilidade penal da pessoa jurídica. Imputação objetiva. Dolo e culpa. Classificação dos crimes. Iter criminis: fases, tentativa, desistência voluntária, arrependimento eficaz, arrependimento posterior e crime impossível. Culpabilidade. Erro de fato, erro de direito, erro de tipo e erro de proibição. Erro de tipo permissivo. Erro de permissão. Concurso de pessoas. Punibilidade. Condições objetivas de punibilidade. Causas de extinção da punibilidade. Escusas absolutórias. 4 Dos crimes contra a pessoa. Dos crimes contra a propriedade imaterial. Dos crimes contra a organização do trabalho. Dos crimes contra a dignidade sexual. Dos crimes contra a fé pública. 5 Lei de Drogas (Lei n° 11.343/2006). Estatuto da Criança e do Adolescente (Lei nº 8.069/1990). Leis de Licitações (Lei n° 8.666/1993 e suas alterações). Código de Trânsito Brasileiro (Lei n° 9.503/1997). Crimes de lavagem ou ocultação de bens, direitos e valores (Lei n° 9.613/1998). Crimes contra a propriedade Intelectual (Lei n° 9.609/1998). Abuso de Autoridade (Leis n° 4.898/1965 e 13.869/2019). Violência doméstica e familiar contra a mulher (Lei n° 11.340/2006). Proteção a vítimas e testemunhas (Lei n° 9.807/1999). Organizações Criminosas (Leis nº 12.694/2012 e 12.850/2013). Genocídio (Lei nº 2.889/1956). Lei de Sigilo das Operações de Instituições Financeiras (Lei Complementar nº 105/2001). 6 Doutrina, julgados, enunciados, súmulas, teses de repercussão geral e teses de recurso repetitivo sobre os temas acima mencionados. PONTO 3: 1 Missões do direito penal. Poder punitivo e direito penal. Teoria do bem jurídico-penal. Princípios constitucionais e gerais do Direito Penal. Concurso aparente de normas e concurso de crimes. Teoria da norma penal. Interpretação da norma penal. Integração da norma penal. Lei penal no tempo e lei penal no espaço. Eficácia pessoal da lei penal. 2 Noções gerais de criminologia, modelos teóricos de criminologia, escolas criminológicas, teorias criminológicas, vitimologia, prevenção criminal e reação social ao delito, movimentos atuais de política criminal, criminologia contemporânea. 3 Fato típico. Conduta. Teorias da conduta. Ação e omissão. Resultado. Nexo causal. Responsabilidade penal da pessoa jurídica. Imputação objetiva. Dolo e culpa. Classificação dos crimes. Iter criminis: fases, tentativa, desistência voluntária, arrependimento eficaz, arrependimento posterior e crime impossível. Escolas penais: sistemas clássico, neoclássico, finalista e funcionalistas. 4 Dos crimes contra o patrimônio. Dos crimes contra o sentimento religioso e contra o respeito aos mortos. Dos crimes contra a incolumidade pública. Dos crimes contra a administração pública. 5 Contravenções penais (Decreto-Lei nº 3.688/1941, Decreto-Lei nº 6.259/1944 e Lei nº 5.553/1968). Crimes hediondos (Lei n° 8072/1990). Estatuto do idoso (Lei n° 10.741/2003). Estatuto do Desarmamento (Lei n° 10.826/2003). Violência doméstica e familiar contra a mulher (Lei n° 11.340/2006). Lei de Drogas (Lei n° 11.343/2006). Estatuto do Torcedor (Lei nº 10.671/2003). Lei de Terrorismo (Lei nº 13.260/2016). Crimes Ambientais (Lei nº 9.605/98). Lei Brasileira de Inclusão da Pessoa com Deficiência (Lei nº 13.146/2015). Lei de Alimentos (Lei nº 5.478/1968). Lei de Financiamento de Bens Imóveis Vinculados ao Sistema Financeiro de Habitação (Lei nº 5.741/1971). Lei de Telecomunicações e Código Brasileiro de Telecomunicações (Leis nº 9.472/1997 e 4117/1962). Lei de Preconceito (Lei nº 7.716/1989). Lei de Economia Popular (Lei n° 1.521/1951). Crimes contra a ordem tributária e econômica (Leis n° 8.137/1990, 8.176/1991, 10.684/2003, 11.941/2009 e 12.382/2011). Crimes contra as relações de consumo (Leis nº 8.078/1990 e 8.137/1990). 6 Doutrina, julgados, enunciados, súmulas, teses de repercussão geral e teses de recurso repetitivo sobre os temas acima mencionados. PONTO 4: 1 Noções gerais de criminologia, modelos teóricos de criminologia, escolas criminológicas, teorias criminológicas, vitimologia, prevenção criminal e reação social ao delito, movimentos atuais de política criminal, criminologia contemporânea. 2 Lei penal no tempo e no espaço. Fontes do direito penal. Eficácia pessoal da lei penal. Ilicitude. Causas de exclusão da ilicitude. Escolas penais: sistemas clássico, neoclássico, finalista e funcionalistas. Culpabilidade. Erro de fato, erro de direito, erro de tipo e erro de proibição. Erro de tipo permissivo. Erro de permissão. Erro sobre a pessoa. Erro de subsunção. Erro na execução. Resultado diverso do pretendido. Aberratio causae. Erro sobre o objeto. 3 Concurso de pessoas. Teoria da pena. Funções das penas e das medidas de segurança. Ação penal. Efeitos da condenação. Punibilidade. Causas extintivas da punibilidade. Condições objetivas de punibilidade. Escusas absolutórias. 4 Crimes contra a pessoa. Crimes contra o patrimônio. Crimes contra a paz pública. Crimes contra a administração pública. 5 Abuso de Autoridade (Leis n° 4.898/1965 e 13.869/2019). Estatuto da Criança e do Adolescente (Lei n° 8.069/1990). Lei de Tortura (Lei n° 9.455/1997). Lei do Parcelamento do solo urbano (Lei n° 6.766/1979). Lei de Economia Popular (Lei n° 1.521/1951). Crimes contra a ordem tributária e econômica (Leis n° 8.137/1990, 8.176/1991, 10.684/2003, 11.941/2009 e 12.382/2011). Crimes contra as relações de consumo (Leis nº 8.078/1990 e 8.137/1990). Lei de preconceito (Lei n° 7.716/1989).

Estatuto do Desarmamento (Lei n° 10.826/2003). Artigo 9° (nono) do Código Penal Militar. Crime de lavagem ou ocultação de bens, direitos e valores (Lei n° 9.613/1998). Lei de Serviços Postais (Lei n° 6.538/1978). Lei de Propriedade Industrial (Lei n° 9.279/1996). Crimes Contra o Sistema Financeiro Nacional (Lei n° 7.492/1986). Estatuto do Idoso (Lei n° 10.741/2003). 6 Doutrina, julgados, enunciados, súmulas, teses de repercussão geral e teses de recurso repetitivo sobre os temas acima mencionados. PONTO 5: 1 Noções gerais de criminologia, modelos teóricos de criminologia, escolas criminológicas, teorias criminológicas, vitimologia, prevenção criminal e reação social ao delito, movimentos atuais de política criminal, criminologia contemporânea. Missões do direito penal. Poder punitivo e direito penal. Teoria do bem jurídico-penal. Princípios constitucionais e gerais do Direito Penal. 2 Fato típico. Conduta. Teorias da conduta. Ação e omissão. Resultado. Nexo causal. Responsabilidade penal da pessoa jurídica. Imputação objetiva. Dolo e culpa. Classificação dos crimes. Iter criminis: fases, tentativa, desistência voluntária, arrependimento eficaz, arrependimento posterior e crime impossível. Culpabilidade. Erro de tipo. Erro de proibição. Erro de tipo permissivo. Erro de permissão. 3 Teoria da pena. Funções das penas e das medidas de segurança. Ação penal. Efeitos da condenação. 4 Dos crimes contra a pessoa. Dos crimes contra o patrimônio. Dos crimes contra a dignidade sexual. Dos crimes contra a família. Dos crimes contra a administração pública. 5 Crimes contra as relações de consumo (Leis n° 8.078/1990 e 8.137/1990). Lei de Licitações (Lei n° 8.666/1993 e suas alterações). Código de Trânsito Brasileiro (Lei n° 9.503/1997). Violência doméstica e familiar contra a mulher (Lei n° 11.340/2006). Crimes ambientais (Lei n° 9.605/1998). Lei de Drogas (Lei n° 11.343/2006). Estatuto do Idoso (Lei n° 10.741/2003). Lei de Tortura (Lei n° 9.455/97). Crimes de lavagem ou ocultação de bens, direitos e valores (Lei n° 9.613/1998). Lei de Biossegurança (Lei n° 11.105/2005). Crimes envolvendo agrotóxicos (Lei n° 7.802/1989). Crimes contra a ordem tributária e econômica (Leis n° 8.137/1990, 8.176/1991, 10.684/2003, 11.941/2009 e 12.382/2011). 6 Doutrina, julgados, enunciados, súmulas, teses de repercussão geral e teses de recurso repetitivo sobre os temas acima mencionados. PONTO 6: 1 Noções gerais de criminologia, modelos teóricos de criminologia, escolas criminológicas, teorias criminológicas, vitimologia, prevenção criminal e reação social ao delito, movimentos atuais de política criminal, criminologia contemporânea. Fontes do Direito Penal. Interpretação da norma penal. Integração da norma penal. Concurso de crimes e concurso aparente de normas. Teoria da norma penal. Norma penal em branco. 2 Ilicitude. Causas de exclusão da ilicitude. Escolas penais: sistemas clássico, neoclássico, finalista e funcionalistas. Culpabilidade. Erro de fato, erro de direito, erro de tipo e erro de proibição. Erro de tipo permissivo. Erro de permissão. Erro sobre a pessoa. Erro de subsunção. Erro na execução. Resultado diverso do pretendido. Aberratio causae. Erro sobre o objeto. 3 Punibilidade. Condições objetivas de punibilidade. Causas extintivas da punibilidade. Escusas absolutórias. 4 Dos crimes contra a pessoa. Dos crimes contra o patrimônio. Dos crimes contra o sentimento religioso e contra o respeito aos mortos. Dos crimes contra a dignidade sexual. Dos crimes contra a incolumidade pública. Dos crimes contra a administração pública. 5 Lei de Drogas (Lei n° 11.343/2006). Crimes Eleitorais. (Leis n° 4.737/1965, 6.091/1974 e 9.504/1997). Estatuto do Torcedor (Lei n° 10.671/2003). Estatuto do Desarmamento (Lei n° 10.826/2003). Violência Doméstica e Familiar Contra a Mulher (Lei n° 11.340/2006). Juizados Especiais Criminais (Lei n° 9.099/1995). Discriminação da Gravidez (Lei n° 9.029/1995). Discriminação contra portadores de HIV ou AIDS (Lei n° 12.984/2014). Desobediência em mandado de segurança (Lei n° 12.016/2009). Lei de Locação (Lei nº 8.245/1991). Lei de Segurança Nacional (Lei nº 7.170/1983). Lei de Introdução ao Código Penal (Dec.-Lei nº 3.914/1941). Lei de Condomínio em Edificações (Lei nº 4.591/1964). Código de Trânsito Brasileiro (Lei nº 9.503/1997). 6 Doutrina, julgados, enunciados, súmulas, teses de repercussão geral e teses de recurso repetitivo sobre os temas acima mencionados.

São Paulo, 2022

1.1 Direito Penal: Conceito e caracteres e função. 1.2 Princípios fundamentais do Direito Penal. 1.3 Fontes do Direito Penal. 1.4 Escolas Penais. 1.5 Evolução histórica do Direito Penal no Brasil. 1.6 Interpretação da Lei Penal. 1.7 Relação com outros ramos. 1.8 Direito penal e política criminal. 1.9 Código Penal 1.9.1 Parte Geral 1.9.1.1 Aplicação da Lei Penal. 1.9.1.2 Do Crime. 1.9.1.3 Da Imputabilidade Penal. 1.9.1.4 Do Concurso de Pessoas. 1.9.1.5 Das Penas. 1.9.1.6 Das Medidas de Segurança. 1.9.1.7 Da Ação Penal. 1.9.1.8 Da Extinção da Punibilidade. 1.9.2 Parte Especial 1.9.2.1 Título I: Dos Crimes contra a Pessoa. 1.9.2.2 Título II: Dos Crimes contra o Patrimônio. 1.9.2.3 Título III: Dos Crimes contra a Propriedade Imaterial. 1.9.2.4 Título IV: Dos Crimes contra a Organização do Trabalho. 1.9.2.5 Título V: Dos Crimes contra o Sentimento Religioso e contra o Respeito aos mortos. 1.9.2.6 Título VI: Dos Crimes contra a Dignidade Sexual. 1.9.2.7 Título VII: Dos Crimes contra a Família. 1.9.2.8 Título VIII: Dos Crimes contra a Incolumidade Pública. 1.9.2.9 Título IX: Dos Crimes contra a Paz Pública. 1.9.2.10 Título X: Dos Crimes contra a Fé Pública. 1.9.2.11 Título XI: Dos Crimes contra a Administração Pública. 1.9.2.12 Título XII: Dos Crimes contra o Estado Democrático de Direito: artigos 359-I a 359-T.

Espírito Santo, 2022

1 Introdução ao direito penal. 1.1 Conceito, caracteres e função do direito penal. 1.2 Princípios básicos do direito penal. 1.3 Relações com outros ramos do direito. 1.4 Direito penal e política criminal. 2 A lei penal. 2.1 Características, fontes, interpretação, vigência e aplicação. 2.2 Lei penal no tempo e no espaço. 2.3 Imunidade. 2.4 Condições de punibilidade. 2.5 Concurso aparente de normas. 3 Teoria geral do crime. 3.1 Conceito, objeto, sujeitos, conduta, tipicidade, culpabilidade. 3.2 Bem jurídico. 3.3 Tempo e lugar do crime. 3.4 Punibilidade. 3.5 Concurso de crimes e crime continuado. 4 Teoria do tipo. 4.1 Crime doloso e crime culposo. 4.2 Crime qualificado pelo resultado e crime preterdoloso. 4.3 Erro de tipo. 4.4 Classificação jurídica dos crimes. 4.5 Crimes comissivos e omissivos. 4.6 Crimes de dano e de perigo. 4.7 Punibilidade: causas de extinção da punibilidade. 4.8 Iter criminis. 4.9 Consumação e tentativa. 4.10 Desistência voluntária e arrependimento eficaz. 4.11 Arrependimento posterior. 4.12 Crime impossível. 5 Ilicitude. 5.1 Causas de exclusão da ilicitude: estado de necessidade, legítima defesa, estrito cumprimento do dever legal e exercício regular de direito. 6 Teoria geral da culpabilidade. 6.1 Fundamentos, conceito, elementos e conteúdo. 6.2 Princípio de culpabilidade. 6.3 Culpabilidade e pena. 6.4 Causas de exclusão da culpabilidade. 6.5 Imputabilidade. 6.6 Erro de proibição. 7 Concurso de agentes: autoria e participação; conduta delituosa; resultado; relação de causalidade; imputação. 8 Teoria geral da pena. 8.1 Cominação das penas. 8.2 Penas privativas de liberdade. 8.3 Penas restritivas de direitos. 8.4 Regimes de pena. 8.5 Pena pecuniária. 8.6 Medidas de segurança. 8.7 Aplicação da pena. 8.8 Elementares e circunstâncias. 8.9 Causas de aumento e de diminuição das penas. 8.10 Fins da pena. 8.11 Livramento condicional e suspensão condicional da pena. 8.12 Efeitos da condenação. 8.13 Execução penal. 9 Extinção

da punibilidade. 9.1 Conceito, causas gerais e específicas, momentos de ocorrência. 9.2 Prescrição: conceito, teorias, prazos para o cálculo da prescrição, termos iniciais, causas suspensivas ou impeditivas, causas interruptivas. 10 Crimes. 10.1 Crimes contra a pessoa. 10.2 Crimes contra o patrimônio. 10.3 Crimes contra a propriedade imaterial. 10.4 Crimes contra a propriedade intelectual. 10.5 Crimes contra a organização do trabalho. 10.6 Crimes contra o sentimento religioso e contra o respeito aos mortos. 10.7 Crimes contra a dignidade sexual. 10.8 Crimes contra a família. 10.9 Crimes contra a incolumidade pública. 10.10 Crimes contra a paz pública. 10.11 Crimes contra a fé pública. 10.12 Crimes contra a administração pública. 10.13 Crimes contra as finanças públicas. 10.14 Crimes contra o Estado democrático de direito.

Goiás 2022

1 Introdução ao direito penal. 1.1 Conceito, características, velocidades e função do direito penal. 1.2 Princípios básicos do direito penal. 1.3 Relações com outros ramos do direito. 1.4 Direito penal e política criminal. 1.5 Escolas penais, garantismo, funcionalismo e direito penal do inimigo. 2 A lei penal. 2.1 Características, fontes, classificações, analogia, interpretação, vigência e aplicação. 2.2 Lei penal no tempo e no espaço. 2.3 Imunidade. 2.4 Condições de punibilidade. 2.5 Concurso Conflito aparente de normas. 2.6 Lei penal em branco. 3 Teoria geral do crime. 3.1 Conceito, objeto, sujeitos, conduta, tipicidade, culpabilidade. 3.2 Bem jurídico. 3.3 Tempo e lugar do crime. 3.4 Punibilidade. 3.5 Concurso de crimes e crime continuado. 3.6 Fato típico: conduta; resultado; relação de causalidade e tipicidade. 4 Teoria do tipo. 4.1 Crime doloso e crime culposo. 4.2 Crime qualificado pelo resultado e crime preterdoloso. 4.3 Erro de tipo. 4.4 Classificação jurídica dos crimes. 4.5 Crimes comissivos e omissivos. 4.6 Crimes de dano e de perigo. 4.7 Punibilidade: causas de extinção da punibilidade. 4.8 Iter criminis. 4.9 Consumação e tentativa. 4.10 Desistência voluntária e arrependimento eficaz. 4.11 Arrependimento posterior. 4.12 Crime impossível. 5 Ilicitude. 5.1 Causas de exclusão da ilicitude: estado de necessidade, legítima defesa, estrito cumprimento do dever legal e exercício regular de direito. 6 Teoria geral da culpabilidade. 6.1 Fundamentos, conceito, elementos e conteúdo. 6.2 Princípio de culpabilidade. 6.3 Culpabilidade e pena. 6.4 Causas de exclusão da culpabilidade. 6.5 Imputabilidade, potencial consciência da ilicitude e exigibilidade de conduta diversa. 6.6 Erro de proibição. 7 Concurso de agentes: autoria e participação; conduta delituosa; resultado; relação de causalidade; imputação. 8 Teoria geral da pena. 8.1 Cominação das penas. 8.2 Penas privativas de liberdade. 8.3 Penas restritivas de direitos. 8.4 Regimes de pena. 8.5 Pena pecuniária. 8.6 Medidas de segurança. 8.7 Aplicação da pena. 8.8 Elementares e circunstâncias. 8.9 Causas de aumento e de diminuição das penas. 8.10 Fins da pena. 8.11 Livramento condicional e suspensão condicional da pena. 8.12 Efeitos da condenação. 8.13 Execução penal. 9 Extinção da punibilidade. 9.1 Conceito, causas gerais e específicas, momentos de ocorrência. 9.2 Prescrição: conceito, teorias, prazos para o cálculo da prescrição, termos iniciais, causas suspensivas ou impeditivas, causas interruptivas. 10 Crimes. 10.1 Crimes contra a pessoa. 10.2 Crimes contra o patrimônio. 10.3 Crimes contra a propriedade imaterial. 10.4 Crimes contra a propriedade intelectual. 10.5 Crimes contra a organização do trabalho. 10.6 Crimes contra o sentimento religioso e contra o respeito aos mortos. 10.7 Crimes contra a dignidade sexual. 10.8 Crimes contra a família. 10.9 Crimes contra a incolumidade pública. 10.10 Crimes contra a paz pública. 10.11 Crimes contra a fé pública. 10.12 Crimes contra a administração pública. 10.13 Crimes contra as finanças públicas. 10.14 Crimes contra

o Estado democrático de direito. 11 Disposições constitucionais aplicáveis ao direito penal. 12 Súmulas, jurisprudência dominante dos Tribunais Superiores e legislação relacionada com os temas.

Roraima, 2022

3.1 Introdução. 3.1.1 Direito Penal: Conceito e caracteres. 3.1.2 Princípios fundamentais do Direito Penal. 3.1.3 Fontes do Direito Penal. 3.1.4 Escolas Penais. 3.1.5 Evolução histórica do Direito Penal no Brasil. 3.1.6 Interpretação da Lei Penal. 3.1.7 Direito Penal e Poder Punitivo. 3.2 Interpretação e aplicação da lei penal. 3.3 Delito. 3.3.1 Classificação dos crimes. 3.3.2 Teoria da Ação. 3.3.3 Teoria do tipo. O fato típico e seus elementos. 3.3.4 Relação de causalidade. Teorias. Imputação objetiva. 3.3.5 Tipos dolosos de ação. 3.3.6 Tipos dos Crimes de Imprudência. 3.3.7 Tipos dos Crimes de Omissão. 3.3.8 Consumação e tentativa. 3.3.9 Desistência voluntária e arrependimento eficaz. 3.3.10 Arrependimento posterior. 3.3.11 Crime impossível. 3.4 Agravação pelo resultado. 3.5 Erro. 3.5.1 Descriminantes putativas. 3.5.2 Erro determinado por terceiro. 3.5.3 Erro sobre a pessoa. 3.5.4 Erro sobre a ilicitude do fato (erro de proibição). 3.6 Concurso de crimes. 3.7 Ilicitude. 3.8 Culpabilidade. 3.9 Concurso de Pessoas. 3.10 Penas. 3.10.1 Função. 3.10.2 Espécies de penas. 3.10.3 Cominação das penas. 3.10.4 Aplicação da pena. 3.10.5 Suspensão condicional da pena. 3.10.6 Livramento condicional.3.10.7 Efeitos da condenação. 3.10.8 Reabilitação. 3.10.9 Limites das penas. 3.11 Medidas de segurança. 3.12 Ação penal. 3.13 Punibilidade e causas de extinção. 3.14 Prescrição. 3.15 Crimes contra a pessoa. 3.16 Crimes contra o patrimônio. 3.17 Crimes contra a propriedade imaterial. 3.18 Crimes contra a organização do trabalho. 3.19 Crimes contra o sentimento religioso e contra o respeito aos mortos. 3.20 Crimes contra a dignidade sexual. 3.21 Crimes contra a família. 3.22 Crimes contra a incolumidade pública. 3.23 Crimes contra a paz pública. 3.24 Crimes contra a fé pública. 3.25 Crimes contra a Administração Pública. 3.26 Decreto-lei nº 3.688/1941 (Lei de Contravenções Penais). 3.27 Disposições constitucionais aplicáveis ao direito penal. 3.28 Entendimento dos tribunais superiores acerca dos institutos de direito penal.

São Paulo, 2023

1.1 Direito Penal: Conceito e caracteres e função. 1.2 Princípios fundamentais do Direito Penal. 1.3 Fontes do Direito Penal. 1.4 Escolas Penais. 1.5 Evolução histórica do Direito Penal no Brasil. 1.6 Interpretação da Lei Penal. 1.7 Relação com outros ramos. 1.8 Direito penal e política criminal. 1.9 Código Penal 1.9.1 Parte Geral 1.9.1.1 Aplicação da Lei Penal. 1.9.1.2 Do Crime. 1.9.1.3 Da Imputabilidade Penal. 1.9.1.4 Do Concurso de Pessoas. 1.9.1.5 Das Penas. 1.9.1.6 Das Medidas de Segurança. 1.9.1.7 Da Ação Penal. 1.9.1.8 Da Extinção da Punibilidade. 1.9.2 Parte Especial 1.9.2.1 Título I: Dos Crimes contra a Pessoa. 1.9.2.2 Título II: Dos Crimes contra o Patrimônio. 1.9.2.3 Título III: Dos Crimes contra a Propriedade Imaterial. 1.9.2.4 Título IV: Dos Crimes contra a Organização do Trabalho. 1.9.2.5 Título V: Dos Crimes contra o Sentimento Religioso e contra o Respeito aos mortos. 1.9.2.6 Título VI: Dos Crimes contra a Dignidade Sexual. 1.9.2.7 Título VII: Dos Crimes contra a Família. 1.9.2.8 Título VIII: Dos Crimes contra a Incolumidade Pública. 1.9.2.9 Título IX: Dos Crimes contra a Paz Pública. 1.9.2.10 Título X: Dos Crimes contra a Fé Pública. 1.9.2.11 Título XI: Dos Crimes contra a Administração Pública. 1.9.2.12 Título XII: Dos Crimes contra o Estado Democrático de Direito.

Um olhar sobre os Editais nos permite concluir que, apesar da diversidade comum a este concurso, existem muitos tópicos semelhantes que se repetem em quase todos os editais. Há uma particularidade também quanto à legislação penal especial que por vezes é cobrada juntamente com a disciplina de penal ou o próprio edital prevê um tópico em separado, diante da sua especificidade, devendo atentar para isso. A jurisprudência é uma constante nestes editais.

A verdade é que uns editais apresentam as temáticas abordadas de forma muito mais detalhada que outros. De modo geral, podemos olhar para o Edital do Paraná e identificar a objetividade e um resumo das matérias cobradas comuns a todos os outros, envolvendo temas que estão presentes de maneira muito mais específica em outros editais como acontece com a menção direta em do estudo próprio Código Penal: Parte Geral e Parte Especial, sem especificar os crimes, ou outros elementos.

Em resumo, os editais propõem assuntos extensos – e, conforme, vimos, envolve o estudo da doutrina, especialmente em relação às bases do Direito Penal, princípios e teorias, da letra da lei, tanto do Código Penal quanto da legislação penal especial e da jurisprudência dos tribunais superiores.

3 ANÁLISE GERAL DAS ÚLTIMAS PROVAS OBJETIVAS

Já se pontuou em diversos momentos que em um concurso para Delegado de Polícia Civil existe uma relativa diversidade no tratamento dos assuntos, o que não se coloca em concursos federais unificados. Isto se reflete desde a opção pela banca organizadora (que também é discricionária a cada Estado da federação) até o tratamento dos pontos do edital nas provas.

Dos editais analisados entre 2015 e 2023, temos uma boa amostra para orientar a preparação do candidato segundo algumas estatísticas das provas anteriores.

Depois que enumeramos os pontos dos diversos editais, agora, iremos organizar os assuntos tratados em cada questão dos últimos concursos de Delegado da Polícia Civil. Os pontos se mostram, por vezes, abrangentes e, por óbvio esta é apenas uma estimativa já que as questões acabam por tratar de vários pontos simultaneamente. A escolha dos assuntos abordados nas questões tem a ver com a predominância daquele tema na questão analisada, porém não pode ser tomada como uma medida exata, ainda que muito próxima de ser.

Vejamos na tabela a seguir as 318 (trezentas e dezoito) questões cobradas ao longo das últimas provas realizadas:

PROVAS REALIZADAS ENTRE 2015 à 2023		
Tópico do conteúdo programático	**Quantidade de questões**	
Tipicidade	Acre	4
	Distrito Fed.	1
	M. Grosso Sul	3
	Minas Gerais	1
	Pernambuco	2
	Piauí	1
	Rio Gr. Sul	1
	São Paulo	1
	Rio de Janeiro	4
	Espírito Santo	2
	Goiás	3
	Roraima	2
	Total	**25**
Ação penal	São Paulo	1
	Rio de Janeiro	9
	Total	**10**
Princípios Gerais do Direito Penal	Acre	1
	Espírito Santo	1
	Maranhão	1
	Mato Grosso	1
	M. Grosso Sul	3
	Minas Gerais	1
	Sergipe	2
	Rio de Janeiro	2

PROVAS REALIZADAS ENTRE 2015 à 2023		
Tópico do conteúdo programático	**Quantidade de questões**	
Princípios Gerais do Direito Penal	Espírito Santo	3
	Goiás	1
	Roraima	1
	Total	**17**
Teoria Geral do Delito	Amapá	1
	Bahia	1
	Distrito Fed.	1
	Maranhão	1
	Pará	2
	Pernambuco	1
	Piauí	1
	Rio Gr. Sul	1
	Rio de Janeiro	1
	Espírito Santo	1
	Total	**11**
Teoria Geral da Pena	Amapá	1
	Bahia	1
	Distrito Fed.	1
	Espírito Santo	1
	Maranhão	2
	M. Grosso Sul	1
	Minas Gerais	1
	Pará	1
	Total	**9**
Aplicação da Lei Penal	Espírito Santo	3
	Goiás	1

PROVAS REALIZADAS ENTRE 2015 à 2023		
Tópico do conteúdo programático	**Quantidade de questões**	
Aplicação da Lei Penal	Maranhão	3
	M. Grosso Sul	2
	Pernambuco	1
	Piauí	2
	Sergipe	1
	Espírito Santo	1
	Total	**14**
Iter Criminis	M. Grosso Sul	1
	Minas Gerais	1
	Pernambuco	1
	Piauí	1
	Total	**4**
Antijuridicidade	Acre	1
	Espírito Santo	2
	Minas Gerais	1
	Sergipe	2
	Rio de Janeiro	1
	Espírito Santo	2
	Roraima	1
	Total	**10**
Crimes contra a vida	Acre	2
	Amapá	1
	Espírito Santo	2
	Goiás	1
	M. Grosso Sul	1
	Piauí	1

PROVAS REALIZADAS ENTRE 2015 à 2023		
Tópico do conteúdo programático	**Quantidade de questões**	
Crimes contra a vida	São Paulo	1
	Sergipe	1
	Rio de Janeiro	1
	Espírito Santo	2
	Goiás	3
	Roraima	2
	Total	**18**
Crimes contra a honra	Acre	1
	Piauí	1
	Total	**2**
Crimes contra o patrimônio	Acre	3
	Amapá	1
	Maranhão	1
	Mato Grosso	2
	M. Grosso Sul	2
	Minas Gerais	1
	Pará	2
	Rio Gr. Sul	3
	São Paulo	2
	Rio de Janeiro	1
	Espírito Santo	2
	Goiás	1
	Roraima	2
	Total	**23**
Teoria do Bem Jurídico	Acre	1
	Total	**1**

Penal

PROVAS REALIZADAS ENTRE 2015 à 2023		
Tópico do conteúdo programático	**Quantidade de questões**	
Crimes contra a família	Acre	1
	M. Grosso Sul	1
	Total	**2**
Crimes contra a incolumidade pública	Acre	1
	Rio Gr. Sul	1
	Total	**2**
Crimes contra a Fé Pública	Acre	1
	Espírito Santo	1
	Goiás	1
	Pará	1
	Rio Gr. Sul	1
	Total	**5**
Interpretação da lei penal	Maranhão	1
	M. Grosso Sul	1
	São Paulo	1
	Total	**3**
Crimes contra a Administração Pública	Acre	2
	Espírito Santo	1
	Maranhão	1
	Mato Grosso	1
	Pará	1
	Piauí	1
	Rio Gr. Sul	1
	São Paulo	2
	Rio de Janeiro	1
	Espírito Santo	2
	Goiás	1
	Roraima	2
	Total	**16**

PROVAS REALIZADAS ENTRE 2015 à 2023		
Tópico do conteúdo programático	**Quantidade de questões**	
Legislação Penal Especial	Amapá	3
	Bahia	3
	Distrito Fed.	8
	Espírito Santo	7
	Goiás	9
	Maranhão	5
	Mato Grosso	4
	M. Grosso Sul	4
	Minas Gerais	2
	Pernambuco	5
	Piauí	2
	Rio Gr. Sul	6
	São Paulo	8
	Sergipe	9
	Rio de Janeiro	3
	Espírito Santo	3
	Goiás	4
	Roraima	5
	Total	**90**
Culpabilidade	Distrito Fed.	1
	Espírito Santo	1
	Goiás	1
	Minas Gerais	2
	Pará	1
	Piauí	1
	São Paulo	1
	Sergipe	1
	Total	**9**

Penal

PROVAS REALIZADAS ENTRE 2015 à 2023		
Tópico do conteúdo programático	**Quantidade de questões**	
Medidas de segurança	Piauí	1
	Total	**1**
Crimes contra a propriedade imaterial	Maranhão	1
	Total	**1**
Crimes Contra as Finanças Públicas	Distrito Fed.	1
	Total	**1**
Lesões corporais	Minas Gerais	2
	Rio de Janeiro	1
	Roraima	2
	Total	**5**
Extinção da punibilidade	Espírito Santo	1
	Pará	1
	Pernambuco	1
	Piauí	1
	São Paulo	3
	Rio de Janeiro	1
	Total	**8**
Crimes contra a organização do trabalho	Bahia	1
	Total	**1**
Classificação dos crimes	Maranhão	1
	M. Grosso Sul	1
	Pernambuco	2
	Rio Gr. Sul	1
	Total	**5**
Efeitos da condenação	Pernambuco	1
	Total	**1**

PROVAS REALIZADAS ENTRE 2015 à 2023

Tópico do conteúdo programático	Quantidade de questões	
Concurso de crimes	Distrito Fed.	2
	Maranhão	1
	Mato Grosso	1
	M. Grosso Sul	2
	Minas Gerais	1
	Rio Gr. Sul	2
	Total	**9**
Crimes Contra a Inviolabilidade dos Segredos	Rio Gr. Sul	1
	Total	**1**
Crimes contra a Dignidade Sexual	Acre	1
	Amapá	1
	Bahia	1
	Espírito Santo	1
	Goiás	1
	Maranhão	1
	Mato Grosso	1
	M. Grosso Sul	1
	São Paulo	3
	Rio de Janeiro	1
	Total	**12**
Dosimetria da pena	Sergipe	5
	Total	**5**
Lenocínio e Tráfico de Pessoa para fim de Prostituição ou outra forma de Exploração Sexual	Pará	1
	Total	**1**

PROVAS REALIZADAS ENTRE 2015 à 2023		
Tópico do conteúdo programático	**Quantidade de questões**	
Concurso de Pessoas	Bahia	1
	Distrito Fed.	2
	Piauí	1
	Sergipe	8
	Total	**12**

Esta análise das questões não tem a pretensão de ser exata porque algumas delas se enquadram em mais de um assunto do conteúdo programático. A opção deste estudo das questões foi em identificar cada uma delas conforme o objeto predominante levantado pelo examinador. Vê-se que a distribuição das questões se faz de maneira muito ampla porque são muitos os tópicos dos editais, de forma que, mesmo selecionando as questões e inserindo em tópicos mais gerais, a quantidade de questões por assunto não indica uma grande repetição, apesar disto acontecer com alguns itens, o que trataremos no tópico a seguir.

Ainda na análise das questões, encontramos um destaque na distribuição dos itens conforme a fonte de estudo em cada uma das provas analisadas, dividindo as questões em que se era (predominantemente) exigido o conhecimento da doutrina, lei seca e da jurisprudência, conforme demonstra a tabela a seguir.

PROVAS REALIZADAS	FONTE DE ESTUDO	QUESTÕES
Acre (2017)	Lei seca	14
	Jurisprudência	0
	Doutrina	6
Amapá (2017)	Lei seca	6
	Jurisprudência	0
	Doutrina	2
Bahia (2018)	Lei seca	4
	Jurisprudência	1
	Doutrina	3

PROVAS REALIZADAS	FONTE DE ESTUDO	QUESTÕES
Distrito Federal (2016)	Lei seca	8
	Jurisprudência	3
	Doutrina	6
Espírito Santo (2019 e 2022)	Lei seca	21
	Jurisprudência	3
	Doutrina	18
Goiás (2017, 2020 e 2022)	Lei seca	20
	Jurisprudência	5
	Doutrina	17
Maranhão (2018)	Lei seca	9
	Jurisprudência	3
	Doutrina	7
Mato Grosso (2017)	Lei seca	3
	Jurisprudência	7
	Doutrina	0
Mato Grosso do Sul (2017)	Lei seca	7
	Jurisprudência	4
	Doutrina	12
Minas Gerais (2018)	Lei seca	5
	Jurisprudência	0
	Doutrina	8
Pará (2016)	Lei seca	7
	Jurisprudência	0
	Doutrina	3
Piauí (2016)	Lei seca	10
	Jurisprudência	2
	Doutrina	2

PROVAS REALIZADAS	FONTE DE ESTUDO	QUESTÕES
Pernambuco (2016)	Lei seca	7
	Jurisprudência	4
	Doutrina	3
Rio Grande do Sul (2018)	Lei seca	6
	Jurisprudência	6
	Doutrina	6
São Paulo (2017, 2022 e 2023)	Lei seca	21
	Jurisprudência	2
	Doutrina	5
Sergipe (2018)	Lei seca	14
	Jurisprudência	3
	Doutrina	12
	Lei seca	1
Rio de Janeiro (2021)	Jurisprudência	6
	Doutrina	13
	Lei seca	5
Roraima (2022)	Jurisprudência	7
	Doutrina	13
Total	**Lei seca**	**168**
	Jurisprudência	**56**
	Doutrina	**139**

Verificou-se, portanto, um grande número de questões pautados no estudo da lei seca, primordialmente. As quantidades são estimadas por aproximação. Principalmente porque no que diz respeito a grande parte da Legislação Penal Especial exigida e dos dispositivos do Código Penal é preciso que o candidato esteja em dia com a letra da lei, todavia, sem olvidar que nem mesmo a legislação será desprovida de eventual entendimento dos Tribunais Superiores, ainda que esta opção não tenha sido exigida tantas vezes pelo examinador, ou pelo que conforme se demonstra no gráfico abaixo:

Fontes de Estudo

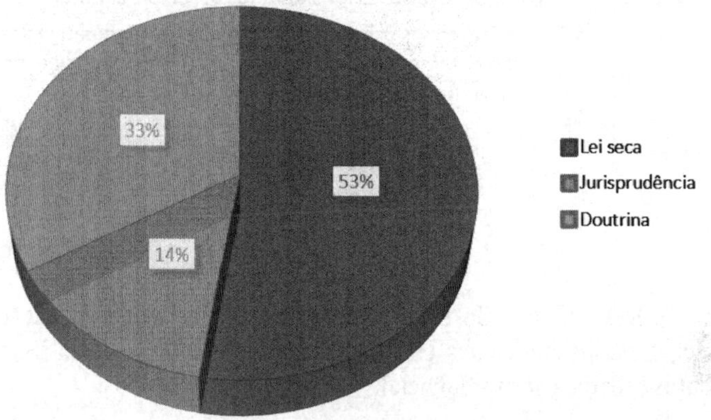

De modo geral, esta análise quantitativa serve ao candidato para compreender uma tendência para os próximos certames onde prevalece o conhecimento da letra da lei e da doutrina.

Vejamos aqui, algumas questões cobradas em provas anteriores, para assim, podermos visualizar como os temas são abordados:

(Delegado Rio de Janeiro/CEBRASPE/ Edital 2021)

QUESTÃO 1

Ao assumir a titularidade da Delegacia de certo município no interior do estado do Rio de Janeiro, o delegado Tibúrcio percebe a existência de um inquérito policial instaurado para a investigação de crime de sonegação tributária de imposto municipal. Verifica, ainda, que o valor sonegado é ínfimo, embora haja a incidência de multa e juros. Assim, o Delegado passa a deliberar sobre a possível incidência do princípio da insignificância.

Nessa situação hipotética, para chegar à conclusão correta, o delegado deverá considerar que, consoante a jurisprudência do STF e do STJ, o princípio da insignificância

A tem aplicabilidade restrita aos tributos federais, não alcançando os estaduais e municipais, pois não há regulamentação regional ou local possível sobre seus parâmetros, uma vez que só a União pode legislar sobre matéria penal.

B é aplicável aos tributos de todos os entes federativos, desde que haja norma estadual ou municipal estabelecendo os parâmetros de aferição, considerados os juros e a multa.

- **C** é aplicável aos tributos de todos os entes federativos, tendo como parâmetro os limites em que a União não executa seus créditos fiscais, desconsiderados os juros e a multa.
- **D** é aplicável aos tributos de todos os entes federativos, tendo como parâmetro os limites em que a União não executa seus créditos fiscais, considerados os juros e a multa.
- **E** é aplicável aos tributos de todos os entes federativos, desde que haja norma estadual ou municipal estabelecendo os parâmetros de aferição, desconsiderados os juros e a multa.

Gabarito: Letra E

A presente questão exigiu conhecimento acerca da aplicação do princípio da insignificância em relação ao crime de sonegação fiscal de tributos.(teoria + jurisprudência).

(Delegado Rio de Janeiro/CEBRASPE/ Edital 2021)

QUESTÃO 2

Ao analisar sob o prisma jurídico-penal um abortamento, o delegado de polícia deverá verificar se a interrupção da gravidez, nas circunstâncias em que ocorreu, era permitida. Acerca do abortamento permitido, assinale a opção correta.

- **A** Conforme entendimento majoritário do STF, o abortamento de feto anencefálico é possível, haja vista a tese de que a gestante que opta pela interrupção da gravidez atua em estado de necessidade.
- **B** Deve ser responsabilizado por aborto culposo o médico que, por erro vencível, diagnostique uma gravidez com sério risco para a vida da gestante e realize a intervenção abortiva por equívoco.
- **C** Consoante o STJ, a Síndrome de Body Stalk autoriza a intervenção abortiva porque, embora exista uma mínima chance de salvar o feto e garantir o nascimento com vida, determina a morte da gestante durante o parto, cuidando-se de abortamento terapêutico.
- **D** Em discussão acerca da possibilidade de aborto no primeiro trimestre de gravidez, ministro do STF proferiu voto defendendo a inexistência de aborto criminoso nesse período, invocando para tanto, entre outros argumentos, o critério da proporcionalidade.
- **E** No aborto sentimental ou humanitário, dado que a ocorrência de um estupro nem sempre será verificável de plano, exige-se ordem judicial, sem a qual a intervenção será criminosa.

Gabarito: Letra E

A questão exigiu do candidato o conhecimento acerca do posicionamento dos Tribunais Superiores em relação ao tema.

(Delegado Roraima/CEBRASPE/ Edital 2022)

QUESTÃO 3

No que concerne aos crimes contra a honra, assinale a opção correta.

- **A** A calúnia contra os mortos é impunível, por se tratar de crime impossível.
- **B** Não se admite o instituto da retratação nos crimes de calúnia e difamação.
- **C** No delito de injúria, o juiz poderá deixar de aplicar a pena se o ofendido, de forma reprovável, provocar diretamente a ofensa.
- **D** A exceção da verdade é admitida, no crime de calúnia processado por ação penal privada, se o ofendido já tiver sido absolvido por sentença irrecorrível.
- **E** Quem se julgar ofendido por crime contra a honra pode pedir explicações em juízo e, se houver recusa desse pedido pelo ofensor, cabe contra este sentença condenatória.

Gabarito: Letra C

A questão abordou a temática de crimes contra a honra, exigindo do candidato conhecimento acerca da letra seca da lei.

(Delegado Roraima/CEBRASPE/ Edital 2022)

QUESTÃO 4

Em 15/10/2011, Mirtes, de 21 anos e sem antecedentes criminais, praticou o crime de perigo de contágio de moléstia grave (art. 131 do Código Penal, cuja pena é de um a quatro anos de reclusão e multa). A denúncia foi oferecida em 9/10/2015 e recebida em 15/10/2015. A citação válida ocorreu em 9/10/2016.

Ao final do processo, a ré foi condenada à pena de dois anos de reclusão com sentença publicada em 15/10/2018. Apenas a defesa recorreu e o acórdão, publicado em 15/10/2021, reduziu a pena para um ano de reclusão.

Considerando a situação hipotética apresentada, assinale a opção correta.

- **A** O juiz deveria ter reconhecido, com base na pena aplicada na sentença, a prescrição virtual ocorrida entre a data do fato e o recebimento da denúncia.

Penal

B) Não ocorreu prescrição em razão da pena em abstrato nem em razão da pena em concreto.

C) Devido à pena final em concreto, ocorreu prescrição retroativa entre a data do fato e o recebimento da denúncia.

D) Em razão da pena efetivamente aplicada, ocorreu a prescrição superveniente entre a publicação da sentença e o julgamento do acórdão.

E) Em virtude da pena final em concreto, ocorreu prescrição retroativa entre a data da citação válida e a publicação da sentença.

Gabarito: Letra B

Verifica-se que prescrição penal foi o tema abordado na questão em análise, exigindo do candidato conhecimento acerca da letra seca da lei, bem como base doutrinária e jurisprudencial sobre do tema.

(Delegado Goiás/Instituto AOCP/Edital 2022)

QUESTÃO 5

Antônio, ex-estagiário da agência da Caixa Econômica Federal em Recife, Pernambuco, foi denunciado pelo Ministério Público Federal por ter se apropriado de valores subtraídos de contas correntes supostamente inativas. O estagiário subtraiu, em proveito próprio, o valor de R$ 35.000,00 (trinta e cinco mil reais), entre janeiro e agosto de 2018. A conduta ilícita só foi possível em razão de ter o acusado acesso às senhas de funcionários da Caixa Econômica Federal, que foram memorizadas quando da digitação nos sistemas ou que foram fornecidas ao estagiário pelos próprios funcionários do banco. Com base no exposto, é correto afirmar que a conduta do ex-estagiário se amolda ao crime de

A) peculato-furto.

B) peculato-desvio.

C) peculato-apropriação.

D) corrupção passiva.

E) concussão

Gabarito: Letra A

A questão exigiu do candidato conhecimentos específicos sobre crimes praticados por funcionário público contra a Administração pública em geral, objetivando a capitulação face a situação problema.

(Delegado Goiás/Instituto AOCP/Edital 2022)

QUESTÃO 6

José, aparentemente embriagado, foi à sepultura de um antigo desafeto e, com um pedaço de madeira, desferiu golpes quebrando quadros, vasos e vidros da parte externa da sepultura. Os agentes da guarda municipal acionados, verificando o fato em andamento, procederam com a prisão em flagrante. Considerando o caso narrado, assinale a alternativa correta.

- **A** A embriaguez verificada no caso configura-se excludente de imputabilidade penal.
- **B** O caso narrado configura-se crime de violação de sepultura.
- **C** Tendo em vista que José não tinha intenção de profanar a sepultura, configura-se apenas crime de dano.
- **D** Caso ficasse comprovado que não havia restos mortais no jazigo, José seria absolvido por crime impossível, na tentativa de violação de sepultura.
- **E** A conduta não é passível de prisão em flagrante.

Gabarito: Letra B

A questão cobrou conhecimentos sobre teoria do delito, pertencente a parte geral do Código Penal, em conjunto com a parte Especial, exigindo do candidato uma análise acerca da adequação típica em relação ao fato apresentado trazido na questão.

(Delegado Espírito Santo/CEBRASPE/Edital 2022)

QUESTÃO 7

A dignidade sexual é tema que tem sido socialmente debatido com maior seriedade nas últimas décadas e que merece atenção da sociedade. A discussão em torno do assunto tem gerado reação legislativa positiva e atenção dos tribunais. Acerca desse tema, considerando os dispositivos do Código Penal e a jurisprudência do Superior Tribunal de Justiça, assinale a opção correta.

- **A** A importunação sexual, que consiste no ato de constranger alguém à prática de atos libidinosos, passou a ser um tipo penal diferente do estupro por força da Lei nº 13.718/2018.
- **B** A exploração sexual constitui elemento normativo do crime de casa de prostituição, não bastando a conduta consistente na manutenção de casa para fins libidinosos.
- **C** Para os crimes praticados contra a dignidade sexual, não há previsão de causa de aumento de pena.

D Constitui crime de rufianismo a indução à prostituição ou a outra forma de exploração sexual.

E O crime de estupro, previsto no artigo 215 do Código Penal, processa-se mediante representação.

Gabarito: Letra B

A questão cobrou do candidato conhecimento teórico e jurisprudencial sobre crimes contra dignidade sexual, exigindo noções básicas em relação tema.

(Delegado Espírito Santo/CEBRASPE/Edital 2022)

QUESTÃO 8

A respeito da extinção da punibilidade, assinale a opção correta à luz do disposto no Código Penal e da jurisprudência dos tribunais superiores.

A A retratação do agente não extingue a punibilidade.

B Só há efetiva extinção da punibilidade quando cumprida a pena privativa de liberdade e adimplido o pagamento da pena pecuniária, ainda que o condenado comprove hipossuficiência.

C Não corre prescrição antes do trânsito em julgado da sentença final de recurso inadmissível nos tribunais superiores e pendente de julgamento.

D A prescrição da pena de multa será sempre de dois anos.

E A prescrição começa a contar a partir da data em que a vítima completa dezoito anos de idade apenas em relação aos crimes contra a dignidade sexual que envolvam crianças e adolescentes.

Gabarito: Letra C

A questão tratou do tema extinção de punibilidade, cobrando do candidato conhecimentos sobre prescrição penal, com base na lei e jurisprudência dos Tribunais Superiores.

(Delegado São Paulo/VUNESP/Edital 2022)

QUESTÃO 9

São reduzidos de metade os prazos de prescrição

A para pessoa cujos cuidados especiais sejam imprescindíveis para menor de 6 (seis) anos de idade ou com deficiência.

B quando o criminoso era, ao tempo do crime, menor de 21 (vinte e um) anos, ou, na data da sentença, idoso, ou seja, maior de 60 (sessenta) anos.

C) apenas quando o criminoso era, ao tempo do crime, maior de 70 (setenta) anos.

D) quando o criminoso era, ao tempo do crime, menor de 21 (vinte e um) anos, ou, na data da sentença, maior de 70 (setenta) anos.

E) para mulher com filho de até 12 (doze) anos de idade incompletos.

Gabarito: Letra D

Questão exigiu conhecimento sobre prescrição penal, especificamente acerca dos redutores do prazo prescricional.

(Delegado São Paulo/VUNESP/Edital 2022)

QUESTÃO 10

Lucius, advogado, representando seu cliente Maximus, protocola petição inicial de ação de despejo em face de Claudius. Ocorre que, em audiência, após descobrir que Claudius fora seu amigo de infância – fato do qual não se lembrava quando da propositura da ação – Lucius renuncia regularmente aos poderes outorgados por Maximus, colhe procuração de Claudius e começa a defendê-lo na mesma ação. No curso da defesa de Claudius, Lucius utiliza-se de fatos que lhe foram narrados por Maximus e que não eram do conhecimento de Claudius, fatos esses que são essenciais para que a ação seja julgada improcedente.

Nesse caso, é correto afirmar que Lucius praticou

A) crime de tergiversação.

B) crime de advocacia administrativa.

C) fato atípico à luz do Direito Penal.

D) crime de patrocínio infiel.

E) crime de exercício ilegal da profissão.

Gabarito: Letra D

Verifica-se que na questão apresentada foi exigido do candidato conhecimento sobre crimes contra a Administração da Justiça, buscando uma análise e adequação típica face ao fato apresentado.

4 PONTOS MAIS RELEVANTES NAS PROVAS OBJETIVAS

A tabela de distribuição de questões por assuntos no tópico acima permitiu uma compreensão dos temas mais cobrados nos concursos para

Delegado de Polícia Civil nos últimos anos. Em disparado, pode-se verificar que a Legislação Penal Especial foi um dos itens mais cobrados porque comum a quase todas as provas (exceto aquelas que não faziam previsão do edital juntamente com a disciplina de Direito Penal).

É preciso dizer também que para a divisão das questões optamos por reunir todas aquelas que tratavam de uma legislação penal especial, sem discriminar se os crimes relatados nas questões faziam parte da Lei n.º 11.343/2006 (Lei de Drogas) ou da Lei n.º 8.072/1990 (Crimes Hediondos), ou ainda da Lei n.º 8.069/1.990 (Estatuto da Criança e do Adolescente). Isto ajudou a agregar uma maior quantidade de questões neste ponto, acima daquelas temáticas mais subdivididas que nem sempre encontraram abrigo em muitas questões das provas.

Isto tem a ver com a própria quantidade de assuntos abordados no tópico de Direito Penal, pelo que as questões podem flutuar e apresentar uma grande diversidade de opções ao examinador, razão pela qual grandes repetições não são comuns: há muito do que falar e para dividir entre as questões. Ainda assim, é possível verificar algumas tendências como os crimes mais cobrados pelos examinadores. A preferência tem sido nítida, veja:

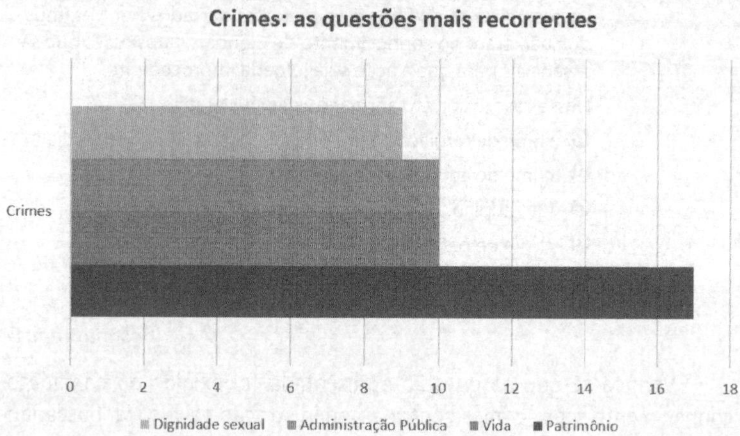

Foram 23 questões sobre crimes contra o patrimônio, 18 envolvendo crimes contra a vida e a Administração Pública e 9 questões envolvendo crimes contra a dignidade social. Os números são relevantes para a orientação deste estudo porque indicam uma atenção especial ao estudo da doutrina e, principalmente da lei seca e da jurisprudência acerca destes crimes.

Em outra categoria, também angariaram um número significativo de questões o tópico referente à tipicidade, que apareceu como assunto predominante em 19 (dezenove) questões, aqui há a necessidade de um estudo mais atento da doutrina. A seguir, a aplicação da lei penal foi o principal conhecimento exigido em 13 (treze) questões ao longo das provas analisadas. O tema do concurso de pessoas também foi explorado com certa regularidade, alcançando um número de 12 (doze) questões como sendo este o ponto principal.

Também assume alguma relevância os Princípios Gerais do Direito Penal, que são cobrados em número menor, mas ainda indicam alguma recorrência nas provas, representado em em 17 (dezessete) questões. Além desses, Teoria Geral da Pena e do Delito, Culpabilidade e o concurso de pessoas reuniram cada um 9 (nove) questões.

Há ainda outros temas que se repetem mesmo que com uma frequência reduzida. De todo modo, o importante é ressaltar que o candidato deve dedicar no seu estudo um conjugado de lei seca (com alguma intensidade), doutrina e jurisprudência, detalhando a sua preparação com afinco, disciplina e estratégia, especialmente olhando para as conclusões que chegamos neste material de separação das questões mais relevantes com um indício da tendência assumida pelos examinadores nas elaborações das indagações da disciplina de Penal nos últimos concursos.

5 PROVAS DISCURSIVAS

As avaliações escritas estão presentes em todos os editais analisados e as considerações feitas até aqui sobre a disciplina de Penal terão influência, também, nas provas dissertativas. O que acontece é que o candidato deve demonstrar o seu conhecimento de forma diferente respondendo de maneira contextualizada às questões centrais colocando em evidência o núcleo da pergunta mantendo pertinência e objetividade. De forma geral, a prova discursiva irá sempre um pouco mais fundo do que exigido na etapa anterior.

A seguir analisamos a questão discursiva que constou do concurso para Delegado da Polícia Civil de Pernambuco em 2016:

> Otávio, maior e capaz, frequentava determinado bar e, regularmente, jogava sinuca com Carlos, também maior e capaz. Em uma das partidas, eles se desentenderam e Otávio, com a intenção de matar Carlos, aplicou-lhe dois golpes com uma faca, ferindo-o e fazendo-o sangrar. Imediatamente, o dono do bar e outras pessoas presentes

> no estabelecimento detiveram o autor do delito, acionaram a polícia e chamaram uma ambulância, que conduziu o ferido após os primeiros socorros terem sido prestados. No deslocamento para o hospital, a ambulância colidiu com um caminhão e, em razão exclusivamente da colisão, todas as pessoas que estavam na ambulância faleceram instantaneamente.

Considerando a situação hipotética apresentada, redija um texto dissertativo destacando as teorias da relação de causalidade previstas no Código Penal e a teoria de causalidade aplicável à conduta de Otávio no que se refere ao falecimento de Carlos.

Nesta questão, por exemplo, o examinador exigiu conhecimentos sobre o tema da relação de causalidade entre a conduta do agente e o resultado lesivo e, para a resposta correta era necessário que o candidato discorresse acerca da causa relativamente independente que produziu o resultado por si, no âmbito do artigo 13, § 1º (teoria da Causalidade Adequada). É preciso destacar que na questão, Otávio tinha a intenção de matar Carlos e por esta razão deverá responder apenas pelo resultado que produziu diretamente, no caso: o homicídio doloso na sua forma tentada.

Ao contrário da questão acima, a fase discursiva do certame de Minas Gerais para Delegado de Polícia Civil deu a oportunidade para o candidato discorrer em no máximo vinte linhas sobre o crime culposo e a possibilidade de tentativa e concurso de agentes sem a contextualização do caso fático.

No Espírito Santo, dentro do certame de 2019, viu-se cobrado um ponto do conteúdo programático voltado predominantemente para a fonte de estudo doutrinária porque exigia conhecimentos da Teoria geral do crime, como se vê:

> Uma das mais acaloradas discussões na teoria do crime reside na forma como se desenvolve o conceito de conduta. Dentro dessa perspectiva, como a Teoria Clássica e Teoria Finalista desenvolvem o tema? Aponte também, em cada uma delas, a posição do dolo e da culpa dentro do conceito analítico de crime.

Aqui, era preciso que o candidato abordasse nesta questão os conhecimentos teóricos acerca da Teoria Geral do Crime incluindo os aspectos em torno do conceito de conduta passando também pelo entendimento do tema inserido na Teoria Clássica e na Teoria Finalista. Nesse contexto, o examinador exigia o conhecimento de dados históricos, autores principais destas teorias especificando em cada uma delas a definição do que a conduta.

Assim, para exemplificar como seria brevemente o desenvolvimento de uma questão discursiva de forma objetiva e completa, colaciona-se o padrão de resposta fornecido pelo Instituto Acesso:

> No final do século XIX e início do século XX, buscando racionalizar e afastar o Direito Penal das arbitrariedades ocorridas nos séculos anteriores surge a teoria causal-naturalista. Desenvolvida inicialmente por Franz von Liszt e Ernst Beling, o causalismo buscou nas ciências naturais a adequação a uma forma científica própria do positivismo, com critérios estritamente classificatórios e conceitos desprovidos de valor, como nas ciências naturais, baseadas nas relações de causa e efeito.
>
> No causalismo o fato típico é composto pela conduta como um movimento corporal voluntário capaz de gerar uma modificação no mundo exterior, perceptível pelos sentidos. Assim, não se podia conceber a existência de dolo ou culpa no primeiro substrato do crime, já que o aspecto psicológico se encontrava na culpabilidade, onde tais elementos deveriam ser analisados. O tipo penal era composto apenas por elementos descritivos, situando-se o dolo e a culpa na culpabilidade, onde estaria o elo psicológico entre a conduta e o seu autor. É a teoria psicológica da culpabilidade.
>
> No início da década de 30, Hans Welzel cria a teoria finalista da conduta, ao argumento de que a finalidade é o cerne da conduta humana. Não pode ser tratada como mero movimento corporal voluntário, mas como um comportamento previamente dotado de um querer doloso ou imprudente. Com isso, Welzel expõe a conduta como um comportamento humano voluntário finalisticamente dirigido.
>
> O dolo e a culpa passam a ser analisados na conduta, deixando a culpabilidade apenas com elementos normativos, significando um juízo de reprovação realizada em relação ao fato típico e antijurídico praticado pelo agente. É a teoria normativa pura da culpabilidade, adotada pelos finalistas.

No Rio de Janeiro, dentro do certame de 2021, viu-se cobrado um ponto do conteúdo programático voltado para a fonte de estudo doutrinária porque exigia conhecimentos da Teoria geral do crime/concurso de pessoas, especificamente nesse caso, como se percebe:

> Daniel recebeu convite de Sebastião, seu amigo, para subtraírem o dinheiro do caixa de um pequeno banco na cidade de São Sebastião do Alto. Ambos combinaram que utilizariam simulacros de arma de fogo no assalto. Contudo, temendo por sua vida, e sem dar ciência a Daniel, Sebastião foi para o ponto de encontro portando uma arma de fogo devidamente municiada. A dupla encontrava-se dentro da agência bancária quando, em decorrência da reação do vigilante do banco, Sebastião disparou sua arma, tendo o projétil atingido e matado um cliente que se encontrava na agência no momento do crime.
>
> No que diz respeito ao concurso de pessoas, explique a situação jurídico-penal de Daniel na situação apresentada.

Já no concurso de São Paulo em 2022, temos, entre outros, a abordagem de Legislação Penal Especial, como por exemplo a Lei de Lavagem de capitais (Lei 9.613/1998). Vejamos:

> Disserte sobre:
>
> A RECUPERAÇÃO DE ATIVOS NO COMBATE À LAVAGEM DE DINHEIRO
>
> Ao elaborar seu texto, aborde:
>
> A – Conceito e finalidade. A atuação do Delegado de Polícia frente à recuperação de ativos.
>
> B – Medidas assecuratórias. Possibilidade no Inquérito Policial.
>
> C – A apreensão no contexto das medidas assecuratórias.
>
> D – Confisco alargado. Significado. Requerente. O Delegado de Polícia e a coleta de elementos que propiciam a aplicação do instituto.

Verifica-se a necessidade de conhecimento amplo sobre o assunto, sendo relevante a abordagem teórica e jurisprudencial acerca da aplicação da referida lei.

Além das questões apresentadas, é importante referir que alguns dos certames exigem, também, a elaboração de peças processuais em que se deve considerar aspectos do conteúdo de direito material juntamente com regras específicas dentro do direito processual. Quanto ao Direito Penal, as situações hipotéticas colocadas nas provas para o desenvolvimento dos conhecimentos do candidato na forma de uma peça processual sempre trarão uma abordagem que exigirá também a necessidade de o candidato utilizar os conceitos e a legislação penal (geral e especial) em busca da resposta mais adequada.

6 PROVA ORAL

No concurso para Delegado de Polícia Civil, a etapa de avaliação constituída pela prova oral não está presente em todos os certames, variando de edital para edital. Entretanto, é importante que o candidato esteja preparado para enfrentar esta etapa do exame caso lhe seja exigido.

Aqui, o conteúdo de Direito Penal deve estar assente para o candidato da forma mais ampla possível, já que apesar de nem todos os concursos exigirem a fase oral, aqueles que a requerem sempre envolvem o conhecimento dos pontos do conteúdo programático de Direito Penal.

É de se destacar que a prova oral irá além dos conhecimentos teóricos e práticos do candidato já que envolve, naturalmente, o controle psicológico das pessoas que estarão sob pressão. O candidato, ao longo da sua arguição deve estar preparado para ser objetivo e raciocinar de forma rápida já que o tempo destinado às respostas é reduzido. O êxito de uma prova oral envolve questões mais complexas do que aquelas que podemos nos referir aqui, mas o treinamento com simulações da prova é essencial para habituar o candidato ao ambiente de pressão que será submetido caso chegue até esta fase do certame.

O ponto central de observação dos examinadores será a desenvoltura dos candidatos em demonstrar o conhecimento que possui. É claro que também é relevante a postura, a oralidade, a forma de explicação, a segurança e o concatenamento lógico das ideias, todavia todos estes fatores são diretamente relacionados com a quantidade de conhecimento adquirido pelo candidato.

Quando necessária para aprovação, a etapa da prova oral clama por um estudo otimizado, que deve envolver leituras, treinamentos e a revisão mais profunda possível de assuntos sobre o tema.

7 DICAS FINAIS PARA OS CANDIDATOS

A estratégia final para o êxito numa disciplina tão extensa como o Direito Penal e que, naturalmente, assume relevância destacada no

Concurso para Delegado da Polícia Civil, é a congregação de um estudo focado na Lei Seca, na Doutrina e na Jurisprudência. Não existe uma ordem de importância: as três fontes de estudo devem ser igualmente consideradas.

É evidente que a Lei Seca, como se viu, é exigida como fonte predominante na maior parte das questões. Entretanto, vez ou outra, os itens das provas não se prendem apenas à análise da letra da lei, exigindo que o candidato tenha simultaneamente conhecimentos do entendimento dos Tribunais Superiores e de alguns aspectos doutrinários ligados àquele tema.

Neste ponto, é de se destacar que a doutrina assume um espaço também importante para o acerto das questões. Isto tem a ver com a preferência das bancas examinadoras pelo conhecimento aprofundado, sobretudo das bases do Direito Penal, na Parte Geral, como restou demonstrado na análise aqui realizada.

Não menos importante, repiso, é estar em dia com as atualizações doutrinárias examinando a compreensão dos Tribunais Superiores por cada artigo do Código Penal ou da Legislação Penal Especial que seja estudado pelo candidato.

Tudo isto depende – como em qualquer certame – de um planejamento, de disciplina e de determinação utilizando as estratégias aqui demarcadas para otimizar o tempo de estudos e angariar conhecimento em mais pontos dos assuntos abordados no Edital enfrentado. Para tanto, é imprescindível uma rotina adaptada às suas necessidades que inclua da melhor forma a leitura da Lei Seca, da Doutrina indicada, do acompanhamento da evolução jurisprudencial e da resolução exaustiva de questões atualizadas em vias de fazer um treinamento preciso e direcionado ao tão almejado êxito no Concurso para Delegado da Polícia Civil.

Direito

PROCESSUAL PENAL

Anna Victoria Medeiros Escorel Almeida Henrique

1 BIBLIOGRAFIA INDICADA

Analisando os diversos editais e provas anteriores dos concursos de Delegado de Polícia Civil, é indubitável a extrema importância da disciplina do Direito Processual Penal nos certames, sendo crucial que o candidato ao cargo domine o assunto.

O Delegado de Polícia, como aplicador e primeiro garantidor dos Direitos, vai conviver diariamente com a disciplina, pois o Processo Penal tem por finalidade a justa aplicação do Direito Penal ao caso concreto, regulamentando a investigação preliminar, o processo e os procedimentos, a prisão, a acusação, a defesa, as provas, etc.

Dito isso, vamos a análise da bibliografia:

É importante ressaltar que a identificação pessoal com o estilo de escrita do autor deve ser considerada na escolha do livro, a afinidade ajuda a fomentar o prazer na hora de estudar. Mas, é preciso levar em consideração algumas nuances na hora da escolha da melhor doutrina, sob pena de perder muito tempo lendo informações desnecessárias que pouco irá agregar ao seu estudo direcionado para concurso. É crucial saber que há diferença entre doutrina para o estudo na graduação, pós-graduação e mestrado e a doutrina indicada para concurso.

Levando-se em consideração as inúmeras matérias que caem no concurso de Delegado de Polícia, e que o candidato terá outros livros para ler, é importante uma doutrina objetiva e ao mesmo tempo completa.

Que trate a matéria de forma didática e esquematizada, englobando a jurisprudência e a lei seca.

As obras indicadas a seguir irão preparar o candidato tanto na primeira fase – que é a prova objetiva – quanto na 2ª fase – prova discursiva e peça prática. Bem como no conteúdo para uma prova oral (nos Estados que a exigem).

A primeira obra indicada é o "CURSO DE PROCESSO PENAL E EXECUÇÃO PENAL", dos autores Nestor Távora e Rosmar Rodrigues, da editora Juspodivm. É um livro que está em sua 18ª edição e agrega todos os fatores primordiais elencados no parágrafo anterior: objetivo, didático e esquematizado. Podemos destacar a linguagem acessível, os gráficos comparativos que ajudam bastante na fixação, além de ser uma obra completa por trazer julgados do STF e do STJ, posições de outros doutrinadores, e a especificações dos principais artigos cobrados em concurso.

A segunda obra indicada é a coleção "SINOPSES PARA CONCURSOS – DIREITO PROCESSUAL PENAL", do autor Leonardo Barreto Moreira Alves, editora Juspodivm. O autor aborda de maneira sistematizada os assuntos mais relevantes sobre a matéria, abraçando, ainda, temas atuais. A obra é dividida em duas partes: parte geral e parte especial. Apresentam questões de provas das principais organizadoras de concursos do país, como forma demonstrar ao leitor como o assunto foi cobrado, bem como quadros sinóticos, tabelas comparativas, esquemas e gráficos, aumentando a compreensão e a memorização do leitor.

De forma complementar, o candidato pode reforçar o estudo com a leitura de um Código de Processo Penal comentado. Eu indico a obra do professor Renato Brasileiro de Lima, da editora juspodivm. Nesta obra, Renato Brasileiro de Lima apresenta um trabalho completo a respeito da interpretação do Código de Processo Penal brasileiro, com anotações sistemáticas a todos os dispositivos legais e jurisprudência selecionada exclusivamente do Supremo Tribunal Federal e do Superior Tribunal de Justiça.

Por último, mas não menos importante, é indispensável um VADE-MECUM atualizado. A leitura do texto normativo é fundamental na preparação para concursos jurídicos, por isso, dediquei um tópico específico para esse assunto mais a frente, tendo em vista a grande dificuldade que os concurseiros enfrentam neste tipo de estudo. Nesse momento quero te indicar um vade completo e que vai facilitar muito o seu estudo: o CADERNO DE ESTUDOS DA LEI SECA, da editora Juspodivum. O diferencial desse VADE-MECUM é a letra maior, garantindo uma leitura mais confortável, além de espaços para suas anotações nas margens do caderno, permitindo a inclusão de informações e gatilhos para uma melhor aprendizagem. Sem falar na seleção das normas com maior ocorrência nos principais concursos até a indicação dos artigos que merecem uma atenção especial (Esses dispositivos estão marcados com o símbolo *, para otimizar seu estudo).

2 ANÁLISE DO CONTEÚDO PROGRAMÁTICO DOS ÚLTIMOS EDITAIS

Entenda, você tem que encarar a preparação para o concurso, como a preparação para uma guerra. A batalha ficará mais fácil se você treinou de forma árdua e estratégica. A primeira tática de preparação é conhecer o seu inimigo, procurar saber como ele ataca, ou seja, qual o conteúdo programático.

Analisando os últimos editais propostos para Delegado de Polícia Civil, quanto a matéria de processo penal, pude perceber que o conteúdo programático não é uniforme em todos os concursos, ou seja, há uma variação de conteúdos de acordo com o edital de cada Estado. Existem assuntos que estão sempre presentes e outros que oscilam entre os editais.

Quase que de forma unânime são cobrados os seguintes conteúdos:

- **Tópico 1** - Introdução: Princípios Gerais, conceitos, finalidade, características, fontes, lei processual penal;

- **Tópico 2** - Inquérito Policial: histórico, natureza, conceito, finalidade, características, fundamento, titularidade, grau de cognição, valor probatório, formas de instauração, *notitia criminis*, *delatio criminis*, procedimentos investigativos, indiciamentos garantias do investigado, conclusão e prazos;

- **Tópico 3** - Ação Penal: conceito, características, espécies e condições;

- **Tópico 4** - Ação Civil "ex delicto";

- **Tópico 5** - Jurisdição e Competência: Critérios, determinação, modificação;

- **Tópico 6** - Questões e Processos Incidentes;

- **Tópico 7** - **Provas:** conceito, objeto, classificação, sistemas de avaliação, princípios gerais da prova, procedimento probatório, valoração, ônus da prova, provas ilícitas e provas em espécie;

- **Tópico 8** - **Sujeitos do Processo:** Juiz, Ministério Público, acusado e seu defensor, assistente, auxiliares da justiça, peritos e intérpretes;

- **Tópico 9** - **Prisão e Liberdade Provisória:** Conceitos, espécies, mandado de prisão e cumprimento, prisão em flagrante, prisão temporária, prisão preventiva, liberdade provisória, fiança;

- **Tópico 10** - **Citação e Intimação;**

- **Tópico 11** - **Sentença;**

- **Tópico 12** - **Procedimento:** Formas de Procedimento; Procedimento comum e especiais.

Recursos e Nulidades não estão presentes em todas as provas. Salvaguarda-se que nos concursos recentes essas temas vêm sendo cobrados com mais frequências, não devendo ser renegados frente a grande concorrência nos concursos, onde o acerto de uma questão faz grande diferença, a citar o tema foi cobrado nos concursos da PCAL(2023), PCRO(2022), PCRR(2022), PCSP(2022), PCAM(2022).

DICA DE ESTUDO: no estudo pré-edital, foque nesses conteúdos basilares. Após o edital, você complementa com alguns conteúdos que, porventura, venham a ser cobrados.

3 BANCAS EXAMINADORAS

A segunda tática é conhecer o perfil da banca, você precisa conhecer a particularidade de cada instituição, suas exigências e níveis de dificuldade, assim você evitará erros e surpresas na hora da batalha. O concurseiro que ignora o estilo da prova está fadado ao fracasso.

Vamos analisar o estilo das quatro principais bancas elaboradoras de concursos de Delegado de Polícia, com enfoque na matéria de processo penal:

3.1 CEBRASPE (CESPE/UNB)

A última prova de Delegado da Polícia Civil que elaborou foi a de Alagoas, em 2023. A banca tem por características questões multidisciplinares complexas. É importante estudar o direito processual penal de forma sistêmica, entender que ele conversa com o direito constitucional, o direito penal e as leis penais especiais. Para passar em um concurso CESPE você não vai poder apenas decorar as matérias, você vai precisar estudar de verdade e aprender os conteúdos.

O CESPE, em regra, elabora provas contextualizadas e atuais, é necessário que o candidato pratique a leitura rápida e concentrada, com o fulcro de não perder muito tempo de sua prova lendo os enunciados.

DICA DE ESTUDO: para quem vai enfrentar provas dessa banca é necessário intensificar o estudo da jurisprudência, principalmente as mais recentes, e as mudanças de entendimento dos Tribunais Superiores.

3.2 VUNESP

A última prova de Delegado da Polícia Civil que elaborou foi a de Roraima, em 2022. A Vunesp, Fundação da Universidade Paulista, começou trabalhando na realização de exames de vestibulares e de concursos públicos em São Paulo. Hoje, é considerada uma das bancas mais tradicionais e vem se expandido cada vez mais.

Em relação à matéria processual penal, a banca é conhecida por elaborar provas "tranquilas", as quais cobram a literalidade da lei, apesar de seus textos longos. A Vunesp tende a optar por questões de múltipla escolha, com, normalmente, cinco assertivas em que o candidato deve marcar a correta ou incorreta. Sendo consideradas mais simples, as provas da Vunesp costumam cobrar praticamente todo conteúdo programático.

No entanto, nas últimas provas, mostrou uma evolução no grau de exigência, aumentou a dificuldade de análise das questões, cobrando teorias doutrinárias.

DICA DE ESTUDO: para quem vai enfrentar provas dessa banca é redobrar a atenção para as situações hipotéticas, como casos concretos, criadas no enunciado. Nesse tipo de questão há de se ter um extremo cuidado para não errar a interpretação.

3.3 INSTITUTO AOCP

A última prova de Delegado da Polícia Civil que elaborou foi a do Goiás, em 2022. O estilo da banca se assemelha à organizadora FCC e adota em regra questões de múltipla escolha, com 5 alternativas em cada questão (A, B, C, D e E) e apenas uma correta.

Na matéria processual penal, as questões envolvem legislação, doutrina e jurisprudência.

Essa banca, em regra, aborda questões com um forte viés teórico, muito embora os enunciados tragam textos enxutos.

DICA DE ESTUDO: para quem vai enfrentar provas dessa banca é intensificar o treino baseado em provas anteriores, bem como estudar os assuntos de forma completa: doutrina, lei e jurisprudência.

3.4 FGV

A última prova de Delegado da Polícia Civil que elaborou foi a do Amazonas, em 2022.A Fundação Getúlio Vargas é conhecida pela elaboração de provas mais complexas, as quais abordam quase todo o conteúdo enumerado no edital.

No que tange às questões processuais penais, as questões aplicadas pela FGV são de complexidade relativamente mediana à alta, valorizando de forma balanceada tanto a lei, como sua aplicação prática (a jurisprudência).

O candidato deve ficar alerta quanto a temas atuais, pois geralmente a banca costuma criar situações-problema e conteúdo para casos concretos envolvendo esses temas. Uma das maiores dificuldades das provas elaboradas por essa banca está nas questões extensas, o que desgasta o candidato.

DICA DE ESTUDO: para quem vai enfrentar provas dessa banca é aprender a controlar o tempo, fator determinante para o candidato. Treine estratégia de prova e de controle de tempo, isso será crucial para sua aprovação.

3.5 ANÁLISE FINAL

Concluo esse estudo com um alerta, pesquisas de perfil de banca devem ser um adicional a sua preparação e nunca um determinante. É excessivamente arriscado basear toda a preparação para alguma das fases em um levantamento de dados, que embora revelador, é apenas indicativo do que tem mais probabilidade de ser exigido. Hoje, a maioria das bancas vem mudando a sua postura, e é visível a cobrança de todos os pilares de aprovação (assunto tratado posteriormente) independente de qual seja a instituição elaboradora do certame.

4 ANÁLISE GERAL DAS FASES DO CONCURSO

4.1 FASE OBJETIVA

Tendo por base as últimas provas de Delegado de Polícia Civil, aplicadas desde 2015 até o presente ano, podemos separar as questões de Processo Penal, de acordo com o conteúdo programático para saber quais temas foram mais frequentes nas arguições elaboradas pelas bancas examinadoras.

As provas analisadas foram as seguintes:

ESTADO	ANO	BANCA	N° DE QUESTÕES
DF	2015	CESPE	16
GO	2016	CESPE	12
PA	2016	FUNCAB	9
PE	2016	CESPE	11
AC	2017	IBADE	20
AP	2017	FCC	8
MA	2017	CESPE	17
MS	2017	FAPEMS	12
MT	2017	CESPE	12
SP	2017	VUNESP	13
BA	2018	VUNESP	9
GO	2018	UEG	13
MG	2018	FUMARC	7
PI	2018	NUCEPE	11
RS	2018	FUNDATEC	11
SE	2018	CESPE	5
ES	2019	INSTITUTO ACESSO	16
PF	2021	CESPE/CEBRASPE	15
PA	2021	INSTITUTO AOCP	7

ESTADO	ANO	BANCA	Nº DE QUESTÕES
RN	2021	FGV	22
PR	2021	NC-UFPR	11
MS	2021	FAPEC	15
MG	2021	FUMARC	9
PB	2022	CESPE/CEBRASPE	9
RJ	2022	CESPE/CEBRASPE	16
AM	2022	FGV	17
SP	2022	VUNESP	15
ES	2022	CESPE/CEBRASPE	7
BA	2022	IBFC	7
RR	2022	VUNESP	7
RO	2022	CESPE/CEBRASPE	13
GO	2022	INSTITUTO AOCP	13
AL	2023	CESPE/CEBRASPE	13

Analisei ao todo trinta e três provas, na parte exclusiva de Direito Processual Penal, visto que não foram quantificadas as questões referente a Legislação Processual Especial. Foram identificadas 398 questões de múltipla escolha.

Após a análise das provas objetivas, foi possível identificar a seguinte distribuição de questões conforme os tópicos do conteúdo programático:

PONTO DO EDITAL	QUANTIDADE DE QUESTÕES	PORCENTAGEM
1-Introdução: Princípios Gerais, conceitos, finalidade, características, fontes, lei processual penal	30	7,79%
2- Inquérito Policial	80	20,77%
3- Ação Penal; Ação Civil *ex delicto*	20	5,19%
4- Sujeitos do Processo	5	1,29%
5-Comunicações e Citações	11	2,85%

PONTO DO EDITAL	QUANTIDADE DE QUESTÕES	PORCENTAGEM
6-Jurisdição e Competência	36	9,35%
7-Questões e Processos Incidentes	14	3,63%
8-Provas	79	20,51%
9- Prisão, Medidas Cautelares, Liberdade Provisória e Fiança	67	17,4%
10- Procedimento	22	5,71%
11- Recursos	10	2,59%
12- Nulidades	3	0,77%
13- Sentença/Pena	5	1,29%
14- Revisão Criminal	1	0,25%
15- Habeas Corpus - Meios autônomos de impugnação	2	0,51%

Gráfico Assunto:

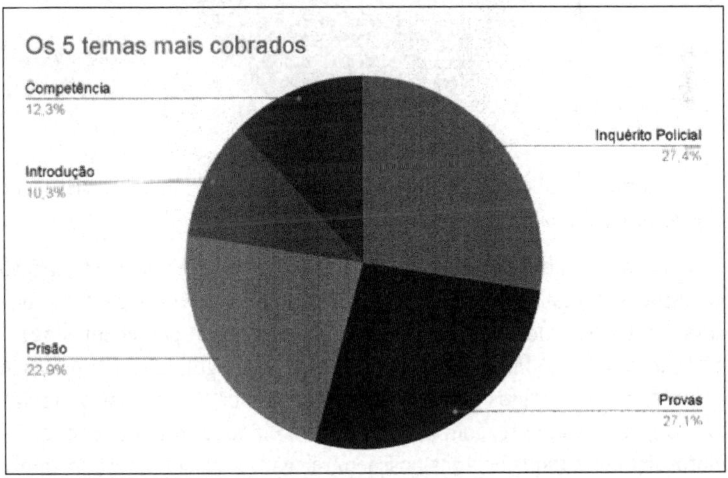

Ressalta-se que, na análise das questões e na identificação conforme os itens do conteúdo programático, alguns assuntos poderiam ser colocados em mais de um tópico, pois mesclam conteúdos diversos. Nestes casos, optou-se por identificá-las conforme o objeto preponderante arguido pelo examinador.

Nas últimas provas objetivas foi possível identificar a seguinte distribuição dos itens conforme o parâmetro "lei seca", "jurisprudência" e "doutrina":

Item	Quantidade	Porcentagem
Doutrina	99	24,87%
Jurisprudência	109	27,38%
Lei seca	190	47,73%

Gráfico:

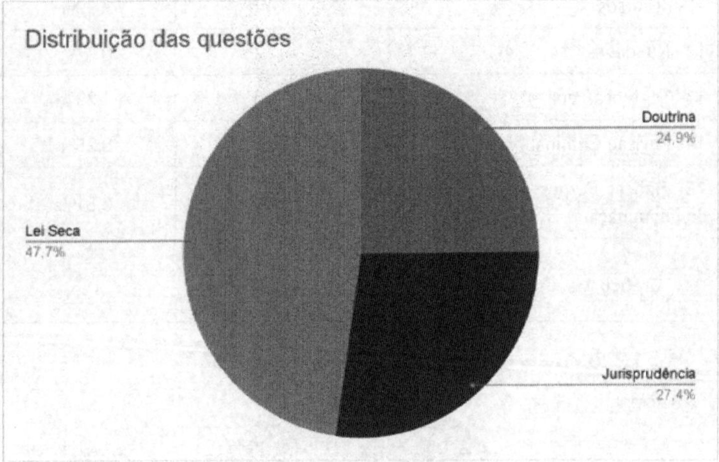

As quantidades são definidas apenas por aproximação, visto que alguns itens acabam mesclando conhecimentos.

A análise quantitativa aproximada serve para verificar um padrão nas provas já realizadas e, de certa forma, uma tendência para os concursos futuros. Colocando os dados acima em gráfico percebemos que a parte introdutória, Inquérito, Provas, Prisão e Competência são os cinco assuntos mais cobrados nas provas de Delegado de Polícia. Salvaguarda-se que, objetivamente, comprovamos que o planejamento deve ser completo, visto que todos os itens possuem relevância de cobrança, portanto, deve englobar o estudo da doutrina, da lei e da jurisprudência.

Os artigos do CPP mais cobrados são os relacionados aos supracitados 5 assuntos principais, entretanto, pela relevância da disciplina no certame, recomenda-se que se leia, pelo menos uma vez, todo o diploma processualista penal.

4.1.1 ANÁLISE ESPECÍFICA

4.1.1.1 PROVA DE DELEGADO DE POLÍCIA CIVIL DO DISTRITO FEDERAL – ANO 2015

BANCA: FUNIVERSA		
Assunto	**Quantidade**	**Porcentagem**
Inquérito	2	12,55
Provas	4	25%
Prisões	4	25%
Procedimento	2	12,5%
Competência	2	12,5%
Citação	1	6,25%
Sentença	1	6,25%
TOTAL	**16 questoes de Processo Penal**	-

PILARES:

Item	Quantidade	Porcentagem
Doutrina	8	50%
Lei Seca	5	31,25%
Jurisprudência	3	18,75%

4.1.1.2 PROVA DE DELEGADO DE POLÍCIA CIVIL DE GOIÁS – ANO 2016

BANCA: CESPE		
Assunto	**Quantidade**	**Porcentagem**
Introdução	2	15,38%
Provas	1	7,69%
Prisões	4	30,76%
Procedimento	1	7,69%

BANCA: CESPE		
Assunto	**Quantidade**	**Porcentagem**
Questões Incidentais	1	7,69%
Competência	2	15,38%
Citação	1	7,69%
Ação Penal	1	7,69%
TOTAL	13 questões de Processo Penal	–

PILARES:

Item	Quantidade	Porcentagem
Doutrina	5	38,46%
Lei Seca	5	38,46%
Jurisprudência	3	23,07%

4.1.1.3 PROVA DE DELEGADO DE POLÍCIA CIVIL DO PARÁ – ANO 2016

BANCA: FUNCAB		
Assunto	**Quantidade**	**Porcentagem**
Introdução	3	33,33%
Inquérito	3	33,33%
Prova	2	22,22%
Ação Penal	1	11,11%
TOTAL	**9 questões de Processo Penal**	–

PILARES:

Item	Quantidade	Porcentagem
Doutrina	7	77,77%
Lei Seca	1	11,11%
Jurisprudência	1	11,11%

4.1.1.4 PROVA DE DELEGADO DE POLÍCIA CIVIL DE PERNAMBUCO - ANO 2016

BANCA: CESPE		
Assunto	**Quantidade**	**Porcentagem**
Inquérito	1	9%
Provas	2	18,18%
Prisões	3	27,27%
Ação Penal	2	18,18%
Questões Incidentais	2	18,18%
Procedimento	1	9%
TOTAL	**11 questões de Processo Penal**	-

PILARES:

Item	Quantidade	Porcentagem
Doutrina	4	36,36%
Lei Seca	4	36,36%
Jurisprudência	3	27,27%

4.1.1.5 PROVA DE DELEGADO DE POLÍCIA CIVIL DO ACRE - ANO 2017

BANCA: IBADE		
Assunto	**Quantidade**	**Porcentagem**
Introdução	1	5%
Inquérito	8	40%
Provas	6	30%
Prisão	2	10%
Competência	1	5%
Procedimento	1	5%
Recurso	1	55
TOTAL	**20 questões de Processo Penal**	-

PILARES:

Item	Quantidade	Porcentagem
Doutrina	7	35%
Lei Seca	10	50%
Jurisprudência	3	15%

4.1.1.6 PROVA DE DELEGADO DE POLÍCIA CIVIL DO AMAPÁ – ANO 2017

BANCA: FCC		
Assunto	**Quantidade**	**Porcentagem**
Recurso	1	12,5%
Ação Penal	1	12,5%
Prisões	5	62,5%
Prova	1	12,5%
TOTAL	**8 questões de Processo Penal**	–

PILARES:

Item	Quantidade	Porcentagem
Doutrina	1	12,5%
Lei Seca	7	87,5%
Jurisprudência	0	0%

4.1.1.7 PROVA DE DELEGADO DE POLÍCIA CIVIL DO MARANHÃO – ANO 2017

BANCA: CESPE		
Assunto	**Quantidade**	**Porcentagem**
Inquérito	4	23,52%
Provas	3	21,42%
Prisões	2	11,76%

BANCA: CESPE		
Assunto	**Quantidade**	**Porcentagem**
Procedimento	3	21,42%
Ação Penal	1	5,885
Introdução	2	11,76%
Competência	1	5,88%
Recursos	1	5,88%
TOTAL	**17 questões de Processo Penal**	-

PILARES:

Item	Quantidade	Porcentagem
Doutrina	4	23,52%
Lei Seca	9	52,94%
Jurisprudência	4	23,52%

4.1.1.8 PROVA DE DELEGADO DE POLÍCIA CIVIL DO MATO GROSSO DO SUL – ANO 2017

BANCA: FAPEMS		
Assunto	**Quantidade**	**Porcentagem**
Introdução	2	16,66%
Inquérito	5	41,66%
Provas	2	16,66%
Prisões	1	8,33%
Competência	1	8,33%
Procedimento	1	8,33%
TOTAL	**12 questões de Processo Penal**	-

PILARES:

Item	Quantidade	Porcentagem
Doutrina	3	25%
Lei Seca	7	58,33%
Jurisprudência	2	16,66%

4.1.1.9 PROVA DE DELEGADO DE POLÍCIA CIVIL DO MATO GROSSO – ANO 2017

BANCA: CESPE		
Assunto	**Quantidade**	**Porcentagem**
Introdução	2	16,66%
Inquérito	4	33,33%
Prisões	1	8,33%
Ação Penal	1	8,33%
Competência	3	25%
Citação	1	8,33%
TOTAL	**12 questões de Processo Penal**	–

PILARES:

Item	Quantidade	Porcentagem
Doutrina	3	25%
Lei Seca	3	25%
Jurisprudência	6	50%

4.1.1.10 PROVA DE DELEGADO DE POLÍCIA CIVIL DE SÃO PAULO – ANO 2017

BANCA: VUNESP		
Assunto	**Quantidade**	**Porcentagem**
Introdução	1	7,69%
Inquérito	1	7,69%

BANCA: VUNESP		
Assunto	**Quantidade**	**Porcentagem**
Sujeitos	1	7,69%
Questões Incidentes	1	7,69%
Competência	1	7,69%
Citação	1	7,69%
Recurso	3	23%
Sentença	1	7,69%
Nulidades	1	7,69%
Provas	2	15,4%
TOTAL	**13 questões de Processo Penal**	-

PILARES:

Item	Quantidade	Porcentagem
Doutrina	10	76,92%
Lei Seca	2	15,4%
Jurisprudência	1	7,69%

4.1.1.11 PROVA DE DELEGADO DE POLÍCIA CIVIL DA BAHIA – ANO 2018

BANCA: VUNESP		
Assunto	**Quantidade**	**Porcentagem**
Introdução	1	12,5%
Inquérito	1	12,5%
Ação Penal	1	12,5%
Prisão	2	25%
Prova	1	12,5%
Procedimento	1	12,5%
Competência	1	12,5%
TOTAL	**8 questões de Processo Penal**	-

PILARES:

Item	Quantidade	Porcentagem
Doutrina	2	25%
Lei Seca	4	50%
Jurisprudência	2	25%

4.1.1.12 PROVA DE DELEGADO DE POLÍCIA CIVIL DE GOIÁS – ANO 2018

BANCA: UEG		
Assunto	**Quantidade**	**Porcentagem**
Introdução	1	8,3%
Inquérito	1	8,3%
Questões Incidentes	1	8,3%
Prisão	4	33,33%
Prova	1	8,3%
Procedimento	1	8,3%
Citações	1	8,3%
Competência	2	16,66%
TOTAL	**12 questões de Processo Penal**	-

PILARES:

Item	Quantidade	Porcentagem
Doutrina	2	16,66%
Lei Seca	6	50%
Jurisprudência	4	33,33%

4.1.1.13 PROVA DE DELEGADO DE POLÍCIA CIVIL DE MINAS GERAIS – ANO 2018

BANCA: FUMARC		
Assunto	**Quantidade**	**Porcentagem**
Inquérito	1	14,28%
Questões Incidentes	1	14,28%

BANCA: FUMARC		
Assunto	**Quantidade**	**Porcentagem**
Prisão	1	14,28%
Prova	3	42,85%
Citações	1	14,28%
Competência	1	14,28%
TOTAL	**7 questões de Processo Penal**	-

PILARES:

Item	Quantidade	Porcentagem
Doutrina	2	28,57%
Lei Seca	4	57,14%
Jurisprudência	1	14,28%

4.1.1.14 PROVA DE DELEGADO DE POLÍCIA CIVIL DO PIAUÍ – ANO 2018

BANCA: NUCEPE		
Assunto	**Quantidade**	**Porcentagem**
Inquérito	3	27,27%
Nulidades	1	9%
Prisão	2	18,18%
Prova	2	18,18%
Recurso	2	18,18%
Pena	1	9%
TOTAL	**11 questões de Processo Penal**	-

PILARES:

Item	Quantidade	Porcentagem
Doutrina	1	9%
Lei Seca	8	72,72%
Jurisprudência	2	18,18%

4.1.1.15 PROVA DE DELEGADO DE POLÍCIA CIVIL DO RIO GRANDE DO SUL – ANO 2018

BANCA: FUNDATEC		
Assunto	**Quantidade**	**Porcentagem**
Introdução	1	9,1%
Inquérito	2	18,2%
Prisão	4	36,4%
Prova	3	27,2%
Competência	1	9,1%
TOTAL	**11 questões de Processo Penal**	-

PILARES:

Item	Quantidade	Porcentagem
Doutrina	4	36,4%
Lei Seca	4	36,4%
Jurisprudência	3	27,2%

4.1.1.16 PROVA DE DELEGADO DE POLÍCIA CIVIL DE SERGIPE – ANO 2018

BANCA: CESPE		
Assunto	**Quantidade**	**Porcentagem**
Inquérito	1	20%
Procedimento	4	80%
TOTAL	**5 questões de Processo Penal**	-

PILARES:

Item	Quantidade	Porcentagem
Doutrina	2	40%
Lei Seca	0	0%
Jurisprudência	3	60%

4.1.1.17 PROVA DE DELEGADO DE POLÍCIA CIVIL DO ESPÍRITO SANTO – ANO 2019

BANCA: INSTITUTO ACESSO		
Assunto	**Quantidade**	**Porcentagem**
Inquérito	4	25%
Prisão	3	18,75%
Prova	1	6,2%
Procedimento	1	6,2%
Citações	1	6,2%
Competência	2	12,5%
Ação Penal	3	18,75%
Sentença	1	6,2%
TOTAL	**16 questões de Processo Penal**	-

PILARES:

Item	Quantidade	Porcentagem
Doutrina	4	25%
Lei Seca	5	31,3%
Jurisprudência	7	43,7%

4.1.1.18 PROVA DE DELEGADO DE POLÍCIA FEDERAL – ANO 2021

BANCA: INSTITUTO ACESSO		
Assunto	**Quantidade**	**Porcentagem**
Jurisdição e Competência	4	26,66%
Prova	7	46,66%
Prisões	4	26,66%
TOTAL	**15 questões de Processo Penal**	-

PILARES:

Item	Quantidade	Porcentagem
Doutrina	1	6,66%
Lei Seca	5	33,33%
Jurisprudência	9	60%

4.1.1.19 PROVA DE DELEGADO DE POLÍCIA CIVIL DO PARÁ – ANO 2021

BANCA: INSTITUTO ACESSO		
Assunto	**Quantidade**	**Porcentagem**
Inquérito	3	42,85%
Prisão	2	28,57%
Prova	1	14,28%
Ação Penal	1	14,28%
TOTAL	**07 questões de Processo Penal**	**–**

PILARES:

Item	Quantidade	Porcentagem
Doutrina	1	14,28%
Lei Seca	6	85,71%
Jurisprudência	0	0%

4.1.1.20 PROVA DE DELEGADO DE POLÍCIA CIVIL DO RIO GRANDE DO NORTE – ANO 2021

BANCA: INSTITUTO ACESSO		
Assunto	**Quantidade**	**Porcentagem**
Introdução do Direito Processual Penal	1	4,54%
Inquérito	5	22,72%
Prisão	4	18,18%

BANCA: INSTITUTO ACESSO		
Assunto	**Quantidade**	**Porcentagem**
Prova	8	36,36%
Competência	1	4,54%
Ação Penal	2	9,09%
Questões e processos incidentes	1	4,54%
TOTAL	**22 questões de Processo Penal**	-

PILARES:

Item	Quantidade	Porcentagem
Doutrina	4	18,18%
Lei Seca	14	63,63%
Jurisprudência	4	18,18%

4.1.1.21 PROVA DE DELEGADO DE POLÍCIA CIVIL DO PARANÁ – ANO 2021

BANCA: INSTITUTO ACESSO		
Assunto	**Quantidade**	**Porcentagem**
Inquérito	1	9,09%
Prisão	1	9,09%
Prova	2	18,18%
Citações e intimações	1	9,09%
Competência	1	9,09%
Ação Penal	2	18,18%
Questões e processos incidentais	1	9,09%
Recurso	1	9,09%
Nulidades	1	9,09%
TOTAL	**11 questões de Processo Penal**	-

PILARES:

Item	Quantidade	Porcentagem
Doutrina	2	18,18%
Lei Seca	7	63,63%
Jurisprudência	2	18,18%

4.1.1.22 PROVA DE DELEGADO DE POLÍCIA CIVIL DO MATO GROSSO DO SUL – ANO 2021

BANCA: INSTITUTO ACESSO		
Assunto	**Quantidade**	**Porcentagem**
Introdução ao Direito Processual Penal	3	20%
Inquérito	3	20%
Prisão	2	13,33%
Prova	5	33,33%
Procedimento	1	6,66%
Competência	1	6,66%
TOTAL	**15 questões de Processo Penal**	–

PILARES:

Item	Quantidade	Porcentagem
Doutrina	2	13,33%
Lei Seca	7	46,66%
Jurisprudência	6	40%

4.1.1.23 PROVA DE DELEGADO DE POLÍCIA CIVIL DE MINAS GERAIS – ANO 2021

BANCA: INSTITUTO ACESSO		
Assunto	**Quantidade**	**Porcentagem**
Introdução ao Direito Processual Penal	1	11,11%
Inquérito	4	44,44%

BANCA: INSTITUTO ACESSO		
Assunto	**Quantidade**	**Porcentagem**
Prisão	1	11,11%
Prova	1	11,11%
Sujeitos processuais	1	11,11%
Competência	1	11,11%
TOTAL	**09 questões de Processo Penal**	-

PILARES:

Item	Quantidade	Porcentagem
Doutrina	1	11,11%
Lei Seca	6	66,66%
Jurisprudência	2	22,22%

4.1.1.24 PROVA DE DELEGADO DE POLÍCIA CIVIL DA PARAÍBA – ANO 2022

BANCA: INSTITUTO ACESSO		
Assunto	**Quantidade**	**Porcentagem**
Inquérito	1	11,11%
Prisão	2	22,22%
Prova	3	33,33%
Citações	1	11,11%
Sujeitos processuais	1	11,11%
Revisão Criminal	1	11,11%
TOTAL	**09 questões de Processo Penal**	-

PILARES:

Item	Quantidade	Porcentagem
Doutrina	1	11,11%
Lei Seca	5	55,55%
Jurisprudência	3	33,33%

4.1.1.25 PROVA DE DELEGADO DE POLÍCIA CIVIL DO RIO DE JANEIRO – ANO 2022

BANCA: INSTITUTO ACESSO		
Assunto	**Quantidade**	**Porcentagem**
Introdução ao Direito Processual Penal	2	12,5%
Inquérito	6	37,5%
Jurisdição e competência	1	6,25%
Prisão	3	18,75%
Prova	2	12,5%
Questões e processos incidentes	1	6,25%
TOTAL	**16 questões de Processo Penal**	–

PILARES:

Item	Quantidade	Porcentagem
Doutrina	3	18,75%
Lei Seca	7	43,75%
Jurisprudência	6	37,5%

4.1.1.26 PROVA DE DELEGADO DE POLÍCIA CIVIL DE SÃO PAULO – ANO 2022

BANCA: VUNESP		
Assunto	**Quantidade**	**Porcentagem**
Introdução ao Direito e Processo Penal	3	20%
Inquérito	1	6,66%
Ação Penal	1	6,66%
Prisão	2	13,33%
Prova	2	13,33%

BANCA: VUNESP		
Assunto	**Quantidade**	**Porcentagem**
Citações	2	13,33%
Competência	2	13,33%
Procedimentos	1	6,66%
Nulidades	1	6,66%
TOTAL	**15 questões de Processo Penal**	-

PILARES:

Item	Quantidade	Porcentagem
Doutrina	3	20%
Lei Seca	12	80%
Jurisprudência	0	0%

4.1.1.27 PROVA DE DELEGADO DE POLÍCIA CIVIL DO AMAZONAS ANO 2022

BANCA: FGV		
Assunto	**Quantidade**	**Porcentagem**
Inquérito	1	5,88%
Ação Penal	1	5,88%
Prisão	3	17,64%
Prova	4	23,52%
Sujeitos Processuais	2	11,76%
Competência	1	5,88%
Procedimentos	1	5,88%
Recurso	1	5,88%
Questões e Processos incidentes	2	11,76%
Sentença	1	5,88%
TOTAL	**17 questões de Processo Penal**	-

PILARES:

Item	Quantidade	Porcentagem
Doutrina	2	11,76%
Lei Seca	7	41,17%
Jurisprudência	8	47,05%

4.1.1.28 PROVA DE DELEGADO DE POLÍCIA CIVIL DO ESPÍRITO SANTO – ANO 2022

BANCA: CESPE/CEBRASPE		
Assunto	**Quantidade**	**Porcentagem**
Inquérito	4	57,14%
Prisão	2	28,57%
Prova	1	14,28%
TOTAL	**07 questões de Processo Penal**	-

PILARES:

Item	Quantidade	Porcentagem
Doutrina	1	14,28%
Lei Seca	3	42,85%
Jurisprudência	3	42,85%

4.1.1.29 PROVA DE DELEGADO DE POLÍCIA CIVIL DA BAHIA – ANO 2022

BANCA: IBFC		
Assunto	**Quantidade**	**Porcentagem**
Introdução ao Direito e Processo Penal	2	28,57%
Inquérito	2	28,57%
Prova	1	14,28%

BANCA: IBFC		
Assunto	**Quantidade**	**Porcentagem**
Competência	1	14,28%
Questões e processos incidentes	1	14,28%
TOTAL	**07 questões de Processo Penal**	-

PILARES:

Item	Quantidade	Porcentagem
Doutrina	3	42,85%
Lei Seca	3	42,85%
Jurisprudência	1	14,28%

4.1.1.30 PROVA DE DELEGADO DE POLÍCIA CIVIL DE RORAIMA – ANO 2022

BANCA: VUNESP		
Assunto	**Quantidade**	**Porcentagem**
Ação Penal	1	14,28%
Prisão	1	14,28%
Prova	1	14,28%
Citações	1	14,28%
Questões e processos incidentes	1	14,28%
Meios autônomos de impugnação - HC	1	14,28%
Procedimentos	1	14,28%
TOTAL	**07 questões de Processo Penal**	-

PILARES:

Item	Quantidade	Porcentagem
Doutrina	0	0%
Lei Seca	6	85,71%
Jurisprudência	1	14,28%

4.1.1.31 PROVA DE DELEGADO DE POLÍCIA CIVIL DE RONDÔNIA – ANO 2022

BANCA: CESPE/CEBRASPE		
Assunto	**Quantidade**	**Porcentagem**
Introdução ao Direito e Processo Penal	1	7,69%
Inquérito	6	46,15%
Ação Penal	1	7,69%
Questões e processos incidentais	1	7,69%
Prisão	1	7,69%
Prova	1	7,69%
Procedimentos	1	7,69%
Meios autônomos de impugnação - HC	1	7,69%
TOTAL	**13 questões de Processo Penal**	**–**

PILARES:

Item	Quantidade	Porcentagem
Doutrina	1	7,69%
Lei Seca	5	38,46%
Jurisprudência	7	53,84%

4.1.1.32 PROVA DE DELEGADO DE POLÍCIA CIVIL DE GOIÁS – ANO 2022

BANCA: INSTITUTO AOCP		
Assunto	**Quantidade**	**Porcentagem**
Inquérito	4	30,76%
Questões e processos incidentais	1	7,69%
Prisão	1	7,69%
Prova	3	23,07%
Competência	4	30,76%
TOTAL	**13 questões de Processo Penal**	**–**

PILARES:

Item	Quantidade	Porcentagem
Doutrina	2	15,38%
Lei Seca	10	76,92%
Jurisprudência	1	7,69%

4.1.1.33 PROVA DE DELEGADO DE POLÍCIA CIVIL DE ALAGOAS – ANO 2023

BANCA: CESPE/CEBRASPE		
Assunto	**Quantidade**	**Porcentagem**
Inquérito	3	23,07%
Ação Penal	1	7,69%
Competência	1	7,69%
Questões e processos incidentais	1	7,69%
Prisão	1	7,69%
Prova	4	30,76%
Citações e intimações	1	7,69%
Meios autônomos de impugnação - HC	1	7,69%
TOTAL	**13 questões de Processo Penal**	-

PILARES:

Item	Quantidade	Porcentagem
Doutrina	1	7,69%
Lei Seca	8	61,53%
Jurisprudência	4	30,76%

4.2 PROVA DISCURSIVA

As questões discursivas em matéria processual penal cobram, em geral, conhecimento jurisprudencial e domínio de conceitos e classificações doutrinárias. Todas as informações tratadas sobre os tópicos mais relevantes se aplicam às avaliações escritas, o que muda é a forma de demonstrar o conhecimento adquirido.

É imprescindível que o candidato treine sua escrita, buscando resolver as questões das provas anteriores e escrevendo sobre temas que estão em alta no momento. Aqui eu recomendo que o treino seja feito através de escrita à mão, cronometrado o tempo e limitando o espaço.

É importante a preocupação com a terminologia jurídica adequada. A avaliação de sua performance terá, inevitavelmente, certa carga subjetiva, o seu examinador sabe o quanto é importante o domínio da linguagem. Não estou falando de uso do "juridiquês" ou de português rebuscado. Construções gramaticais arcaicas e muito rebuscadas, além de fora de moda, poderão fazer com que você erre a gramática, visto que está raciocinando rápido e sob pressão, gerando má impressão. Estou falando na importância de usar o termo jurídicos técnicos, a citar, saber a diferença entre opor e impetrar.

A resolução da questão deverá ser dividida em quatro fases:

QUESTÃO

(Instituto AOCP/PC/GO/Delegado/2022) A Lei Federal nº 12.403/2011 inseriu, no Código de Processo Penal, o regime de prisão domiciliar como medida cautelar. Anos depois, as Leis Federais nº 13.257/2016 e nº 13.769/2018 trouxeram modificações ao instituto. Sobre a prisão domiciliar, responda: a) Em que consiste tal medida? b) Quais requisitos devem ser cumpridos pela mulher gestante ou que for mãe ou responsável por crianças ou pessoas com deficiência para que a prisão preventiva em estabelecimento penal possa ser substituída por prisão domiciliar?

Padrão de Resposta:

De acordo com o Código de Processo Penal, a prisão domiciliar consiste no recolhimento do indiciado ou acusado em sua própria residência, só podendo dela ausentar-se com autorização judicial. Se o sujeito, cuja prisão preventiva é decretada, preenche alguma das hipóteses legais que permitem a substituição da prisão preventiva em prisão domiciliar, e havendo oportunidade, merecimento e conveniência, o juiz competente pode inseri-lo em prisão domiciliar, desde que haja comprovação idônea dos requisitos.

Quanto aos requisitos obrigatórios à substituição da prisão preventiva em estabelecimento penal imposta à mulher gestante ou à que for mãe ou responsável por crianças ou pessoas com deficiência por prisão cautelar domiciliar, a lei processual penal lista dois necessariamente cumulativos: não ter ela cometido crime com violência ou grave ameaça à pessoa humana e não ter cometido o crime que lhe causou a custódia contra vítima que seja justamente seu filho ou dependente.

QUESTÃO

(Cespe/PC/AL/Delegado/2023) O Pacote Anticrime (Lei n.º 13.964/2019) tornou pública condicionada à representação da vítima a ação no crime de estelionato, que, antes, era pública incondicionada. Considerando a condição de procedibilidade, em que fatores intertemporais são afetados, redija um texto respondendo, de forma justificada, aos questionamentos que se seguem.1. Como se posicionam os tribunais superiores acerca da aplicabilidade da nova norma aos fatos anteriores à sua vigência? [valor: 6,00 pontos]2. Quais são os fundamentos desses entendimentos? [valor: 3,50 pontos].

Padrão de Resposta:

Quanto a retroatividade da nova lei, em um primeiro momento os tribunais superiores estabeleceram que a nova lei iria retroagir para alcançar fatos aplicados anteriormente apenas nos casos em que não tivesse denúncia. havendo denúncia, a regra de representação não se aplicaria aos casos antigos.

Contudo, atualmente prevalece, sobretudo no STF, que a regra da representação deve retroagir a todos os casos de estelionato em andamento quando da promulgação da lei, tendo a vítima um prazo decadencial para se manifestar, não importando a fase em que o procedimento se encontre.

Esse entendimento se fundamenta na natureza de norma híbrida da representação, tanto tratada no Código de Processo Penal, como no Código Penal, como causa de extinção da punibilidade. As normas híbridas deve seguir o princípio penalista que determina que a norma deve retroagir quando beneficie o réu.

4.3 PROVA ORAL

Nesta etapa, muito mais importante do que conhecimento, afinal se você chegou nessa fase, você domina o conteúdo programático, é necessário controle emocional.

O treinamento é muito importante, simule provas, estude falando, corrija sua postura (não passe insegurança) e melhore a forma de explanação. A segurança na postura e encadeamento lógico das ideias dependem de dois fatores: conhecimento e treino.

Uma dica para quem está se preparando para essa fase é estudar falando, de preferência ensinando e se possível, na frente de um espelho ou de uma plateia que lhe passe um sincero feedback. Outra dica é fazer arguições mútuas com um colega.

É importante salvaguardar que você, também, deverá treinar a se posicionar diante de circunstâncias adversas, como o desconhecimento de algum tema específico. Acontecendo isso, não deixe a pergunta sem resposta, ou seja, não "trave", conceitue os institutos e discorra sobre algo correlacionado.

Por fim, não podemos deixar de mencionar a importância do uso do traje adequada, roupas formais, com cores clássicas, ajudam na "primeira impressão".

QUESTÃO

(Delegado/MG): Em determinada situação, o Delegado de plantão pode conceder prisão domiciliar, após lavrar o flagrante, para mulher gestante ou mãe de criança ou de filho com deficiência? O delegado de polícia pode determinar a aplicação do art. 318-A do CPP?

N Resposta Adequada:

Excelência, a substituição de prisão preventiva por prisão domiciliar é uma competência exclusiva do magistrado, de acordo com expressa cominação no caput do art. 318 do CPP.

Diante do exposto, caso o Delegado de Polícia lavre o auto de prisão em:

- flagrante de uma mulher grávida, ele deverá mantê-la presa e encaminhar o
- auto de prisão em flagrante à autoridade judicial.

QUESTÃO

(Delegado/ES): Considere a seguinte situação hipotética: Carlos, residente em Miami, na Flórida (EUA), após uma discussão com a namorada, residente em Vila Velha - ES, enviou-lhe uma mensagem pelo celular, informando-lhe que embarcaria para o Brasil para encontrá-la e matá-la. Tendo em vista essa situação hipotética, atenda, à luz do entendimento do Superior Tribunal de Justiça e da legislação vigente, ao que se pede a seguir. 1 - Discorra sobre a competência para processar e julgar a conduta em questão. 2 - Considerando que se trata de crime de ameaça — cuja pena é de detenção de um a seis meses —, explique se é possível realizar a prisão preventiva de Carlos.

Resposta Adequada:

Excelência, neste caso, trata-se de crime a distância, pois envolve dois países soberanos, podendo o crime ser processado tanto no Brasil, como nos EUA, diante da teoria da ubiquidade, que considera o local do crime tanto o lugar da conduta como do resultado. Portanto, como o resultado ocorreria no Brasil, aqui também poderá processar Carlos, sendo competência da Justiça federal tal feito, conforme art. 109, V da CF

Em regra, o crime punido com pena abstrata inferior a quatro anos não admite prisão preventiva, na esteira do art. 313 do Código de Processo Penal (CPP). Entretanto, por envolver violência doméstica, o inciso III do art. 313 admite a prisão preventiva.

5 RAIO-X DOS PONTOS ESPECÍFICOS MAIS RELEVANTES NAS PROVAS OBJETIVAS

As tabelas e os gráficos acima permitem observar que existe uma relativa homogeneidade nas questões sobre Direito Processual Penal. De uma maneira geral, praticamente todos esses tópicos mais relevantes foram objetos de arguição nos últimos concursos de Delegado de Polícia Civil.

⊖ **N Tópico** 1: **Introdução:** Princípios Gerais, conceitos, finalidade, características, fontes, lei processual penal

- Constitui, aproximadamente, 7,8% das provas
- A cobrança é predominantemente doutrinária, exige o domínio das principais teorias sobre o assunto

QUESTÃO

(2022-PC/RO-Cespe): Assinale a opção correta acerca do processo penal, segundo o STJ e a doutrina majoritária.

Ⓐ Incidem as novas regras do Código de Processo Civil referentes à contagem dos prazos em dias úteis nas ações relativas à matéria penal.

Ⓑ No sistema processual penal, vigoram os princípios da lealdade e da boa-fé objetiva, não sendo lícito à parte arguir vício com o qual tenha concorrido, sob pena de se violar o princípio do nemo auditur propriam turpitudinem allegans.

Ⓒ Conforme prescreve o princípio da convalidação, o recebimento da denúncia por juízo territorialmente incompetente não tem o condão de interromper o prazo prescricional.

Ⓓ No processo penal brasileiro, é vedado ao juiz determinar de ofício a produção de prova, ainda que de forma suplementar.

Ⓔ Ato de magistrado singular que atribui aos fatos descritos na peça acusatória definição jurídica diversa daquela proposta pelo Ministério Público ofende o princípio da correlação entre a denúncia e a sentença condenatória.

Resposta: Alternativa B

Para responder essa questão, faz-se mister o conhecimento sistêmico da letra de lei, jurisprudência e doutrina. O candidato deveria recordar a definição dos princípios da boa-fé objetiva e lealdade, o art. 565 do CPP e jurisprudência dos tribunais superiores.

QUESTÃO

(2022-PC/SP-Vunesp): Na evolução do direito processual penal, percebe-se a influência de outros ramos do direito. O ____________deu uma atenção ao aspecto subjetivo do crime, combateu a vingança privada, humanizou as penas, reprimiu o uso de ordálias e introduziu as penas privativas de liberdade em substituição às patrimoniais.

É correto afirmar que o ramo do direito que corretamente completa o enunciado é:

Ⓐ Direito Americano

Ⓑ Direito Romano

Ⓒ Direito Germânico

Ⓓ Direito Francês

Ⓔ Direito Canônico

Resposta: Alternativa E

Para responder essa questão, faz-se mister o conhecimento doutrinário. O Direito Canônico contribuiu para a humanização das penas e para fortalecer o caráter público do Direito Penal; restringiu a vingança privada, típica do Direito Bárbaro/Germânico, que privilegiava as compensações de conteúdo patrimonial (wergeld wir); firmou o princípio da igualdade de todos os homens perante Deus; acentuou o aspecto subjetivo do delito, distinguindo o dolo e a culpa; valorizou a pena pública restringindo as penas e; mitigou as penas corporais, substituindo-as pela restrição da liberdade.

Tópico 2: Inquérito Policial

- Constitui, aproximadamente, 20,8% das provas
- A cobrança é completa através da letra de lei, jurisprudência e doutrina

QUESTÃO

(2019-PC/ES-Acesso) "O inquérito policial é um procedimento administrativo, não judicial, e por isso mesmo pode ter caráter explicitamente inquisitorial, isto é, registrar por escrito, com fé pública, emprestada pelo cartório que a delegacia possui, informações obtidas dos envolvidos sem que estes tenham conhecimento das suspeitas contra eles." (LIMA, Roberto Kant de; MOUZINHO, Glaucia. DILEMAS – Vol.9 – no 3 – SET-DEZ 2016 – pp. 505-529). Assinale, a seguir, a característica INCORRETA quanto ao inquérito policial brasileiro.

Ⓐ não possui contraditório e ampla defesa.

Ⓑ é escrito

Ⓒ é público

Ⓓ é dispensável

Ⓔ é sigiloso

Resposta: Alternativa C

Trata-se de questão que aborda as características do Inquérito Policial, conteúdo, predominantemente, doutrinário, as quais são:

1 – Procedimento Administrativo

2 – Inquisitivo- não possui contraditório e ampla defesa

3 – Escrito

4 – Indisponível

5 – Dispensável

6 – Discricionário

7 – Oficioso

8 – Oficial

9 – Escrito

10 – Transitório

11 – Sigiloso

(2019-PC/ES-Acesso) "Durante a tramitação de um inquérito policial, um delegado, convencido da autoria de uma determinada infração penal por certo investigado, realizou a análise técnico-jurídica do fato e indiciou o suspeito.

Com referência a essa situação hipotética, assinale a opção correta, considerando a doutrina e os entendimentos do STF.

A O Ministério Público fica vinculado ao indiciamento realizado pelo delegado.

B É incabível a impetração de habeas corpus para cancelar o indiciamento, apesar dos constrangimentos causados ao indiciado.

C Do indiciamento — ato privativo da autoridade policial — decorrem diversas consequências para a ação penal, para a qual o referido ato é imprescindível.

D Inexiste fundamento jurídico que autorize o magistrado, após receber a denúncia, a requisitar ao delegado o indiciamento de determinada pessoa.

E O simples indiciamento de uma pessoa não implica que seu nome e outros dados sejam lançados no sistema de informações da Secretaria de Segurança Pública relacionados àquele delito e passem, a partir disso, a constar da folha de antecedentes criminais do indivíduo.

Resposta: Alternativa D

Para responder essa questão, faz-se mister o conhecimento do entendimento jurisprudencial do STF, qual seja, o de inexistir fundamento jurídico que autorize o poder judiciário a requisitar o indiciamento de determinada pessoa.

N **Tópico** 3: Provas

- Constitui, aproximadamente, 20,5% das provas
- A cobrança é predominantemente jurisprudencial e doutrinária, exige o domínio das principais teorias sobre o assunto

QUESTÃO

(2022-PC/RO-Cespe) Policiais militares, sem mandado judicial, durante um patrulhamento de rotina, receberam uma denúncia anônima contra Paulo, conhecido nos meios policiais pela prática de tráfico de entorpecentes. Nesse contexto, durante a condução de seu veículo em via pública, Paulo foi abordado. Realizada busca pessoal e veicular, nada de ilícito foi localizado em seu poder. Indagado pelos referidos policiais, Paulo confessou que, em sua residência, havia entorpecentes, o que, de fato, foi comprovado posteriormente.

Considerando essa situação hipotética, assinale a opção correta acerca da busca pessoal conforme o CPP e o STJ.

A O CPP autoriza buscas pessoais praticadas como "rotina" ou "praxe" do policiamento ostensivo, em razão do dever dos policiais de prevenir delitos e condutas ofensivas à ordem pública.

B Intuições e impressões subjetivas do policial, apoiadas exclusivamente na sua experiência profissional, justificam a busca pessoal.

C Informações de fonte não identificada, somente, são suficientes para o policial identificar uma atitude suspeita.

D O CPP autoriza buscas pessoais praticadas com finalidade preventiva e motivação exploratória, em razão do poder de polícia inerente à atividade do poder público.

E Nessa situação, não foi demonstrada a necessária justa causa, apta a demonstrar a legalidade da abordagem perpetrada.

Resposta: Alternativa E

Trata-se de questão que exige do candidato o domínio da jurisprudência sobre o assunto. Fundamento jurisprudencial: "A fim de que não se converta em salvo-conduto para abordagens e revistas exploratórias (*fishing expeditions*), baseadas em suspeição genérica existente sobre indivíduos, atitudes ou situações, sem relação específica com a posse de arma proibida ou objeto (droga, por exemplo) que constituam corpo de delito de uma infração penal. O art. 244 do CPP não autoriza buscas pessoais praticadas como rotina ou praxe do policiamento ostensivo, com finalidade preventiva e motivação exploratória, mas apenas buscas pessoais com finalidade probatória e motivação correlata". Ministro Rogerio Schietti Cruz, Sexta Turma, julgado em 19/4/2022, DJe de 25/4/2022).

QUESTÃO

(2022-PC/ES-Cespe) Em relação a busca e apreensão, assinale a opção correta.

A Não é permitido o ingresso de agente de polícia em quarto de motel desocupado, para realizar buscas de coisas, quando o estabelecimento estiver aberto a clientes, sendo necessário mandado judicial para o devido ingresso no local, por ele ser equiparado a casa.

B Agente de polícia civil não poderá realizar buscas sem mandado judicial em trailer estacionado onde se domicilia pessoa.

C É permitida a busca e apreensão por agente da polícia civil, sem mandado judicial, de bens guarnecidos em gabinete de delegado de polícia, uma vez que esse local não recebe proteção constitucional de domicílio.

D A busca domiciliar será procedida quando houver o objetivo de prender criminosos ou apreender coisas achadas ou obtidas por meios criminosos, não sendo admitida para apreensão de pessoas vítimas de crimes.

E Durante o cumprimento de mandado de busca e apreensão domiciliar com descrição dos objetos a serem apreendidos, caso encontre objeto ilícito não incluído no mandado, a autoridade policial não poderá apreendê-lo, pois necessitará de novo mandado para tanto.

Resposta: Alternativa B

Trata-se de questão que exige do candidato o domínio da jurisprudência sobre o assunto. Fundamento jurisprudencial: O STJ permite a busca realizada no interior de veículo de propriedade de investigado, fundada no receio de que a pessoa esteja na posse de material que possa constituir corpo de delito, por se equiparar a uma busca pessoal, e, por isso, "não depende de prévia autorização judicial, salvo nos casos em que o veículo é utilizado para moradia, como é o caso de cabines de caminhão, barcos, trailers, etc": STJ, 6ª Turma, HC 216.437/DF, Rel. Min. Sebastião Reis Júnior, j. 20/09/2012.

➔ N **Topico** 4: Prisões

- Constitui, aproximadamente, 17,4% das provas
- A cobrança é predominantemente através da lei e jurisprudência

QUESTÃO

(2022-PC/SP-Vunesp) No que concerne às medidas cautelares previstas no Código de Processo Penal, é correto afirmar que

A ressalvados, exclusivamente, os casos de urgência, o juiz, ao receber o pedido de medida cautelar, determinará a intimação da parte contrária, para se manifestar no prazo de 5 (cinco) dias, acompanhada de cópia do requerimento e das peças necessárias, permanecendo os autos em juízo.

B o juiz poderá, de ofício ou a pedido das partes, revogar a medida cautelar ou substituí-la quando verificar a falta de motivo para que subsista, sendo-lhe vedada nova decretação.

C no caso de descumprimento de qualquer das obrigações impostas, o juiz, de ofício ou mediante requisição do Ministério Público ou do querelante, deverá substituir a medida, decretando a prisão preventiva

D as medidas cautelares serão decretadas pelo juiz a requerimento das partes ou, quando no curso da investigação criminal, por representação da autoridade policial ou mediante requerimento do Ministério Público.

E ninguém poderá ser preso senão por ordem escrita e fundamentada da autoridade judiciária competente, em virtude de condenação criminal transitada em julgado.

Resposta: Alternativa D

Trata-se de questão que exige do candidato o domínio da lei, a resposta está conforme o art. 282,§ 2° do CPP.

QUESTÃO

(2022-PC/AM-FGV) Quanto à prisão preventiva, assinale a afirmativa correta.

A A conversão do flagrante em prisão preventiva constitui novo título a justificar a privação da liberdade, mas não sana nulidade decorrente da ausência de realização de audiência de custódia.

B Para a decretação da custódia preventiva e, também, para a imposição de quaisquer das medidas cautelares alternativas à prisão, não se exige que haja provas sólidas e conclusivas acerca da autoria delitiva.

C A prisão preventiva é compatível com a presunção de não culpabilidade do acusado ainda que decorra, automaticamente, da natureza abstrata do crime ou do ato processual praticado.

D Deve ficar concretamente evidenciado, na forma do Art. 282, § 6º, do CPP, que, presentes os motivos que autorizam a segregação provisória, é suficiente e adequada a sua substituição por outras medidas cautelares.

E A prisão preventiva é compatível com a presunção de não culpabilidade do acusado ainda que assuma natureza de antecipação da pena, desde que apoiada em motivos e fundamentos concretos e contemporâneos.

Resposta: Alternativa B

Trata-se de questão que exige do candidato o domínio da lei, a resposta está conforme o art. 312 do CPP e o entendimento jurisprudencial dos tribunais superiores.

⊕ N **Tópico** : Jurisdição e Competência

- Constitui, aproximadamente, 9,35% das provas
- A cobrança é predominantemente através da lei e jurisprudência

QUESTÃO

(2022-PC/SP-Vunesp) Nos termos do Código de Processo Penal, a competência será firmada pela

A continência, entre outras hipóteses, se, no mesmo caso, duas ou mais infrações tiverem sido umas praticadas para facilitar ou ocultar as outras, ou para conseguir impunidade ou vantagem em relação a qualquer delas.

B conexão, entre outras hipóteses, quando a prova de uma infração ou de qualquer de suas circunstâncias elementares influir na prova de outra infração

C continência, entre outras hipóteses, quando a prova de uma infração, cometida por dolo eventual ou por qualquer de suas circunstâncias elementares, influir na prova de outra infração.

D conexão, entre outras hipóteses, quando três ou mais pessoas forem acusadas pela mesma infração.

E conexão, entre outras hipóteses, quando duas ou mais pessoas forem acusadas pela mesma infração.

Resposta: Alternativa B

Trata-se de questão que exige do candidato o domínio da lei, a resposta está conforme o art. 76, III do CPP.

QUESTÃO

(2022-PC/AM-FGV) Luiz, vereador na cidade de Natal/RN, incorreu na prática do Art. 1º, incisos I, II e IV, c/c. os artigos 11 e 12, inciso I, todos da Lei nº 8.137/90, consubstanciada em fraude tributária consistente na redução de ICMS devido ao Estado do Amazonas, praticado no âmbito de filial da sucursal da Refinaria de Petróleo de Manguinhos, situada em Comarca de Careiro da Várzea/AM.

Quando do comportamento delitivo do Luiz, havia pedido de recuperação judicial da Refinaria de Petróleo de Manguinhos processado na Comarca de Careiro da Várzea/AM. Posteriormente o TJAM, em sede de exceção de incompetência, acolheu o pedido defensivo e determinou que o processamento da recuperação judicial da Refinaria de Petróleo de Manguinhos passasse para a competência da Comarca do Rio de Janeiro/RJ, em razão deste ser o local da sede do principal estabelecimento comercial da referida empresa.

A competência para o processo e o julgamento do crime tributário será

A da Vara Única da Comarca de Careiro da Várzea/AM.

B do Tribunal de Justiça do Amazonas.

C de uma das Varas Criminais da Comarca do Rio de Janeiro/RJ.

D do Tribunal de Justiça do Rio de Janeiro.

E do Tribunal de Justiça do Rio Grande do Norte.

Resposta: Alternativa A

Trata-se de questão que exige do candidato o domínio da lei, a resposta está conforme o art. 69, I do CPP e o entendimento jurisprudencial dominante, qual seja: Súmula Vinculante n° 24 do STF.

6 ESTUDO PRÉ-EDITAL E PÓS-EDITAL DA MATÉRIA

O estudo pré-edital é de extrema relevância, é a formação de sua "base", buscando esgotar o conteúdo programático, através do estudo da doutrina, lei seca e jurisprudência. Não restrinja seu estudo nessa fase aos tópicos mais cobrados em prova, além de ser apenas uma probabilidade, muitas vezes, há uma alta probabilidade do tema, ainda que não cobrado na objetiva, seja posteriormente cobrado na discursiva.

Não seja aquele "concurseiro de edital", que espera o certame ser publicado para começar os estudos, há pouco espaço para isso hoje. O estudo deve começar bem antes do edital ser publicado, e deve mirar não só a prova objetiva, mas também as etapas seguintes.

Nessa fase você deve se preparar para todas as etapas, a principal chave para um bom desempenho é uma preparação de médio/longo prazo equilibrada, voltada ao certame como um todo.

O estudo pós edital é estratégico, aí sim, você vai se focar no estudo da banca e dos temas mais cobrados. Nesta fase é importante você ter elaborado um estudo estratégico, é impossível estudar por aqueles extensos cadernos que você elabora. Resolva questões da banca, leia os artigos de lei mais cobrados e revise o máximo de assuntos possíveis, priorizando aqueles que têm maior probabilidade de incidência.

7 MÉTODO DE ESTUDOS

O segredo para aprovação em qualquer concurso para Delegado de Polícia Civil é um estudo uniforme e constante, contendo os pilares da aprovação, quais sejam: a doutrina, a lei seca, a jurisprudência e a resolução de questões.

Falo na constância, a qual será alcançada com um planejamento adequado, com metas exequíveis e adequadas. Afinal, não adianta estudar 12 horas em dia e passar uma semana sem estudar, o segredo da excelência está na continuidade.

Salvaguarda-se que de forma periódica e estratégica deve-se fazer revisões constantes. O nosso conhecimento perpassa por uma intrínseca correlação entre a capacidade de absolvição e o tempo de memorização, é o que chamamos de Teoria da Curva do Esquecimento.

Entenda, a boa memória é adquirida através de um método adequado de estudo. Com o passar do tempo, o cérebro vai perdendo as informações nele retidas. E como barrar o esquecimento? REVISANDO. E como revisar? Não há regras rígidas, você deve levar em conta a quantidade de disciplinas do seu edital, o tempo para prova, a quantidade de horas que você tem para estudar. Através do pressuposto que revisão nunca é perda de tempo e sim pressuposto para aprovação crie seu método e o pré definido dentro de seu planejamento, uma dica, sempre revise de forma dinâmica e dê preferência para o estudo ativo.

O estudo ativo é aquele que você age, não só recebe. Vivemos no mundo do comodismo, aonde procuramos o que cansa menos, queremos só receber a informação pronta, é o vício de SÓ assistir vídeo-aulas. Introduza no seu planejamento métodos que você se envolva com o estudo: resolva questões, ensine, crie resumos estratégicos.

Por fim, é importante manter a atenção às inovações legislativas no texto constitucional, por exemplo o pacote de Lei anticrime. Separe pelo menos um dia da sua semana para ver o que foi publicado de novo, em termos de lei, informativos e súmulas.

8 DICAS FINAIS

Para se alcançar a aprovação você terá que traçar o caminho a percorrer, o que chamamos de planejamento. Sonhos sem metas concretas são apenas ilusões, a vitória exige atuação, e não apenas isso, exige uma ação adequada e direcionada a um fim.

Crie oportunidades, não espere a conjuntura perfeita para iniciar seus estudos, ela não existe. Se existe obstáculos, maneje suas ferramentas para superá-los.

Retomando o que já referido quando apresentada a bibliografia para o estudo do Processo Penal, é importante ter em consideração que a aprovação passa necessariamente pelo estudo da letra de lei, jurisprudência e doutrina. Para isso, devem os candidatos organizar um planejamento que distribua seu tempo disponível de modo a passar por cada uma dessas formas de abordagem.

Quanto aos assuntos, como já foi mencionado anteriormente, o ideal seria estudar o edital de forma completa, visto que análises estatísticas, como a realizada acima, trabalham com probabilidades. Entretanto, frente a um tempo exíguo ou em uma reta final, comprova-se que os assuntos mais importantes na matéria são a parte introdutória, o Inquérito Policial, Provas, Prisões e a parte procedimental, mais precisamente quanto ao Juizado Penal Especial.

Acredite no seu potencial, se afaste de pessoas pessimistas, converse e siga pessoas que te inspiram. O segredo para alcançar o tão sonhado cargo é a constância e persistência.

Portanto, foque no objetivo, crie uma estratégia e "suba a montanha da aprovação", afinal, desistir não faz parte de seu vocabulário. Estamos juntos nessa!

Me coloco a disposição para tirar as suas dúvidas sobre estratégias de concurso na matéria de Direito Processual Penal, é só entrar em contato pelo e-mail: delegadaannavictoria@gmail.com.

Legislação CRIMINAL ESPECIAL

Lúcio Valente

1 ESTRATÉGIA DE ESTUDOS

Entre as estratégias principais na sua preparação está a análise de editais e provas do concurso que se pretende. Com isso, você ganha vantagem competitiva ao saber direcionar os estudos de forma eficaz e sem dispêndio desnecessário de energia.

Você terá que acumular uma quantidade muito grande de informações até o dia de sua prova. Se fizer isso de forma inteligente e organizada, vai certamente conseguir alcançar o êxito.

Nas próximas páginas vamos analisar as provas de delegado civil dos últimos anos para que você possa ter uma visão estratégica do que vem sendo cobrado e, com isso, tomar boas decisões de estudo.

Uma observação muito importante se refere às alterações decorrentes da Lei 13.964/2019, conhecida como Pacote Anticrime, bem como da Lei de Violência Doméstica e Familiar Contra a Mulher (Lei Maria Da Penha) e Contra Crianças e Adolescentes (Lei Henry Borel) – Leis 11.340/06 e 14.344/22, respectivamente. Eu sugiro o estudo sistemático dessas alterações.

Além disso, observar a lei de Abuso de Autoridade, Lei 13.869/2019, que vem sendo cobrada reiteradamente em concursos públicos.

Por fim, é importante que o candidato fique atento aos novos posicionamentos do STF sobre homofobia, transfobia, descriminalização do porte de drogas, descriminalização do aborto, entre outros.

2 PREPARAÇÃO EM LEGISLAÇÃO CRIMINAL PARA PROVA OBJETIVA

O estudo das diversas leis penais que compõem o edital para delegado de polícia pode assustar pela quantidade. Na maioria dos editais, o candidato terá algumas dezenas de leis criminais para assimilar.

Além da norma em si, o aluno deverá dominar debates doutrinários e jurisprudenciais a respeito de cada uma. Ocorre que a proporção do que é cobrado entre letra da lei, doutrina e jurisprudência varia sobremaneira em cada lei. Abordaremos estatisticamente essa proporção mais a frente.

A melhor forma de fazer esse trabalho é com a análise de questões e aplicação do que costumo chamar de **estudo reverso**. Basicamente, o estudo de itens anteriores de prova deve servir como fonte de informação para que você possa retroalimentar seu material. Com isso, você identifica na lei, na doutrina e na jurisprudência o que e como os assuntos são cobrados.

Por óbvio, você terá que fazer muitas questões para que esse processo funcione. No estudo reverso, no entanto, a qualidade deve se sobrepor à quantidade. Por isso, você deve adotar uma estratégia adequada de seleção das informações para que ela possa ser retroalimentada em seus resumos e anotações. Nesse sentido, eu sugiro que você adote o sistema **DENI** de seleção e filtro de questões. Ou seja, retroalimente sempre seus materiais com as questões que possuem as seguintes características: <u>D</u>ifíceis, as que você <u>E</u>rrou, que possuam <u>N</u>ovidades e que sejam <u>I</u>nteressantes por algum motivo.

Com isso, você terá seu material enriquecido e a realização de questões será uma prática estratégica nos seus estudos.

Outra ideia interessante é, através das questões, identificar na letra da lei os artigos, parágrafos, incisos e alíneas mais cobradas. Para isso, basta você estudar sempre com a lei aberta e identificar com um asterisco a passagem que está sendo cobrada na questão. Após algum tempo, você vai perceber que alguns artigos são muito cobrados e outros nem tanto.

Aplique o estudo reverso e comece a evoluir no estudo para provas objetivas.

3 BIBLIOGRAFIA INDICADA

Há boas obras no mercado que abrangem o estudo de praticamente todas as leis penais especiais. Naturalmente, uma lei está presente em determinados livros e ausente em outros, mas as principais leis são abordadas pela maioria dos autores.

Vou listar aqui os materiais que mais uso para estudo e pesquisa para preparação das minhas aulas. Não estou excluindo outras obras, certamente há outras não listadas aqui de excelente qualidade, mas só posso indicar o que uso. Por isso, vamos lá[1]:

- **LEGISLAÇÃO CRIMINAL ESPECIAL COMENTADA – VOLUME ÚNICO (2023).** Autor: Renato Brasileiro de Lima. Editora: JusPodivm

Como característica positiva, a obra busca aprofundar debates doutrinários e jurisprudenciais de determinadas leis. Por isso, o estudo é mais sólido. Justamente em decorrência desse aprofundamento, a leitura é densa e pode tomar mais tempo do que o necessário para a preparação para a fase objetiva. Indicado para provas discursivas e orais.

- **LEIS PENAIS ESPECIAIS COMENTADAS (2023).** Diversos autores. Coordenação: Rogério Sanches Cunha, Ronaldo Batista Pinto e Renee de Ó Souza. Editora: JusPodivm.

"Leis Penais Especiais Comentadas (2023)" é uma obra voltada ao estudo de 44 leis penais, escrita por membros do Ministério Público brasileiro. O livro aborda aspectos doutrinários e apresenta as divergências e os posicionamentos recentes dos Tribunais Superiores. Devido à sua abordagem focada e à inclusão de comentários especializados, a obra é indicada para candidatos que se preparam para concursos de delegado, proporcionando uma compreensão aprofundada dos temas que são frequentemente abordados nessas provas.

- **LEIS ESPECIAIS PARA CONCURSOS – V.12 – LEIS PENAIS ESPECIAIS – VOLUME ÚNICO (2023).** Autor: Gabriel Habib. Editora: JusPodivm.

Sempre foi a minha obra preferida para provas objetivas. "Leis Penais Especiais - Volume Único (2023)", de Gabriel Habib, emerge como uma referência para candidatos a concursos públicos, graças à sua abordagem objetiva de 38 leis penais especiais (na versão 2023). O autor sistematiza a doutrina e jurisprudência, incorporando os mais recentes posicionamentos do Supremo Tribunal Federal e do Superior Tribunal de Justiça sobre cada lei. A obra se destaca não só pela profundidade, mas

1. A sequência não indica ordem de preferência.

pela capacidade de oferecer uma visão prática e atualizada, tornando-se uma ferramenta essencial para todos que almejam sucesso em suas jornadas jurídicas.

- **LEGISLAÇÃO PENAL ESPECIAL ESQUEMATIZADO (2023).** Autores: Jose Paulo Baltazar Junior (Autor), Victor Eduardo Rios Goncalves (Autor), Pedro Lenza (Coordenador). Editora: Saraiva Jur.

Gosto muito dessa série "Esquematizado" da Saraiva Jur. De fato, o livro é esquematizado, com uso de cores para destacar as informações importantes. As informações são apresentadas de forma objetiva. Apenas na parte jurisprudencial, vejo algumas indicações de posicionamentos de tribunais de segunda instância, o que pode ser importante para outros concursos, mas, em geral, os concursos para delegado exigem posicionamentos consolidados do STJ e do STF. Indicado para provas objetivas.

- **CURSO DE LEGISLAÇÃO CRIMINAL ESPECIAL (2023).** Autores: Klaus Negri Costa, Fábio Roque Araújo, Nestor Távora. Editora JusPodivm.

Percebe-se claramente a intenção dos autores de ofertar um material que não se perde em prolixidades, mas que consegue manter a riqueza e atualidade do conteúdo. A seleção criteriosa das leis comentadas, focando nas mais aplicadas em concursos e na prática jurídica, é, em minha opinião, o que destaca esta obra. Embora aborde um número mais contido de leis, o livro compensa tal escolha com uma análise ponderada e atual, enriquecida por julgados recentes e uma organização que facilita a compreensão. Os quadros sinóticos e questões ao final de cada capítulo são valiosos auxílios para a consolidação do aprendizado. Em resumo, recomendo esta obra para aqueles que buscam uma abordagem direta, mas sem sacrificar a profundidade necessária à preparação jurídica de excelência.

4 PREPARAÇÃO EM LEGISLAÇÃO PENAL PARA A PROVA DISCURSIVA

Quando estava às vésperas da fase discursiva da prova para delegado da PCDF, enfrentava dois dilemas que, acredito, muitos compartilham: a incerteza quanto à minha preparação e a dificuldade em traduzir pensamentos em palavras claras no papel. Agora, após quase duas décadas guiando alunos rumo ao mesmo objetivo, vejo que essas inquietações se mantêm consistentes.

Sobre a questão da preparação, vale salientar um ponto crucial: se você chegou à prova discursiva, significa que superou a etapa objetiva. Isso já é uma indicação de que, mesmo que não domine integralmente todas as matérias – um feito hercúleo, devo dizer – está em um patamar competitivo. O segredo, então, está em adotar táticas que melhorem o seu desempenho.

Primeiramente, familiarize-se com os debates centrais. Cada legislação tem suas nuances, e muitas perguntas se centram nas divergências doutrinárias e jurisprudenciais. Busque compreender esses debates e os argumentos de cada posição. Ao invés de se perder em memorizar especificidades de autores ou detalhes de tribunais, concentre-se na essência das argumentações. Se em sua resposta você citar duas perspectivas contrastantes, mesmo sem mencionar fontes específicas, já estará navegando por águas mais seguras.

Antes de registrar sua resposta, esboce um *brainstorming* do tópico em questão. Pegando como exemplo uma pergunta sobre a aplicação do princípio da insignificância no Estatuto do Desarmamento: liste em rascunho tudo que conhece sobre os temas, e a partir daí, selecione e estruture sua resposta. Essa técnica alivia a pressão da escrita e organiza seu pensamento.

Certos debates são recorrentes e merecem sua atenção: aplicação do princípio da insignificância, questionamentos de constitucionalidade, mudanças na legislação penal, entre outros. Finalmente, sugiro um foco estratégico em algumas leis especiais de destaque: Lei de Drogas, Maria da Penha, Organização Criminosa e Desarmamento, por exemplo. Essa abordagem maximiza sua preparação, permitindo profundidade e abrangência onde realmente importa.

Seguem algumas sugestões de estudo:

- Atualização Legislativa: é fundamental se manter atualizado sobre as alterações legislativas e novas leis, dada a tendência das bancas em cobrar assuntos recentes.
- Revisão de Assuntos Recorrentes: concentre-se na revisão de tópicos que foram repetidamente cobrados em anos anteriores.
- Temas Contemporâneos e Debates Atuais: dada a tendência de cobrar temas interdisciplinares ou que estejam em voga no debate jurídico, é interessante também acompanhar os debates atuais em jornais, revistas jurídicas e outros meios.

- Resolução de Provas Anteriores: uma das melhores formas de entender o padrão da banca é resolvendo questões de concursos anteriores.

Como Estruturar a Resposta:

- O ideal é que o candidato estruture a resposta respeitando a estrutura lógico-jurídica. Isso pode ser feito com o uso do silogismo jurídico.
- O silogismo jurídico é uma forma de raciocínio dedutivo que se utiliza de premissas para chegar a uma conclusão lógica. Ele é amplamente usado no campo do Direito para analisar situações e problemas jurídicos.
- Essa estrutura é composta por três partes essenciais: a premissa maior (apresentação do fundamento legal ou constitucional), a premissa menor (análise do fato em confronto com a premissa maior) e a conclusão (desfecho com o posicionamento solicitado).
- Dessa forma, o silogismo jurídico permite uma análise lógica e estruturada dos problemas apresentados em provas, combinando a norma aplicável, os fatos do caso e as interpretações doutrinárias e jurisprudenciais para chegar a uma conclusão fundamentada.

⊕ QUESTÕES DISCURSIVAS

DELEGADO DE POLÍCIA - POLÍCIA FEDERAL - ANO: 2021 - CESPE Determinado detento, condenado com trânsito em julgado e cumprindo pena definitiva pelo crime de tráfico internacional de drogas, assassinou outro preso durante a sua remoção para um presídio federal. Ele foi surpreendido pelos policiais federais encarregados pela remoção logo após a consumação do crime, ainda em estado de flagrante delito. Por essa razão, a autoridade penitenciária determinou sua colocação em isolamento sob o regime disciplinar diferenciado. O advogado do detento, então, impetrou habeas corpus alegando que o seu cliente tinha direito à presunção de inocência e que a submissão ao regime disciplinar diferenciado deveria aguardar o trânsito em julgado da acusação de homicídio, em obediência ao posicionamento do Supremo Tribunal Federal sobre o tema. Alegou, ainda, que o cliente não poderia ser submetido diretamente ao regime disciplinar diferenciado sem ter o prévio acesso ao seu advogado. Com base na situação hipotética apresentada, redija, com fundamento na Constituição Federal e na atual e majoritária posição do STF, um texto dissertativo apontando se as alegações do advogado do detento procedem. Ao elaborar seu texto, responda aos seguintes questionamentos. 1 O reconhecimento de falta grave no curso de execução penal deve aguardar o trânsito em julgado de condenação criminal no juízo de conhecimento? [valor: 1,40 ponto] 2 Nesse caso, a apuração da falta grave demandaria a instauração de processo administrativo disciplinar? [valor: 1,20 ponto] 3 Aplicam-se, nesse caso, as Regras Mínimas das Nações Unidas para o Tratamento de Reclusos (Regras de Nelson Mandela)? [valor: 1,20 ponto]

Análise da Questão e Orientações para Resposta e Preparação:

A questão em análise exige do candidato uma compreensão profunda das implicações jurídicas da situação fática apresentada, tendo em vista a jurisprudência do Supremo Tribunal Federal (STF) e as Regras Mínimas das Nações Unidas para o Tratamento de Reclusos (Regras de Nelson Mandela).

1. Conteúdo da Resposta:

A resposta do candidato deve abordar corretamente o princípio da presunção de inocência, que é consagrado na Constituição Federal, ressaltando o entendimento do STF de que o reconhecimento de falta grave no curso da execução penal não necessita aguardar o trânsito em julgado de uma nova condenação criminal.

Adicionalmente, é crucial que o candidato compreenda e explique que a apuração de uma falta grave exige a instauração de um processo administrativo disciplinar. No entanto, esse processo deve respeitar o devido processo legal, garantindo ao acusado os direitos ao contraditório e à ampla defesa.

Por fim, o candidato deve possuir conhecimento sobre as Regras de Nelson Mandela e ser capaz de aplicá-las à situação descrita. É essencial destacar que, mesmo sendo um procedimento disciplinar, o reconhecimento de falta grave demanda o acesso do detento a um advogado.

2. Preparação para Questões Similares:

- Estudo da Lei e da Jurisprudência: o candidato deve estar atualizado com as leis, especialmente a Constituição Federal, e a jurisprudência recente do STF. Isso inclui entender a dinâmica e os fundamentos das decisões tomadas pela Corte sobre assuntos similares.
- Prática de Respostas: simular respostas para questões discursivas ajudará na preparação. Esse exercício auxilia na

organização do pensamento e na habilidade de transmitir informações de forma clara e concisa.

- Participação em Grupos de Estudos: discussões em grupo sobre temas variados podem proporcionar insights e perspectivas diferentes, enriquecendo o entendimento do candidato.
- Esta questão avalia não só o conhecimento jurídico do candidato, mas também sua capacidade de analisar cenários complexos e aplicar princípios e regras relevantes. Portanto, uma preparação que inclua doutrina básica, estudo da lei e atualizações dos posicionamentos do STF e do STJ é crucial para enfrentar desafios semelhantes em exames futuros.

> PCPR - ANO: 2021 - BANCA: UFPR Suponha que no dia 01/12/2020 a mulher M.X. procurou uma delegacia de polícia para registrar um boletim de ocorrência, alegando sofrer violência doméstica diante do seguinte relato: M.X. conta que seu marido, J.X., monitora-a constantemente, sempre perguntando com quem ela fala, de quem recebeu mensagem, se conhece fulano ou beltrano, sempre insinuando um tom de desconfiança. Algumas vezes, J.X. chega a pedir para vasculhar o aparelho celular de M.X., que às vezes cede a essa pressão. Isso a faz se sentir constantemente vigiada e manipulada, pois acaba evitando qualquer contato com homens, sejam amigos ou mesmo colegas de trabalho. M.X. também se sente manipulada em relação aos métodos contraceptivos do casal, pois, embora prefira que J.X. use preservativo de látex nas relações sexuais, ele sempre a convence a não usar. Isso acontece por meio de chantagens emocionais, pois J.X. insiste que o preservativo lhe tira a sensibilidade e, se falhar na "hora h", se sentirá "menos homem". Como M.X. não deseja engravidar, acaba fazendo o possível para evitar as relações sexuais no seu período fértil (prática conhecida como "tabelinha"). Ela não recorre a pílulas anticoncepcionais, pois foram contraindicadas pelo seu médico. Além disso, J.X. se opõe ao uso de qualquer método contraceptivo por considerar isso pecado. Nesse contexto, as discussões são constantes e, embora não ocorram xingamentos ou agressões físicas, M.X. se sente verdadeiramente atingida. Nas brigas mais sérias, M.X. diz que quer sair de casa e ficar um tempo fora, mas J.X. sempre esconde a chave do carro do casal e M.X. acaba desistindo e ficando em casa. Por fim, M.X. diz que leu o que é violência doméstica na Lei Maria da Penha e quer "tomar medidas criminais" contra J.X., mas não quer pedir medidas protetivas de urgência. Na qualidade de delegado(a) de polícia à época do relato, elabore uma manifestação fundamentada na legislação penal aplicável à matéria sobre a possibilidade ou não de instauração de inquérito policial para apurar o caso (não é necessário abordar aspectos processuais ou eventuais providências cíveis aplicáveis). Nessa manifestação, deve-se dizer se o caso narrado configura ou não (ao menos em tese) alguma(s) das

modalidades de violência doméstica e familiar contra a mulher previstas na legislação especial. Seu texto deve ter de 10 a 12 linhas.

Análise da Questão e Orientações para Resposta e Preparação:

Esta questão discursiva aborda a temática da Lei Maria da Penha, especificamente em relação às diversas modalidades de violência doméstica. O candidato é instado a avaliar um relato e determinar se há fundamento legal para a instauração de um inquérito policial e se os fatos narrados se enquadram em alguma modalidade de violência doméstica e familiar prevista na legislação.

1. Conteúdo da Resposta:

O candidato deve iniciar afirmando que, baseado no princípio da legalidade, os fatos relatados não configuram crime e, portanto, não justificam a instauração de inquérito policial. O princípio da legalidade é consagrado no art. 1° do Código Penal e no art. 5°, XXXIX, da Constituição Federal.

Em seguida, o candidato deve identificar as modalidades de violência doméstica e familiar contra a mulher que são, ao menos em tese, configuradas no relato. Deve-se apontar a violência psicológica, sexual e patrimonial, fundamentando-se no art. 7°, incisos II, III e IV, da Lei 11.340/2006 (Lei Maria da Penha).

2. Preparação para Questões Similares:

- Estudo da Lei Maria da Penha: o candidato deve estudar profundamente a Lei 11.340/2006, compreendendo não apenas sua letra fria, mas também seus objetivos, interpretações e aplicações na prática.
- Entendimento do Conceito de Violência: é fundamental compreender as várias facetas da violência doméstica, incluindo as formas menos óbvias, como a violência psicológica e patrimonial.
- Exercícios Práticos: o candidato deve praticar a resolução de questões discursivas similares, buscando desenvolver a habilidade de identificar rapidamente os pontos relevantes de um caso e argumentar de forma clara e concisa.
- Revisão dos Princípios Penais: o princípio da legalidade é fundamental em questões como essa. O candidato deve revisar e compreender os principais princípios que norteiam o Direito Penal.

Para responder adequadamente a esta questão, o candidato precisa ter uma compreensão sólida da Lei Maria da Penha e ser capaz de identificar e argumentar sobre as modalidades de violência doméstica presentes no relato. Uma preparação bem orientada e a prática regular são essenciais para enfrentar questões semelhantes em futuras avaliações.

> QUESTÃO INÉDITA CRIME DE RACISMO E LEI 14.532/2023. Em um importante jogo de futebol, disputado em um estádio lotado, um torcedor, identificado como Carlos, demonstrou um comportamento extremamente preconceituoso. Durante a partida, Carlos se revoltou com uma jogada considerada desleal do jogador adversário, Felipe, e, movido por um forte sentimento de discriminação racial, começou a proferir ofensas racistas contra ele. Com gestos agressivos e palavras de ódio, Carlos afirmou em alto e bom som que Felipe não deveria estar ali por sua raça, denegrindo sua imagem e desrespeitando sua dignidade como pessoa. Quais as consequências da entrada em vigor da Lei 14.532/2023, que alterou o Código Penal e a Lei 7716/89, notadamente em relação à ação penal ?

Análise da Questão e Orientações para Resposta e Preparação:

A questão proposta aborda o comportamento racista de um torcedor em um jogo de futebol, em vista das alterações trazidas pela Lei 14.532/2023. Para abordar a questão de forma adequada e obter uma resposta satisfatória, é preciso considerar os seguintes pontos:

1. Conteúdo da Resposta:

- Deve-se começar reconhecendo a previsão constitucional acerca da prática do racismo, mencionada no artigo 5º, XLII, da Constituição Federal.
- Em seguida, é essencial identificar a natureza da conduta do torcedor como injúria racial e explicar como a jurisprudência dos tribunais superiores a considera uma espécie de racismo.
- Com a promulgação da Lei 14.532/2023, as alterações pertinentes ao Código Penal e à Lei 7716/89 devem ser claramente destacadas, sobretudo no que tange à natureza da ação penal em casos de injúria racial. A migração da ação penal de iniciativa pública condicionada à representação para pública incondicionada é um ponto chave.

2. Preparação para Questões Semelhantes:

- Estudo Aprofundado da Legislação: É imprescindível ter um conhecimento aprofundado tanto da Constituição Federal quanto das leis específicas sobre racismo, especialmente após a entrada em vigor da Lei 14.532/2023.

- Análise de Jurisprudência: a familiaridade com as decisões do STJ e STF relativas ao tema é crucial. Dado que a jurisprudência muitas vezes orienta e reflete a evolução da interpretação legal, o candidato deve estar atualizado sobre as decisões mais recentes.
- Discussão e Exercícios:** A prática constante através da resolução de questões, bem como a discussão sobre casos e julgados pertinentes, ajudará na consolidação do conhecimento e na habilidade de argumentação.

Para abordar de forma efetiva a questão, o candidato precisa entender a gravidade do racismo, as nuances da legislação pertinente e a posição dos tribunais superiores sobre o tema. Assim, a resposta deve refletir uma compreensão profunda da legislação e da jurisprudência, bem como um compromisso com a defesa dos direitos humanos e da dignidade da pessoa humana. O estudo contínuo, a análise de jurisprudência e a prática constante são vitais para a preparação para questões dessa natureza.

5 PREPARAÇÃO EM LEGISLAÇÃO PARA A PROVA ORAL

A prova oral não é apenas um teste de conhecimento, mas também um exame psicológico. Curiosamente, as perguntas propostas nesta etapa, se dispostas no papel e analisadas sem pressa, muitas vezes não são mais desafiadoras que as da prova discursiva – e, frequentemente, são até mais simples. O diferencial aqui é a pressão do momento, que pode fazer o candidato tropeçar em si mesmo.

Portanto, a estabilidade emocional é tão crucial quanto o domínio do conteúdo. E como alcançá-la?

Mentalização positiva: uma prática que adotei e recomendo é a mentalização. Diariamente, antes de se deitar, visualize-se enfrentando a prova oral com serenidade. Imagine-se respondendo a cada questionamento de forma clara e convicta, e ao final, sentindo a satisfação do dever cumprido. Esta prática, por mais simples que pareça, é uma ferramenta de grande potência.

Busque ajuda se necessário: se você possui desafios psicológicos mais profundos, não hesite em buscar apoio profissional. Existem abordagens terapêuticas voltadas para aprimorar a autoconfiança e gerenciar a ansiedade.

Atenção à comunicação: em provas orais, deslizes linguísticos podem ser custosos. Lembro de um caso em que um candidato, apesar de tecnicamente correto em suas respostas, teve a avaliação comprometida por falhas no uso do português. O domínio do idioma é essencial.

Dialogue com o examinador: em um episódio, um candidato soube usar o diálogo com o examinador a seu favor, ao pedir esclarecimentos sobre um termo pouco familiar. Se tiver dúvidas, questione. O pior que pode acontecer é o examinador declinar sua pergunta.

Imagine a seguinte situação em uma prova oral de Direito:

Examinador: "Por favor, explique o conceito e as implicações da 'Teoria do Risco Criado' no âmbito do Direito Civil."

Candidato: (Percebendo que o termo não lhe é totalmente familiar ou querendo certificar-se de que está na direção correta) "Desculpe-me, antes de prosseguir com minha resposta, gostaria de confirmar se, ao se referir à 'Teoria do Risco Criado', o senhor está mencionando a ideia de que quem cria um risco de dano para outrem por meio de sua atividade deve repará-lo, independentemente de culpa?"

Examinador: "Exatamente. Prossiga."

Este diálogo exemplifica como o candidato, ao se deparar com um possível ponto de incerteza, não hesitou em buscar esclarecimentos. Ao fazer isso, não só garantiu que estava na direção correta em sua resposta, mas também demonstrou seriedade e compromisso em compreender plenamente a pergunta antes de responder. É uma atitude que pode ser vista de forma positiva por muitos examinadores. No entanto, vale ressaltar que, em algumas situações, o examinador pode optar por não fornecer esclarecimentos adicionais. Ainda assim, questionar pode ser uma estratégia válida, desde que utilizada com discernimento.

Simule a realidade: simulados de prova oral são valiosos. Eles ajudam a se adaptar ao formato, melhorar a oratória e gerenciar o tempo. Organize situações que recriem o ambiente do exame.

Questões de Prova Oral

➔ **DELEGADO FEDERAL** - 2021

A sociedade anônima América S.A. procedeu à exportação de grande quantidade de peles e couros de répteis em estado bruto, sem a autorização da autoridade ambiental competente. Por essa razão, foi instaurado inquérito para apurar a responsabilidade penal da sociedade, assim como a de seus gestores. Ao final da investigação, a autoridade policial concluiu ter ocorrido a prática do crime previsto no art. 30 da Lei n.º 9.605/1998 ("Exportar para o exterior peles e couros de anfíbios e répteis em bruto, sem a autorização da autoridade ambiental competente: Pena – reclusão, de 1 (um) a 3 (três) anos, e multa.") e ter o lucro obtido com essa operação alcançado centenas de milhões de reais. Em face dessa situação hipotética, discorra sobre a responsabilidade das pessoas jurídicas nos delitos ambientais, mencionando os benefícios penais previstos na Lei n.º 9.099/1995 e as espécies de pena aplicáveis ao caso, com fundamento nas disposições da Constituição Federal de 1988 e da Lei n.º 9.099/1995, e na jurisprudência dos tribunais superiores. TÓPICOS DOS OBJETOS DE AVALIAÇÃO ABORDADOS 10.23 Lei n.º 9.605/1998 e suas alterações (Crimes contra o meio ambiente). 22. Lei n.º 9.099/1995 e suas alterações (Juizados especiais criminais).

Análise da Questão e Orientações para Resposta e Preparação:

O tema proposto refere-se à responsabilidade das pessoas jurídicas em delitos ambientais, em especial, à luz do crime estipulado na Lei n.º 9.605/1998 (Lei de Crimes Ambientais) e os potenciais benefícios penais da Lei n.º 9.099/1995 (Lei dos Juizados Especiais Criminais).

Para responder adequadamente, o candidato deve:

1. Abordagem Constitucional e Legal:

Iniciar destacando a previsão constitucional que admite a responsabilização das pessoas jurídicas em delitos ambientais, especificamente no art. 225, § 3.º, da CF/88.

Em seguida, mencionar as disposições relevantes da Lei n.º 9.605/1998 que estabelece a responsabilidade das pessoas jurídicas em delitos ambientais e destaca que essa responsabilidade não exclui a responsabilidade das pessoas físicas envolvidas.

2. Jurisprudência dos Tribunais Superiores:

É fundamental mencionar a evolução jurisprudencial sobre a matéria, citando especificamente os julgados do STF e do STJ mencionados, os quais firmaram o entendimento de que não é necessária a responsabilização simultânea da pessoa jurídica e da pessoa física para a configuração do delito ambiental.

3. Benefícios Penais da Lei n.º 9.099/1995:

Mesmo que a situação hipotética não detalhe especificamente o tamanho ou faturamento da sociedade anônima, é essencial abordar os potenciais benefícios penais dessa lei, destacando que tal lei se aplica a infrações de menor potencial ofensivo e que, dada a magnitude do crime cometido pela América S.A., tais benefícios podem não ser aplicáveis.

Para uma resposta bem-sucedida, o candidato precisa combinar um profundo conhecimento legal com uma compreensão atualizada da jurisprudência, articulando sua resposta de forma clara e bem fundamentada, ressaltando os principais pontos da legislação e da interpretação dos tribunais sobre a matéria.

➔ QUESTÃO INÉDITA - 2023

Diante do julgamento da ADO 26 e MI 4.733, como o Supremo Tribunal Federal se posicionou sobre a equiparação do preconceito contra pessoas transexuais ao crime de injúria racial? E, levando em consideração os princípios constitucionais, a legislação e a doutrina vigente, poderia nos elucidar de que forma a interpretação hermenêutica pode influenciar na efetivação dos direitos das vítimas de discriminação, segundo o entendimento do STF?

Análise da Questão e Orientações para Resposta e Preparação:

O candidato, ao abordar a questão, deveria demonstrar compreensão acerca do posicionamento adotado pelo Supremo Tribunal Federal (STF) em relação à equiparação do preconceito contra pessoas transexuais ao crime de injúria racial. Isso envolve o entendimento de que o racismo não se restringe apenas à cor ou etnia, mas também engloba outras formas de discriminação, como aquelas baseadas em identidade de gênero ou orientação sexual.

Em primeiro lugar, é crucial reconhecer a relevância do artigo 5º da Constituição Federal, que assegura a igualdade de todos perante a lei e proíbe discriminações. A partir disso, era esperado que o candidato destacasse o papel interpretativo do STF em face da ausência de legislação específica, recorrendo à Lei 7.716/89 e ampliando o conceito de racismo.

Adicionalmente, o candidato deveria mencionar julgamentos pertinentes, como o HC 82.424, demonstrando familiaridade com a jurisprudência. O destaque à fala do ministro Edson Fachin sobre a omissão legislativa e a necessidade de proteção dos grupos LGBTQIA+ é fundamental para uma resposta bem fundamentada.

Por fim, uma conclusão que reforce o papel hermenêutico do STF na efetivação dos direitos das vítimas de discriminação é crucial para finalizar a resposta.

Para se preparar para questões semelhantes, o candidato deve estar atualizado em relação à jurisprudência do STF e demais tribunais superiores, bem como ter conhecimento profundo da Constituição Federal e legislações correlatas. A prática da hermenêutica jurídica e a capacidade de conectar princípios constitucionais, legislação e jurisprudência são habilidades essenciais a serem desenvolvidas.

6 ANÁLISE GERAL DAS ÚLTIMAS PROVAS PARA DPC

Segue abaixo análise sobre os concursos realizados para Delegado de Polícia entre os anos de 2015 a 2023, constando o estado ao qual foi realizado o certame; o ano; o número total de questões cobradas na prova; o número de questões de Legislação Penal em cada prova; e a banca organizadora.

Percebe-se uma boa distribuição de questões em cada prova, buscando abranger a cobrança de várias leis em cada prova. No entanto, as cinco leis mais incidentes são:

- Lei de drogas
- Maria da Penha
- Orcrim
- Meio ambiente
- Desarmamento
- JECRIM

7 ANÁLISE GERAL DE COBRANÇA POR ASSUNTO

CEBRASPE - 2023 - PC-AL - Delegado de Polícia Civil

Lei de Drogas – Lei nº 11.343 de 2006: 1 questão

Lei de Crimes Hediondos – Lei nº 8.072 de 1990: 1 questão

Lei dos Crimes de Tortura – Lei nº 9.455 de 1997: 1 questão

Lei 9.099/95: 1 questão

Lei de Organização Criminosa – Lei nº 12.850 de 2013: 1 questão

➔ INSTITUTO AOCP - 2022 - PC-GO - Delegado de Polícia Substituto

Lei de Drogas – Lei nº 11.343 de 2006: 1 questão

Lei dos Crimes de Tortura – Lei nº 9.455 de 1997: 1 questão

Lei do Abuso de Autoridade – Lei nº 4.898 de 1965 e Lei n° 13.869 de 2019: 1 questão

Lei de Organização Criminosa – Lei nº 12.850 de 2013: 2 questões

Lei da Interceptação Telefônica - Lei nº 9.296 de 1996: 1 questão

Lei Maria da Penha - Lei nº 11.340 de 2006: 1 questão

Lei nº 9.807 de 1999 - Lei de Proteção à Vítima e à Testemunha: 1 questão

Direito da Criança e do Adolescente - Estatuto da Criança e do Adolescente (ECA) - Lei nº 8.069 de 1990: 2 questões

Crimes Contra a Relação de Consumo: 1 questão

Crimes contra a propriedade intelectual de programa de computador - Lei n° 9.609/1998: 1 questão

➔ CEBRASPE - 2022 - PC-RO - Delegado de Polícia

Lei de Drogas – Lei nº 11.343 de 2006: 1 questão

Lei de Contravenções Penais - Decreto-Lei nº 3.688 de 1941: 1 questão

Procedimento comum sumaríssimo - Lei nº 9.099 de 1995 - Lei dos Juizados Especiais Criminais - JECRIM: 1 questão

Lei 12.830 de 2013 - Investigação criminal conduzida pelo delegado de polícia: 1 questão

Lei nº 12.846 de 2013 - Responsabilização administrativa e civil de pessoas jurídicas pela prática de atos contra a administração pública, nacional ou estrangeira - Lei Anticorrupção: 1 questão

Estatuto da Pessoa Idosa - Lei nº 10.741 de 2003: 1 questão

Crimes Contra a Relação de Consumo: 1 questão

Lei de Crimes Ambientais - Lei nº 9.605 de 1998: 2 questões

➔ VUNESP - 2022 - PC-RR - Delegado de Polícia Civil

Lei do Abuso de Autoridade – Lei nº 4.898 de 1965 e Lei n° 13.869 de 2019: 1 questão

Lei dos Crimes de Tortura – Lei nº 9.455 de 1997: 1 questão

Lei de Drogas – Lei nº 11.343 de 2006: 1 questão

Lei nº 9.099 de 1995 - JECRIM: 1 questão

Lei de Organização Criminosa – Lei nº 12.850 de 2013: 1 questão

Legislação de Trânsito: 1 questão

CEBRASPE - 2022 - PC-ES - Delegado de Polícia

Lei de Drogas – Lei nº 11.343 de 2006: 1 questão

Lei de Crimes Hediondos – Lei nº 8.072 de 1990: 1 questão

Lei de Armas (Estatuto do Desarmamento) – Lei nº 10.826 de 2003: 1 questão

Lei do Abuso de Autoridade – Lei nº 4.898 de 1965 e Lei n° 13.869 de 2019: 1 questão

Lei da Lavagem de Dinheiro - Lei nº 9.613 de 1998: 1 questão

Lei Maria da Penha - Lei nº 11.340 de 2006: 1 questão

Lei nº 13.060 de 2014 - Uso dos Instrumentos de Menor Potencial Ofensivo Pelos Agentes de Segurança Pública: 1 questão

Crimes Praticados contra a Criança e o Adolescente: 1 questão

IBFC - 2022 - PC-BA - Delegado de Polícia

Lei 12.288 de 2010 - Estatuto da Igualdade Racial: 1 questão

Lei 12.016 de 2009 - Mandado de Segurança individual e Coletivo: 1 questão

Lei nº 2.889 de 1956 - Crime de Genocídio: 1 questão

Lei Maria da Penha - Lei nº 11.340 de 2006: 2 questões

Procedimento comum sumaríssimo - Lei nº 9.099 de 1995 - Lei dos Juizados Especiais Criminais - JECRIM: 1 questão

Estatuto da Pessoa Idosa - Lei nº 10.741 de 2003: 2 questões

Direito da Criança e do Adolescente - Estatuto da Criança e do Adolescente (ECA) - Lei nº 8.069 de 1990: 1 questão

VUNESP - 2022 - PC-SP - Delegado de Polícia

Estatuto do Desarmamento – Lei nº 10.826 de 2003 e Decretos Regulamentares: 1 questão

Lei de Drogas – Lei nº 11.343 de 2006: 1 questão

Lei do Abuso de Autoridade – Lei n° 13.869 de 2019: 1 questão

Lei da Interceptação Telefônica - Lei nº 9.296 de 1996: 1 questão

Lei Maria da Penha - Lei nº 11.340 de 2006: 2 questões

Lei nº 10.671 de 2003 e Lei nº 12.299 de 2010- Estatuto de Defesa do Torcedor: 1 questão

Lei nº 12.037 de 2009 - Identificação Criminal do Civilmente Identificado: 1 questão

Lei 12.830 de 2013 - Investigação criminal conduzida pelo delegado de polícia: 1 questão

Estatuto da Pessoa Idosa - Lei nº 10.741 de 2003: 1 questão

Direito da Criança e do Adolescente - Estatuto da Criança e do Adolescente (ECA) - Lei nº 8.069 de 1990: 1 questão

➔ FGV - 2022 - PC-AM - Delegado de Polícia

Lei de Execução Penal – Lei nº 7.210 de 1984: 3 questões

Lei da Lavagem de Dinheiro - Lei nº 9.613 de 1998: 2 questões

Estatuto do Desarmamento – Lei nº 10.826 de 2003 e Decretos Regulamentares: 2 questões

Lei de Drogas – Lei nº 11.343 de 2006: 1 questão

Crimes contra o Consumidor, a Ordem Econômica e Tributária – Lei nº 8.078 de 1990 e Lei nº 8.137 de 1990: 1 questão

Lei de Organização Criminosa – Lei nº 12.850 de 2013: 4 questões

Lei Maria da Penha - Lei nº 11.340 de 2006: 1 questão

Lei da Interceptação Telefônica - Lei nº 9.296 de 1996: 1 questão

Direito da Criança e do Adolescente - Estatuto da Criança e do Adolescente (ECA) - Lei nº 8.069 de 1990: 1 questão

➔ CEBRASPE - 2022 - PC-RJ - Delegado de Polícia

Crimes contra o Consumidor, a Ordem Econômica e Tributária – Lei nº 8.078 de 1990 e Lei nº 8.137 de 1990: 1 questão

Lei de Armas (Estatuto do Desarmamento) – Lei nº 10.826 de 2003 e Decretos Regulamentares: 1 questão

Lei de Drogas – Lei nº 11.343 de 2006: 2 questões

Lei Maria da Penha - Lei nº 11.340 de 2006: 2 questões

Lei de Organização Criminosa – Lei nº 12.850 de 2013: 6 questões

Estatuto da Pessoa Idosa - Lei nº 10.741 de 2003: 1 questão

Direito da Criança e do Adolescente - Estatuto da Criança e do Adolescente (ECA) - Lei nº 8.069 de 1990: 1 questão

➔ Prova CESPE / CEBRASPE - 2022 - PC-PB - Delegado de Polícia Civil

Lei dos Crimes de Tortura – Lei nº 9.455 de 1997: 1 questão

Lei do Abuso de Autoridade – Lei n° 13.869 de 2019: 1 questão

Lei de Drogas – Lei nº 11.343 de 2006: 1 questão

Crimes Resultantes de Preconceito de Raça ou Cor – Lei nº 7.716 de 1989: 1 questão

Lei de Crimes Hediondos – Lei nº 8.072 de 1990: 1 questão

Lei de Armas (Estatuto do Desarmamento) – Lei nº 10.826 de 2003 e Decretos Regulamentares: 1 questão

Procedimento comum sumaríssimo - Lei nº 9.099 de 1995 - Lei dos Juizados Especiais Criminais - JECRIM: 2 questões

Lei Maria da Penha - Lei nº 11.340 de 2006: 1 questão

Lei nº 10.446 de 2002 - Infrações Penais de Repercussão Interestadual ou Internacional que Exigem Repressão Uniforme: 1 questão

Lei nº 12.037 de 2009 - Identificação Criminal do Civilmente Identificado: 1 questão

Lei de Crimes Ambientais - Lei nº 9.605 de 1998: 1 questão

8 ANÁLISE GERAL DE COBRANÇA POR PROVA

Nessa separação, você terá um detalhamento maior de cada prova. É importante mencionar que muitas questões cobram mais de uma lei. Por isso, em uma única questão de múltipla escolha, por exemplo, podem ser cobradas até cinco leis diferentes[2].

CESPE / CEBRASPE - 2023 - PC-AL - Delegado de Polícia Civil

A respeito do tráfico ilícito e uso indevido de substâncias entorpecentes, de crime organizado, dos crimes de tortura e dos crimes hediondos, julgue o item que se segue. Equipara-se a crime hediondo o tráfico ilícito de drogas na forma privilegiada.

Item errado. A questão pode ser respondida com a letra do art. 26-A, §6º, da Lei de Drogas.

INSTITUTO AOCP - 2022 - PC-GO - Delegado de Polícia Substituto

São tipos penais que descrevem crimes de abuso de autoridade, EXCETO

A apropriar-se, desviar ou ocultar bens pertencentes ao devedor sob recuperação judicial ou à massa falida, inclusive por meio da aquisição por interposta pessoa.

B decretar, em processo judicial, a indisponibilidade de ativos financeiros em quantia que extrapole exacerbadamente o valor estimado para a satisfação da dívida da parte.

C manter presos de ambos os sexos na mesma cela ou espaço de confinamento.

D estender injustificadamente a investigação, procrastinando-a em prejuízo do investigado ou fiscalizado.

E decretar medida de privação da liberdade em manifesta desconformidade com hipóteses legais.

Mais uma vez, cobrança literal da lei. A Lei nº 13.869/2019 (Abuso de Autoridade) não prevê o tipo penal previsto na assertiva "A". Tal previsão está descrita na Lei de Falências (Lei n.º 11.101/2005).

2. Lei vigente ao tempo da publicação do edital.

CESPE / CEBRASPE - 2022 - PC-RO - Delegado de Polícia

De acordo com a jurisprudência do STJ, assinale a opção correta acerca das provas no processo penal.

A A ação controlada — prevista na Lei n.º 12.850/2013, a qual define organização criminosa e dispõe sobre a investigação criminal, os meios de obtenção da prova, as infrações penais correlatas e o procedimento criminal — exige autorização judicial.

B É lícita a prova obtida pelo delegado que, por ocasião da prisão em flagrante, sem prévia autorização judicial, efetue a devassa de dados e de conversas de aplicativos de mensagens pessoais em celular apreendido na posse do autuado.

C É ilegal a quebra do sigilo telefônico mediante a habilitação de chip da autoridade policial em substituição ao do investigado titular da linha.

D É possível aplicar a analogia entre a interceptação telefônica e o espelhamento das conversas realizadas por aplicativo de mensagens pessoais diretamente no computador da autoridade policial.

E A quebra do sigilo de dados armazenados obriga a autoridade judiciária a indicar previamente as pessoas a serem investigadas.

O Centro Brasileiro de Pesquisa em Avaliação e Seleção e de Promoção de Eventos (CEBRASPE), anteriormente conhecido como CESPE, é uma das principais bancas organizadoras de concursos públicos no Brasil. Uma das peculiaridades que os candidatos frequentemente apontam sobre as provas elaboradas pelo CEBRASPE é o fato de elas muitas vezes contemplarem questões relacionadas a julgados recentes, ou seja, decisões recentes proferidas pelos tribunais superiores, como o Superior Tribunal de Justiça (STJ) e o Supremo Tribunal Federal (STF).

Dessa forma, os candidatos que se preparam para provas do CEBRASPE devem estar atentos não apenas à legislação e à doutrina jurídica, mas também à jurisprudência atualizada desses tribunais superiores, pois é comum que decisões recentes sejam objeto de questionamento nas provas.

Correta a letra C, segundo a banca.

VUNESP - 2022 - PC-RR - Delegado de Polícia Civil

Sobre o procedimento comum ordinário, sumário e sumaríssimo (juizado especial criminal), é correto afirmar que:

A O princípio da identidade física do Juiz vigora apenas no procedimento comum ordinário.

B O interrogatório, no procedimento do juizado especial criminal, é o primeiro ato da instrução processual, sendo seguido das oitivas das testemunhas e alegações finais, tudo concentrado em uma única audiência.

C Nos procedimentos sumário e sumaríssimo, a citação do acusado dar-se-á também de forma ficta, por hora certa e edital.

D No procedimento ordinário e sumário, as alegações finais dar-se-ão, em regra, de forma escrita, sendo de forma oral, em regra, apenas no procedimento sumaríssimo.

E No procedimento sumaríssimo, em caso de complexidade, em sendo o feito remetido ao juízo comum, prosseguirá sob o rito sumário.

Questão interessante, que cobra conhecimentos da Lei nº 9.099/95 (art. 77 § 2º), bem como do Código de Processo Penal (art. 538). Gabarito: E.

IBFC - 2022 - PC-BA - Delegado de Polícia

Configura crime previsto na Lei nº 10.741/2003 (crimes cometidos contra idosos), a conduta típica de:

A deixar o responsável por instituição de longa permanência de comunicar à autoridade competente os casos de crimes contra pessoa idosa de que tiver conhecimento

B deixar de cumprir as determinações do Estatuto do Idoso sobre a prioridade no atendimento à pessoa idosa

C deixar a entidade de atendimento de cumprir as determinações legais no sentido de proporcionar cuidados à saúde, conforme a necessidade da pessoa idosa

D deixar a entidade de atendimento de cumprir as determinações legais no sentido de comunicar à autoridade competente de saúde toda ocorrência de pessoa idosa com doenças infectocontagiosas

E recusar, retardar ou dificultar atendimento ou deixar de prestar assistência à saúde, sem justa causa, a pessoa idosa

A questão pode ser respondida com a leitura dos tipos penais previstos no Estatuto da Pessoa Idosa (art. 100, inciso III). Observe que o Estatuto recebeu diversas alterações com a Lei nº 14.423, de 2022. Gabarito: E.

IBFC - 2022 - PC-BA - Delegado de Polícia Relativamente ao previsto na Lei nº 7.716/1989 (crimes resultantes de preconceitos de raça ou de cor), assinale a alternativa incorreta.

A Ficará sujeito às penas de detenção e multa, quem, em anúncios ou qualquer outra forma de recrutamento de trabalhadores, exigir aspectos de aparência próprios de raça ou etnia para emprego cujas atividades não justifiquem essas exigências

B Em face do crime de "negar ou obstar emprego em empresa privada", haverá de incorrer na mesma pena aquele que, por motivo de discriminação de raça ou de cor ou práticas resultantes do preconceito de descendência ou origem nacional ou étnica, proporcionar ao empregado tratamento diferenciado no ambiente de trabalho, especialmente quanto ao salário

C Ficará sujeito à pena de reclusão aquele que fabricar, comercializar, distribuir ou veicular símbolos, emblemas, ornamentos, distintivos ou propaganda que utilizem a cruz suástica ou gamada, para fins de divulgação do nazismo

D Ficará sujeito à pena de reclusão aquele que praticar, induzir ou incitar a discriminação ou preconceito de raça, cor, etnia, religião ou procedência nacional

E Ficará sujeito à pena de reclusão aquele que impedir ou obstar o acesso de alguém ao serviço em qualquer ramo das Forças Armadas.

Esse é o tipo de questão que o candidato pode acertar com conhecimentos macros da lei. No caso, apesar da especificidade das assertivas, em uma leitura rápida da na Lei nº 7.716/1989 (crimes resultantes de preconceitos de raça ou de cor) percebe-se que não há crimes apenados com detenção. Errada a letra A.

VUNESP – 2022 – PC-SP – Delegado de Polícia

Nos termos da Lei n° 10.826/2003 (Estatuto do Desarmamento), é correto afirmar que

A o crime de Omissão de Cautela é considerado doloso e apenado com detenção.

B todos os crimes tipificados na referida legislação são apenados com reclusão.

C o crime de disparo de arma de fogo é apenado com detenção.

D o crime de posse ou porte ilegal de arma de fogo de uso proibido é considerado hediondo.

E a referida legislação contempla diversos crimes dolosos e culposos.

A banca cobra alteração legislativa da Lei nº 8.072/90 (Lei dos Crimes Hediondos). É essencial o estudo dessas atualizações, pois elas são potenciais de prova. No caso, a Lei nº 13.964/2019) inseriu o crime de posse ou porte ilegal de arma de fogo de uso proibido na lista de crimes hediondos. Gabarito: Letra D.

FGV - 2022 - PC-AM - Delegado de Polícia

A interceptação de comunicações telefônicas depende de decisão judicial fundamentada, a qual não excederá quinze dias, renovável por igual período, apontando a indispensabilidade do meio de prova, indícios razoáveis de autoria e fato investigado constituir infração penal punida com pena de reclusão, que poderá ser determinada de ofício ou por representação da autoridade policial ou do Parquet, devendo, nesses casos, o pedido demonstrar a necessidade da medida, com indicação dos meios a serem empregados.

Quanto ao uso da fundamentação *per relationem*, na jurisprudência do STJ, na interceptação telefônica é correto afirmar que

Alternativas

A a utilização da técnica, seja para fim de reafirmar a fundamentação de decisões anteriores, seja para incorporar à nova decisão os termos de manifestação ministerial anterior, não implica vício de fundamentação.

B não se admite a utilização da técnica da fundamentação *per relationem* para justificar a quebra do sigilo das comunicações telefônicas ou sua prorrogação.

C a existência de representação da autoridade policial é suficiente para a aplicação da técnica da fundamentação *per relationem*, ainda que não haja incorporação formal na decisão judicial.

D a existência de manifestação do Ministério Público é suficiente para a aplicação da técnica da fundamentação *per relationem*, ainda que não haja incorporação formal na decisão judicial.

E a utilização da técnica, para fim de reafirmar a fundamentação de decisões anteriores, depende de prévia decisão judicial fundamentada de forma autônoma.

FGV e CEBRASPE são bancas examinadoras que apresentam mais questões jurisprudenciais. Reforce os estudos dos informativos de jurisprudência quando for enfrentar provas desses institutos. Gabarito: A.

9 INDICAÇÃO DOS ARTIGOS MAIS RELEVANTES POR INCIDÊNCIA DAS LEIS MAIS COBRADAS

Tema	Artigos mais importantes em ordem de relevância
Lei nº 11.343/2006 Lei antidrogas	Art. 2º Art. 1º Art. 8º

Tema	Artigos mais importantes em ordem de relevância
Lei nº 11.340/2006 Violência doméstica e familiar contra a mulher	Art. 5º Art. 7º Arts. 34 a 41 Art. 16
Lei nº 9.605/1998 Crimes contra o meio ambiente	Art. 70 Art. 225 Art. 27
Lei nº 12.850/2013 Organizações criminosas	Art. 4º Art. 2º Art. 1º Art. 10
Lei nº 9.099/1995 Juizados especiais	Art. 76 Art. 89 Art. 82 Art. 74
Lei nº 10.826/2003 Estatuto do desarmamento	Art. 15 Art. 14 Art. 16 Art. 12
Lei nº 9.613/1998 Lavagem de dinheiro	Art. 1º Art. 2º Arts. 4º e 4º-A
Lei nº 7.210/1984 Execução penal	Art. 126 Art. 127 Art. 120 Art. 60
Lei nº 12.830/2013 Investigação criminal conduzida pelo delegado	Art. 2º
Lei nº 8.072/1990 Crimes hediondos	Art. 2º Art. 1º

Tema	Artigos mais importantes em ordem de relevância
Lei nº 8.137/1990 Crimes contra a ordem tributária	Art. 1º Art. 2º
Lei nº 9.296/1996 Interceptação telefônica	Art. 2º Art. 5º Art. 10

10 FORMA DE ABORDAGEM DAS PRINCIPAIS LEIS

	TÓPICO DO CONTEÚDO PROGRAMÁTICO	FORMA DE ESTUDO
1	Lei de Drogas (Lei 11.343/06)	LEI SECA E JURISPRUDÊNCIA
2	Lei Maria da Penha (Lei 11.340/06)	LEI SECA E JURISPRUDÊNCIA
3	Lei de Organização Criminosa (Lei 12.850/2013)	LEI SECA E DOUTRINA
4	Estatuto do Desarmamento (Lei 10.826/2006)	LEI SECA E JURISPRUDÊNCIA
5	Meio Ambiente (Lei 9.605/1998)	LEI SECA E DOUTRINA
6	Lavagem de Dinheiro	LEI SECA E DOUTRINA
7	Abuso de Autoridade[3]	LEI SECA
8	Execução penal (Lei nº 7.210/1984)	LEI SECA + JURISPRUDÊNCIA
9	Lei nº 9.099/1995 Juizados especiais	LEI SECA + JURISPRUDÊNCIA
10	Lei nº 9.503/1997 Trânsito	LEI SECA + JURISPRUDÊNCIA

11 PRINCIPAIS ALTERAÇÕES LEGISLATIVAS DO PACOTE ANTICRIME

Para uma preparação sólida, faz-se necessários observar as alterações recentes da **Lei 13.964/2019**, conhecida como **Pacote Anticrime**.

3. A nova lei ainda não foi cobrada em provas. Por isso, haverá grande incidência da cobrança da lei seca inicialmente.

Vou pontuar aqui as principais mudanças no que se refere à legislação penal. Mas é essencial que você reserve algum tempo para ler a lei e estudar essas alterações.

11.1 ALTERAÇÕES NA LEP

11.1.1 IDENTIFICAÇÃO DO PERFIL GENÉTICO

REGRA ANTERIOR	REGRA NOVA
Art. 9º-A. Os condenados por crime praticado, dolosamente, com violência de natureza grave contra pessoa, ou por qualquer dos crimes previstos no art. 1º da Lei no 8.072, de 25 de julho de 1990, serão submetidos, obrigatoriamente, à identificação do perfil genético, mediante extração de DNA – ácido desoxirribonucleico, por técnica adequada e indolor. (Incluído pela Lei nº 12.654, de 2012)	Idem
§ 1º A identificação do perfil genético será armazenada em banco de dados sigiloso, conforme regulamento a ser expedido pelo Poder Executivo. (Incluído pela Lei nº 12.654, de 2012) § 2º A autoridade policial, federal ou estadual, poderá requerer ao juiz competente, no caso de inquérito instaurado, o acesso ao banco de dados de identificação de perfil genético. (Incluído pela Lei nº 12.654, de 2012)	Idem
	§ 1º-A. A regulamentação deverá fazer constar garantias mínimas de proteção de dados genéticos, observando as melhores práticas da genética forense.
	§ 3º Deve ser viabilizado ao titular de dados genéticos o acesso aos seus dados constantes nos bancos de perfis genéticos, bem como a todos os documentos da cadeia de custódia que gerou esse dado, de maneira que possa ser contraditado pela defesa.

REGRA ANTERIOR	REGRA NOVA
	§ 4º O condenado pelos crimes previstos no caput deste artigo que não tiver sido submetido à identificação do perfil genético por ocasião do ingresso no estabelecimento prisional deverá ser submetido ao procedimento durante o cumprimento da pena. § 8º CONSTITUI FALTA GRAVE a recusa do condenado em submeter-se ao procedimento de identificação do perfil genético.

11.1.2 FALTA GRAVE

REGRA ANTERIOR	REGRA NOVA
Art. 50. Comete falta grave o condenado à pena privativa de liberdade que: I - incitar ou participar de movimento para subverter a ordem ou a disciplina; II - fugir; III - possuir, indevidamente, instrumento capaz de ofender a integridade física de outrem; IV - provocar acidente de trabalho; V - descumprir, no regime aberto, as condições impostas; VI - inobservar os deveres previstos nos incisos II e V, do artigo 39, desta Lei. VII - tiver em sua posse, utilizar ou fornecer aparelho telefônico, de rádio ou similar, que permita a comunicação com outros presos ou com o ambiente externo. (Incluído pela Lei nº 11.466, de 2007) Parágrafo único. O disposto neste artigo aplica-se, no que couber, ao preso provisório.	Art. 50. Comete falta grave o condenado à pena privativa de liberdade que: I - incitar ou participar de movimento para subverter a ordem ou a disciplina; II - fugir; III - possuir, indevidamente, instrumento capaz de ofender a integridade física de outrem; IV - provocar acidente de trabalho; V - descumprir, no regime aberto, as condições impostas; VI - inobservar os deveres previstos nos incisos II e V, do artigo 39, desta Lei[4]. VII - tiver em sua posse, utilizar ou fornecer aparelho telefônico, de rádio ou similar, que permita a comunicação com outros presos ou com o ambiente externo. (Incluído pela Lei nº 11.466, de 2007) **VIII - recusar submeter-se ao procedimento de identificação do perfil genético.** Parágrafo único. O disposto neste artigo aplica-se, no que couber, ao preso provisório.

4. II - obediência ao servidor e respeito a qualquer pessoa com quem deva relacionar-se; V - execução do trabalho, das tarefas e das ordens recebidas.

11.1.3 REGIME DISCIPLINAR DIFERENCIADO

REGRA ANTERIOR	NOVA REGRA
Art. 52. A prática de fato previsto como crime doloso constitui falta grave e, quando ocasione subversão da ordem ou disciplina internas, sujeita o preso provisório, ou condenado, sem prejuízo da sanção penal, ao regime disciplinar diferenciado, com as seguintes características: (Redação dada pela Lei nº 10.792, de 2003) I – duração máxima de trezentos e sessenta dias, sem prejuízo de repetição da sanção por nova falta grave de mesma espécie, até o limite de um sexto da pena aplicada; (Incluído pela Lei nº 10.792, de 2003) II – recolhimento em cela individual; (Incluído pela Lei nº 10.792, de 2003) III – visitas semanais de duas pessoas, sem contar as crianças, com duração de duas horas; (Incluído pela Lei nº 10.792, de 2003) IV – o preso terá direito à saída da cela por 2 horas diárias para banho de sol. (Incluído pela Lei nº 10.792, de 2003) § 1º O regime disciplinar diferenciado também poderá abrigar presos provisórios ou condenados, nacionais ou estrangeiros, que apresentem alto risco para a ordem e a segurança do estabelecimento penal ou da sociedade. (Incluído pela Lei nº 10.792, de 2003) § 2º Estará igualmente sujeito ao regime disciplinar diferenciado o preso provisório ou o condenado sob o qual recaiam fundadas suspeitas de envolvimento ou participação, a qualquer título, em organizações criminosas, quadrilha ou bando. (Incluído pela Lei nº 10.792, de 2003)	"Art. 52. A prática de fato previsto como crime doloso constitui falta grave e, quando ocasionar subversão da ordem ou disciplina internas, sujeitará o preso provisório, ou condenado, nacional ou estrangeiro, sem prejuízo da sanção penal, ao regime disciplinar diferenciado, com as seguintes características: I – duração máxima de até 2 (dois) anos, sem prejuízo de repetição da sanção por nova falta grave de mesma espécie; II – recolhimento em cela individual; III – visitas quinzenais, de 2 (duas) **pessoas por vez**, a serem realizadas em instalações equipadas para impedir o contato físico e a passagem de objetos, por pessoa da família ou, no **caso de terceiro, autorizado judicialmente, com duração de 2 (duas) horas;** IV – direito do preso à saída da cela por 2 (duas) horas diárias para banho de sol, **em grupos de até 4 (quatro) presos, desde que não haja contato com presos do mesmo grupo criminoso;** V – entrevistas sempre monitoradas, exceto aquelas com seu defensor, em instalações equipadas para impedir o contato físico e a passagem de objetos, salvo expressa autorização judicial em contrário; VI – fiscalização do conteúdo da correspondência; VII – participação em audiências judiciais preferencialmente por videoconferência, garantindo-se a participação do defensor no mesmo ambiente do preso.

REGRA ANTERIOR	NOVA REGRA
	§ 1º O regime disciplinar diferenciado também será aplicado aos presos provisórios ou condenados, nacionais ou estrangeiros: I – que apresentem alto risco para a ordem e a segurança do estabelecimento penal ou da sociedade; II – sob os quais recaiam fundadas suspeitas de envolvimento ou participação, a qualquer título, em organização criminosa, associação criminosa ou milícia privada, independentemente da prática de falta grave. § 2º (Revogado). § 3º Existindo indícios de que o preso exerce liderança em organização criminosa, associação criminosa ou milícia privada, ou que tenha atuação criminosa em 2 (dois) ou mais Estados da Federação, o regime disciplinar diferenciado será obrigatoriamente cumprido em estabelecimento prisional federal. § 4º Na hipótese dos parágrafos anteriores, o regime disciplinar diferenciado poderá ser prorrogado sucessivamente, por períodos de 1 (um) ano, existindo indícios de que o preso: I – continua apresentando alto risco para a ordem e a segurança do estabelecimento penal de origem ou da sociedade; II – mantém os vínculos com organização criminosa, associação criminosa ou milícia privada, considerados também o perfil criminal e a função desempenhada por ele no grupo criminoso, a operação duradoura do grupo, a superveniência de novos processos criminais e os resultados do tratamento penitenciário.

REGRA ANTERIOR	NOVA REGRA
	§ 5º Na hipótese prevista no § 3º deste artigo, o regime disciplinar diferenciado deverá contar com alta segurança interna e externa, principalmente no que diz respeito à necessidade de se evitar contato do preso com membros de sua organização criminosa, associação criminosa ou milícia privada, ou de grupos rivais. § 6º A visita de que trata o inciso III do caput deste artigo será gravada em sistema de áudio ou de áudio e vídeo e, com autorização judicial, fiscalizada por agente penitenciário. § 7º Após os primeiros 6 (seis) meses de regime disciplinar diferenciado, o preso que não receber a visita de que trata o inciso III do caput deste artigo poderá, após prévio agendamento, ter contato telefônico, que será gravado, com uma pessoa da família, 2 (duas) vezes por mês e por 10 (dez) minutos." (NR)

11.1.4 PROGRESSÃO DE REGIME

REGRA ANTERIOR	NOVA REGRA
LEP, Art. 112. A pena privativa de liberdade será executada em forma progressiva com a transferência para regime menos rigoroso, a ser determinada pelo juiz, quando o preso tiver cumprido ao menos um sexto da pena no regime anterior e ostentar bom comportamento carcerário, comprovado pelo diretor do estabelecimento, respeitadas as normas que vedam a progressão.	LEP, Art. 112. A pena privativa de liberdade será executada em forma progressiva com a transferência para regime menos rigoroso, a ser determinada pelo juiz, quando o preso tiver cumprido ao menos: I - 16% (dezesseis por cento) da pena, se o apenado for primário e o crime tiver sido cometido sem violência à pessoa ou grave ameaça; II - 20% (vinte por cento) da pena, se o apenado for reincidente em crime cometido sem violência à pessoa ou grave ameaça;

REGRA ANTERIOR	NOVA REGRA
	III - 25% (vinte e cinco por cento) da pena, se o apenado for **primário** e o crime tiver sido cometido **com violência** à pessoa ou grave ameaça; IV - 30% (trinta por cento) da pena, se o apenado for **reincidente** em crime cometido **com violência** à pessoa ou grave ameaça; V - 40% (quarenta por cento) da pena, se o apenado for condenado pela prática de crime **hediondo ou equiparado**, se for **primário**; VI - 50% (cinquenta por cento) da pena, se o apenado for: a) condenado pela prática de crime hediondo ou equiparado, com resultado morte, se for primário, **VEDADO O LIVRAMENTO CONDICIONAL**; b) condenado por exercer o **comando**, individual ou coletivo, de **organização criminosa** estruturada para a prática de crime **hediondo ou equiparado**; ou c) condenado pela prática do crime de constituição de **milícia privada**; VII - 60% (sessenta por cento) da pena, se o apenado for **reincidente** na prática de crime **hediondo ou equiparado**; VIII - 70% (setenta por cento) da pena, se o apenado for **reincidente** em crime **hediondo ou equiparado com resultado morte**, **VEDADO O LIVRAMENTO CONDICIONAL**.
§ 1º A decisão será sempre motivada e precedida de manifestação do Ministério Público e do defensor. (Redação dada pela Lei nº 10.792, de 2003)	§ 1º Em todos os casos, o apenado só terá direito à progressão de regime se ostentar **boa conduta carcerária**, comprovada pelo **diretor do estabelecimento**, respeitadas as normas que vedam a progressão.

<table>
<tr><th>REGRA ANTERIOR</th><th>NOVA REGRA</th></tr>
<tr><td>§ 2º Idêntico procedimento será adotado na concessão de livramento condicional, indulto e comutação de penas, respeitados os prazos previstos nas normas vigentes. (Incluído pela Lei nº 10.792, de 2003)</td><td>§ 2º A decisão do juiz que determinar a progressão de regime será sempre motivada e precedida de manifestação do Ministério Público e do defensor, procedimento que também será adotado na concessão de livramento condicional, indulto e comutação de penas, respeitados os prazos previstos nas normas vigentes.</td></tr>
<tr><td></td><td>..
§ 5º Não se considera hediondo ou equiparado, para os fins deste artigo, o crime de tráfico de drogas previsto no § 4º do art. 33 da Lei nº 11.343, de 23 de agosto de 2006.
§ 6º O cometimento de falta grave durante a execução da pena privativa de liberdade interrompe o prazo para a obtenção da progressão no regime de cumprimento da pena, caso em que o reinício da contagem do requisito objetivo terá como base a pena remanescente.</td></tr>
<tr><td colspan="2">§ 3º No caso de mulher gestante ou que for mãe ou responsável por crianças ou pessoas com deficiência, os requisitos para progressão de regime são, cumulativamente: (Incluído pela Lei nº 13.769, de 2018)
I – não ter cometido crime com violência ou grave ameaça a pessoa; (Incluído pela Lei nº 13.769, de 2018)
II – não ter cometido o crime contra seu filho ou dependente; (Incluído pela Lei nº 13.769, de 2018)
III – ter cumprido ao menos 1/8 (um oitavo) da pena no regime anterior; (Incluído pela Lei nº 13.769, de 2018)
IV – ser primária e ter bom comportamento carcerário, comprovado pelo diretor do estabelecimento; (Incluído pela Lei nº 13.769, de 2018)
V – não ter integrado organização criminosa. (Incluído pela Lei nº 13.769, de 2018)
§ 4º O cometimento de novo crime doloso ou falta grave implicará a revogação do benefício previsto no § 3º deste artigo.</td></tr>
</table>

REGRA ANTERIOR	NOVA REGRA
LEI 8.072/90, Art. 2º § 2º A progressão de regime, no caso dos condenados pelos crimes previstos neste artigo, dar-se-á após o cumprimento de 2/5 (dois quintos) da pena, se o apenado for primário, e de 3/5 (três quintos), se reincidente, observado o disposto nos §§ 3º e 4º do art. 112 da Lei nº 7.210, de 11 de julho de 1984 (Lei de Execução Penal). (Redação dada pela Lei nº 13.769, de 2018)	LEI 8.072/90, Art. 2º, §2º (revogado)

11.1.5 LIVRAMENTO CONDICIONAL

REGRA ANTERIOR	NOVA REGRA
CP, Art. 83 – O juiz poderá conceder livramento condicional ao condenado a pena privativa de liberdade igual ou superior a 2 (dois) anos, desde que: V – cumprido **mais de dois terços da pena**, nos casos de condenação por crime **hediondo**, prática da tortura, tráfico ilícito de entorpecentes e drogas afins, e terrorismo, se o apenado **não** for **reincidente específico** em crimes dessa natureza. (Incluído pela Lei nº 8.072, de 25.7.1990)	Condenado pela prática de crime hediondo ou equiparado, com resultado morte, se for primário, VEDADO O LIVRAMENTO CONDICIONAL; Reincidente em crime hediondo ou equiparado com resultado morte, VEDADO O LIVRAMENTO CONDICIONAL.

11.1.6 ALTERAÇÕES NA LEI 8.072/90 (CRIMES HEDIONDOS)

ANTES DO PACOTE	DEPOIS DO PACOTE
"Art. 1º I - homicídio (art. 121), quando praticado em atividade típica de grupo de extermínio, ainda que cometido por um só agente, e homicídio qualificado (art. 121, § 2º, incisos I, II, III, IV, V, VI e VII); (Redação dada pela Lei nº 13.142, de 2015) I-A - lesão corporal dolosa de natureza gravíssima (art. 129, § 2º) e lesão corporal seguida de morte (art. 129, § 3º), quando praticadas contra autoridade ou agente descrito nos arts. 142 e 144 da Constituição Federal, integrantes do sistema prisional e da Força Nacional de Segurança Pública, no exercício da função ou em decorrência dela, ou contra seu cônjuge, companheiro ou parente consanguíneo até terceiro grau, em razão dessa condição; (Incluído pela Lei nº 13.142, de 2015) II - latrocínio (art. 157, § 3º, in fine); (Inciso incluído pela Lei nº 8.930, de 1994) III - extorsão qualificada pela morte (art. 158, § 2º); (Inciso incluído pela Lei nº 8.930, de 1994) IV - extorsão mediante seqüestro e na forma qualificada (art. 159, caput, e §§ lo, 2º e 3º); (Inciso incluído pela Lei nº 8.930, de 1994) v - estupro (art. 213, caput e §§ 1º e 2º); (redação dada pela lei nº 12.015, de 2009)	"Art. 1º .... I - homicídio (art. 121), quando praticado em atividade típica de grupo de extermínio, ainda que cometido por um só agente, e homicídio qualificado (art. 121, § 2º, incisos I, II, III, IV, V, VI, VII e VIII[5]); .... I-A - lesão corporal dolosa de natureza gravíssima (art. 129, § 2º) e lesão corporal seguida de morte (art. 129, § 3º), quando praticadas contra autoridade ou agente descrito nos arts. 142 e 144 da Constituição Federal, integrantes do sistema prisional e da Força Nacional de Segurança Pública, no exercício da função ou em decorrência dela, ou contra seu cônjuge, companheiro ou parente consanguíneo até terceiro grau, em razão dessa condição; (Incluído pela Lei nº 13.142, de 2015) **II – roubo:** a) circunstanciado pela **restrição de liberdade da vítima** (art. 157, § 2º, inciso V); b) circunstanciado pelo **emprego de arma de fogo**[6] (art. 157, § 2º-A, inciso I) ou pelo emprego de arma de fogo de uso proibido ou restrito (art. 157, § 2º-B);

5. Sem aplicação prática, pois esse inciso seria inserido no CP, mas foi vetado pelo PR.
6. Qualquer tipo.

ANTES DO PACOTE	DEPOIS DO PACOTE
VI - estupro de vulnerável (art. 217-A, caput e §§ 1º, 2º, 3º e 4º); (Redação dada pela Lei nº 12.015, de 2009)	c) qualificado pelo resultado lesão corporal grave ou morte[7] (art. 157, § 3º);
VII - epidemia com resultado morte (art. 267, § 1º). (Inciso incluído pela Lei nº 8.930, de 1994)	III - extorsão qualificada pela restrição da liberdade da vítima, ocorrência de lesão corporal ou morte (art. 158, § 3º);
VII-B - falsificação, corrupção, adulteração ou alteração de produto destinado a fins terapêuticos ou medicinais (art. 273, *caput* e § 1º, § 1º-A e § 1º-B, com a redação dada pela Lei no 9.677, de 2 de julho de 1998). (Inciso incluído pela Lei nº 9.695, de 1998)	.... IV - extorsão mediante seqüestro e na forma qualificada (art. 159, caput, e §§ lo, 2º e 3º); (Inciso incluído pela Lei nº 8.930, de 1994)
VIII - favorecimento da prostituição ou de outra forma de exploração sexual de criança ou adolescente ou de vulnerável (art. 218-B, caput, e §§ 1º e 2º). (Incluído pela Lei nº 12.978, de 2014)	v - estupro (art. 213, caput e §§ 1º e 2º); (redação dada pela lei nº 12.015, de 2009) VI - estupro de vulnerável (art. 217-A, caput e §§ 1º, 2º, 3º e 4º); (Redação dada pela Lei nº 12.015, de 2009)
Parágrafo único. Consideram-se também hediondos o crime de genocídio previsto nos arts. 1º, 2º e 3º da Lei no 2.889, de 1º de outubro de 1956, e o de posse ou porte ilegal de arma de fogo de uso restrito, previsto no art. 16 da Lei no 10.826, de 22 de dezembro de 2003, todos tentados ou consumados.	VII - epidemia com resultado morte (art. 267, § 1º). (Inciso incluído pela Lei nº 8.930, de 1994) VII-B - falsificação, corrupção, adulteração ou alteração de produto destinado a fins terapêuticos ou medicinais (art. 273, *caput* e § 1º, § 1º-A e § 1º-B, com a redação dada pela Lei no 9.677, de 2 de julho de 1998). (Inciso incluído pela Lei nº 9.695, de 1998) VIII - favorecimento da prostituição ou de outra forma de exploração sexual de criança ou adolescente ou de vulnerável (art. 218-B, caput, e §§ 1º e 2º). (Incluído pela Lei nº 12.978, de 2014) IX - furto qualificado pelo emprego de explosivo ou de artefato análogo que cause perigo comum (art. 155, § 4º-A).

7. Agora é crime hediondo não somente o latrocínio.

ANTES DO PACOTE	DEPOIS DO PACOTE
	Parágrafo único. Consideram-se também hediondos, tentados ou consumados: I – o crime de genocídio, previsto nos arts. 1º, 2º e 3º da Lei nº 2.889, de 1º de outubro de 1956; II – o crime de posse ou porte ilegal de arma de fogo de uso proibido, previsto no art. 16 da Lei nº 10.826, de 22 de dezembro de 2003; III – o crime de comércio ilegal de armas de fogo, previsto no art. 17 da Lei nº 10.826, de 22 de dezembro de 2003; IV – o crime de tráfico internacional de arma de fogo, acessório ou munição, previsto no art. 18 da Lei nº 10.826, de 22 de dezembro de 2003; V – o crime de **organização criminosa**, quando direcionado à prática de crime hediondo ou equiparado." (NR)

11.1.7 ALTERAÇÕES NA LEI DE INTERCEPTAÇÃO TELEFÔNICA

A Lei nº 9.296, de 24 de julho de 1996, passa a vigorar acrescida dos seguintes arts. 8º-A e 10-A:

> "Art. 8º-A. Para **investigação** ou **instrução** criminal, poderá ser autorizada pelo **juiz**, a requerimento da autoridade policial ou do Ministério Público, a **captação ambiental** de sinais eletromagnéticos, ópticos ou acústicos, quando:
>
> I – a prova **não** puder ser feita por **outros meios** disponíveis e **igualmente eficazes**; e
>
> II – houver elementos probatórios razoáveis de autoria e participação em infrações criminais cujas **penas máximas** sejam **superiores** a 4 (quatro) anos ou em **infrações penais conexas**.
>
> § 1º O requerimento deverá descrever circunstanciadamente o local e a forma de instalação do dispositivo de captação ambiental.
>
> § 2º (VETADO).
>
> § 3º A captação ambiental não poderá exceder o **prazo de 15 (quinze) dias**, **renovável** por decisão judicial por

iguais períodos, se comprovada a **indispensabilidade** do meio de prova E quando presente **atividade criminal permanente, habitual ou continuada.**

§ 4º (VETADO).

§ 5º Aplicam-se subsidiariamente à captação ambiental as regras previstas na legislação específica para a interceptação telefônica e telemática."

"Art. 10-A. **Realizar** captação ambiental de sinais eletromagnéticos, ópticos ou acústicos **para investigação ou instrução criminal** sem autorização judicial, quando esta for exigida:

Pena – reclusão, de 2 (dois) a 4 (quatro) anos, e multa.

§ 1º **Não há crime** se a captação é realizada por **um dos interlocutores.**

§ 2º A pena será aplicada em **dobro** ao **funcionário público** que **descumprir** determinação de **sigilo** das investigações que envolvam a captação ambiental ou **revelar o conteúdo** das gravações enquanto mantido o sigilo judicial."

CAPTAÇÃO AMBIENTAL LEI 9.296/96 (com as alterações do PAC)	INTERCEPTAÇÃO TELEFÔNICA
Penas máximas sejam superiores a 4 (quatro) anos ou em infrações penais conexas.	Exige-se que o crime investigado tenha pena prevista de reclusão.

11.1.8 MUDANÇAS NO ESTATUTO DO DESARMAMENTO

- Inclui como hediondo: comércio (17) e tráfico de armas (18).
- Mudança no CAPUT do art. 16: separação de posse/porte de arma de uso RESTRITO e PROIBIDO.

ANTES DO PAC	DEPOIS DO PAC
Art. 16. Possuir, deter, portar, adquirir, fornecer, receber, ter em depósito, transportar, ceder, ainda que gratuitamente, emprestar, remeter, empregar, manter sob sua guarda ou ocultar arma de fogo, acessório ou munição de **uso proibido ou restrito**, sem autorização e em desacordo com determinação legal ou regulamentar	"Art. 16. Possuir, deter, portar, adquirir, fornecer, receber, ter em depósito, transportar, ceder, ainda que gratuitamente, emprestar, remeter, empregar, manter sob sua guarda ou ocultar arma de fogo, acessório ou munição de **uso restrito**, sem autorização e em desacordo com determinação legal ou regulamentar:

Leg. Criminal Especial

Crime de porte de arma de fogo de uso PROIBIDO

ANTES DO PAC	DEPOIS DO PAC
Novidade legislativa	§ 2º Se as condutas descritas no caput e no § 1º deste artigo envolverem arma de **fogo de uso proibido**, a pena é de reclusão, de 4 (quatro) a 12 (doze) anos." (NR)

Armas de fogo de uso PROIBIDO[8]:

a) as armas de fogo classificadas de uso proibido em acordos e **tratados internacionais** dos quais a República Federativa do Brasil seja signatária; ou

b) as armas de fogo **dissimuladas**, com aparência de objetos inofensivos (ex.: revólver em forma de caneta).

ALTERAÇÕES NO ART. 17

ANTES DO PAC	DEPOIS DO PAC
Art. 17. Adquirir, alugar, receber, transportar, conduzir, ocultar, ter em depósito, desmontar, montar, remontar, adulterar, vender, expor à venda, ou de qualquer forma utilizar, em proveito próprio ou alheio, no exercício de atividade comercial ou industrial, arma de fogo, acessório ou munição, sem autorização ou em desacordo com determinação legal ou regulamentar: ~~Pena – reclusão, de 4 (quatro) a 8 (oito) anos, e multa.~~	**Pena – reclusão, de 6 (seis) a 12 (doze) anos, e multa.** **§ 2º Incorre na mesma pena quem vende ou entrega arma de fogo, acessório ou munição, sem autorização ou em desacordo com a determinação legal ou regulamentar, a agente policial disfarçado, quando presentes elementos probatórios razoáveis de conduta criminal preexistente." (NR)**

Diferença entre agente INFILTRADO e AGENTE DISFARÇADO

DISFARÇADO	INFILTRADO
Conceito mais amplo	Conceito mais restrito
Independe de autorização judicial	Depende de autorização judicial
Previsto na Lei 10.826	Previsto na Lei 12.850

8. Decretos 9.845/19 (posse de arma de fogo) e 9.847/19 (porte de arma de fogo), ambos de 25 de Julho de 2019

TRÁFICO INTERNACIONAL DE ARMA DE FOGO

Art. 18. Importar, exportar, favorecer a entrada ou saída do território nacional, a qualquer título, de arma de fogo, acessório ou munição, sem autorização da autoridade competente:

~~Pena – reclusão de 4 (quatro) a 8 (oito) anos, e multa.~~

Pena – reclusão, de 8 (oito) a 16 (dezesseis) anos, e multa. (Redação dada pela Lei nº 13.964, de 2019)

ANTES DO PAC	DEPOIS DO PAC
Art. 18. Importar, exportar, favorecer a entrada ou saída do território nacional, a qualquer título, de arma de fogo, acessório ou munição, sem autorização da autoridade competente:	Art. 18. Importar, exportar, favorecer a entrada ou saída do território nacional, a qualquer título, de arma de fogo, acessório ou munição, sem autorização da autoridade competente:
~~Pena – reclusão de 4 (quatro) a 8 (oito) anos, e multa.~~	Pena – reclusão, de 8 (oito) a 16 (dezesseis) anos, e multa.
	Parágrafo único. Incorre na mesma pena quem vende ou entrega arma de fogo, acessório ou munição, em operação de importação, sem autorização da autoridade competente, a agente policial disfarçado, quando presentes elementos probatórios razoáveis de conduta criminal preexistente. (Incluído pela Lei nº 13.964, de 2019)

CAUSAS DE AUMENTO

ANTES DO PAC	DEPOIS DO PAC
~~Art. 20. Nos crimes previstos nos arts. 14, 15, 16, 17 e 18, a pena é aumentada da metade se forem praticados por integrante dos órgãos e empresas referidas nos arts. 6º, 7º e 8º desta Lei.~~	Art. 20. Nos crimes previstos nos arts. 14, 15, 16, 17 e 18, a pena é aumentada da metade se: (Redação dada pela Lei nº 13.964, de 2019)
	I – forem praticados por integrante dos órgãos e empresas referidas nos arts. 6º, 7º e 8º desta Lei; ou (Incluído pela Lei nº 13.964, de 2019)
	II – o agente for reincidente específico em crimes dessa natureza. (Incluído pela Lei nº 13.964, de 2019)

Leg. Criminal Especial

⊙ BANCO NACIONAL DE PERFIS BALÍSTICOS

Art. 34-A. Os **dados** relacionados à coleta de **registros balísticos** serão armazenados no Banco Nacional de Perfis Balísticos. (Incluído pela Lei nº 13.964, de 2019)

§ 1º O Banco Nacional de Perfis Balísticos tem como **objetivo** cadastrar armas de fogo e armazenar **características** de classe e individualizadoras de **projéteis** e de **estojos** de munição deflagrados por arma de fogo. (Incluído pela Lei nº 13.964, de 2019)

§ 2º O Banco Nacional de Perfis Balísticos será constituído pelos registros de elementos de munição deflagrados por armas de fogo **relacionados a crimes**, para subsidiar ações destinadas às apurações **criminais federais, estaduais e distritais.** (Incluído pela Lei nº 13.964, de 2019)

§ 3º O Banco Nacional de Perfis Balísticos será **gerido** pela **unidade oficial** de **perícia criminal**. (Incluído pela Lei nº 13.964, de 2019)

§ 4º Os dados constantes do Banco Nacional de Perfis Balísticos terão **caráter sigiloso**, e aquele que permitir ou promover sua utilização para **fins diversos** dos previstos nesta Lei ou em decisão judicial responderá civil, penal e administrativamente. (Incluído pela Lei nº 13.964, de 2019)

§ 5º **É vedada a comercialização**, total ou parcial, da base de dados do Banco Nacional de Perfis Balísticos. (Incluído pela Lei nº 13.964, de 2019)

§ 6º A formação, a gestão e o acesso ao Banco Nacional de Perfis Balísticos serão **regulamentados** em ato do **Poder Executivo federal**. (Incluído pela Lei nº 13.964, de 2019)

11.1.9 ALTERAÇÕES NA LEI DE ORGANIZAÇÕES CRIMINOSAS

⊙ Alterações do PAC

Quem participa de organização criminosa deve iniciar o cumprimento da pena em estabelecimento de segurança máxima?

As **lideranças** de organizações criminosas **armadas** ou que tenham **armas à disposição** deverão iniciar o cumprimento da pena em estabelecimentos penais de segurança máxima. (Incluído pela Lei nº 13.964, de 2019)

Progressão de regime e outros benefícios penais

O condenado expressamente em sentença por integrar organização criminosa ou por crime praticado por meio de organização criminosa não poderá progredir de regime de cumprimento de pena ou obter livramento condicional ou outros benefícios prisionais se houver elementos probatórios que indiquem a manutenção do vínculo associativo. (Incluído pela Lei nº 13.964, de 2019)

Colaboração Premiada

Qual a natureza jurídica da Colaboração Premiada?

> Art. 3º-A. O acordo de colaboração premiada é negócio jurídico processual e meio de obtenção de prova, que pressupõe utilidade e interesse públicos.

No mesmo sentido, o Supremo Tribunal Federal, em vários julgados, já se referiu à colaboração como um meio de obtenção de prova e como um negócio jurídico processual (STF. PET 7074/DF. Pleno, Rel. Min. Edson Fachin, 29/06/2017).

Da proposta e da possibilidade de indeferimento sumário da proposta

Recebimento da Proposta	Constitui marco de confidencialidade e não pode ser quebrado até a liberação pelo Judiciário (art. 3º-B) Obs.: O acordo de colaboração premiada e os depoimentos do colaborador serão mantidos em **sigilo até o recebimento da denúncia ou da queixa-crime**, sendo vedado ao magistrado decidir por sua publicidade em qualquer hipótese.
Indeferimento da proposta	A proposta de acordo de colaboração premiada poderá ser **sumariamente indeferida**, com a devida justificativa, cientificando-se o interessado.
Termo de Confidencialidade	Deve ser realizada após o recebimento da proposta antes do prosseguimento das tratativas. Na hipótese de não ser celebrado o acordo por iniciativa do celebrante, esse não poderá se valer de nenhuma das informações ou provas apresentadas pelo colaborador, de boa-fé, para qualquer outra finalidade.
Suspensão de medidas	O acordo pode prever suspensão de medidas processuais penais cautelares e assecuratórias, bem como medidas processuais cíveis admitidas pela legislação processual civil em vigor. Obs.: o acordo não suspende as investigações.

E se houver necessidade de complementação ou verificação de informações sobre as informações apresentadas?	O acordo de colaboração premiada poderá ser precedido de instrução.
Representação jurídica	- Procuração específica - Pessoalmente + advogado
Instrução do acordo	- Narrar todos os fatos ilícitos para os quais concorreu e que tenham relação direta com os fatos investigados - Indicar as provas e os elementos de corroboração.
Quem pode realizar o acordo?	- O delegado de polícia, o investigado e o defensor, com a manifestação do Ministério Público (durante o IP) - O Ministério Público e o investigado ou acusado e seu defensor (durante ou IP ou Processo). Obs.: juiz não pode participar
Homologação	Realizado o acordo, serão remetidos ao juiz, para análise, o respectivo termo, as declarações do colaborador e cópia da investigação, devendo o juiz ouvir sigilosamente o colaborador, acompanhado de seu defensor.
Acordo não homologado	Juiz devolve às partes para as adequações necessárias. Obs.: o juiz não poderá mais alterar o conteúdo do acordo, como era permitido antes da alteração da lei.[9]
Acordo homologado	Depois de homologado o acordo, o colaborador poderá, sempre acompanhado pelo seu defensor, ser ouvido pelo membro do Ministério Público ou pelo delegado de polícia responsável pelas investigações. Obs.: o juiz analisará a voluntariedade da manifestação de vontade, especialmente nos casos em que o colaborador está ou esteve sob efeito de medidas cautelares.

9. Sobre o tema, o STF decidiu que no ato de homologação da colaboração premiada, não cabe ao magistrado, de forma antecipada e extemporânea, tecer juízo de valor sobre o conteúdo das cláusulas avençadas, exceto nos casos de flagrante ofensa ao ordenamento jurídico vigente (STF. PET 7074/DF, Pleno, Rel. Min. Edson Fachin, 29/06/2017).

Manifestação do deletado	Em todas as fases do processo, deve-se garantir ao réu delatado a oportunidade de manifestar-se após o decurso do prazo concedido ao réu que o delatou.[10]
Registro do acordo	O registro das tratativas e dos atos de colaboração deverá ser feito pelos meios ou recursos de gravação magnética, estenotipia, digital ou técnica similar, inclusive audiovisual, destinados a obter maior fidelidade das informações, garantindo-se a disponibilização de cópia do material ao colaborador.
Rescisão do acordo	O acordo de colaboração premiada pressupõe que o colaborador cesse o envolvimento em conduta ilícita relacionada ao objeto da colaboração, sob pena de rescisão. O acordo homologado poderá ser rescindido em caso de omissão dolosa sobre os fatos objeto da colaboração.
Cumprimento da pena pelo delator	É direito do delator cumprir pena ou prisão cautelar em estabelecimento penal diverso dos demais corréus ou condenados.

10. § 16. Nenhuma das seguintes medidas será decretada ou proferida com fundamento apenas nas declarações do colaborador: (Redação dada pela Lei nº 13.964, de 2019)
I – medidas cautelares reais ou pessoais; (Incluído pela Lei nº 13.964, de 2019)
II – recebimento de denúncia ou queixa-crime; (Incluído pela Lei nº 13.964, de 2019)
III – sentença condenatória. (Incluído pela Lei nº 13.964, de 2019)

CRIMINOLOGIA

Sandro Caldeira

1 BIBLIOGRAFIA INDICADA PARA O ESTUDO DA CRIMINOLOGIA NAS PROVAS PARA DELEGADO DA POLÍCIA CIVIL

Postular uma vaga neste certame envolve uma preparação permanente e focada em otimizar resultados; isto não é novidade. É preciso se concentrar em uma estratégia e em fonte de estudos que devem ser adequadas ao conforto individual - não há de todo uma fórmula pronta. Mas, por conta da variedade de assuntos que dentro da Criminologia cada Edital das unidades da federação pode optar por incluir ou não é preciso aprofundar o conteúdo dos pontos mais provados deixando para se dedicar a uma ou outra questão específica que o certame lançado pode exigir.

Esta falta de uniformidade de conteúdo entre os diversos concursos para Delegado dificulta uma preparação prévia total, entretanto, o conteúdo deste material tem como objetivo justamente indicar os caminhos mais prováveis para uma preparação completa.

É neste sentido que antes de tratar propriamente da bibliografia, é preciso fundamentar a elaboração do processo de organização dos estudos em pelo menos quatro atividades principais, que consistem em analisar (1) Doutrina, (2) jurisprudência, (3) lei seca e (4) exercícios. No caso da criminologia em especial, como uma ciência criminal que tem uma relação mais sociológica, a quantidade de análise de lei seca no estudo é reduzida, razão pela qual indica-se um enfoque mais determinado principalmente de (1) e (4), sem desprezar o que se tem nos outros números.

Aqui, qualquer que seja a Doutrina escolhida pelo candidato como material de apoio nos estudos preparatórios é preciso demarcar que a base geral da Criminologia tem que estar firmada na compreensão básica do candidato para obter êxito nas respostas das questões. Esta é uma "regra" elementar não só porque é comum a todos os editais, a incidência desta temática mais global, mas também pelo fato de que a partir do estudo de pontos gerais como o *Conceito Origem, História da Criminologia, Objeto e Método,* é possível ter um suporte para o entendimento de outras questões mais específicas que precisarão também ser estudadas.

Na análise feita neste nosso guia, destacam-se:

- MANUAL DE CRIMINOLOGIA – EDITORA JUSPODIVM, autor Mariana Barros Barreiras.
- Criminologia Crítica e Crítica do Direito Penal – Introdução à sociologia do Direito do Revan (Instituto Carioca de Criminologia) Penal editora RT, autor Alessandro Baratta,
- "CRIMINOLOGIA", Editora Revista dos Tribunais, autores: Antônio García-Pablos de Molina em parceria com Luiz Flávio Gomes

É certo que a leitura aprofundada não é adequada para a rotina de todos os candidatos ou até mesmo para aqueles que durante a graduação obtiveram boas bases na criminologia, pelo que a limitação do tempo pode fazer ser preferível alternativas mais resumidas que deem uma perspectiva geral sobre os temas comumente cobrados nos editais.

Nesse sentido, estrategicamente vale a pena conferir obras intermediárias de profundidade e aquelas que compilam os pontos mais relevantes, inclusive unindo as doutrinas clássicas em seu conteúdo. Vejamos:

- "CRIMINOLOGIA", COLEÇÃO CARREIRAS POLICIAIS, EDITORA JUSPODIVM, autores Eduardo Fontes e Henrique Hoffmann onde existe um tratamento da Criminologia envolvendo questões novas (que conforme se verá, integrarão o conteúdo programático de alguns editais para a carreira de Delegado da Polícia Civil), inclui também questões de concurso com gabarito comentado e quadros esquemáticos, pelo que penso ser uma boa opção neste momento de preparação.

Para um material ainda mais reduzido e objetivo, vale a pena o investimento seguinte leitura:

- SINOPSES PARA CONCURSOS - CRIMINOLOGIA, EDITORA JUSPODIVM, autor: de Natacha Alves de Oliveira, onde se propõe um estudo prático, sistematizado e objetivo da disciplina, unindo tabelas, gráficos, quadros de atenção e questões de concursos para facilitar e melhorar a preparação do candidato.

Isto tudo aliado aos quatro pilares fundamentais da preparação que deve ser seguido, garantirá ao candidato, conforme a sua melhor adequação ao tipo de bibliografia, bons aliados para a tão sonhada aprovação.

2 A TENDÊNCIA DA CRIMINOLOGIA COMO CONTEÚDO AUTÔNOMO: O CONTEÚDO PROGRAMÁTICO NOS EDITAIS

A justificativa para o tratamento de forma autônoma dos objetos de avaliação referente à disciplina Criminologia nos editais tem a ver com a compreensão de que esta é uma área do conhecimento especificamente relevante para o exercício do cargo de Delegado de Polícia. Entre as Ciências Criminais, a Criminologia talvez tenha vivido um processo de desconsideração da sua relevância um tanto quanto injusto, mas este cenário tem dado sinais de mudança.

Tanto esta afirmação é verdadeira que, dos 20 (vinte) editais publicados entre 2015 e 2023, 19 (dezenove) especificam a Criminologia como um item independente e com conteúdo individualizado, o qual o candidato deve se debruçar. A importância desta ciência ser inserida nos tipos de concursos para Delegado de Polícia se baseia na sua natureza de investigação das causas e origens do crime por meio da análise das razões do delito inserido na dinâmica da sociedade.

Nesse sentido, o Edital 2018 do Estado de Goiás afirma como "fundamental para o exercício do cargo de Delegado de Polícia que, segundo o art. 144 § 4º da Constituição Federal, tem o mister de dirigir as Polícias Civis dos Estados, sendo que incumbe a estas, ressalvada a competência da União, as funções de polícia judiciária e a apuração de infrações penais, exceto as militares."

Já no edital de 2021 do Estado do Rio de Janeiro, a Criminologia foi inserida no conteúdo de Direito Penal.

Para além disso, as premissas da Criminologia como ciência propõem apurar a visão científica de quem lida com o problema da delinquência e indica caminhos mais aprofundados às problemáticas da criminalidade na sociedade.

Isto significa que, de modo geral, a atividade do Delegado não pode se restringir à aplicação da lei a um fato ocorrido de maneira simplista. O estudo criminológico permite que dentre outras funcionalidades se possa compreender a motivação dos crimes, as suas bases sociais e as propostas de políticas criminais que possam conduzir a melhores opções de ação quanto a emergência do crime na sociedade que se insere.

Verifica-se, assim, uma tendência dos editais em destacar a merecida relevância que a Criminologia possui para o desempenho do cargo de Delegado da Polícia Civil, desde a cobrança por conteúdos mais gerais da disciplina comuns a quase todas as provas até aspectos de questões mais particulares e que representam novos desafios perante problemáticas contemporânea – como ocorre com a inserção de temas como a Criminologia Queer, Feminista, Cultural e Ambiental em alguns editais.

Entre os anos de 2015 a 2023, foram lançados 19 editais com a disciplina para os cargos de Delegado da Polícia Civil e, como já referido, nem sempre houve uma uniformidade no conteúdo exigido, por isso, vale a pena uma rápida análise do conteúdo previsto em cada um deles, em ordem alfabética, conforme a compilação a seguir:

1) **Bahia (2018):** 1. O conceito, método, objeto, sistema e funções da Criminologia. 1.1 Métodos: empirismo e interdisciplinaridade 1.2 Objetos da Criminologia: delito, delinquente, vítima, controle social 2. Funções da Criminologia 2.2 Criminologia e controle social 2.3 Direito Penal 3. Modelos teóricos da Criminologia. 3.1 Teorias sociológicas 3.2 Prevenção na infração penal no Estado Democrático de Direito 3.3 Prevenção primária 3.4 Prevenção secundária 3.5 Prevenção terciária 3.6 Modelos de reação de crime 4. Conceitos de crime, de criminoso e de pena nas diversas correntes do pensamento criminológico (nas Escolas Clássica, Positiva e Técnico-Jurídica e na Criminologia Crítica). 5. Vitimologia. 6. Criminologia científica e os seus modelos teóricos. 7. O homem delinquente. Teorias bioantropológicas, psicodinâmicas e psicopsicológicas. 8. A sociedade criminógena. Sociologia Criminal e Desorganização Social. Teorias da subcultura delinquente e da anomia. A perspectiva interacionista. 9. A Criminologia e o Paradigma da Reação Social. 10. Criminologia na América Latina e as agências de controle. 11. Criminologia e Política Criminal. 12. Criminologia e Ciência

Criminais. 13. Criminologia e o Sistema de Justiça Criminal. 14. Criminologia e o papel da Polícia Judiciária. 15. A criminologia no Estado Democrático de Direito.

2) **Espírito Santo (2019):** 1. Criminologia. 1.1. Conceito. 1.2. Métodos: empirismo e interdisciplinaridade. 1.3. Objetos da criminologia: delito, delinquente, vítima, controle social. **2)** Funções da criminologia. 2.1. Relações entre criminologia, política criminal e direito penal. **3)** Modelos teóricos da criminologia. 3.1. Teorias sociológicas. 3.2. Prevenção da infração penal no Estado democrático de direito. 3.3. Prevenção primária. 3.4. Prevenção terciária. 3.6. Modelos de reação ao crime.**4)** Criminologia Cultural. **5)** Criminologia Ambiental.

3) **Espírito Santo (2022):** 1 Criminologia. 1.1 Conceito. 1.2 Métodos: empirismo e interdisciplinaridade. 1.3 Objetos da criminologia: delito, delinquente, vítima, controle social. 2 Funções da criminologia. 2.1 Criminologia e política criminal. 2.2 Direito penal. 3 Modelos teóricos da criminologia. 3.1 Teorias sociológicas. 3.2 Prevenção da infração penal no Estado democrático de direito. 3.3 Prevenção primária. 3.4 Prevenção secundária. 3.5 Prevenção terciária. 3.6 Modelos de reação ao crime.

4) **Goiás (2016):** 1 Criminologia. 1.1 Conceito. 1.2 Métodos: empirismo e interdisciplinaridade. 1.3 Objetos da criminologia: delito, delinquente, vítima, controle social. 2 Funções da criminologia. 2.1 Criminologia e política criminal. 2.2 Direito penal. 3 Modelos teóricos da criminologia. 3.1 Teorias sociológicas. 3.2 Prevenção da infração penal no Estado democrático de direito. 3.3 Prevenção primária. 3.4 Prevenção secundária. 3.5 Prevenção terciária. 3.6 Modelos de reação ao crime.

5) **Goiás (2018):** 1 Criminologia. 1.1 Conceito. 1.2 Métodos: empirismo e interdisciplinaridade. 1.3 Objetos da criminologia: delito, delinquente, vítima, controle social. 2 Funções da criminologia. 2.1 Criminologia e política criminal. 2.2 Direito penal. 3 Modelos teóricos da criminologia. 3.1 Teorias sociológicas. 3.2 Prevenção da infração penal no Estado democrático de direito. 3.3 Prevenção primária. 3.4 Prevenção secundária. 3.5 Prevenção terciária. 3.6 Modelos de reação ao crime.

6) **Goiás (2022):** 1 Criminologia. 1.1 Conceito. 1.2 Métodos: empirismo e interdisciplinaridade. 1.3 Objetos da criminologia: delito, delinquente, vítima, controle social. 2 Funções da

criminologia. 2.1 Criminologia e política criminal. 2.2 Direito penal. 3 Modelos teóricos da criminologia. 3.1 Teorias sociológicas. 3.2 Prevenção da infração penal no Estado democrático de direito. 3.3 Prevenção primária. 3.4 Prevenção secundária. 3.5 Prevenção terciária. 3.6 Modelos de reação ao crime.

7) **Maranhão (2017):** 1 Criminologia. 1.1 Conceito. 1.2 Métodos: empirismo e interdisciplinaridade. 1.3 Objetos da criminologia: delito, delinquente, vítima, controle social. 2 Funções da criminologia. 2.1 Criminologia e política criminal. 2.2 Direito penal. 3 Modelos teóricos da criminologia. 3.1 Teorias sociológicas. 3.2 Prevenção da infração penal no Estado democrático de direito. 3.3 Prevenção primária. 3.4 Prevenção secundária. 3.5 Prevenção terciária. 3.6 Modelos de reação ao crime. 4 Criminologia Ambiental.

8) **Mato Grosso do Sul (2017):** 1. Generalidades sobre Criminologia; 1.1. Conceito; 1.2. Aspectos históricos; 1.3. Finalidades; 1.4. Métodos; 1.5. Direito de Punir; 1.6. Criminologia como ciência; 2. Objeto da criminologia; 2.1. Delito; 2.2. Delinquente; 2.3 Vítima; 2.4 Controle Social; 3. Criminologia e política criminal; 4. Criminologia e ciências criminais; 5. Criminologia e o Sistema de justiça criminal; 6. Criminologia e o papel da Polícia Judiciária; 7. Criminologia no Estado Democrático de Direito; 8. Modelos teóricos da criminologia; 8.1. Criminologia clássica e neoclássica; 8.2. Criminologia positiva; 8.3. Criminologia moderna; 9. Escolas da criminologia; 9.1. Escola clássica; 9.2. Escola positiva; 9.3. Escola técnico-jurídica; 10. Classificações e teorias criminológicas; 11. Técnicas e testes criminológicos; 11.2. Técnicas de investigação; 11.3. Técnicas de investigação sociológica; 11.4. Testes de personalidade projetivos; 11.5. Testes de personalidade prospectivos; 11.6. Testes de inteligência; 12. Vitimologia; 12.1. Classificação das vítimas; 12.2. Complexo criminológico delinquente e vítima; 12.3. Política criminal de tratamento da vítima; 12.4. Vitimização primária; 12.5. Vitimização secundária; 12.6. Vitimização terciária; 13. Criminologia e crime organizado; 14. Aspectos criminológicos das drogas; 15. Classificação dos criminosos; 16. Prevenção criminal; 17. Fatores sociais de criminalidade; 18. Movimentos ideológicos do Direito Penal. 19. Direito Penal do autor; 20. Direito Penal do fato; 21. Garantismo penal; 22. Direito Penal do inimigo.

9) **Minas Gerais (2018):** 8.1 Criminologia como ciência empírica e interdisciplinar: conceito, objeto, método, sistema e funções da criminologia. 8.2 A escola liberal clássica do direito penal e a criminologia positivista. 8.3 A Moderna Criminologia científica: modelos teóricos explicativos do comportamento criminal. Biologia criminal, Psicologia Criminal e Sociologia Criminal. 8.4 Teoria Estrutural-Funcionalista do desvio e da anomia. 8.5 Teoria das Subculturas Criminais. 8.6 "Labeling Approach". 8.7 Do "Labeling Approach" a uma criminologia crítica. 8.8 Sistema penal e reprodução da realidade social. 8.9 Cárcere e marginalidade social. 8.10 Modelo consensual de Justiça Criminal.

10) **Pará (2020):** Criminologia: 1. Conceito. 2. Objeto: delito, delinquente, vítima e controle social. Método da Criminologia. 3. Nascimento da criminologia. Iluminismo. 4. Escolas da criminologia. Escola liberal clássica. 5. Criminologia positivista. Ideologia da defesa social. Teorias psicanalíticas da criminalidade e da sociedade punitiva. Teoria estrutural-funcionalista do desvio e da anomia. Teoria das subculturas criminais. Escola de Chicago. Teoria da Associação Diferencial. Labelling Approach. Teoria crítica. 6. Vitimologia. Conceito. Processos de vitimização (primária, secundária, terciária, indireta e heterovitimização). Síndrome de Estocolmo. Cifra negra, cifra dourada, cifra cinza e cifra amarela. 7. Temas especiais de criminologia. White-collar crime. 8. Sistema de Justiça Criminal: Polícia, Ministério Público e Poder Judiciário. Segurança pública. Mídia e criminalidade. Política criminal de drogas. 9. Discursos punitivos. Tolerância zero. Direito penal do inimigo. Política criminal atuarial. 10. Abolicionismo e direito penal mínimo.

11) **Paraná (2020):** 1. Conceito.2. Objeto: delito, delinquente, vítima e controle social. Método da Criminologia.3. Nascimento da criminologia. Iluminismo.4. Escolas da criminologia. Escola liberal clássica.5. Criminologia positivista. Ideologia da defesa social. Teorias psicanalíticas da criminalidade e da sociedade punitiva. Teoria estrutural-funcionalista do desvio e da anomia. Teoria das subculturas criminais. Escola de Chicago. Teoria da Associação Diferencial. Labeling Approach. Teoria crítica.6. Temas especiais de criminologia. White-collar crime.7. Sistema de Justiça Criminal: Polícia, Ministério Público e Poder Judiciário. Segurança pública. Mídia e criminalidade. Política criminal de drogas.8. Discursos

punitivos. Tolerância zero. Direito penal do inimigo. Política criminal atuarial.9. Abolicionismo e direito penal mínimo.

12) **Pernambuco (2016):**1 Criminologia. 1.1 Conceito. 1.2 Métodos: empirismo e interdisciplinaridade. 1.3 Objetos da criminologia: delito, delinquente, vítima, controle social. 2 Funções da criminologia. 2.1 Criminologia e política criminal. 2.2 Direito penal. 3 Modelos teóricos da criminologia. 3.1 Teorias sociológicas. 3.2 Prevenção da infração penal no Estado democrático de direito. 3.3 Prevenção primária. 3.4 Prevenção secundária. 3.5 Prevenção terciária. 3.6 Modelos de reação ao crime.

13) **Piauí (2018):** 1. Criminologia Geral. 1.1 Conceito. 1.2 Características. 1.3 Objeto 1.4. Método. 1.5. Finalidade. 1.6. Funções. 1.7. Classificação da criminologia. 2. História da criminologia. 3. Métodos, técnicas e testes criminológicos. 4. Sociologia criminal. 5. Classificação dos criminosos. 6. Vitimologia. 7. Prevenção criminal;

14) **Rio Grande do Sul (2018):** 1. Criminologia. 1.1. Conceito. 1.2. Métodos: empirismo e interdisciplinaridade. 1.3. Objetos da criminologia: delito, delinquente, vítima, controle social. 2. Funções da criminologia. 2.1. Relações entre criminologia, política criminal e direito penal. 3. Modelos teóricos da criminologia. 3.1. Teorias sociológicas. 3.2. Prevenção da infração penal no Estado democrático de direito. 3.3. Prevenção primária. 3.4. Prevenção secundária. 3.5. Prevenção terciária. 3.6. Modelos de reação ao crime. 4. Criminologia Cultural. 5. Criminologia Feminista. 6. Criminologia Queer.

15) **Roraima (2018):** 3.1 Criminologia.3.1.1 Conceito.3.1.2 Métodos: empirismo e interdisciplinaridade.3.1.3 Objetos da criminologia: delito, delinquente, vítima, controle social.3.2 Funções da criminologia.3.2.1 Criminologia e política criminal.3.2.2 Direito penal.3.3 Modelos teóricos da criminologia.3.3.1 Teorias sociológicas.3.3.2 Prevenção da infração penal no Estado Democrático de Direito.3.3.3 Prevenção primária. 3.3.4 Prevenção secundária.3.3.5 Prevenção terciária.3.3.6 Modelos de reação ao crime.

16) **Roraima (2022):** 3.1.1 Conceito. 3.1.2 Métodos: empirismo e interdisciplinaridade. 3.1.3 Objetos da criminologia: delito, delinquente, vítima, controle social. 3.2 Funções da criminologia. 3.2.1 Criminologia e política criminal. 3.2.2 Direito penal. 3.3

Modelos teóricos da criminologia. 3.3.1 Teorias sociológicas. 3.3.2 Prevenção da infração penal no Estado Democrático de Direito. 3.3.3 Prevenção primária. 3.3.4 Prevenção secundária. 3.3.5 Prevenção terciária. 3.3.6 Modelos de reação ao crime.

17) **São Paulo (2022):** 3.1 Conceito, método, objeto e finalidade da criminologia. 3.2 Métodos: empirismo e interdisciplinaridade. 3.3 Objetos da criminologia: delito, delinquente, vítima e controle social. 3.4 Funções da criminologia. 3.5 Criminologia, política criminal e direito penal. 3.6 Modelos teóricos da criminologia. Escolas criminológicas 3.7 Teorias sociológicas da criminalidade. 3.8 Vitimologia, vitimologia e violência doméstica. 3.9 Criminologia contemporânea, criminologia cultural, criminologia queer, e criminologia feminista. 3.10 Criminologia clínica. 3.11 Prevenção da infração penal no Estado Democrático de Direito. 3.12 Prevenção primária. 3.13 Prevenção secundária. 3.14 Prevenção terciária. 3.15 Modelos de reação ao crime. 3.16 Criminologia e o papel da Polícia Judiciária. 3.17 Mídia e criminalidade. Novas mídias e novas tecnologias, criminalidade de massa e criminalidade organizada.

18) **São Paulo (2023):** 3.1 Conceito, método, objeto e finalidade da Criminologia. 3.2 Criminologia do Consenso e do Conflito. 3.3 Vitimologia, Vitimização e Vitimodogmática. 3.4 Criminalidade de Massa, Moderna e Organizada. 3.5 Nova Criminologia. 3.5.1 Criminologia Feminista. 3.5.2 Criminologia Cultural. 3.5.3 Criminologia Queer. 3.5.4 Criminologia Ambiental. 3.5.5 Criminologia Racial. 3.5.6 Criminologia Clínica. 3.6 Modelos de Prevenção e Reação ao Fenômeno Criminal.

19) **Sergipe (2018):** 1 Criminologia. 1.1 Conceito. 1.2 Métodos: empirismo e interdisciplinaridade. 1.3 Objetos da criminologia: delito, delinquente, vítima, controle social. 2 Funções da criminologia. 2.1 Criminologia e política criminal. 2.2 Direito penal. 3 Modelos teóricos da criminologia. 3.1 Teorias sociológicas. 3.2 Prevenção da infração penal no Estado democrático de direito. 3.3 Prevenção primária. 3.4 Prevenção secundária. 3.5 Prevenção terciária. 3.6 Modelos de reação ao crime.

20) **Rio de Janeiro (2021): Importante lembrar que no Rio de Janeiro o edital previu Medicina legal inserida na disciplina de Direito Penal, que por questões didáticas iremos separar para melhor compreensão.**

PONTO 2: 1 Noções gerais de criminologia, modelos teóricos de criminologia, escolas criminológicas, teorias criminológicas, vitimologia, prevenção criminal e reação social ao delito, movimentos atuais de política criminal, criminologia contemporânea; 2 Noções gerais de criminologia, modelos teóricos de criminologia, escolas criminológicas, teorias criminológicas, vitimologia, prevenção criminal e reação social ao delito, movimentos atuais de política criminal, criminologia contemporânea. PONTO 4: 1 Noções gerais de criminologia, modelos teóricos de criminologia, escolas criminológicas, teorias criminológicas, vitimologia, prevenção criminal e reação social ao delito, movimentos atuais de política criminal, criminologia contemporânea. PONTO 5: 1 Noções gerais de criminologia, modelos teóricos de criminologia, escolas criminológicas, teorias criminológicas, vitimologia, prevenção criminal e reação social ao delito, movimentos atuais de política criminal, criminologia contemporânea. PONTO 6: 1 Noções gerais de criminologia, modelos teóricos de criminologia, escolas criminológicas, teorias criminológicas, vitimologia, prevenção criminal e reação social ao delito, movimentos atuais de política criminal, criminologia contemporânea.

Também se faz aqui uma análise geral dos temas mais cobrados em todos os editais analisados, conforme a tabela[1]:

Tema do conteúdo programático	Editais por unidade da federação
Conceito.	TODOS.
Métodos: empirismo e interdisciplinaridade.	TODOS.
Objetos da criminologia: delito, delinquente, vítima, controle social.	TODOS.
Modelos teóricos da criminologia.	TODOS.
Funções da criminologia. Criminologia e política criminal. Direito penal.	TODOS, EXCETO PR.
Prevenção Criminal.	BA, ES, GO16, GO18, MA, MS, PE, PI, RS, RR, SE E RJ.

1. Em vias de não alongar a tabela de forma exagerada, colocamos aqui a título de orientação aos candidatos ao cargo de Delegado da Polícia Civil, os conteúdos com mais repetição e também aqueles mais específicos a fim de que se possa destacar nesta análise a tendência dos editais e, simultaneamente, a especialidade de alguns, conforme se verá na conclusão dos resultados da pesquisa que se fará logo a seguir a tabela.

Tema do conteúdo programático	Editais por unidade da federação
Modelos de reação ao crime.	ES, GO16, GO18, MA, PE, RS, RR, SE E RJ.
História da Criminologia.	MS, PI, E PR.
Sociologia Criminal.	BA, MG E PI.
Vitimologia.	BA, MS, PI E RJ.
Criminologia e Ciência Criminais. Criminologia e o Sistema de Justiça Criminal. Criminologia e o papel da Polícia Judiciária. A criminologia no Estado Democrático de Direito.	BA, MS, PR E RJ.
Teorias da Subcultura criminais	BA, MG E PR.
Criminologia Ambiental.	ES E MA.
Criminologia Cultural.	ES E RS.
Classificação dos Criminosos e da Criminologia/ Finalidades (dentro da Criminologia Geral).	MS, PI E RJ.
Técnicas e Testes Criminológicos	MS E PI
Direito Penal do Inimigo.	MS E PR.
Labeling Approach. Teoria crítica. Do "Labeling Approach" a uma criminologia crítica/ Teoria Estrutural-Funcionalista do desvio e da anomia/ Escola liberal clássica/ Criminologia positivista[2].	MG, PR E RJ.
Criminologia como ciência.	MG E MS.
Sistema penal e reprodução da realidade social.	BA, MG E RJ.
Criminologia Feminista e Queer.	RS.
A Criminologia e o Paradigma da Reação Social/ Criminologia na América Latina e as agências de controle.	BA E RJ.
Cárcere e marginalidade social/ Modelo consensual de justiça criminal.	MG.

2. Apesar de fazerem parte das Teorias Criminológicas Sociológicas, estes editais trazem um detalhamento das subteorias.

Tema do conteúdo programático	Editais por unidade da federação
Iluminismo/ Ideologia da defesa social. Teorias psicanalíticas da criminalidade e da sociedade punitiva/ Escola de Chicago. Teoria da Associação Diferencial/ Discursos punitivos/ Tolerância zero/ Política criminal atuarial/ White-collar crime/ Abolicionismo e direito penal mínimo.	PR E RJ.
Direito de Punir/ Criminologia e crime organizado/ Aspectos criminológicos das drogas/ Fatores sociais de criminalidade/ Movimentos ideológicos do direito penal/ Direito penal do autor/ Direito penal do fato/ Garantismo Penal.	MS E RJ.

Percebe-se deste quadro de divisão de temáticas entre os editais que algumas farão sempre parte do conteúdo programático enquanto outras serão exclusivas de editais que se dedicam a temas especiais da criminologia, como acontece com a Criminologia na América Latina e as agências de controle, presente apenas no Edital do Concurso da Bahia, em 2018. Nesta linha, podemos relacionar temas novos que se estabelecem como relevantes nos editais, como a Criminologia Feminista e Queer.

Neste ponto, alguns editais também demonstram ser mais detalhistas que outros, no sentido de que, por exemplo, ao invés de apenas pontuar o estudo geral dos modelos teóricos explicativos do comportamento criminal e a atenção às Teoria Criminológicas Sociológicas, dá destaque dentre elas aquelas que serão cobradas, enumerando a Teoria estrutural-funcionalista, a Teoria do desvio, da anomia, a Teoria das subculturas criminais, a Escola de Chicago, a Teoria da Associação Diferencial, o Labeling Approach e a Teoria crítica o que se pode verificar no Edital do Paraná, 2020 e no de Minas Gerais, 2018, também menciona com especificidade a Teoria Estrutural-Funcionalista do desvio e da anomia, a Teoria das Subculturas Criminais e o Labeling Approach.

Ao contrário, é possível visualizar que no Rio Grande do Sul o mesmo tema dos Modelos Teóricos da Criminologia apenas indica o estudo das Teorias sociológicas, sem especificar quais destas.

A tabela acima se organizou em ordem decrescente da maior quantidade de editais que mencionaram o tema, até os temas mais específicos que foram cobrados em apenas um dos conteúdos programáticos colacionados nesta análise.

Esta verificação é importante nos momentos preparatórios porque antecipa ao candidato o estudo de temas que certamente (ou muito provavelmente) estarão presentes na seção de Criminologia dos Editais e indica também conteúdos mais específicos que podem ser vez ou outra cobrados nas próximas provas.

Em resumo, o gráfico abaixo apresenta em proporção as percentagens dos conteúdos que mais se repetem:

Conteúdo Programático dos Editais

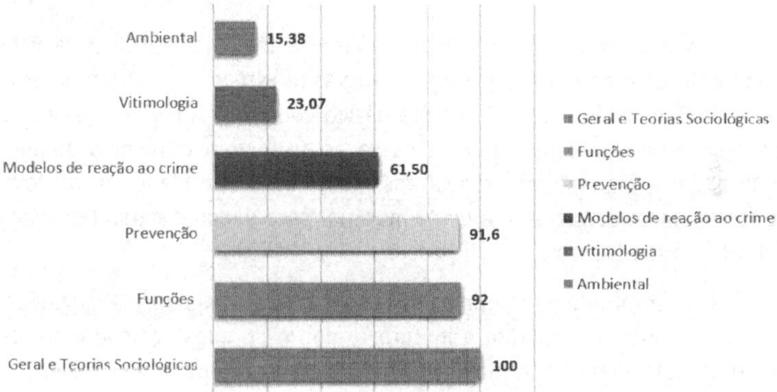

No gráfico, a legenda "Geral e Teorias", refere-se à incidência do conteúdo em todos os editais analisados, considerando conceito, métodos, objetos, e os modelos teóricos da criminologia. A Vitimologia representa no gráfico a mesma percentagem de tópicos como história da Criminologia, sociologia criminal, Criminologia e Ciência Criminais, Criminologia e o Sistema de Justiça Criminal, Criminologia e o papel da Polícia Judiciária, Criminologia no Estado Democrático de Direito e Teorias da Subcultura criminais. Igualmente, a Criminologia Ambiental reproduz no gráfico a mesma proporção de temas como Criminologia Cultural, classificação dos criminosos e da Criminologia, finalidades (dentro da Criminologia Geral), técnicas e testes criminológicos, Direito Penal do Inimigo, Escola liberal clássica, Criminologia positivista, Criminologia como ciência, sistema penal e reprodução da realidade social.

3 ANÁLISE GERAL DAS ÚLTIMAS PROVAS OBJETIVAS

Dentre os concursos realizados para Delegado de Polícia Civil nas unidades da federação, com editais lançados entre os anos de 2015 e 2023, as provas foram executadas por diversas bancas organizadoras, porque esta decisão do gerenciamento do concurso isto é um critério que depende da opção de cada Estado. Assim, aparecem organizadoras muito específicas como no edital do Paraná (2020) e de Goiás (2018) que tinha como banca a Universidade Federal do Paraná e a Universidade Estadual de Goiás. Mesmo assim, podemos ainda verificar que Cebraspe foi a organizadora de 6 (seis) dos editais analisados (GO 2016, PE, MA, MT, RJ 2021 e RO 2022) e Vunesp apareceu em apenas 4 (quatro) deles (BA, SP e RR). Importante lembrar que o Instituto AOCP foi responsável pelo concurso de Goiás/2022.

Depois disso, uma essencial análise se faz importante para este momento de preparação: a relação entre as questões que caíram na prova e os tópicos do conteúdo programático cobrados. A incidência destes tópicos é relevante para que se possa analisar uma tendência daquilo que angaria alguma preferência das instituições que elaboram a prova e fazem parte da estratégia deste material para deixar o candidato mais atento a estes pontos.

Na Criminologia algumas provas cobraram apenas 3 questões, enquanto outras chegaram a integrar o dobro de questões sobre criminologia (isto depende também da banca organizadora e do modelo de perguntas, caso seja apenas certo e errado, é comum que existam mais questões), sendo que podemos considerar que, em média, as provas cobram 5 questões de Criminologia.

Aqui farei uma análise de alguns editais do concurso público para provimento de vagas de Delegado da Polícia Civil.

A tabela a seguir demonstra como se deu a distribuição de questões nestas provas:

PROVAS REALIZADAS ENTRE 2015 E 2023		
Tópico do conteúdo programático	**Quantidade de questões[3]**	
Conceito, Objeto (Delito, Delinquente e Vítima), Método, Funções, Controle Social, Origem e História da Criminologia.	Bahia	1
	Espírito Santo	4
	Goiás	2

3. Os tópicos das quantidades de questões nem sempre são exatos, pode acontecer que algumas envolvam o conhecimento relacionado a mais de um tópico, por isso, consideramos aqui classificar as questões apenas pelos pontos do conteúdo programático que entendemos mais destacado para conseguir alcançar a resposta certa.

PROVAS REALIZADAS ENTRE 2015 E 2023		
Tópico do conteúdo programático	**Quantidade de questões[3]**	
Conceito, Objeto (Delito, Delinquente e Vítima), Método, Funções, Controle Social, Origem e História da Criminologia.	Maranhão	2
	Mato Grosso do Sul	1
	Minas Gerais	1
	Pernambuco	2
	Piauí	1
	Rio Gr. Sul	1
	Sergipe	6
	Total	**21**
Modelos Teóricos da Criminologia	Bahia	1
	Minas Gerais	1
	Pernambuco	2
	Rio Gr. Sul	1
	Total	**5**
Teorias Criminológicas Sociológicas	Bahia	1
	Espírito Santo	5
	Maranhão	3
	Mato Grosso do Sul	1
	Minas Gerais	1
	Pernambuco	1
	Piauí	2
	Rio Gr. Sul	1
	Sergipe	3
	Total	**18**
Ideologia e Sistema Penal: Abolicionismo, Minimalismo e Garantismo. A Nova Defesa Social. Movimento de Lei e Ordem, Tolerância Zero e Estado de Polícia, Tendências Securitária, Justicialista e Belicista. Direito Penal do Inimigo. Sistema Penal e Reprodução da Realidade Social.	Minas Gerais	2
	Total	**2**

PROVAS REALIZADAS ENTRE 2015 E 2023		
Tópico do conteúdo programático	**Quantidade de questões[3]**	
Prevenção da infração penal no Estado democrático de direito. Prevenção primária. Prevenção secundária. Prevenção terciária	Bahia	1
	Espírito Santo	1
	Goiás	1
	Maranhão	1
	Pernambuco	1
	Sergipe	3
	Total	**8**
Vitimologia	Bahia	1
	Espírito Santo	2
	Mato Grosso do Sul	1
	Piauí	1
	Total	**5**
Criminologia e Política Criminal. Criminologia e Ciência Criminais. Criminologia e o Sistema de Justiça Criminal.	Bahia	1
	Maranhão	1
	Total	**2**
Modelos de Reação ao Crime	Goiás	1
	Total	**1**
Criminologia Contemporânea	Maranhão	1
	Rio Gr. Sul	2
	Total	**3**
Classificação dos Criminosos	Piauí	1
	Total	**1**

É importante dizer que apesar de esta análise das questões não conseguir definir com exatidão todos os conteúdos abordados, este é um primeiro passo para compreender os pontos mais frequentes e predominantes na abordagem da Criminologia nos últimos concursos. Por isso, fazemos aqui uma tentativa de agrupar alguns assuntos que foram exigidos.

Um detalhe que convém agregar nesta nossa investigação das questões é que as fontes utilizadas nas questões são predominantemente doutrinárias, porque a visão da criminologia é muito voltada para o modelo social de justiça criminal e a ciência se ocupa em utilizar instrumentos próprios para analisar o fenômeno criminológico, não traz consigo normas punitivas nem procedimentos, função destinada a outras Ciências Criminais.

A compreensão de todo o contexto que envolve a prática delituosa, portanto, leva este conteúdo a ser cobrado principalmente por conceitos doutrinários. Esta é a razão pela qual, dos métodos de estudos propostos, a doutrina deve ser a mais explorada para o êxito nas questões de Criminologia.

Em termos gerais, a quantidade de questões dividida por temas dos conteúdos programáticos dos editais das provas realizadas é demonstrada no gráfico abaixo. Perceba que, naturalmente, a maior incidência de questões segue a mesma classificação feita acima em relação aos pontos mais cobrados nos editais:

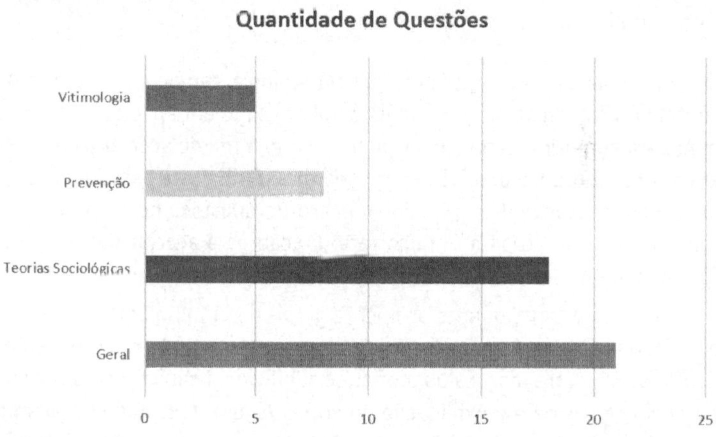

4 PONTOS MAIS RELEVANTES NAS PROVAS OBJETIVAS

Sem dúvidas que na Criminologia e nos concursos de Delegado de Polícia Civil, que depende da organização autônoma de cada unidade da federação, apesar de alguns pontos comuns, não é tarefa simples definir similitudes que possam indicar uma "tendência" das provas aplicadas até aqui.

Mas a análise das questões, à partida, se considerada de forma geral demonstra tópicos que prevalecem em praticamente todas as provas, sendo que é difícil abordar todos os temas dos editais no concurso porque o número de questões é bem reduzido se comparado com outras matérias.

Ao todo, foram analisadas 66 (sessenta e seis) questões de Criminologia distribuídas pelas provas aplicadas entre 2015 e 2023.

Da tabela e gráfico acima, inferiu-se que o tema mais recorrente, com 21 questões, é aquele em que se fundam as bases da criminologia definido na maior parte dos conteúdos programáticos como generalidades da criminologia, o que inclui principalmente:

➔ Conceito.
➔ Métodos: empirismo e interdisciplinaridade.
➔ Objetos da criminologia: delito, delinquente, vítima, controle social.
➔ Origem e História da Criminologia.
➔ Funções da Criminologia.
➔ Criminologia e Controle Social.

E como são estes os pilares da Criminologia, também é a parcela do conteúdo programático que é mais ampla e exige um aporte doutrinário bom para adquirir o conhecimento necessário a fim de acertar as respostas. Antes de tudo, é preciso que o candidato tenha esta base inicial que, para além de concentrar o maior número de questões nestes itens, são também um reforço para uma correta direção para acertar outras questões com menor incidência.

Tão importante quanto as noções gerais de Criminologia, é o estudo das Teorias Criminológicas Sociológicas, que representam 18 questões dentre as 66 analisadas. Estas teorias se subdividem em inúmeras vertentes sociológicas para a explicação do crime. As questões que envolvem o tema possuem uma tendência especial que demonstra a necessária compreensão de características e conceitos básicos em torno de cada uma dessas teorias.

Veja, a título de exemplo, as questões 99 da prova objetiva do concurso público para Delegado de Polícia Civil da Bahia e 96 do Maranhão, ambas do ano de 2018:

QUESTÃO 1

(DPC – BA – 2018) No tocante às teorias da subcultura delinquente e da anomia, assinale a alternativa correta.

Ⓐ Uma das principais críticas às teorias da subcultura delinquente é a de que ela não consegue oferecer uma explicação generalizadora da criminalidade, havendo um apego exclusivo a determinado tipo de criminalidade, sem que se tenha uma abordagem do todo.

Ⓑ A teoria da anomia, sob a perspectiva de Durkheim, define-se a partir do sintoma do vazio produzido no momento em que os meios socioestruturais não satisfazem as expectativas culturais da sociedade, fazendo com que a falta de oportunidade leve à prática de atos irregulares para atingir os objetivos almejados.

Ⓒ A teoria da anomia, sob a perspectiva de Merton, define-se a partir do momento em que a função da pena não é cumprida, por exemplo, instaura-se uma disfunção no corpo social que desacredita o sistema normativo de condutas, fazendo surgir a anomia. Portanto, a anomia não significa ausência de normas, mas o enfraquecimento de seu poder de influenciar condutas sociais.

Ⓓ O utilitarismo da ação é um dos fatores que caracterizam a subcultura deliquencial sob a perspectiva de Albert Cohen.

Ⓔ O sentimento de impunidade vivenciado por uma sociedade é antagônico ao conceito de anomia identificado sob a ótica de Durkheim.

Gabarito: Letra A

QUESTÃO 2

(DPC – MA – 2018) De acordo com a teoria de Sutherland, os crimes são cometidos

Ⓐ em razão do comportamento das vítimas e das condições do ambiente.

Ⓑ por pessoas de baixa renda, exatamente em razão de sua condição socioeconômica desprivilegiada.

Ⓒ em razão do comportamento delinquente herdado, ou seja, de origem biológica.

Ⓓ por pessoas que sofrem de sociopatias ou psicopatias.

Ⓔ por pessoas que convivem em grupos que realizam e legitimam ações criminosas.

Gabarito: Letra e

Para responder a primeira questão envolvendo as Teorias Sociológicas fica clara a necessidade de conhecer – no mínimo – as generalidades de algumas delas. No exemplo acima, verificamos que a resposta necessitava de um conhecimento prévio da Teoria da Anomia (inclusive na perspectiva de Durkheim e Merton) e da Teoria da Subcultura delinquente.

Nessa linha, acontece na segunda questão, da prova do Maranhão. Para saber responder não só era necessário saber sobre a Teoria da Associação Diferencial, mas de quem foi a sua autoria. Por isso, o tema das Teorias Sociológicas deve realmente atrair a atenção do candidato, sobretudo porque geralmente o edital pode exigir um estudo de muitas teorias (ou todas elas, caso não discrimine) e para acertar a questão é preciso ter uma noção básica sobre as suas características.

Dentre estas teorias, destacam-se: as Teorias estrutural-funcionalistas, da Associação Diferencial (aprendizado da delinquência), da Anomia, da Subcultura Delinquente, teoria da Criminologia Crítica, do Etiquetamento ou "Labeling Approach" e a Escola de Chicago. Apareceram também ao longo destas questões: a Teoria do Delito como Eleição, das Predisposições Agressivas, a Behaviorista, das Técnicas de Neutralização, das Janelas Quebradas e da Reação Social.

Isto não exclui, por óbvio, a análise cuidadosa de todas as outras teorias criminológicas sociológicas que na obra de Eduardo Fontes e Henrique Hoffmann elencam 22 (vinte e duas) delas. É claro que o candidato deve se ater sobretudo às Teorias contidas no conteúdo programático do edital que pretende realizar a prova (se houver), mas com certeza saber das generalidades destas espécies de Teorias ajudará a garantir com segurança mais respostas corretas.

Outro tema que teve destaque dentre a quantidade de questões analisadas foi na verdade um subtópico dos modelos teóricos da criminologia, mas que mereceu ser separado por conta da sua grande incidência nas provas. Trata-se das modalidades de prevenção da infração penal, analisadas sob a ótica do Estado Democrático de Direito, além das suas espécies que são a (1) prevenção primária, (2) prevenção secundária e (3) prevenção terciária. É preciso neste ponto que o candidato saiba o que significa cada uma, porque as questões costumam misturar a cobrança dos conceitos referentes a cada uma delas, como acontece na questão 10 da Prova para Delegado da Polícia Civil de Pernambuco, em 2016 (grifo nosso para a menção a prevenção primária, secundária e terciária):

QUESTÃO 3

(DPC – PE – 2016) A criminologia reconhece que não basta reprimir o crime, deve-se atuar de forma imperiosa na prevenção dos fatores criminais. Considerando essa informação, assinale a opção correta acerca de prevenção de infração penal.

A Para a moderna criminologia, a alteração do cenário do crime não previne o delito: a falta das estruturas físicas sociais não obstaculiza a execução do plano criminal do delinquente.

B A **prevenção terciária** do crime implica na implementação efetiva de medidas que evitam o delito, com a instalação, por exemplo, de programas de policiamento ostensivo em locais de maior concentração de criminalidade.

C No estado democrático de direito, a **prevenção secundária** do delito atua diretamente na sociedade, de maneira difusa, a fim de implementar a qualidade dos direitos sociais, que são considerados pela criminologia fatores de desenvolvimento sadio da sociedade que mitiga a criminalidade.

D Trabalho, saúde, lazer, educação, saneamento básico e iluminação pública, quando oferecidos à sociedade de maneira satisfatória, são considerados forma de prevenção primária do delito, capaz de abrandar os fenômenos criminais.

E A doutrina da criminologia moderna reconhece a eficiência da **prevenção primária** do delito, uma vez que ela atua diretamente na pessoa do recluso, buscando evitar a reincidência penal e promover meios de ressocialização do apenado.

Gabarito: Letra D

Estes pontos foram cobrados com alguma assiduidade somando um total de 8 (oito) questões entre as provas e promovem também um alerta sobre a dedicação que se deve ter para analisar estas matérias com mais cuidado, porque indicam alguma preferência das bancas organizadoras pela sua incidência no conhecimento das questões.

Apesar da Vitimologia ser um tema cobrado explicitamente em apenas 3 (três) dos editais analisados, aparece em 5 (cinco) questões e é preciso que o candidato esteja atento aos conceitos e noções gerais da Vitimologia, classificações das vítimas, a vitimização primária, vitimização secundária e a vitimização terciária, sem esquecer demais subtópicos quando explícitos no edital.

Perceba os conhecimentos cobrados na prova de Delegado de Polícia Civil do Piauí acerca deste ponto:

QUESTÃO 4

(DPC - PI - 2018). Sobre a Vitimologia, assinale a alternativa CORRETA.

A De acordo com a classificação das vítimas, formulada por Mendelsohn, a vítima simuladora é aquela que voluntária ou imprudentemente, colabora com o ânimo criminoso do agente.

B É denominada terciária a vitimização que corresponde aos danos causados à vítima em decorrência do crime.

C De acordo com a ONU, apenas são consideradas vítimas as pessoas que, individual ou coletivamente, tenham sofrido lesões físicas ou mentais, por atos ou omissões que representem violações às leis penais, incluídas as leis referentes ao abuso criminoso do poder.

D O surgimento da Vitimologia ocorreu no início do século XVIII, com os estudos pioneiros de Hans Von Hentig, seguido por Mendelsohn.

E É denominada secundária a vitimização causada pelas instâncias formais de controle social, no decorrer do processo de registro e apuração do crime.

Gabarito: Letra E

A seguir, e também como uma das matérias bases da Criminologia, imprescindível ter uma compreensão muito assente dentro dos modelos teóricos sobre as escolas da Criminologia. Assim como as Teorias Sociológicas, a identificação de características principais das Escolas e Modelos representa um passo crucial para ter sucesso nestas questões. Lembrando também que dentre eles costumam aparecer: o Clássico, o Neoclássico, o Positivista e o Moderno. As questões sobre Escolas da Criminologia incluem ainda: a "Terza Scuola" Italiana, a Técnico-Jurídica e a Sociológica Alemã.

No âmbito da Criminologia Contemporânea, importante ressaltar a abordagem da Criminologia Feminista e Criminologia Queer que foi objeto de uma questão no Rio Grande do Sul e a Criminologia Ambiental, que saiu na prova do Maranhão. Este apontamento se faz pela novidade desta análise e pela importância do candidato de se atualizar com questões novas e que passam, a partir de agora, a serem relevantes para o conhecimento da Criminologia nas questões de concurso.

Outros temas que envolvem questões como ideologia e sistema penal, abolicionismo, minimalismo e garantismo, além da nova defesa social, movimento de Lei e Ordem, a Tolerância Zero e o Estado de Polícia, abordando também tendências securitárias, justicialista e belicista e o Direito Penal do Inimigo apareceram em poucos momentos, porque se restringiram ao edital de Minas Gerais.

Por outro lado, modelos de reação ao crime, que aparece na maioria dos editais foi um tópico predominante apenas em um momento. Não quer dizer que o conhecimento dos modelos de reação ao crime ou de outras temáticas de pouca ocorrência deva ser inferiorizado, principalmente este que está sempre previsto nos editais. Lembra-se aqui também que esta tabela indica os temas predominantes das questões.

QUESTÃO 5

(DPC - RN - 2021).

Vários estudos indicam que a população carcerária brasileira é formada essencialmente por jovens pretos e pardos, com baixa escolaridade e processados por delitos patrimoniais e relacionados ao tráfico de drogas. Parte da criminologia analisa essa dinâmica através das noções:

A microssociológicas e macrossociológicas da ideologia da defesa social, propostas pelas teorias conflituais;

B de criminalização primária, criminalização secundária e seletividade do sistema penal, propostas pelo paradigma etiológico;

C de desigualdade e estrutura social, propostas pelo modelo do consenso;

D de subculturas criminais e adequação social, propostas pelo paradigma da reação social;

E de criminalização primária, criminalização secundária e seletividade do sistema penal, propostas pela criminologia crítica.

Gabarito: Letra E

QUESTÃO 6

(DPC - BA- 2018).

Assinale a alternativa correta no que diz respeito à criminologia e ao controle social.

A A criminologia crítica radical, através de análises profundas e contundentes, busca apresentar meios eficazes de aperfeiçoamento do controle social exercido pela justiça criminal.

B A afirmação do criminólogo Jeffery, no sentido de que "mais leis, mais penas, mais policiais, mais juízes, mais prisões significam mais presos, porém não necessariamente menos delitos", refere-se a uma crítica ao controle social informal.

C A esterilização eugenista aplicada a criminosos contumazes e estupradores com o objetivo de evitar a procriação foi sustentada, no início do século XX, como forma de controle social por correntes criminológicas derivadas do pensamento positivista.

D a conclusão de uma pesquisa que indica maior punibilidade para negros (mais condenados do que indiciados e mais presos em flagrante do que indiciados por portaria) contradiz os fundamentos da criminologia crítica em relação ao controle social.

E A incipiente criminologia na escola clássica afastava o livre-arbítrio como fundamento do sistema penal de controle social.

Gabarito: Letra C

QUESTÃO 7

(DPC – MA– 2018).

A criminologia considera que o papel da vítima varia de acordo com o modelo de reação da sociedade ao crime. No modelo

A clássico, a vítima é a responsável direta pela punição do criminoso, sendo figura protagonista no processo penal.

B **ressocializador, busca-se o resgate da vítima, de modo a reintegrá-la na sociedade.**

C **retribucionista, o objetivo restringe-se ao ressarcimento do dano pelo criminoso à vítima.**

D **da justiça integradora, a vítima é tida como julgadora do criminoso.**

E **restaurativo, o foco é a participação dos envolvidos no conflito em atividades de reconciliação, nas quais a vítima tem um papel central.**

Gabarito: Letra E

QUESTÃO 8

(DPC – GO– 2022).

São exemplos de modelos da "Teoria das Técnicas de Neutralização", EXCETO

A exclusão da própria responsabilidade: o infrator se enxerga como vítima das contingências, surgindo muito mais como sujeito passivo quanto ao seu encaminhamento para o agir criminoso.

B condenação dos que condenam: atribuem-se qualidades negativas às instâncias oficiais responsáveis pela repressão criminal.

C) negação da vitimização: a vítima da ação delituosa é apontada como merecedora do mal ou do prejuízo que lhe foi impingido.

D) negação da ilicitude: o criminoso interpreta suas atuações apenas como proibidas, mas não criminosas, imorais ou destrutivas, procurando redefini-las com eufemismos.

E) apelo às instâncias superiores: sobrevalorização conferida às autoridades marginais e seus tribunais excepcionais, conferindo a eles maior legitimidade para o desviado receber julgamento em paralelo às regras sociais normais.

Gabarito: Letra E

QUESTÃO 9

(DPC – RR– 2022).

A escola penal em referência pode ser considerada o nascedouro dos princípios da proporcionalidade da sanção penal e da legalidade. Para os representantes dessa escola penal o crime é um conceito meramente jurídico. A responsabilização penal é calçada na Idela do livre arbitrio, assumindo a pena caráter meramente retributivo. A escola penal retratada é:

A) Escola Positivista.

B) Escola Correcionalista.

C) Escola Clássica.

D) Escola Técnico-Jurídica.

E) Terceira-Escola.

Gabarito: Letra C

QUESTÃO 10

(DPC – RR– 2022).

Para a Sociologia Criminal, o pensamento criminológico foi influenciado por duas visões: a teoria do consenso e a teoria do conflito. A primeira com um olhar funcionalista, e a segunda, argumentativa. Posto isso, assinale a alternativa que apresenta um exemplo de teoria do conflito.

A) Escola de Chicago.

B) Teoria da Associação Diferencial.

C) Teoria da Anomia.

D) Teoria da Subcultura Delinquente.

E) Labelling Approach.

Gabarito: Letra C

5 PREPARAÇÃO EM CRIMINOLOGIA PARA A PROVA DISCURSIVA E ORAL

O concurso não se limita à fase objetiva e também realiza a seriação de candidatos por meio de um exame discursivo e oral. Nessas fases, o que é prezado será a formação de uma base teórica mais profunda acerca do conhecimento adquirido sobre a disciplina para que seja possível discorrer com conteúdo suficiente nas questões escritas ou perguntadas oralmente.

Entretanto, no caso da Criminologia há que se ponderar o fato de que normalmente esta disciplina não é exigida no domínio do conteúdo na segunda e na última fase de conhecimento de um concurso para Delegado de Polícia (lembrando que nem sem todos os certames incluem esta última, nos anos anteriores entre 2015 a 2020, esta derradeira etapa esteve presente nos editais Roraima – 2018, Amapá -2017, Sergipe – 2018, Mato Grosso – 2017, Distrito Federal – 2014, Mato Grosso do Sul – 2017, Minas Gerais – 2018, Espírito Santo – 2019, São Paulo – 2017 e Rio Grande do Sul – 2018).

Apesar disso, é precisa demarcar que esta tendência pode ser alterada considerando que o penúltimo certame do Estado de São Paulo inclui a Criminologia no exame da prova discursiva e oral. Igualmente, o concurso de 2017 no Mato Grosso do Sul considerou a Criminologia como um dos possíveis temas das perguntas realizadas nas duas fases subsequentes à fase objetiva.

O que se pretende alertar aqui neste ponto é que o candidato não pode prescindir de um estudo teórico um pouco mais aprofundado do que o exigido para a prova objetiva porque a Criminologia possui algumas chances de estar presente nas fases posteriores do certame.

Como o tema da Criminologia está mais atrelado ao estudo da doutrina, espera-se que o candidato firme bases teóricas para responder também questões discursivas e orais sobre a temática. A cobrança da criminologia nas provas discursivas e orais explora o conhecimento do candidato exigindo profundidade em questões que podem levantar aspectos da cultura jurídica como a origem e história de alguns institutos.

Neste caso, por exemplo, vale colacionar aqui alguns exemplos do certame para Delegado de Polícia Civil de São Paulo do ano de 2015: Que tipo de vitimização e de prevenção estabelece a lei Maria da Penha? Qual a classificação de criminosos formulada por Cesare Lombroso? Qual o marco divisório do período pré-científico e científico? Qual o conceito de biocriminoso para a classificação de Hilário Veiga de Carvalho? Qual a correlação com o conceito de criminoso formulado por Lombroso? Cite, além de Lombroso, dois expoentes da escola positiva, mencionando cada fase. Qual a diferença entre política de segurança pública e política pública de segurança? Dê um exemplo de teoria criminológica que se alinha com a teoria do consenso. Por que a cidade de Chicago foi escolhida, especificamente, para ser objeto de estudo e desenvolvimento dessa teoria? O fenômeno de estigmatizar um indivíduo em razão de conduta relaciona-se a qual teoria? O que se entende por criminologia crítica ou dialética?

É importante, nesta altura do concurso, demonstrar a capacidade de concatenar juridicamente os pontos do edital e isto só é possível caso o candidato tenha um conhecimento doutrinário mais avançado. No estudo da criminologia que já é predominantemente baseado na doutrina, a preparação para a fase discursiva e oral exige, do candidato, detalhes mais profundos do que aqueles cobrados numa primeira fase objetiva.

Apesar de rara, não é impossível que a prova para Delegado da Polícia Civil exija, nas fases discursivas e orais, o conhecimento da Criminologia, como já dito anteriormente. As questões cobradas demandam um esforço da parte do candidato no sentido que o conhecimento dos pontos do edital precisa, nestas etapas, ser tratado de forma mais completa.

6 DICAS FINAIS

A criminologia envolve quatro objetos de estudo principais e gira em torno do: 1) delito; 2) delinquente; 3) vítima e, finalmente, 4) do controle social. Cada um desses elementos deve ser estudado com afinco pelo candidato. Porém, em sentido diverso a outras disciplinas do conteúdo programático, a atenção deve ser voltada sobretudo para as fontes doutrinárias que integram a grande maioria dos fundamentos das questões analisadas neste percurso.

A Doutrina aqui assume o papel principal: tanto a clássica, como os Manuais mais modernos e os resumos constituem ferramentas necessárias para o candidato se orientar na preparação da Criminologia no conteúdo programático de cada edital para provimento de vagas de Delegado da Polícia Civil.

Outras estratégias como lei seca e jurisprudência assumirão uma função menos relevante. Em qualquer caso, a resolução de questões é sempre importante. Todavia, diferentemente de outras disciplinas onde há predominância de conhecimentos da lei seca e/ou jurisprudência, a resolução de questões é uma forte aliada para mentalizar os dispositivos legais exigidos e treinar para as provas, só que esta não é a realidade da Criminologia onde só será útil este método na hipótese em que as questões sejam comentadas com indicações teóricas sobre o tema, ou se o candidato tenha um suporte doutrinário mínimo para que faça sentido o treinamento por questões e não sejam apenas "chutes ao ar".

Por mais que a Criminologia represente uma quantidade tímida de questões no Concurso para Delegado da Polícia Civil, nem é preciso dizer que o candidato que estiver em dia com os conteúdos e a doutrina da Criminologia, terá um diferencial na disputa pela vaga. Ainda que não seja possível um olhar aprofundado sobre toda a extensão do conteúdo, parece importante dedicar uma atenção especial ao menos aos quatro tópicos de maior incidência de questões, caso estejam previstos nos editais estudados.

Em linhas gerais, o candidato deve buscar ser completo com cada um desses alertas, mas especialmente atentando-se para a preferência das bancas examinadoras e a inclinação natural da Ciência da Criminologia, de se estabelecer um conhecimento aprofundado da doutrina para conseguir acertar as questões.

Direitos HUMANOS

Raphael Castro Lima e Ivo Henrique Moreira Martins

1 ESTRATÉGIA DE ESTUDOS E INDICAÇÃO DE BIBLIOGRAFIA

Ao se decidir em estudar para um cargo de natureza jurídica, é indispensável refletir a respeito da escolha quanto ao método de estudos e a bibliografia a utilizar. O mercado é farto e a desinformação é grande, a todo o momento há novas promessas, novas propostas e um sem fim de boas oportunidades, outras nem tanto.

Nesse sentido, é indispensável que o candidato se oriente quanto a estas decisões logo no início de sua preparação, evitando ser surpreendido por um caminho equivocado já no meio da estrada, e ter a sensação de tempo perdido.

A melhor expressão é realmente sensação, pois perder não se perde, toda forma de estudo é válida e irá repercutir em sua preparação, mas não se pode duvidar de que a boa orientação desde o início da preparação para o cargo de Delegado de Polícia Civil, dada a sua complexidade, irá causar grandes modificações em seu trajeto até a aprovação.

Parece-nos sempre mais adequado considerar nosso leitor como bacharel em Direito, ou em vias de o ser, portanto, em plenas condições de se determinar e entender o que se dispõe a ler e absorver. Não por outra razão, com exceção de temas mais complexos, a nosso ver, a leitura deve ser a principal ferramenta de estudos para concurso público.

Isso porque um bacharel em Direito tem plena condição de entender o que lê, não sendo necessário explicar temas mais simples e usuais, em nosso caso, a exemplo do estudo quanto às dimensões dos Direitos Humanos. Se ocupar com centenas de horas aula a respeito de temas que se pode absorver pela leitura, é abrir mão de um tempo valioso de estudos.

Não estamos insinuando que não se deve assistir videoaulas ou palestras ao vivo, mas sim que seu tempo será potencializado pela leitura, ao invés de aula expositiva, a qual, necessariamente envolve anotações e o acompanhar do tempo do professor, e da turma, quando na modalidade presencial.

Reserve seu tempo para o que for mais adequado para você, então, prefira aulas somente sobre temas complexos. No mesmo sentido é a realização de exercícios simulados, os quais são muito relevantes, mas não o principal orientador de seu processo de aprendizagem.

Objetivar o estudo faz o candidato ganhar tempo, potencializa a apreensão de conteúdo e otimiza as perspectivas de acerto nas questões que serão submetidas à análise.

É certo que cada etapa do certame, em relação às fases de conhecimento, exige preparação específica, o que veremos à frente, sendo indispensável considerar cada prova isoladamente, em um primeiro momento, a prova objetiva, em seguida a prova discursiva, acompanhada pela preparação para a prova oral, a qual também existe em concursos para Delegado de Polícia Civil, a exemplo do certame do Estado de São Paulo, com exigência de conhecimentos em Direitos Humanos.

Durante todo este trajeto, portanto, um material base e confiável deve acompanhar o candidato, assim, indicaremos algumas obras que devem estar presentes em sua cabeceira de estudos.

Quando nos referimos a "material base", pretendemos nos reportar a um conjunto de livros que serão sua principal base de estudos, sendo a partir dele, feitas anotações no próprio material, marcações e atualização, bem como complementações do que faltar naquele conteúdo, o qual se tornará cada dia mais forte e completo.

Assim, a retroalimentação de seu material de estudos deve ser regular. É absolutamente não recomendado a troca contínua de livros, isso porque nos parece que anotações e marcações são indispensáveis neste momento, já que permitem indicar no livro físico, ou digital, o que é mais importante e isso vai ajudar na revisão.

Antes de partirmos para a análise detida sobre métodos de estudos, vejamos quatro obras e autores que se fazem interessantes:

- Sinopses para Concurso - V. 39 - Direitos Humanos - pelo autor Rafael Barreto, Editora Juspodivm.
- Manual de Direitos Humanos - pelos autores Paulo Lépore e Bruno Del Preti, Editora Juspodivm.
- Autora Flávia Piovesan, diversas obras.
- Curso de Direitos Humanos - pelo autor Valério Mazzuoli, Editora Método.

As obras indicadas acima adotaram uma ordem não por acaso, é mesmo a ordem de predileção que indicamos ao livro a ser adotada pelo candidato durante a preparação para o concurso de Delegado de Polícia Civil.

Ao contrário do que alguns pensam, as Sinopses Jurídicas ganham especial relevância nos estudos para concurso público atualmente, não só para a carreira em comento, mas para todas as carreiras jurídicas, isso porque, cada vez mais, percebemos que mais vale conhecer de tudo "um pouco" a conhecer muito "de pouco".

Os conhecimentos doutrinários exigidos de candidatos ao cargo de Delegado de Polícia Civil, seja em provas objetivas, discursivas e orais, são plenamente atendidos pela Sinopse Jurídica, particularmente recomendamos o volume n. 39, da coleção respectiva pela Editora Juspodivm, como indispensável, seguido pelo Manual de Direitos Humanos, pela mesma editora.

Contudo, parece-nos adequado a eleição entre um e outro, isso porque, como veremos, uma base é necessária, sendo sob esta base que se pautará seus estudos e a retroalimentação, com acréscimos que se façam necessários, digo, ao invés de ter uma sinopse, absorvê-la, e pensar em seguir para o manual a fim de ganhar mais conhecimento, melhor seria preencher a sinopse com entendimentos não desenvolvidos ali, a partir da consulta ao manual, sem trocar de livro base e ter de recomeçar as marcações e indicações de maior relevância.

De outro lado, é possível ao candidato já iniciar seus estudos adotando o manual, o qual, após leitura repetida e marcações das partes mais importantes, chegará ao conteúdo próximo da sinopse, permitindo boa revisão.

A revisão é o mais relevante neste cenário. Assim, ler o que já foi lido potencializa o aprendizado e a efetividade nos estudos, mas sempre uma nova leitura será mais densa e demorada, assim, escolha pela sinopse ou pelo manual sugerido.

A autora Flávia Piovesan é autoridade no assunto, e não pode ser esquecida, contudo, seus estudos possuem viés acadêmico avançado, a gerar a não recomendação como material base para estudos para concurso público ao cargo de Delegado de Polícia, o que não dispensa conhecer o trabalho da autora, sobretudo mediante consulta pontuais em alguma de suas diversas obras ou publicações, em temas mais complexos, permitindo ampliar raciocínio jurídico, a ser transportado para seu material base mediante retroalimentação, a sinopse ou o manual, este sim lhe acompanhará por toda a preparação.

No caso do professor Mazzuoli, do mesmo modo, a obra deve servir para complementação dos estudos, sobretudo em relação aos aspectos atinentes às Relações Internacionais do País, bem como ao processo de internacionalização dos Direitos Humanos e seu impacto na ordem jurídica interna, apresentando temas contemporâneos dos Direitos Humanos e sua proteção pelo Estado brasileiro.

Não há método único de estudos, nem errado ou certo, há sim, o método de cada um. Existem vários estudos que se esforçam em indicar qual modo de estudar é mais efetivo, considerando a leitura, participação em aulas expositivas, resolução de questões, leitura de texto seco normativo e até a prática da docência.

Com ressalva pela última, a docência, que realmente nos permite aprender de forma bastante enriquecedora, parece-me que a leitura é o ponto chave para aprovação, não há como fugir.

Convidamos o nosso leitor a imaginar o seguinte: considere que em cerca de 2 (duas) horas aula determinado professor aborde toda a evolução relacionada às dimensões ou gerações dos direitos humanos. Você recebeu o conteúdo por meio de uma metodologia passiva, e agora não saberá mais o que fazer para revisar este conteúdo. Qual é a alternativa que percebe? Assistir a aula novamente não é o adequado, ocupa tempo e não permite fixação adequada.

Caso o leitor, no exemplo acima, tenha sido mais diligente e se ocupou em elaborar um texto escrito com base na aula expositiva para servir de material de revisão, perceberá que as 2 (duas) horas aula se ampliaram por demais, alcançando prováveis 5 (cinco) horas aula, em razão das pausas e voltas no tempo do vídeo para anotações, quando isso é possível pela modalidade de ensino.

Neste ponto, porém, ainda é mais vantajoso ao candidato estudioso, contudo, correm-se alguns riscos e o primeiro deles decorre do natural desconhecimento do candidato em preparação, o qual busca conhecimento, mas nem sempre tem o conhecimento necessário para elaborar um material escrito adequado e que lhe permita uma revisão eficaz e segura, pois pode haver erros no material escrito, já que elaborado em um momento de rapidez, de reprodução do que foi dito em aula.

Agora percebam, por mais diligente que for o candidato em preparação, ao assistir aulas expositivas, ainda que procedendo a ricas anotações, seu conteúdo base será potencialmente frágil e, em algum momento, perceberá que este material não supre a demanda necessária de conhecimento apto a levar à aprovação no concurso público, e levará o candidato a adquirir seu primeiro livro, para então iniciar os estudos verdadeiramente.

Ora, se o caminho será se debruçar sobre o livro produzido por profissional *expert* no assunto, então nos parece adequado fazê-lo desde o início, com a eleição de material seguro e que lhe acompanhará por todo o tempo de preparação, sempre recebendo novos conteúdos obtidos por fontes diversas, e sempre presente em sua revisão, a qual não se desprende da releitura.

Não há como revisar sem reler. Assim, aquelas duas horas aula sobre dimensões dos direitos humanos se transformam em 30 (trinta) minutos de leitura, a qual, em releitura de revisão se potencializa ainda mais, passando para 25 (vinte e cinco), 20 (vinte), 15 (quinze) minutos, até que em revisão rápida, de véspera, só com o "bater dos olhos" nas partes grifadas como mais importantes, consiga perceber o tema inteiro em 5 (cinco) ou 10 (dez) minutos.

A melhor recomendação nos parece ser aquela em que, de posse de material confiável, o candidato construa sua melhor base, para tanto recomendamos dividir o livro em partes, e proceder a leituras repetidas, antes de avançar para a parte posterior.

Considere a recomendação dada acima, pela Sinopse Jurídica v. 39, do autor Rafael Barreto, pela Editora Juspodivm, a qual conta com cerca de 400 páginas, um rico conteúdo objetivado, sem perder de vista a profundidade necessária ao estudo para a carreira de Delegado de Polícia, em que Direitos Humanos é disciplina de destaque.

A Sinopse mencionada possui 7 (sete) capítulos. Nesse sentido, parece-nos adequado separar a leitura por capítulo, ou o conjunto de capítulos que corresponda a cerca de 50 (cinquenta) páginas. Faça a primeira leitura sem muita preocupação, como leitura livre, sem riscar ou marcar nada. Ao concluir, refaça a leitura, agora já será a segunda vez que lê o material, portanto, já pode começar a marcar o que considera mais relevante, sempre a lápis, para poder mudar posteriormente.

Na medida em que evolui, a cada nova leitura, a percepção do que é mais ou menos relevante muda, por isso recomendamos sempre usar lápis. Agora, na terceira leitura do mesmo conteúdo, antes de avançar para o próximo bloco, o leitor já deve ter percebido que o tema está mais "claro" e fluído em sua mente.

Pronto! Com três leituras do mesmo bloco de conteúdo, contemplando cerca de 50 (cinquenta) páginas e capítulos inteiros, o leitor já pode seguir para o bloco seguinte. Sendo, em nosso exemplo, a obra formada por 400 páginas, teremos 8 (oito) blocos de 50 (cinquenta) páginas.

Nesse sentido, após ler cada bloco três vezes e seguir para o bloco seguinte, concluindo o livro, reinicie a leitura, agora completa, desde o início, e siga até concluir o material escrito, agora você já leu o mesmo material 4 (quatro) vezes, e certamente pôde perceber como, leitura após leitura, o conteúdo vai fazendo mais sentido, e a revisão parece ser inerente aos estudos.

Isso é muito importante, pois muitas pessoas buscam por um material principal e outro material que lhe sirva de revisão, divisão que não nos parece adequada. Ora, qual seria a lógica de se usar um material raso, muito objetivo e sem a profundidade necessária, como resumos de aula ou material "PDF", para revisar, ou seja, ler o máximo que se possa, enquanto o material verdadeiramente seguro, rico, e na medida certa quanto à profundidade, é deixado de lado, como se fosse material de consulta.

Eis o meio termo. Mencionamos acima que, atualmente, se preparar estrategicamente para concurso público exige conhecer de tudo um pouco, em detrimento de saber profundamente sobre poucos temas, afinal, a cada novo edital, mais conteúdo programático é apresentado, mais decisões de tribunais, normativas e experiências internacionais são levadas a efeito, e o resultado é sempre a somatória, nunca a substituição, como se deu na concepção das dimensões de direitos humanos.

Assim, nem muito raso, nem muito profundo, mas um conteúdo objetivado, que se preocupe em debater os fundamentos jurídicos de cada instituto estudado, contudo, sem se jogar às análises acadêmicas decorrentes dos estudiosos teóricos do Direito, com o que a preparação para concurso em pouco se equivale.

Siga essa lógica de evolução de leitura e absorção do material escrito. As três primeiras leituras são de "absorção", da quarta em diante temos uma robusta revisão, obtida pela releitura somada com o olhar crítico de nova percepção do assunto que leu em outra oportunidade, pois a cada nova leitura, um novo entendimento, e isso deverá se seguir até a aprovação, seja este período hábil a permitir 10 (dez) leituras do material base, seja o período apto a conduzir a 100 (cem) leituras.

Além de um material doutrinário forte e confiável, é também necessário estar atento à leitura da "lei seca", como é apelidado o texto da lei em sentido amplo. O sistema normativo relacionado à proteção dos Direitos Humanos é deveras complexo, já que não há um compilado a nos orientar, não há um Código, tampouco consolidação de leis.

Os diversos tratados e atos internacionais e nacionais que visem integrar a norma externa ao sistema normativo pátrio são de leitura indispensável, e mais, a depender do Estado em que se realiza o concurso público, como é o caso de São Paulo e Rio de Janeiro, a leitura das normas estaduais de Direitos Humanos também ganha relevância.

Tecemos as mesmas recomendações feitas em relação à leitura de material doutrinário, separe por blocos de leitura, que permita rápida revisão entre a primeira e a segunda leitura, e siga até concluir a leitura de "absorção", aquela decorrente de três leituras do conteúdo, e depois passe para a leitura de "revisão", essa sim, pegando o texto do início ao fim.

Pode parecer metódico demais, mas a orientação é coerente. Caso, entre uma leitura e a segunda se alongue muito tempo, o leitor pouco se recordará do que leu no início. Por isso a leitura inicial de qualquer material escrito deve ser dividida em blocos que permitam rápida revisão.

Imagine quanto tempo levará para ler a Sinopse exemplificada acima, de 400 (quatrocentas) páginas, pela primeira vez, de "ponta a ponta". Agora pense quando se dará a releitura. Nesse momento, dificilmente se recordará do primeiro capítulo, assim, recomendamos validar o método da separação por blocos, considerando duas modalidades de leitura, aquela de absorção e outra de revisão efetivamente, que se dará sob o mesmo material base, rico, confiável e seguro.

Em relação à atividade de resolução de questões, por se relacionar com a metodologia de cada fase, em contexto de prova objetiva, discursiva e oral, vamos nos dedicar quando da análise respectiva, desenvolvida a seguir.

2 CONTEÚDO PROGRAMÁTICO E PRINCIPAIS PONTOS EM DIREITOS HUMANOS

Para desenvolver a presente obra, foi feito um estudo profundo sobre os editais publicados para a carreira de Delegado de Polícia desde 2015 até setembro de 2023, com exceção do edital para Delegado de Polícia Civil do Distrito Federal, publicado em 30.12.2014, e que compõe o estudo realizado.

Ao nos debruçar sobre o tema, percebemos que, de 30 (trinta) editais publicados para o provimento de vagas no cargo em estudo, nenhum deles deixa de incluir algum ato normativo relacionado aos Direitos Humanos, mesmo em editais que não indicam a disciplina de forma autônoma.

Em verdade, por estar profundamente relacionado aos direitos fundamentais, estudados quando da análise em Direito Constitucional, instrumentos normativos relacionados aos Direitos Humanos sempre estarão presentes, ainda que o edital não indique esta última, o tema estará no conteúdo programático relacionado ao Direito Constitucional.

Nesse sentido, em análise a todos os editais para Delegado de Polícia Civil publicados após 2014, o tema em debate ganha destaque, e em apenas 1 (um) não houve cobrança em prova objetiva.

Percebam, portanto, a relevância, em 95%, isso mesmo, noventa e cinco por cento das provas para Delegado de Polícia Civil cobram, seja em Direito Constitucional de forma implícita ou expressa, seja em Direitos Humanos como disciplina autônoma, algum conhecimento relacionado ao tema.

Vejamos um compilado de conteúdo programático mais amplo em Direitos Humanos, considerando os últimos 30 (trinta) editais.

Tópico 1. Teoria geral dos direitos humanos: conceito; terminologia; gerações de direitos. 1.1. Elementos básicos dos direitos humanos; 1.2. Conceito e estrutura; 1.3. Conteúdo. Classificação constitucional dos direitos humanos; 1.4. Eficácia vertical, horizontal e diagonal dos direitos humanos. 1.5. Características dos Direitos Humanos.

Tópico 2. Afirmação histórica dos direitos humanos.

Tópico 3. Direitos humanos e responsabilidade do Estado. Os Direitos Humanos à luz do Direito Internacional Público e do Estado Moderno.

Tópico 4. Direitos humanos no ordenamento jurídico brasileiro e na Constituição Federal de 1988. 4.1. Dos direitos individuais e coletivos. 4.2. Dos direitos sociais. 4.3. Da nacionalidade. 4.4. Dos direitos políticos. 4.5. Direitos econômicos. 4.8. O refúgio. 4.8.1 A Convenção relativa ao Estatuto dos Refugiados. 4.9. O direito ao asilo. 4.10. Garantias processuais dos direitos humanos. 4.11. Habeas corpus; Habeas data; Mandado de Segurança, Ação Popular, Ação Civil Pública; Mandado de Injunção; Ações Coletivas.

Tópico 5. Interpretação e aplicação dos tratados internacionais de proteção aos direitos humanos. 5.1. Incorporação (internalização) dos tratados internacionais de direitos humanos no direito brasileiro. 5.2. A hierarquia dos tratados internacionais de direitos humanos. 5.3. Natureza jurídica dos tratados internacionais de direitos humanos. 5.4. Controle de convencionalidade.

Tópico 6. Sistemas de proteção dos direitos humanos. 6.1. Sistema global de proteção aos direitos humanos. 6.2. Sistema interamericano de proteção aos direitos humanos. 6.3. Sistemas regionais.

Tópico 7. Declaração Universal dos Direitos Humanos 7.1. Pacto Internacional dos Direitos Econômicos, Sociais e Culturais. 7.2. Pacto Internacional dos Direitos Civis e Políticos. 7.3. Pacto de São José da Costa Rica (Convenção Americana de Direitos Humanos).

Tópico 8. Convenção Contra a Tortura e Outros Tratamentos ou Penas Cruéis, Desumanos ou Degradantes (Decreto nº 40, de 15 de fevereiro de 1991. 8.1. Protocolo de prevenção, supressão e punição do tráfico de pessoas; 8.2. Regras Mínimas das Nações Unidas para o Tratamento dos Presos (Regras de Mandela). 8.3. Regras das

Nações Unidas para o Tratamento de Mulheres Presas e Medidas Não Privativas de Liberdade Para Mulheres Infratoras (Regras de Bangkok).

- **Tópico 9.** Lei 13.060/2014 (Disciplina o uso dos instrumentos de menor potencial ofensivo pelos agentes de segurança pública, em todo o território nacional). 9.1 Diretrizes sobre o Uso da Força pelos Agentes de Segurança Pública (Portaria Interministerial nº 4.226, de 31 de dezembro de 2010).

- **Tópico 10.** Resolução da ONU n° 34/169 de 1979 - Código de Conduta para Policiais (Código de conduta para os funcionários responsáveis pela aplicação da lei); 10.1. Diretrizes Nacionais de Promoção e Defesa dos Direitos Humanos dos Profissionais de Segurança Pública (Portaria Interministerial nº 2, de 15 de dezembro de 2010). 10.2. Manual de Formação em Direitos Humanos para as Forças Policiais da ONU.

- **Tópico 11.** Educação em direitos humanos. 11.1. Plano Nacional de Educação em Direitos Humanos. 11.2. Base legal de Educação em Direitos Humanos - Lei nº 9394/96. 11.3. Programa Nacional de Direitos Humanos. 11.4. Programa Estadual de Direitos Humanos (conforme cada Estado da Federação).

- **Tópico 12.** Estatuto de Roma e o Tribunal Penal Internacional.

- **Tópico 13.** Declaração sobre o Direito e a Responsabilidade dos Indivíduos, Grupos ou Órgãos da Sociedade de Promover e Proteger os Direitos Humanos e Liberdades Fundamentais Universalmente Reconhecidos (Resolução 53/144 da Assembleia Geral das Nações Unidas, de 9 de dezembro de 1998).

- **Tópico 14.** A proteção a minorias e demais grupos vulneráveis. 14.1. A proteção a mulher, a criança e ao idoso. 14.2. A Convenção sobre a Eliminação de Todas as Formas de Discriminação contra a Mulher. 14.3. O Estatuto da Criança e do Adolescente. 14.4. O Estatuto do Idoso. 14.5. O combate ao racismo. 14.6. A Convenção sobre a Eliminação de Todas as Formas de Discriminação Racial. 14.7. O Estatuto da Igualdade Racial. 14.8. O índio. 14.9. Os quilombolas e as demais comunidades tradicionais. 14.10. A proteção ao deficiente. 14.11. A Convenção sobre os Direitos das Pessoas com Deficiência. 14.12. A liberdade de credo. 14.13. A liberdade sexual e a transexualidade. 14.14. Diversidades: história, preconceito, discriminação, igualdade, ações afirmativas.

O compilado acima considera os editais para Delegado de Polícia Civil dos Estados do Pará (2016 e 2020), Acre (2017), Mato Grosso do Sul (2017), Minas Gerais (2018), Piauí (2018), Rio Grande do Sul (2018), Espírito Santo (2019) e Paraná (2020), Bahia (2022), Espírito Santo (2022), São Paulo (2017, 2022 e 2023), Amazonas (2022), Alagoas (2023) que foram os editais que trouxeram, em seu conteúdo programático, os Direitos Humanos como disciplina autônoma a compor a fase de conhecimento do concurso público.

Os demais editais analisados, referentes aos editais publicados no Distrito Federal (30.12.2014) e nos Estados de Goiás (2016, 2018 e 2022), Pernambuco (2016), Amapá (2017), Maranhão (2017), Mato Grosso (2017), Bahia (2018), Sergipe (2018), Roraima (2022), Paraíba (2022), Rondônia (2022) e Rio de Janeiro (2022), não indicaram a disciplina de Direitos Humanos de forma individual, mas nem por isso, deixou de indicar temas relacionados aos Direitos Humanos no tópico referente ao ramo do Direito Constitucional, com destaque para a cobrança de temas relacionados aos diversos tratados Internacionais de Direitos Humanos e sua posição no ordenamento jurídico brasileiro, com ênfase no Pacto de São José da Costa Rica – O Decreto 678/1992 (Convenção Americana sobre Direitos Humanos).

O edital de Delegado da Polícia Civil de Goiás em 2022, cobrou conteúdo de Direitos Humanos tanto em Direito Constitucional (Tratados Internacionais de Direitos Humanos), assim como cobrou a matéria autonomamente.

Cabe destacar, quanto ao edital do concurso da Polícia Civil de Roraima (2022), que o único conteúdo de Direitos Humanos cobrado no certame foi a "Declaração Universal dos Direitos do Homem (ONU), dentro da matéria afeta à Teoria Geral do Direito e Política, portanto fora dos conteúdos de Constitucional e de Direitos Humanos.

No que atine ao edital de delegado de polícia da Polícia Civil do Estado do Rio de Janeiro (2022), o conteúdo de Direitos Humanos foi cobrado dentro da matéria de Direito Processual Penal, aspecto interessante e que de certa forma conduziu o candidato à uma perspectiva de previsibilidade das questões se bem trabalhado o cotejo da observância do garantismo do processo penal e as disposições, principalmente, da Convenção Americana sobre Direitos Humanos.

Salta aos olhos o vasto conteúdo do edital das provas para Delegado de Polícia Civil do Estado de São Paulo em 2022, em que foram cobrados 23 (vinte e três) tópicos de Direitos Humanos e 2023 cujo certame ampliou a perspectiva de cobrança para 32 (trinta e dois) tópicos da mesma matéria.

A boa notícia em relação à São Paulo é que a essência desses tópicos se encontra em perfeita consonância com o compilado de conteúdo programático ao norte transcrito.

Pelo exposto até aqui, pudemos perceber a essencialidade do estudo em Direitos Humanos para quem pretende ocupar o cargo de Delegado de Polícia Civil, assim, analisaremos ainda como se dá a preparação específica para cada fase de conhecimento do certame em estudo.

3 PREPARAÇÃO EM DIREITOS HUMANOS PARA A PROVA OBJETIVA

A preparação para a prova objetiva em relação aos Direitos Humanos não destoa muito do que se indica em relação às demais disciplinas cobradas em concursos públicos para o provimento do cargo de Delegado de Polícia Civil.

A afirmação se embasa na percepção de que a prova objetiva exige a leitura atenta da lei "seca", a qual chega a compor mais de 70% dos temas desenvolvidos ali.

Por lei "seca" nos referimos aos textos normativos relacionados ao tema, de viés internacional ou já internalizados no ordenamento jurídico pátrio. Efetivamente, é necessário ler e reler a Declaração Universal dos Direitos Humanos, os Pactos Direitos Econômicos, Sociais e Culturais e de Direitos Civis e Políticos, além do Pacto de São José da Costa Rica (Convenção Americana de Direitos Humanos), e todos os demais instrumentos normativos relevantes, conforme a análise decorrente do estudo dos pontos mais cobrados nas provas objetivas.

Não obstante a prova objetiva seja composta, em sua maior parte, por temas encontrados na normativa seca relacionada aos Direitos Humanos, o estudo adequado e estratégico, envolve a leitura de temas de viés conceituais e doutrinários, desta forma, a leitura da Sinopse Jurídica ou Manual recomendados é indispensável, embora, igualmente, determinados temas ganhem relevância também neste ponto.

A seguir, veremos o resultado da análise de preponderância de cada ponto do edital compilado em Direitos Humanos, antes, no entanto, ressalta-se que não tivemos provas aplicadas diante dos últimos editais dos Estados de Roraima e Paraná, bem como a prova aplicada em Sergipe não foi considerada por ser a única a não abordar, em nenhum contexto, Direitos Humanos, o qual também não compunha o conteúdo programático indicado no edital. No Estado do Maranhão, Direitos Humanos foi tema de redação inicial para as questões de Língua Portuguesa, a indicar sua relevância.

A partir de acurada análise das provas referentes aos editais acima mencionados, tivemos a cobrança de Direitos Humanos em cerca de 143 (cento e quarenta e três) questões objetivas de concurso, obtendo-se o seguinte quantitativo:

TEMA DAS QUESTÕES	QUANTITATIVO COBRADO NAS PROVAS
Declaração Universal de Direitos Humanos	20
Pacto Internacional dos Direitos Civis e Políticos	6
Sistema Interamericano de Direitos Humanos	9
Sistema Africano de Direitos Humanos	3
Declaração sobre o Direito e a Responsabilidade dos indivíduos, grupos ou órgãos da sociedade de promover e proteger os direitos humanos e liberdades fundamentais universalmente reconhecidos	2
Declaração soa Princípios básicos da Justiça relativos às vítimas de criminalidade e abuso de poder	2
Fontes, classificação e Princípios de Diretos Humanos	5
Conceito, histórico e gerações de Direitos Humanos	17
Deveres do Estado e Direitos protegidos	3
Meios de proteção	2
Convenção Internacional sobre eliminação de todas as formas de discriminação racial	2
Convenção contra a tortura e tratamentos degradantes (Dec. 40/91)	6
Regras mínimas da ONU sobre tratamento de prisioneiros	2

TEMA DAS QUESTÕES	QUANTITATIVO COBRADO NAS PROVAS
Estatuto de Roma – Dec 4388/2002.	6
Lei 10.741/03 (Estatuto do Idoso)	4
Lei 13.146/15 (Estatuto da Pessoa com Deficiência)	5
Lei 6.001/73 (Estatuto o índio)	2
Lei 12.288/2010 (Estatuto da Igualdade Racial)	6
Direitos de orientação sexual	3
Resolução 12/20 – CNDH – Tratamento de Pessoas Presas	2
Direito das mulheres presas	2
Direitos humanos na Constituição de 1988	8
Lei 12.986/14 – CNDH	4
Convenção Americana de Direitos Humanos – Pacto de São José da Costa Rica – Decreto 678/1992	11
Legislação Estadual sobre Direitos Humanos	5
Normas de interpretação e Direitos Humanos Internacionais	4
Convenção do estatuto dos refugiados	2

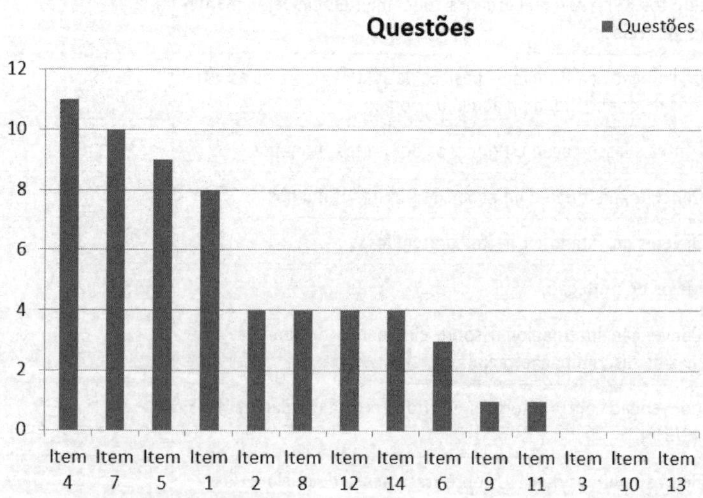

Notamos na tabela acima quais os conteúdos foram mais explorados em provas objetivas para Delegado de Polícia em Direitos Humanos, de modo que podemos concluir por onde começar e à quais pontos do edital dar prioridade. Contudo, não se engane. O fato de não se ter explorado todo o edital não indica que estes pontos não devem ser estudados, mas apenas que, em ordem de prioridade, podem ser deixados para uma última absorção de conteúdo, após já analisados os demais tópicos do edital, conforme sua relevância.

O treino em provas objetivas é recomendado. Busque por questões já aplicadas ou simulados construídos para esta finalidade e realize uma prova inteira por semana. Recomendamos tirar um dia para praticar questões objetivas.

Assim, não somente por meio da realização de questões em Direitos Humanos, mas uma prova completa, com as principais disciplinas presentes em concursos para Delegado de Polícia Civil, treine com, pelo menos, uma prova composta de 100 (cem) questões por semana.

Parece-nos adequado não se ocupar a maior parte com resolução de questões, mas sopesar todas as formas de estudos, dando prioridade à leitura de material base confiável, além das normativas inerentes, sedimentando o conhecimento pela realização de questões, como complemento, e não meio principal.

Naturalmente, há quem não concorde com esta posição, mas seguramente a melhor técnica, e lógica, nos sugere que, sem o conhecimento prévio, não se pode testar conhecimentos.

Vejamos, à propósito do assunto, 10 (dez) questões de concursos recentes para Delegado de Polícia que cobraram Direitos Humanos e suas respectivas fontes de resolução pautadas na Lei Seca, Doutrina e/ou Jurisprudência:

01. Em 1948, pela Declaração Universal dos Direitos Humanos, foi reconhecida a dignidade inerente a todos os membros da família humana e seus direitos iguais e inalienáveis, sendo esses elementos fundamento da liberdade, da justiça e da paz no mundo. Com base na teoria geral dos direitos humanos e na Declaração Universal dos Direitos Humanos, assinale a alternativa correta.

- **A** Todo ser humano acusado de um ato delituoso tem o direito de ser presumido inocente até que a sua culpabilidade tenha sido demonstrada, em julgamento arbitral.
- **B** Todo ser humano, quando vítima de perseguição, não terá o direito de procurar e de gozar asilo em outros países quando

se tratar de atos contrários aos objetivos e princípios das Nações Unidas.

C O direito à liberdade de pensamento, consciência e religião deve ser relativizado quando se tratar de mudança de religião ou crença.

D Todo ser humano tem direito à instrução, que não deve ter caráter de obrigatoriedade, mas deve ser oferecida de forma gratuita pelo menos nos graus elementares e fundamentais.

E Todo ser humano tem direito a uma nacionalidade, a qual irá acompanhar o indivíduo até o dia de sua morte, uma vez que lhe é vedada a mudança de nacionalidade.

GABARITO: LETRA B.

QUESTÃO QUE EXIGE CONHECIMENTO DA LETRA DA LEI.

02. O Decreto Federal nº 40, de 15 de fevereiro de 1991, promulga a Convenção Contra a Tortura e Outros Tratamentos ou Penas Cruéis, Desumanos ou Degradantes. Com base no referido documento e na Constituição Federal Brasileira de 1988, assinale a alternativa correta.

A O Comitê contra a Tortura será composto por nove peritos de elevada reputação moral e reconhecida competência em matéria de direitos humanos, os quais exercerão suas funções a título pessoal. Os peritos serão indicados pela Organização das Nações Unidas (ONU), levando em conta uma distribuição geográfica equitativa e a utilidade da participação de algumas pessoas com experiência jurídica.

B Considerando os casos de abuso de poder que ocorreram em território brasileiro, tem-se que cada Estado Parte assegurará que o ensino e a informação sobre a proibição de tortura sejam plenamente incorporados no treinamento do pessoal militar, deixando de lado o pessoal civil encarregado da aplicação da lei, do pessoal médico, dos funcionários públicos e de quaisquer outras pessoas que possam participar da custódia, interrogatório ou tratamento de qualquer pessoa submetida a qualquer forma de prisão, detenção ou reclusão.

C Todos os atos de tortura devem ser considerados crimes segundo a sua legislação penal, cabendo a cada um dos Estados Partes assegurar o cumprimento dessa medida. O mesmo aplicar-se-á à tentativa de tortura e a todo ato de qualquer pessoa que constitua cumplicidade ou participação na tortura.

D Em situações totalmente extraordinárias, como ameaça ou estado de guerra, instabilidade política interna ou qualquer outra emergência pública, é possível se relativizar a tortura, desde que haja o devido aval do Conselho de Segurança da ONU.

E Os Estados Partes devem submeter relatórios sobre as medidas por eles adotadas no cumprimento das obrigações assumidas em virtude da presente Convenção ao Comitê, sendo o Presidente do Conselho de Segurança da ONU o responsável por transmitir tais dados aos demais Estados Partes.

GABARITO: LETRA C.

QUESTÃO QUE EXIGE CONHECIMENTO DA LETRA DA LEI.

03. Assinale a alternativa que está expressamente de acordo com a Declaração Universal dos Direitos Humanos da Organização das Nações Unidas.

A Todo ser humano acusado de um ato delituoso tem o direito de ser presumido inocente até que a sua culpabilidade tenha sido provada de acordo com a lei, não podendo ser encarcerado antes do trânsito em julgado da sentença condenatória.

B Ninguém poderá ser culpado por qualquer ação ou omissão que, no momento, não constituíam delito perante o direito nacional ou internacional. Também não será imposta pena mais benéfica que aquela que, no momento da prática, era aplicável ao ato delituoso.

C Todo ser humano tem direito à instrução, que será gratuita, pelo menos nos graus elementares e fundamentais. A instrução elementar será obrigatória. A instrução técnico-profissional será acessível a todos, bem como a instrução superior, esta baseada no mérito.

D No exercício de seus direitos e liberdades, todo ser humano estará sujeito apenas às limitações determinadas pelo Poder Executivo, com o fim de assegurar o respeito dos direitos e liberdades e de satisfazer as exigências da moral, da ordem pública e do bem- -estar da sociedade.

E Todo ser humano que trabalha tem direito a uma remuneração justa e satisfatória que lhe assegure uma existência compatível com a dignidade humana, bem como repouso e lazer, inclusive direito a férias remuneradas com um terço a mais e décimo terceiro salário.

GABARITO: LETRA C.

QUESTÃO QUE EXIGE CONHECIMENTO DA LETRA DA LEI.

04. Acerca das disposições da Convenção Americana sobre Direitos Humanos, assinale a opção correta.

Ⓐ É permitida a expulsão coletiva de estrangeiros, nos casos previstos em lei.

Ⓑ Ninguém pode ser expulso do território do Estado do qual for nacional, nem ser privado do direito de nele entrar.

Ⓒ Estado que tenha abolido a pena de morte pode, posteriormente, restabelecê-la.

Ⓓ Nem todo caso de condenação à morte permite a concessão de anistia, indulto ou comutação da pena.

Ⓔ A liberdade de associação é ampla, não se admitindo restrição de nenhuma espécie.

GABARITO: LETRA B.

QUESTÃO QUE EXIGE CONHECIMENTO DA LETRA DA LEI.

05. Na composição do Conselho Nacional dos Direitos Humanos - CNDH, por força da Lei nº 12.986, de 2 de junho de 2014, é integrado por vários representantes de órgãos públicos e também por representantes da sociedade civil. Sobre a representação da sociedade civil, assinale a alternativa correta.

Ⓐ Um Secretário Especial dos Direitos Humanos

Ⓑ Dois representantes da Ordem dos Advogados do Brasil

Ⓒ Um integrante da Defensoria Pública da União

Ⓓ Um representante do Conselho Nacional dos Procuradores-Gerais do Ministério Público dos Estados e da União

Ⓔ Cinco representantes de organizações da sociedade civil de abrangência nacional e com relevantes atividades relacionadas à defesa dos direitos humanos

GABARITO: LETRA D.

QUESTÃO QUE EXIGE CONHECIMENTO DA LETRA DA LEI.

06. Considerando a interpretação doutrinária da Convenção contra a Tortura e Outros Tratamentos ou Penas Cruéis, Desumanos ou Degradantes (Decreto n.º 40/1991), assinale a opção correta.

Ⓐ A convenção em apreço prevê quatro elementos definidores do conceito de tortura: natureza do ato, dolo do torturador, finalidade e envolvimento direto ou indireto de um agente público.

Ⓑ Atos omissivos do agente público não podem configurar tortura.

Ⓒ A negligência pode configurar tortura praticada pelo agente público.

D Para se configurar a tortura, deve haver, no mínimo, o consentimento ou a aquiescência do agente público, não bastando para tal a instigação.

E Será considerada legal a tortura cuja finalidade esteja estritamente ligada à obtenção de confissão ou informação, não comportando situações como a discriminação.

GABARITO: LETRA A.

QUESTÃO QUE EXIGE CONHECIMENTO DA LETRA DA LEI E DA DOUTRINA.

07. Nos termos do Estatuto de Roma, é correto afirmar que

A a competência do Tribunal Penal Internacional restringir-se-á aos crimes contra a humanidade e crimes de guerra, nos termos das disposições do presente Estatuto.

B qualquer pessoa condenada pelo Tribunal Penal Internacional só poderá ser punida em conformidade com as disposições do presente Estatuto.

C a sede do Tribunal Penal Internacional será em Roma.

D é vedada a alteração da sede do Tribunal Penal Internacional para outro local.

E a competência do Tribunal Penal Internacional restringir-se-á aos crimes de guerra e ao crime de genocídio, nos termos das disposições do presente Estatuto.

GABARITO: LETRA B.

QUESTÃO QUE EXIGE CONHECIMENTO DA LETRA DA LEI.

08. Trata-se de normatização das Nações Unidas para o tratamento de mulheres presas e medidas não privativas de liberdade para mulheres infratoras. Essas normas propõem olhar diferenciado para as especificidades de gênero no encarceramento feminino, tanto no campo da execução penal, quanto também na priorização de medidas não privativas de liberdade, ou seja, que evitem a entrada de mulheres no sistema carcerário. É correto afirmar que o enunciado se refere

A às Regras de Tóquio.

B à Declaração dos Princípios Básicos de Justiça Relativos às Vítimas da Criminalidade e de Abuso de Poder.

C à Convenção Americana dos Direitos das Mulheres.

D ao Pacto Internacional do Direito da Mulher.

E às Regras de Bangkok.

GABARITO: LETRA E.

QUESTÃO QUE EXIGE CONHECIMENTO DA LETRA DA LEI E DA DOUTRINA.

09. Os sistemas internacionais de proteção dos direitos humanos são o conjunto de normas, órgãos e mecanismos internacionais surgidos a partir de 1945 com o intuito de promover a proteção dos direitos humanos em todo o mundo. É correto afirmar que, na atualidade, existem

A) 2 sistemas regionais de proteção (interamericano e europeu) e 1 sistema universal (Nações Unidas).

B) 3 sistemas regionais de proteção (interamericano, europeu e africano) e 1 sistema universal (Nações Unidas).

C) 4 sistemas regionais de proteção (interamericano, asiático, europeu e africano) e 1 sistema universal (Nações Unidas).

D) 2 sistemas regionais de proteção (interamericano e africano) e 1 sistema universal (Nações Unidas).

E) 4 sistemas regionais de proteção (interamericano, asiático, europeu e africano).

GABARITO: LETRA B.

QUESTÃO QUE EXIGE CONHECIMENTO DA LETRA DA LEI E DA DOUTRINA.

10. Maria, presidente da Associação das Pessoas com Deficiência do Estado Alfa, travou intenso debate com um representante do governo federal a respeito da existência de uma faculdade ou de um dever jurídico na promoção de medidas de conscientização da sociedade a respeito dessa camada da população, estimulando a observância aos seus direitos, combatendo estereótipos e ressaltando suas contribuições e capacidades.

Ao final, concluíram corretamente que se está perante

A) um dever jurídico previsto em norma internacional e que foi incorporado à ordem jurídica interna com o status de norma legal, incluindo ainda o dever de lançar e dar continuidade a campanhas publicitárias de conscientização.

B) um dever jurídico previsto em norma internacional e que foi incorporado à ordem jurídica interna com o status de norma constitucional, incluindo ainda o dever de fomentar o respeito a essas pessoas em todos os níveis de educação.

C) um dever jurídico previsto em norma internacional e que foi incorporado à ordem jurídica interna com o status de norma supralegal, mas infraconstitucional, incluindo ainda o dever de favorecer atitudes receptivas em relação a essas pessoas.

D) uma faculdade jurídica sujeita à avaliação política das maiorias ocasionais, que não decorre de compromissos internacionais assumidos pelo Estado brasileiro, mas, sim, da necessidade mais ampla de proteção da dignidade humana.

E uma faculdade jurídica contemplada em norma internacional, que deve ser implementada em conjunto pelos Estados-partes, de modo que possam alcançar padrões universais uniformes de proteção às pessoas com deficiência.

GABARITO: LETRA B.

QUESTÃO QUE EXIGE CONHECIMENTO DA LETRA DA LEI E DA DOUTRINA.

4 PREPARAÇÃO EM DIREITOS HUMANOS PARA A PROVA DISCURSIVA E ORAL

Separamos esta obra por capítulos por fins didáticos, porém, o estudo e análise quanto à prioridade de temas se aplicam à preparação para as provas discursivas e orais.

Em concursos públicos para Delegado de Polícia usualmente se vê provas discursivas, e em muitos casos também a prova oral. A primeira, em regra, composta por 3 (três) ou 4 (quatro) questões discursivas e uma peça prático-profissional. A segunda, consistente em arguição oral a respeito dos assuntos trazidos pelo edital.

Nesse sentido, reiteramos os principais pontos a serem estudados por meio da doutrina e leitura de normativas relacionadas, em contexto de provas discursiva e oral, sendo, pela ordem:

- 4. Direitos humanos no ordenamento jurídico brasileiro e na Constituição Federal de 1988. 4.1. Dos direitos individuais e coletivos. 4.2. Dos direitos sociais. 4.3. Da nacionalidade. 4.4. Dos direitos políticos. 4.5. Direitos econômicos. 4.8. O refúgio. 4.8.1 A Convenção relativa ao Estatuto dos Refugiados. 4.9. O direito ao asilo. 4.10. Garantias processuais dos direitos humanos. 4.11. Habeas corpus; Habeas data; Mandado de Segurança, Ação Popular, Ação Civil Pública; Mandado de Injunção; Ações Coletivas.
- 7. Declaração Universal dos Direitos Humanos 7.1. Pacto Internacional dos Direitos Econômicos, Sociais e Culturais. 7.2. Pacto Internacional dos Direitos Civis e Políticos. 7.3. Pacto de São José da Costa Rica (Convenção Americana de Direitos Humanos).

- 5. Interpretação e aplicação dos tratados internacionais de proteção aos direitos humanos. 5.1. Incorporação (internalização) dos tratados internacionais de direitos humanos no direito brasileiro. 5.2. A hierarquia dos tratados internacionais de direitos humanos. 5.3. Natureza jurídica dos tratados internacionais de direitos humanos. 5.4. Controle de convencionalidade.
- Teoria geral dos direitos humanos: conceito; terminologia; gerações de direitos. 1.1. Elementos básicos dos direitos humanos; 1.2. Conceito e estrutura; 1.3. Conteúdo. Classificação constitucional dos direitos humanos; 1.4. Eficácia vertical, horizontal e diagonal dos direitos humanos. 1.5. Características dos Direitos Humanos.

Em verdade, provas de natureza discursiva e oral envolvem muito mais estudo em viés formal a estudos em direito material. Certamente a adoção pelo material base indicado no início deste capítulo e a leitura regular dos textos normativos relacionados darão o necessário subsídio a nível de conhecimento para o enfrentamento de todas as fases de conhecimento do concurso público para o cargo de Delegado de Polícia Civil.

Nesse sentido, o treinamento para prova discursiva deve se pautar na realização de exercícios específicos, mediante a elaboração de texto dissertativo, com limites de 10, 15 e 30 linhas, alternadamente, já que não há um padrão em provas para Delegado, sendo esperado vir em qualquer destes contextos, ou outro, como 20 linhas.

Recomendamos construir seu próprio simulado, para não ficar dependendo de cursos ou provas aplicadas, assim, elabore suas próprias questões discursivas e vá respondendo, por meio de um simulado rigoroso, com tempo de prova, ambiente adequado e limite de linhas, com ou sem consulta, conforme o caso.

O exercício pode ser semanal ou quinzenal, e deve se somar ao exercício para prova oral. Aliás, ao treinar para a prova oral, com exercício da verbalização de respostas, o leitor irá potencializar a capacidade de dissertar a respeito de determinado assunto, já que, em verdade, a resposta oral nada mais é do que uma dissertação verbal.

Neste rumo, agora já de posse de questões simuladas para prova subjetiva, como também é conhecida a prova discursiva, ou ainda dissertativa ou aberta, o leitor pode construir mais questões, para resposta oral, e aproveitá-las para os dois treinos, em texto dissertativo e verbalização.

É bem verdade que a prova oral traz receio em muita gente, contudo, por vivência própria de quem vos escreve, o treino é a chave para desmitificar qualquer tabu relacionado ao tema.

Para estar ainda mais preparado quando alcançar a fase de prova oral, recomendamos compor um grupo de estudos, presencial ou a distância, por meio de aplicativos de videoconferência, e realize treinos semanais ou quinzenais. Construa uma banca simulada com o colega de estudos e, enquanto um pergunta e analisa o desempenho do parceiro de estudos, o outro responde, e ganha mais segurança para verbalizar.

Nem mesmo é necessário que o parceiro de estudos que pergunta seja da área jurídica, pois aqui a intenção real é ganhar capacidade de argumentação oral, por meio do exercício de verbalização. Aproveite seu companheiro ou companheira, irmão ou irmã, demais familiares ou amigos próximos, e os convide para este treino que certamente irá impactar seus estudos para todas as fases de conhecimento, e porque não dizer para o dia a dia profissional, já que estará se capacitando em poder argumentativo verbal, inerente a qualquer função.

Aproveitamos do ensejo para deixar consignadas aqui 4 (quatro) questões de provas recentes, sendo 2 (duas) discursivas e 2 (duas) orais e as suas respectivas fontes de consulta. Que tal começar a se exercitar por elas?

Senão, veja-se:

QUESTÕES DISCURSIVAS

01. Cite três marcos históricos dos direitos humanos.

QUESTÃO QUE EXIGE CONHECIMENTO DA DOUTRINA.

02. Direitos humanos e Direitos fundamentais são a mesma coisa? Explique.

QUESTÃO QUE EXIGE CONHECIMENTO DA DOUTRINA.

QUESTÕES ORAIS

01. O direito de não ser escravizado pode ser relativizado?

QUESTÃO QUE EXIGE CONHECIMENTO DA DOUTRINA, DA LETRA DA LEI E JURISPRUDÊNCIA.

02. O que significa a horizontalidade dos Direitos Humanos? Explique.

QUESTÃO QUE EXIGE CONHECIMENTO DA DOUTRINA E JURISPRUDÊNCIA.

5 CONSIDERAÇÕES FINAIS

O estudo para concurso vai exigir muito de nosso leitor e uma conclusão é certa, só não alcançará o resultado almejado, quem parar no meio do caminho.

Todos os anos temos a realização de concurso público, é um ciclo que não se fecha. Assim, não perca de vista de que na "fila concurseira", a lógica para pegar o melhor lugar não é a ordem de chegada, mas a ordem e estratégia nos estudos.

Este foi o intuito do presente capítulo e desta obra como um todo, permitir que nosso leitor faça um completo mapa sobre a completa preparação para o cargo de Delegado de Polícia Civil.

Boa leitura e bons estudos.

Direito
CIVIL

Fernando Bezerra de Oliveira Lima

1 INTRODUÇÃO

Distintivo no peito, pistola na cintura e vamos comandar operações policiais!

Essa, em geral, é a rotina de um Delegado de Polícia! Esse, também, é o lema de quem deseja exercer a carreira e está se preparando para o tão sonhado cargo público! Quem se predispõe a galgar uma vaga nessa profissão, estará sujeito a elevado grau de exigência, uma vez que o certame é composto de diversas provações, várias fases e, principalmente, muita dedicação e persistência.

O candidato será testado nos mais distintos *fronts*, desde a disposição e aptidão físicas até seu lastro intelectual e qualidade técnico-teórica no que tange ao conhecimento do ordenamento jurídico pátrio, mormente nas disciplinas de matiz criminal. Normalmente, o foco do concorrente para o cargo de delegado de polícia é o estudo do Direito Penal e do Processo Penal.

O desejo em seguir a carreira de autoridade policial faz com que, muitas vezes, seja relegado o contato com a matéria do Direito Civil. A dedicação ao estudo deste ramo da Ciência Jurídica acaba sendo desprezada, sob a falsa impressão de sua irrelevância tanto para as respostas aos quesitos elaborados no concurso quanto aos problemas do cotidiano policial.

Seja por conta da pouca intimidade com a disciplina e seus minuciosos regramentos, seja por acreditarem na inutilidade em dispensar um tempo para o estudo dessa matéria como se isso em nada afetasse o seu desempenho na hora da prova, optam em não dar a devida atenção ao Direito Civil. Todavia, este é o equívoco mais comumente verificado durante a trajetória de preparação da maioria dos candidatos.

Dessa forma, o Direito Civil aparece como um diferencial para sua aprovação! Com uma preparação planejada, inteligente e pontual, suas chances de acertar as questões dessa disciplina e, consequentemente, melhorar sua nota nas provas objetivas aumentam bastante, a ponto de viabilizar êxito maior na primeira fase, possibilitando avançar no certame.

Com o propósito de aprovação em concurso público, não se pode restringir o estudo ao que mais se gosta ou está na esfera da afinidade. É necessário, ainda, abdicação, de modo a dispor de um tempo, dentro da sua preparação, também, para abranger as disciplinas de menor interesse do candidato. Não encare isso como motivo de desânimo ou entrave insuperável, afinal, seu sonho vale muito mais do que qualquer desafio imposto no caminho, não é mesmo?

Diante disso, a pretensão aqui é revelar que o estudo do Direito Civil pode ser bem mais prazeroso e útil ao candidato. A partir da compreensão de algumas FERNANDICAS (dicas do prof. Fernando) e BEZERREGRAS (regras do prof. Fernando Bezerra), manejadas estrategicamente no decorrer desse tópico, você vai começar a explorar o Direito Civil para seu concurso de delegado! Verá, ademais, que muitas provas cobram essa disciplina relacionando-a com outras áreas do Direito.

Nessa perspectiva, no desempenho da carreira de delegado, você será instado a resolver inúmeras ocorrências envolvendo não somente o Direito Penal, mas exigindo substancial conhecimento em Direito Civil, sem os quais a resolução do caso concreto não alcançaria o êxito adequado.

Muitos institutos do Direito Penal e Processo Penal pressupõem compreensão das balizas do Direito Civil. Como entender, *verbi gratia*, os crimes patrimoniais no Código Penal e as medidas assecuratórias dispostas no Código de Processo Penal, sem a devida percepção dos conceitos de Direitos Reais cunhados na legislação civilista.

Portanto, para termos maiores chances de colocar o distintivo no peito, a pistola na cintura e comandar operações policiais, é necessário, também, dedicar um período de estudo ao Código Civil! Então, vamos lá!

2 BIBLIOGRAFIA INDICADA

Para iniciar os estudos, é necessário um norte a partir do qual se torna possível a compreensão dos institutos do Direito Civil. Assim, orienta-se ao candidato a delegado de polícia que procure uma bibliografia objetiva, condensando os pontos cruciais para o entendimento da matéria, uma linguagem clara e objetiva do contexto normativo e, principalmente, celeridade na apreensão dos conteúdos.

Quem pretende se tornar delegado de polícia, não pode desprezar o estudo assertivo do Direito Civil, afinal tem crescido muito sua exigência nos últimos certames. Por isso, o estudo da doutrina é também importante, principalmente, incrementado com a literalidade legal. No entanto, o ideal é escolher a doutrina mais adequada para o seu objetivo. Como sua pretensão é alcançar a carreira de delegado de polícia e demonstraremos vastamente que o Direito Civil é, em geral, uma disciplina satélite para este certame, então recomendável adotar uma obra mais simples, porém precisa.

Certo é, a depender do concurso, a relevância desta disciplina vai variar. Por isso, aqui nesse tópico, serão indicados dois estilos de doutrina distintos: um razoavelmente mais robusto e outro mais sinóptico. Nesse diapasão, é preciso ter atenção ao grau de incidência da disciplina no seu concurso para alicerçar a sua escolha e convergir com sua metodologia de estudo.

Caso seu edital traga o Direito Civil no conteúdo programático tanto nas fases objetiva, discursiva e eventual prova oral, recomenda-se adotar uma bibliografia encorpada, pois irá viabilizar mais subsídios para responder perguntas mais aprofundadas. Todavia, se o edital restringe a exigência apenas à etapa objetiva, principalmente naqueles certames com menor número de questões, sugere-se que uma sinopse aliada à lei seca seja suficiente.

Existem excelentes manuais no mercado que cumprem todas as nuances do Direito Civil, contudo o custo-benefício de investir em um vigoroso manual não parece compensatória nesse caso concreto. Dispender tanto tempo para livros extensos, dedicados a discorrer sobre diversas teorias, não irá contribuir para suas respostas serem decisivas para o contexto de prova, em geral, observado para o cargo que você postula.

Dessa forma, existem algumas sugestões interessantes de doutrina para viabilizar a compreensão dos institutos do Direito Civil, otimizando, assim, o estudo da própria lei estrita. A título de compêndio, é bastante indicada a obra Manual de Direito Civil – Volume Único do professor Daniel Carnacchioni, da editora JUSPODIVM. Trata-se de livro em volume único condensando toda a disciplina civilista, revelando-se oportunidade ímpar para uma preparação abalizada e cabendo perfeitamente no seu cronograma mais enxuto do Direito Civil.

Nessa mesma pegada, é indicada ainda a obra Manual de Direito Civil – Volume Único dos professores Cristiano Chaves de Farias, Felipe Braga Netto e Nelson Rosenvald, também da editora JUSPODIVM. Como a doutrina anteriormente indicada, se trata de livro em volume único, compilando todos os assuntos do Direito Civil em uma linguagem fácil e acessível aos candidatos que não gozam de muita intimidade com a disciplina.

Existe, ainda, uma outra opção bastante próxima dos efeitos das doutrinas supramencionadas, qual seja a coletânea Sinopses para concursos, também da editora JUSPODIVM, cuja disciplina do Direito Civil ficou a cargo dos renomados professores Luciano Figueiredo e Roberto Figueiredo. Neste caso, o estudo envolve alguns tomos diferentes contemplando em cada um deles os diversos tópicos do Direito Civil. Assim, você poderá selecionar aqueles com maior recorrência para debruçar maior disponibilidade sobre essas matérias.

Caso decida investir em uma doutrina mais complexa, seja por conta da necessidade de maior exploração dos assuntos como forma de melhor compreensão dos temas, seja em razão de usufruir de um tempo maior dedicado ao estudo, indica-se a obra dos professores Pablo Stolze Gagliano e Rodolfo Pamplona Filho.

3 ANÁLISE DO CONTEÚDO PROGRAMÁTICO E DOS EDITAIS

Os concursos para delegado de polícia não apresentam um padrão de conteúdo programático. Diferente de outras carreiras jurídicas, como por exemplo Magistratura e Ministério Público, não há uma entidade nacional específica responsável pela definição de um organograma comum de seleção.

Cada estado e o Distrito Federal elaboram seus respectivos conteúdos programáticos independente de uma regulamentação geral. Dessa forma, acaba havendo variação tanto em relação às disciplinas cobradas quanto aos pontos de cada matéria.

Nesse sentido, a diversidade de unidades federativas e a ausência de uma entidade nacional reguladora dificultam ou inviabilizam o propósito, inclusive, de estabelecer um viés comum de pressupostos e diretrizes gerais de cobrança para acesso à carreira. Esse é um ponto que deve ser muito bem considerado e sopesado em seu processo de qualificação.

Há, entretanto, um bloco de disciplinas, incontestavelmente, sempre presentes nos editais, aquilo que pode ser chamado de "espinha dorsal da prova de delegado", qual seja Direito Constitucional, Direito Administrativo, Direito Penal, Direito Processual Penal e Legislação Penal Especial. Essas matérias comparecem em todos os atos administrativos de lançamento dos certames para ingresso no cargo de autoridade policial.

Por outro lado, o Direito Civil, indubitavelmente, não integra essa "espinha dorsal"! Em uma análise geral, a matéria do Direito Civil, quando prevista, tem uma baixa porcentagem de cobrança nos certames de delegado de polícia. Em algumas provas, todavia, nem é exigido! Até 2020, muitos editais nem sequer previam a disciplina no conteúdo programático, pois, de fato, o Direito Civil não era usualmente requisitado em concursos de delegado de polícia.

A partir do ano de 2020, o Direito Civil passou a ser recorrente nos editais. Entre os anos de 2020 a 2023, somente dois concursos não trouxeram tal disciplina no conteúdo programático, quais sejam os certames da PCRN e da PCAM. Coincidentemente, ambos foram coordenados pela mesma comissão examinadora: Fundação Getúlio Vargas (FGV). Isso indica, simultaneamente, uma tendência dessa mencionada banca alijar essa matéria, ao passo que as demais organizadoras costumam estimar o Direito Civil.

Todavia, mesmo apresentando uma maior frequência nos editais do que anteriormente, o quantitativo de questões ainda é bastante díspar quando confrontado com o número de perguntas relacionadas àquelas disciplinas integrantes da alhures denominada "espinha dorsal". É possível concluir que o Direito Civil, realmente, tornou-se mais lembrado nos editais, mas isso não provocou, na mesma esteira, sua presença mais constante nas questões da prova.

Como não há um parâmetro universal de requisitos de seleção deste cargo, o candidato precisa estar preparado para qualquer cenário que venha pela frente. Para tanto, o mapeamento dos últimos editais torna-se ainda mais relevante no sentido de conceber uma base mínima de conteúdo em cotejo, principalmente, com a banca examinadora e a unidade federativa pretendida. Destarte, conhecer bem o histórico de exigência das provas para delegado de polícia daquele estado para o qual o candidato vai se submeter ao certame quanto o perfil da comissão organizadora são cruciais para assegurar êxito aos seus anseios.

Nesse cenário, o mais aconselhável é focar nas comissões responsáveis pela seleção para proporcionar maior previsibilidade de conteúdo e questões. Entretanto, não dá para aguardar a definição de banca, pois, muitas vezes, isso ocorre já bem em cima do edital. Portanto, essa análise aqui traçada servirá muito para nortear sua preparação, principalmente porque serão levantados os dados por estado.

Fique atento, pois, considerando que Direito Civil não é a disciplina "queridinha" do edital de delegado de polícia, sua tarefa de prognose torna-se mais facilitada. O levantamento a seguir confeccionado supre todo o seu trabalho de pesquisa e antecipa fases na sua preparação. Não precisa mais que você se responsabilize a catalogar tais dados, uma vez que já estão prontos e disponíveis ao seu alcance, bastando que se incumba da tarefa de seguir as orientações e trilhar rumo ao seu nome brilhando no diário oficial.

4 ESTRUTURA DOS EDITAIS

Houve uma preocupação em estabelecer um levantamento dos editais das provas anteriores para o cargo de delegado de polícia com a finalidade de criar uma identidade programática para os candidatos a esta carreira, pois, infelizmente, não se tem uma resolução que defina um conteúdo padrão. Nesta pesquisa, observou-se que os assuntos, em geral, se repetem em praticamente todos os certames.

Identifica-se, assim, uma harmonia entre os tópicos constantes no edital, ainda quando se tratam de bancas distintas. Não obstante a diversidade de comissões organizadoras, é possível observar uma semelhança na composição dos editais quando se fala do Direito Civil. Ponto muito positivo para sua preparação, pois não há muita chance de volatilizarem os conteúdos de um concurso para outro.

Ademais, é muito bacana essa regularidade, pois, mesmo sem a consolidação de um parâmetro genérico de estrutura de conteúdo, assegura-se uma razoável estimativa ao candidato. Dessa forma, é possível, a partir dessa investigação prévia, definir qual a constituição editalícia comum.

A maioria dos editais para o concurso de delegado de polícia trazem a disciplina de Direito Civil juntamente com Direito Empresarial. Assim, geralmente, o regramento empresarial, até por conta de sua condensação no Código Civil, vem previsto nos editais no mesmo tópico das disposições civilistas. É compreensível essa proposta das bancas examinadoras, haja vista, apesar da autonomia científico-principiológica da disciplina empresarial, seus ditames não extrapolam os preceitos veiculados entre o artigo 966 *usque* artigo 1195 do Código Civil.

Excepcionalmente, alguns editais optam por suprimir a disciplina Direito Empresarial do contexto das previsões editalícias. Apenas um edital trouxe as matérias de forma apartada. Já o mais constante, como dito, é sua presença conjunta com o Direito Civil, na mesma coletânea de assuntos.

FERNANDICA!!!

Para que o candidato consiga ter uma visão ampla acerca do exposto acima, foi confeccionada a seguinte tabelinha.

Editais que cobraram em TÓPICO UNIFICADO Direito Civil e Direito Empresarial	• 2015: PCDF • 2016: PCGO, PCPA, PCPE. • 2017: PCSP • 2018: PCBA, PCGO, PCPI, PCRR, PCSE. • 2021: PCRJ • 2022: PCGO, PCRR, PCSP • 2023: PCSP
Editais que trouxeram apenas Direito Civil	• 2017: PCAC, PCMS • 2018: PCMG, PCRS • 2019: PCES • 2020: PCPR, PCPA • 2021: PCMG, PCMS • 2022: PCAL, PCBA, PCES, PCRO
Editais que cobraram em TÓPICOS APARTADOS Direito Civil e Direito Empresarial	• Apenas o edital da PCMA – 2017
Editais que não trouxeram a disciplina de Direito Civil	• 2017: PCAP e PCMT • 2020: PCRN • 2021: PCAM

Importante salientar que, os editais da Polícia Civil de São Paulo dos anos de 2017, 2022 e 2023 trouxeram como tópico apenas a matéria de Direito Civil, não fazendo referência expressa à nomenclatura Direito Empresarial. Contudo, dentro da lista de tópicos exigidos, consta o assunto "título de crédito" que é integrante justamente do conteúdo da disciplina de Direito Empresarial. Isso revela uma tradição da Polícia Civil de São Paulo, o que fica como importante alerta àqueles que desejam esse concurso especificamente. Observe abaixo o edital:

➔ EDITAL

Concurso: Delegado de Polícia Civil de São Paulo

Ano: 2017

Banca: VUNESP

VII – DIREITO CIVIL

– Lei de Introdução às Normas do Direito Brasileiro.
– Das pessoas. Pessoas naturais. Pessoas jurídicas.
– Do domicílio.
– Dos bens. Diferentes classes de bens.
– Dos Fatos jurídicos. Negócio Jurídico. Atos jurídicos lícitos. Atos ilícitos.
– Do Direito das Obrigações. Modalidade das obrigações. Transmissão das obrigações. Adimplemento e extinção das obrigações. Inadimplemento das obrigações e suas consequências.
– Títulos de Crédito.
– Do Direito das Coisas. Posse. Direitos reais. Propriedade. Superfície. Uso. Habitação.
– Do Direito de Família. Direito Pessoal. Direito Patrimonial. União Estável.
– Sucessões. A herança e sua administração. Vocação hereditária. Aceitação e renúncia da herança. Cessão de herança. Excluídos da herança. Deserdação. Sucessão legítima. Sucessão do companheiro. Sucessão testamentária. Testamento. Formas de testamento. Disposições testamentárias. Codicilo. Fideicomisso. Legados. Direito de acrescer e substituições. Execução do testamento. Sonegados. Redução das disposições testamentárias. Revogação, rompimento e anulação do testamento.
– Testamenteiro. Inventário e Partilha.

➔ EDITAL

Concurso: Delegado de Polícia Civil de São Paulo

Ano: 2022

Banca: VUNESP

9. DIREITO CIVIL

9.1 Lei de Introdução às Normas do Direito Brasileiro (Decreto-lei no 4.657/1942). 9.2 Das pessoas. Pessoas naturais. Pessoas jurídicas.

9.3 Do domicílio.

9.4 Dos bens. Diferentes classes de bens.

9.5 Dos Fatos jurídicos. Negócio Jurídico. Atos jurídicos lícitos Atos ilícitos.

9.6 Do Direito das Obrigações. Modalidade das obrigações. Transmissão das obrigações. Adimplemento e extinção das obrigações. Inadimplemento das obrigações.

9.7 Títulos de Crédito.

9.8 Da responsabilidade civil. Obrigação de indenizar. Indenização.

9.9 Do Direito das Coisas. Posse. Direitos reais. Propriedade. Superfície. Uso. Habitação.

9.10 Do Direito de Família. Direito Pessoal. Direito Patrimonial. União Estável. - Das Sucessões. Sucessão em geral. Sucessão legítima.

9.11 Lei 12.318/2010 – (alienação parental).

Essa mesma proposta foi adotada pelo edital da Polícia Civil do Rio de Janeiro do ano de 2021, conforme pode se observar no extrato abaixo disponibilizado:

EDITAL

Concurso: Delegado de Polícia Civil do Rio de Janeiro

Ano: 2021

Banca: CEBRASPE

DIREITO CIVIL:

> PONTO 1: 1 Direito Civil-Constitucional. 2 Pessoa natural. Personalidade jurídica. Capacidade. Nascituro. Emancipação. Direitos da Personalidade. Lei Geral de Proteção de Dados Pessoais (Lei no 13.709/2018). Acesso a informação (Lei no 12.527/2011). Transplante de órgãos. Domicílio. Ausência. Sucessão Provisória. Sucessão Definitiva. 3 Obrigações. Conceitos e elementos essenciais. Modalidades. Transmissão. 4

Títulos de crédito. Disposições Gerais. Cheque, letra de câmbio, nota promissória e duplicata. Posse. Conceito, evolução, classificação, aquisição, perda. Efeitos. Função social da posse. Legitimação da posse. Usucapião e seu reconhecimento extrajudicial. 5 Sucessões. 6 Código de Defesa do Consumidor (Lei no 8.078/1990). Responsabilidade Civil pelo fato do produto e do serviço. Práticas abusivas.

PONTO 2: 1 Norma jurídica: vigência, eficácia, classificação, interpretação e aplicação no tempo e no espaço. 2 Pessoas jurídicas. Conceito. Classificação. Desconsideração da personalidade jurídica. Bens. Classificação. 3 Teoria Geral dos Contratos. Princípios do Direito Contratual. Reflexos da Lei da Liberdade Econômica (Lei no 13.874/2019) no Direito Civil. 4 Propriedade. Conceito e características. Classificação. Usucapião. Função social da propriedade. Propriedade urbana. Estatuto da Cidade (Lei no 10.257/2001). Propriedade fiduciária. Direito de superfície. Direito de Laje. Lei Parcelamento do solo urbano (Lei no 6.766/79) e Lei de Incorporação Imobiliária (Lei no 4.591/64). 5 A família no Código Civil e na Constituição da República. Casamento e União Estável. Relações de Parentesco e afinidade. Relações homoafetivas e poliafetivas. Lei de violência doméstica e familiar (Lei no 11.340/2006). Multiparentalidade. 6 Direitos de guarda, visita e alienação parental. 7 Estatuto da Criança e do Adolescente.

PONTO 3: 1 Princípios Constitucionais no âmbito das relações privadas. Impactos na pandemia de Covid-19 sobre o Direito Civil. Regime Jurídico Emergencial e Transitório das relações jurídicas de Direito Privado (Lei no 14.010/2020). 2 Fatos, atos e negócios jurídicos: conceito, classificação, defeitos, modalidades, forma e prova. Existência, validade e eficácia dos negócios jurídicos. Nulidade e anulabilidade. Prescrição e Decadência. 3 Contratos em espécie. 4 Direitos reais sobre coisa alheia. 5 Alimentos. Noções gerais. Características. Obrigação alimentar. Natureza e espécies. Irrenunciabilidade dos alimentos. Alimentos provisórios, provisionais e definitivos. 6 Dos bens. Das diferentes classes de bens. 7 Estatuto do Idoso. (Lei no10.741/03).

PONTO 4: 1 Responsabilidade civil e consumerista. Prescrição e decadência. 2 Obrigações. Das modalidades das obrigações. Adimplemento e extinção. Inadimplemento. Transmissão das obrigações. 3 Recuperação judicial e extrajudicial. Falência. 4

Direitos reais de garantia. Penhor e hipoteca. 5 União Estável. Conceito. Características. Efeitos. Dissolução. Concubinato. Famílias Simultâneas. Relações de parentesco: conceito, espécies, linhas e graus. Efeitos legais. 6 Sucessão em geral. Sucessão legítima e testamentária. Inventário e Partilha. 7 Direitos autorais (Leis nos 9.609/1998 e 9.610/1998).

PONTO 5: 1 Direito subjetivo. Direito potestativo. Faculdade jurídica. Direito adquirido. Expectativa de direito. Fatos e atos jurídicos. Ato jurídico perfeito. Coisa julgada. Conflito de leis no tempo e no espaço. Relação jurídica. 2 Dos fatos jurídicos. Ato jurídico. Negócio jurídico. Classificação, elementos e interpretação dos negócios jurídicos. Representação. Transmissão das obrigações. Cessão de crédito. Assunção de dívida. Cessão de contrato. Prescrição e Decadência. 3 Atos unilaterais. Gestão de Negócios. Pagamento indevido. Enriquecimento sem causa. 4 Restrições ao direito de propriedade. Direito de vizinhança. Servidão- Constituição- Exercício- Extinção- Usucapião. 5 Casamento. Capacidade para o casamento. Celebração e provas. Celebração do casamento. Assento de casamento. Casamento nuncupativo. Casamento por procuração. Provas do casamento. Casamento inexistente, nulo, anulável e irregular. Regime de bens entre os cônjuges. 6 Tutela, Curatela. 7 Código de Defesa do Consumidor (Lei no 8.078/1990). Superendividamento (Lei no 14.181/2021).

PONTO 6: Títulos de crédito. Disposições Gerais. Cheque, letra de câmbio, nota promissória e duplicata. 2 Posse. Conceito, evolução, classificação, aquisição, perda. Efeitos. Função social da Posse. Legitimação da Posse. Usucapião. Da propriedade. Do usufruto. 3 A família no Código Civil e na Constituição da República. Casamento e União Estável. Relações de Parentesco e afinidade. Relações homoafetivas e poliafetivas. Alienação Parental. Lei de violência doméstica e familiar (Lei no 11.340/2006). Multiparentalidade. 4 Obrigações. Adimplemento e extinção. Inadimplemento. 5 Recuperação judicial e extrajudicial. Falência. 6 Alimentos. Noções Gerais. Características. Obrigação alimentar. Natureza e espécies. Irrenunciabilidade dos alimentos. Alimentos provisórios, provisionais e definitivos. 7 Estatuto da Criança e do Adolescente (Lei n° 8.069/1990).

Na mesma perspectiva, apresenta-se outra amostra de edital no qual foram condensados os assuntos de Direito Empresarial no corpo das previsões de Direito Civil, entretanto, agora, constando expressamente ambas nomenclaturas das duas disciplinas:

➔ EDITAL

Concurso: Delegado de Polícia Civil de Sergipe

Ano: 2018

Banca: CEBRASPE

- **DIREITO CIVIL E EMPRESARIAL:** 1 Lei de Introdução ao Código Civil, pessoa natural, pessoa jurídica, personalidade, domicílio, residência, bens, diferentes cargos de bens, fatos jurídicos, prescrição e decadência, negócios jurídicos. 2 Posse. 3 Classificação, aquisição, efeitos e perda. 4 Propriedade: aquisição e perda da propriedade, direito real sobre coisa alheia, responsabilidade civil, teoria da culpa e do risco. 5 Lei no 8.866/1994, e suas alterações (Depositário infiel). 6 Comerciante ou empresário comercial. 7 Condições para o exercício da atividade comercial. 8 Obrigação e privilégios dos comerciantes. 9 Sociedades comerciais: noções gerais, personalidade jurídica, dissolução e liquidação. 10 Sociedade por quotas de responsabilidade limitada. 11 Sociedades por ações: características gerais; responsabilidade dos sócios. 12 Títulos de crédito: atributos gerais; integração das leis uniformes de Genebra no direito brasileiro; nota promissória; duplicata; cheque. 13 Contratos em geral. 14 Dano Moral. 15 Estatuto da Criança e do Adolescente. 16 Código de Defesa do Consumidor. 17 Estatuto do Idoso.

Por outro lado, colaciona-se, como orientação, outro exemplo de edital alusivo à única hipótese cujas disciplinas vieram distribuídas segregadas. É o caso do certame para delegado de polícia do Maranhão em 2017. Optou-se, nesse caso, distinguir as matérias, cada qual em tópico separado, compilando seus respectivos assuntos sob suas correlatas nomenclaturas.

➔ EDITAL

Concurso: Delegado de Polícia Civil do Maranhão

Ano: 2017

Banca: CEBRASPE

- DIREITO CIVIL: 1 Lei de Introdução às Normas do Direito Brasileiro. Vigência, aplicação, interpretação e integração das leis. Conflito das leis no tempo. Eficácia da lei no espaço. 2 Pessoa natural. 3 Pessoa jurídica. 4 Personalidade. 5 Domicílio e residência. 6 Bens, diferentes classes de bens. 7 Fato Jurídico. 7.1 Atos Jurídicos Lícitos e Ilícitos. 7.2 Negócio Jurídico. 7.3 Prescrição e decadência. 8 Posse. 8.1 Classificação, aquisição, efeitos e perda. 8.2 Propriedade: aquisição e perda da propriedade. 8.3 Direito real sobre coisa alheia. 9 Responsabilidade civil. 9.1 Teoria da culpa e do risco.
- DIREITO EMPRESARIAL: 1 Origem; evolução histórica; autonomia; fontes; características. 2 Empresário: caracterização; inscrição; capacidade; teoria da empresa e seus perfis. 3 Teoria geral dos títulos de crédito. 3.1 Integração das leis uniformes de Genebra no direito brasileiro. 3.2 Títulos de crédito: atributos gerais, letra de câmbio,cheque, nota promissória, duplicata. 3.3 Aceite; aval; endosso; protesto; prescrição. 3.4 Ações cambiais. 4 Espécies de empresa. 4.1 Responsabilidade dos sócios. 4.2 Distribuição de lucros. 4.3 Sócio oculto. 4.4 Segredo comercial. 5 Teoria geral do direito societário. 5.1 Conceito de sociedade; personalização da sociedade. 5.2 Classificação das sociedades: sociedades não personificadas; sociedades personificadas; sociedade simples; sociedade em nome coletivo; sociedade em comandita simples; sociedade em comandita por ações; sociedade cooperada; sociedades coligadas. 5.3 Liquidação; transformação; incorporação; fusão; cisão; sociedades dependentes de autorização. 5.4 Sociedade limitada; sociedade anônima. 5.5 Estabelecimento empresarial. 5.6 Recuperação judicial; recuperação extrajudicial; falência do empresário e da sociedade empresária. 5.7 Institutos complementares do direito empresarial: registro; nome; prepostos; escrituração; propriedade industrial.

Contudo, estejam essas searas jurídicas previstas, reunidas ou dissociadas, a melhor forma de estudá-las pressupõe a disposição de tempo distinto para a compreensão do Direito Civil e do Direito Empresarial. Desse modo, na hora de montar seu cronograma, é recomendável a separação desses ramos jurídicos. É interessante desfrutar de um período específico para o Direito Civil ao passo que um momento peculiar para o Direito Empresarial.

BEZERREGRA!!!

Por óbvio, a destinação de tempo para atenção dessas disciplinas não será exageradamente longo, mormente por conta do seu baixo grau de incidência na prova ou mesmo pela menor quantidade de questões a elas reservadas como mais adiante veremos. No entanto, caso bem conciliada a preparação de ambas além da eficaz metodologia de estudo, pode render pontos decisivos com os quais seu concorrente não conta ou, possivelmente, irá claudicar na hora da prova.

O mais importante é desvendar que há uma estrutura de conteúdo usualmente reiterada quando o Direito Civil é lembrado nos editais para o cargo de delegado de polícia. O melhor referencial de assuntos está consubstanciado no ato de publicação do certame do ano de 2017 para delegado de polícia do estado do Maranhão. Esse concurso trouxe o que geralmente todos os editais de delegado costumam cobrar. Nesse caso, houve separação em relação aos pontos do Direito Empresarial, o que viabiliza uma visão mais integral das duas disciplinas.

De outra banda, os recentes editais para delegado de polícia do Paraná, Alagoas, Bahia, Espírito Santo e Rondônia apresentaram um rumo na contramão desse propósito de cobrança paralela das duas disciplinas. Assim, optaram em contemplar apenas o Direito Civil, sem trazer conteúdo do Direito Empresarial. Ainda é prematuro avaliar essa postura como uma tendência contemporânea, mas o candidato deve ficar alerta para essa sinalização, levando a crer que os ditames empresariais podem acabar ficando relegados, consubstanciando-se apenas assuntos estritamente civilistas. Vejamos os mencionados editais:

➔ EDITAL

Concurso: Delegado de Polícia Civil do Paraná

Ano: 2020

Banca: NC/UFPR

DIREITO CIVIL

1. Das pessoas (CC, Parte Geral, Livro I).
2. Dos bens (CC, Parte Geral, Livro II).
3. Dos fatos jurídicos (CC, Parte Geral, Livro III).
4. Da responsabilidade civil (CC, Parte Especial, Livro I, Título IX).
5. Da posse (CC, Parte Especial, Livro III, Título I).
6. Da propriedade (CC, Parte Especial, Livro III, Título III).

EDITAL

Concurso: Delegado de Polícia Civil do Alagoas

Ano: 2022

Banca: CEBRASPE

- **DIREITO CIVIL:** 1 Lei de Introdução às Normas do Direito Brasileiro. 1.1 Vigência, aplicação, obrigatoriedade, interpretação e integração das leis. 1.2 Conflito das leis no tempo. 1.3 Eficácia das leis no espaço. 2 Pessoas naturais. 2.1 Conceito. 2.2 Início da pessoa natural. 2.3 Personalidade. 2.4 Capacidade. 2.5 Direitos da personalidade. 2.6 Nome civil. 2.7 Estado civil. 2.8 Domicílio. 2.9 Ausência. 3 Pessoas jurídicas. 3.1 Disposições gerais. 3.2. Conceito e elementos caracterizadores. 3.3 Constituição. 3.4 Extinção. 3.5 Capacidade e direitos da personalidade. 3.6 Domicílio. 3.7 Sociedades de fato. 3.8 Associações. 3.9 Sociedades. 3.10 Fundações. 3.11 Grupos despersonalizados. 3.12 Desconsideração da personalidade jurídica. 3.13 Responsabilidade da pessoa jurídica e dos sócios. 4 Bens. 4.1 Diferentes classes. 4.2 Bens corpóreos e incorpóreos. 4.3 Bens no comércio e fora do comércio. 5 Fato jurídico. 6 Negócio jurídico. 6.1 Disposições gerais. 6.2 Classificação e interpretação. 6.3 Elementos. 6.4 Representação. 6.5 Condição, termo e encargo. 6.6 Defeitos do negócio jurídico. 6.7 Existência, eficácia, validade, invalidade e nulidade do negócio jurídico. 6.8 Simulação. 7 Atos jurídicos lícitos e ilícitos. 8 Prescrição e decadência. 9 Prova do fato jurídico. 10 Obrigações. 10.1 Características. 10.2 Elementos 10.3 Princípios. 10.4 Boa-fé. 10.5 Obrigação complexa (a obrigação como um processo). 10.6 Obrigações de dar. 10.7 Obrigações de fazer e de não fazer. 10.8 Obrigações alternativas e facultativas. 10.9 Obrigações divisíveis e indivisíveis. 10.10 Obrigações solidárias. 10.11 Obrigações civis e naturais, de meio, de resultado e de garantia. 10.12 Obrigações de execução instantânea, diferida e continuada. 10.13 Obrigações puras e simples, condicionais, a termo e modais. 10.14 Obrigações líquidas e ilíquidas. 10.15 Obrigações principais e acessórias. 10.16 Transmissão das obrigações. 10.17 Adimplemento e extinção das obrigações. 10.18 Inadimplemento das obrigações. 11 Contratos. 11.1 Princípios. 11.2 Classificação. 11.3 Contratos em geral. 11.4 Disposições gerais. 11.5 Interpretação. 11.6 Extinção. 12 Atos unilaterais. 13 Responsabilidade civil. 14

Posse. 15 Direitos reais. 15.1 Disposições gerais. 15.2 Propriedade. 15.3 Superfície. 15.4 Servidões. 15.5 Usufruto. 15.6 Uso. 15.7 Habitação. 15.8 Direito do promitente comprador.

➔ EDITAL

Concurso: Delegado de Polícia Civil da Bahia

Ano: 2022

Banca: IBFC

- **DIREITO CIVIL:** 1. Das pessoas (CC, Parte Geral, Livro I). 2. Dos bens (CC, Parte Geral, Livro II). 3. Dos fatos jurídicos (CC, Parte Geral, Livro III). 4. Da responsabilidade civil (CC, Parte Especial, Livro I, Título IX). 5. Da posse (CC, Parte Especial, Livro III, Título I). 6. Da propriedade (CC, Parte Especial, Livro III, Título III). 7. Lei de Introdução ao Código Civil. 8. Lei no 8.078, de 1990 - Código de Defesa do Consumidor. 9. Lei no 10.741, de 2003 – Estatuto do Idoso. 10. Lei no 13.146, de 2015 – Estatuto da Pessoa com Deficiência.

➔ EDITAL

Concurso: Delegado de Polícia Civil do Espírito Santo

Ano: 2022

Banca: CEBRASPE

- **DIREITO CIVIL:** 1 Lei de Introdução às Normas do Direito Brasileiro. 1.1 Vigência, aplicação, obrigatoriedade, interpretação e integração das leis. 1.2 Conflito das leis no tempo. 1.3 Eficácia das leis no espaço. 2 Pessoas naturais. 2.1 Conceito. 2.2 Início da pessoa natural. 2.3 Personalidade. 2.4 Capacidade. 2.5 Direitos da personalidade. 2.6 Nome civil. 2.7 Estado civil. 2.8 Domicílio. 2.9 Ausência. 3 Pessoas jurídicas. 3.1 Disposições gerais. 3.2. Conceito e elementos caracterizadores. 3.3 Constituição. 3.4 Extinção. 3.5 Capacidade e direitos da personalidade. 3.6 Domicílio. 3.7 Sociedades de fato. 3.8 Associações. 3.9 Sociedades. 3.10 Fundações. 3.11 Grupos despersonalizados. 3.12 Desconsideração da personalidade jurídica. 3.13 Responsabilidade da pessoa jurídica e dos sócios. 4 Bens. 4.1 Diferentes classes. 4.2 Bens corpóreos e incorpóreos. 4.3 Bens no comércio e fora do comércio. 5 Fato jurídico. 6 Negócio jurídico. 6.1 Disposições gerais. 6.2 Classificação e interpretação. 6.3 Elementos. 6.4 Representação. 6.5 Condição, termo e encargo. 6.6 Defeitos do negócio jurídico. 6.7 Existência, eficácia, validade, invalidade e nulidade do negócio jurídico. 6.8 Simulação. 7 Atos jurídicos lícitos e ilícitos. 8 Prescrição e decadência. 9 Prova do fato jurídico. 10 Obrigações.

10.1 Características. 10.2 Elementos 10.3 Princípios. 10.4 Boa-fé. 10.5 Obrigação complexa (a obrigação como um processo). 10.6 Obrigações de dar. 10.7 Obrigações de fazer e de não fazer. 10.8 Obrigações alternativas e facultativas. 10.9 Obrigações divisíveis e indivisíveis. 10.10 Obrigações solidárias. 10.11 Obrigações civis e naturais, de meio, de resultado e de garantia. 10.12 Obrigações de execução instantânea, diferida e continuada. 10.13 Obrigações puras e simples, condicionais, a termo e modais. 10.14 Obrigações líquidas e ilíquidas. 10.15 Obrigações principais e acessórias. 10.16 Transmissão das obrigações. 10.17 Adimplemento e extinção das obrigações. 10.18 Inadimplemento das obrigações. 11 Contratos. 11.1 Princípios. 11.2 Classificação. 11.3 Contratos em geral. 11.4 Disposições gerais. 11.5 Interpretação. 11.6 Extinção. 12 Atos unilaterais. 13 Responsabilidade civil. 14 Posse. 15 Direitos reais. 15.1 Disposições gerais. 15.2 Propriedade. 15.3 Superfície. 15.4 Servidões. 15.5 Usufruto. 15.6 Uso. 15.7 Habitação. 15.8 Direito do promitente comprador.

➔ EDITAL

Concurso: Delegado de Polícia Civil de Rondônia

Ano: 2022

Banca: CEBRASPE

- **DIREITO CIVIL:** 1 Lei de Introdução às Normas do Direito Brasileiro. Vigência, aplicação, interpretação e integração das leis. Conflito das leis no tempo. Eficácia da lei no espaço. 2 Pessoa natural. 3 Pessoa jurídica. 4 Personalidade. 5 Domicílio e residência. 6 Bens, diferentes classes de bens. 7 Fato Jurídico. 7.1 Atos Jurídicos Lícitos e Ilícitos. 7.2 Negócio Jurídico. 7.3 Prescrição e decadência. 8 Posse. 8.1 Classificação, aquisição, efeitos e perda. 8.2 Propriedade: aquisição e perda da propriedade. 8.3 Direito real sobre coisa alheia. 9 Responsabilidade civil. 9.1 Teoria da culpa e do risco.

Melhor reservar sua disponibilidade para o estudo das duas disciplinas, pois a estatística mostra que a presença de ambas simultaneamente é mais comum. A proposta do Paraná, Alagoas, Bahia, Espírito Santo e Rondônia pode ter sido exceção, não chegando a confirmar uma regra atual. É mais seguro oportunizar o estudo em conformidade com a recorrência histórica do que com dados pontuais ainda que recentes.

No entanto, importante observar que os editais do Paraná, Bahia, Rondônia e Espírito Santo de 2019 (concurso anulado) apresentam-se bastante enxutos quanto ao conteúdo proposto de Direito Civil, relativo apenas àqueles assuntos geralmente cobrados nas questões. Por outro lado, o edital de Alagoas e o mais recente do Espírito Santo (2022) revelam-se mais extensos, contemplando um conteúdo mais significativo. Mesmo nesses editais mais robustos, a tendência é cobrar nas questões os tópicos mais recorrentes como iremos revelar no próximo tópico.

Como recomendação programática, sugere-se adotar como referência os assuntos elencados naquele edital do estado do Maranhão, uma vez que dificilmente haverá alguma surpresa fora dessas previsões. Ademais, estabelecendo-se uma racional hierarquia de conteúdo com base nas FERNANDICAS e BEZERREGRAS apresentadas no decorrer deste levantamento, é possível selecionar os pontos mais recorrentes para focar o estudo.

5 INCIDÊNCIA DE COBRANÇA DOS ASSUNTOS DE DIREITO CIVIL

Os editais, em sua maioria, não excedem ao conteúdo realmente cobrado em prova. Assim, aqueles pontos relacionados em seu bojo efetivamente correspondem aos assuntos constantes das questões. Isso oferece segurança ao candidato com planejamento, pois nada além das previsões editalícias pode surpreendê-lo.

Todavia, é razoável compreender que nem todos os tópicos contemplados no edital, de fato, constarão na sua prova na forma de questão ou assertiva. Os enunciados, em regra, não abarcam todos os assuntos estabelecidos no edital, até por conta da menor quantidade de quesitos destinados para o Direito Civil.

FERNANDICA!!!

Os certames que preveem somente a disciplina Direito Civil costumam trazer uma média de 04 (quatro) a 05 (cinco) questões na prova. Contudo, quando compilam no mesmo tópico Direito Civil e Empresarial essa estatística aumenta, sendo cobradas em média 10 questões.

Excepcionalmente, como no caso dos concursos da PCMG tanto em 2018 quanto em 2022, foram confeccionadas 10 (dez) questões de Direito Civil sem cobrar Direito Empresarial. Por outro lado, a PCRR e a PCGO, ambas em 2022, trouxeram, respectivamente, 04 (quatro) e 05 (cinco) questões de Direito Privado, compilando Civil e Empresarial no mesmo tópico. A prova da Polícia Civil de São Paulo, por sua vez, apresentou, em 2022, a rotina das 04 (quatro) questões de Direito Civil seguindo a regra geral, porém a previsão editalícia para a prova de 2023 prevê a exigência de apenas 03 (três) questões desta disciplina.

Portanto, é preciso ficar atento à análise traçada neste item para um direcionamento mais profícuo quanto aos temas de maior constância de prova. A sua tarefa está, sobremaneira, facilitada e simplificada, especialmente quando se trata de uma disciplina de perfil satélite cujo tempo disponível para estudo é bem menor do que aquelas ordinariamente presentes nas provas, muitas vezes, inclusive, com peso mais elevado.

Nesse sentido, já ter a informação acerca de quais tópicos apresentam maior incidência de cobrança nas provas, bem como conhecer os pontos mais relegados do edital ou mesmo nunca abordados em avaliações para o cargo de delegado de polícia, são conhecimentos cruciais para êxito no concurso pretendido.

Após catalogação dos editais e provas para delegado de polícia, desde 2015 até o período atual, identificaram-se, dentro do conteúdo programático de Direito Civil, como maior incidência de prova, as normas e os institutos relacionados à Parte Geral, despontando como temas principais o negócio jurídico e a personalidade (natural e jurídica). Ademais, seguindo a estatística de exigência em provas aparecem como assuntos também bastante relevantes os dispositivos relacionados à Lei de Introdução às Normas do Direito Brasileiro (LINDB) e à responsabilidade civil.

Esses tópicos, entretanto, não foram concebidos exclusivamente para o Direito Civil. Pode-se observar que espraiam seus conceitos e institutos em diversos outros ramos e, ainda, estabelecem várias conexões, inclusive com o Direito Penal. Os vícios de consentimento e as noções sobre excludentes de ilicitude, por exemplo, não são institutos exclusivos do Direito Civil. Encontram fonte nas regras civilistas, porém abrangem regulação e problemas de outros ramos do Direito.

Talvez, por essa razão, os conceitos integrantes da Parte Geral, da LINDB e da responsabilidade civil mereçam maior atenção do candidato às provas para delegado de polícia, justamente por se tratarem dos temas mais constantes nesses certames. Dessa forma, é necessário ter cuidado peculiar com esses tópicos da disciplina, seja porque ostentam a regulamentação mais fundamental de todo Direito Civil, seja em decorrência da alta incidência de prova.

Ademais, a responsabilidade civil além de se destacar devido a recorrência nas questões, é o fundamento para noções cruciais tanto do Direito Penal quanto do Direito Administrativo, outra disciplina evidentemente relevante para as provas de delegado de polícia. Não obstante a responsabilidade criminal divergir consideravelmente da responsabilidade civil, há vários traços de convergência entre si. No que concerne à responsabilidade civil do Estado, por sua vez, matriz crucial do Direito Administrativo, encontra-se ontologicamente associada aos ditames do Direito Civil.

BEZERREGRA!!!

Os quatro principais pontos de cobrança em prova de Direito Civil para delegado de polícia:
1) 1) Negócio Jurídico;
2) Personalidade jurídica e pessoas naturais;
3) Responsabilidade Civil;
4) LINDB – Lei de Introdução às Normas do Direito Brasileiro.

Esses são os quatro pontos que, além de constar em quase todos os certames, ainda apresentam a maior quantidade histórica e estatística de questões cobradas. Portanto, é recomendável oportunizar atenção especial quanto a tais temas, uma vez que é praticamente certa a presença de uma questão versando sobre eles em sua prova.

Para subsidiar ainda mais sua preparação, foi confeccionado, a seguir, um quadro correlacionando o ponto do Direito Civil com o seu respectivo quantitativo de questões cobradas em provas anteriores de delegado de polícia. Será, assim, possível perceber que, em geral, os quesitos versam sobre as regras gerais compiladas no Código Civil. Contudo, é necessário, também, eventualmente, ficar atento à legislação complementar, principalmente se estiver ligada a um dos assuntos que mais caem em prova.

ORDEM DE ASSUNTOS MAIS COBRADOS	NÚMERO TOTAL DE QUESTÕES
Provas de Delegado entre 2015- 2023 **Bancas diversas**	**Provas de Delegado entre 2015- 2023** **Bancas diversas**
1. Negócio Jurídico	21 questões
2. Personalidade jurídica e pessoas naturais	20 questões
3. Responsabilidade civil	15 questões
4. LINDB	13 questões
5. Bens	12 questões
5. Prescrição e decadência	12 questões
6. Posse e propriedade	10 questões
7. Direito de Família	7 questões

ORDEM DE ASSUNTOS MAIS COBRADOS	NÚMERO TOTAL DE QUESTÕES
Provas de Delegado entre 2015- 2023 **Bancas diversas**	**Provas de Delegado entre 2015- 2023** **Bancas diversas**
8. Domicílio	5 questões
8. Direito das Obrigações	5 questões
8. Outros Direitos Reais	5 questões
9. Direito das sucessões	4 questões
10. Atos ilícitos	3 questões

Destarte, geralmente, os assuntos trazidos no edital são realmente objeto de exigência na avaliação. De outra banda, ainda assim, alguns editais esmiúçam determinados tópicos pouco cobrados, como por exemplo o Direito das Obrigações e de Família, que tem baixa incidência em prova. Estes pontos, analisando os certames realizados entre 2015 e 2023, só foram efetivamente cobrados em doze questões de concurso para delegado de polícia. Apostar, porventura, nesses itens, em particular, seria dispender muito esforço ou precioso tempo para uma probabilidade de incidência praticamente nula.

Por isso, fixando seu estudo com base no quadro anteriormente proposto, que mostra os assuntos mais verificados nas provas de delegado de polícia, você, certamente, vai estar preparado! Então, para obter sucesso nos certames, siga as FERNANDICAS e BEZERREGRAS!

6 ANÁLISE DO PERFIL DAS QUESTÕES DE DIREITO CIVIL

As questões de concurso público devem ser lastreadas nas fontes do Direito. Dessa forma, costumeiramente, são encontrados quesitos cuja fundamentação pressupõe conhecimentos doutrinários. Por outro lado, é exigida a compreensão dos entendimentos jurisprudenciais emanados, principalmente, pelas Cortes Superiores. Ainda há, de forma mais comum, o alicerçamento das assertivas cobradas a partir da capacidade de decorar de maneira hábil os enunciados normativos expressos nos diplomas legislativos.

Essa regra não seria diferente no que concerne ao concurso para carreira de autoridade policial. Diante disso, é possível perceber que a literalidade da Lei, as teses de Doutrina e os enunciados de Jurisprudência (nesta ordem de importância) são as fontes de estudo para quem pretende acertar as questões de Direito Civil propostas nas provas para delegado de polícia.

Portanto, identificar o acervo de itens cobrados e as respectivas fontes que os lastreiam é tarefa crucial para otimizar sua preparação. Por isso, você precisa detectar o cerne da exigência da banca, principalmente para focar seus estudos naquele aspecto mais cobrado pela comissão do concurso.

Não adianta insistir na doutrina quando a banca tem predileção pela literalidade da legislação. Da mesma forma, quando o apreço da comissão organizadora é pela doutrina, não há sentido em inclinar-se pela jurisprudência. Assim, é essencial compreender como o perfil da banca examinadora articula os enunciados e correspondentes alternativas e a partir de qual fonte sugere a resposta aos seus quesitos.

As bancas organizadoras manifestam suas preferências quanto à fonte mais evidenciada em suas questões. É de se raciocinar que a lei é a fonte primacial do Direito, o que viabiliza, consequentemente, a dedução de que sua recorrência em provas é de plausibilidade esperada. Qualquer das comissões organizadoras vai se preocupar com os ditames expressos da lei. Algumas optam em agregar a doutrina combinada ao conhecimento da lei seca enquanto outras selecionam quesitos autônomos de cada qual das fontes jurídicas.

A melhor forma de traçar um estratagema de como enfrentar a exigência da disciplina do Direito Civil nas provas de delegado de polícia é conhecendo os próprios quesitos que já foram objeto de cobrança em certames anteriores para acesso a esta carreira. Foram sopesadas, portanto, as questões referentes ao Direito Civil já abordadas em concursos anteriores de seleção para o cargo de delegado de polícia. Elas correspondem à integralidade daquilo que foi cobrado em todos os certames desta carreira desde 2015. Logo, a análise aqui travada fundamenta-se em hipótese bastante segura.

Através da avaliação dos editais e das questões dos últimos concursos, foi possível estabelecer um panorama para orientar o seu estudo dos assuntos referentes ao Direito Civil. Sua abordagem nas provas para delegado de polícia, através dos quesitos propostos, manifesta um nível de exigência, em geral, de grau médio a baixo, uma vez que, essencialmente, lastreadas em literalidade dos dispositivos legais. Portanto, nada que inviabilize as respostas dos candidatos ou mesmo não sejam passíveis de preparação prévia a partir de um estudo planejado e focado.

6.1 Questões comentadas e análise das bancas

A análise de algumas questões de provas anteriores para delegado de polícia serve como parâmetro de melhor compreensão acerca de como é delineada a cobrança nos certames para esse cargo específico. À guisa de exemplo, será apresentado **01 (um) quesito** minuciosamente destrinchado alternativa por alternativa, revelando o quanto é essencial o foco na legislação expressa.

QUESTÃO 01

Concurso: Delegado de Polícia Civil do Estado de São Paulo

Ano: 2018

Banca: Vunesp

Domicílio da pessoa natural é o lugar onde ela estabelece a sua residência com ânimo definitivo. Sobre o assunto, assinale a alternativa correta.

A O domicílio do preso é o lugar onde foi julgada a ação penal.

B O domicílio do servidor público é o lugar em que ele exerce permanentemente suas funções.

C O domicílio do incapaz é o do local onde ele for encontrado.

D Se a pessoa natural não tiver residência habitual, ter-se-á por seu domicílio a última residência registrada em seu nome.

E Se a pessoa natural tiver diversas residências, onde alternadamente viva, considerar-se-á seu domicílio apenas o lugar onde a profissão é exercida.

Gabarito: Letra B

Prepare-se para a resposta a essa questão:

Pegue seu Vade Mecum, abra o Código Civil, especificamente na Parte Geral, no Titulo III - DO DOMICÍLIO. Já fique em pronto emprego de sua canetinha marca texto de cor bem chamativa para assinalar os artigos relacionados aos itens apresentados, pois, acredite, esses dispositivos podem estar na sua prova.

O enunciado da questão já começa com a exata transcrição do artigo 70 do Código Civil: "O domicílio da pessoa natural é o lugar onde ela estabelece a sua residência com ânimo definitivo".

A letra A trouxe a seguinte assertiva: "O domicílio do preso é o lugar onde foi julgada a ação penal". Ela foi considerada ERRADA, uma vez que o artigo 76, parágrafo único, parte final, estabelece regra diversa: "[..] e o do preso, o lugar em que cumprir a sentença". Viu a pegadinha tacanha do examinador? Não se toma como referência o local de julgamento, mas sim o foro da execução da sentença.

A Alternativa B apresenta o seguinte texto: "O domicílio do servidor público é o lugar em que ele exerce permanentemente suas funções". Afirmativa perfeita, de modo a ser assinalada como CORRETA, pois condizente com a exata transcrição do artigo 76 parágrafo único: "[...] o do servidor público, o lugar em que exercer permanentemente suas funções [...]".

A opção C, por seu turno, traz a seguinte redação: "O domicílio do incapaz é o do local onde ele for encontrado". Item considerado ERRADO, haja vista o artigo 76, parágrafo único especifica: "O domicílio do incapaz é o do seu representante ou assistente:[...]"

FERNANDICA!!!

Uma breve pausa para uma especial FERNANDICA: você percebeu o quanto o artigo 76 é bem importante? Então não esqueça de marcá-lo no seu Vade Mecum e consignar no material de apoio a leitura deste dispositivo, porque cada detalhe dele faz toda a diferença em sua prova.

Voltando ao diagnóstico da questão referenciada, a LETRA D expõe: "Se a pessoa natural não tiver residência habitual, ter-se-á por seu domicílio a última residência registrada em seu nome". Tal afirmativa está ERRADA, em cotejo com o artigo 73, segundo o qual é reproduzida sua literalidade: "Ter-se-á por domicílio da pessoa natural, que não tenha residência habitual, o lugar onde for encontrada". Vale a pena marcar mais esse dispositivo no seu *Vade Mecum* para estudo otimizado da lei seca.

Por fim, a Letra E assevera: "Se a pessoa natural tiver diversas residências, onde alternadamente viva, considerar-se-á seu domicílio apenas o lugar onde a profissão é exercida". Alternativa considerada ERRADA, uma vez que a transcrição do artigo 71, na sequência, revela outra regra: "Se, porém, a pessoa natural tiver diversas residências, onde alternadamente, viva, considerar-se-á domicílio seu qualquer delas."

BEZERREGRA!!!

Como se pode observar, se você não conhece a exata transcrição dos artigos indicados, na hora da prova, vai te bater uma insegurança, por isso, Direito Civil para a prova de delegado, é MUITO importante saber a lei seca! Assim, as questões correspondentes à letra de lei, somente mudam uma expressão ou outra do dispositivo legal. Portanto, mais uma vez, leia sempre com bastante concentração o *Vade Mecum* marcando cada termo e, na hora de responder as questões, redobre a atenção ao texto de cada assertiva.

Como visto, para acertar esta questão, você dependeria somente do conhecimento da lei seca, como a maioria das questões em Direito Civil. Por isso, a leitura constante dos artigos relacionados aos assuntos que mais são frequentes é essencial. Se não puder aprender, decore mesmo! É chato, mas você terá garantida a maioria dos quesitos da disciplina civilista.

Assim, não é impossível, é só se organizar e manter um estudo dirigido. Focando nos tópicos realmente abordados, você não perde tempo estudando o que não for provável de cair em sua prova e se prepara de maneira congruente. Esse é o objetivo, afinal, as matérias que envolvem as ciências criminais são bastante extensas e não é bom perder tempo com aquilo cuja incidência é bem mais secundária em sua prova.

Vale a pena conferir mais uma questão cobrada em prova anterior de seleção e ingresso para carreira de delegado de polícia. Esse quesito ratifica duas relevantes informações já asseveradas: a necessidade de estudo da lei seca e as disposições da LINDB como ponto reiterado de exigência dentro do conteúdo do Direito Civil.

QUESTÃO 02

Concurso: Delegado de Polícia Civil do estado do Piauí

Ano: 2018

Banca: Nucepe

Com base na Lei de Introdução às Normas do Direito Brasileiro, marque a alternativa CORRETA.

A O período de vacatio legis de uma lei de direito material é diferente quando se trata de norma de direito processual.

B As organizações destinadas a fins de interesse coletivo, como as sociedades e as fundações, obedecem à lei do Estado em que se constituírem.

C Dependendo da importância da lei, o legislador deve estabelecer um período de vacatio legis mais extenso, de 1 (um) ano para os Códigos e Leis Complementares.

D Uma lei nova não modifica a anterior se for com ela incompatível ou tratar sobre a mesma matéria.

E A equidade é sempre uma forma de integração quando houver omissão da lei.

Gabarito: Letra B

De acordo com o gabarito oficial, a alternativa correta é a letra B, em conformidade com o artigo 11 da LINDB: "As organizações destinadas a fins de interesse coletivo, como as sociedades e fundações, obedecem à lei do Estado em que se costituírem". Neste caso, não há nem sequer uma mudança de redação, sendo idêntica ao que está no preceito legal.

Percebe-se que as questões de Direito Civil nas provas de delegado de polícia não são muitas, de fato, mas podem ser essenciais para sua aprovação. Por isso, é importante analisar a maneira que a banca organizadora específica do seu concurso costuma cobrar o Direito Civil como forma de otimizar seu estudo e não dispensar lapso inútil de tempo de preparação. Desta forma, conhecendo bem o perfil da comissão examinadora, o êxito da sua aprovação com certeza estará mais próximo.

Nesse sentido, ao escolher o estado para o qual deseja prestar o concurso, é também muito importante verificar a banca organizadora dos últimos certames, pois, com base no seu perfil, dependendo de algumas regiões, a prova de Direito Civil exigirá um conhecimento além da letra da lei e cobrará enunciados mais profundos de jurisprudência. Por isso, algumas provas de alguns entes federativos precisam de especial atenção.

Um exemplo interessante foi a seleção organizada pela FUMARC, correspondendo à prova de Minas Gerais em 2018, tendo exigido do candidato um conhecimento concomitante da lei, doutrina e jurisprudência, inclusive, abordando para além daqueles tópicos de assuntos mais cobrados. Sem contar, a profundidade de enfoque da jurisprudência relacionada ao Direito Civil, neste certame, foi bastante incomum por destoar do grau rotineiramente enfatizado para as seleções de delegado de polícia.

Além do que, o número de questões versando sobre Direito Civil nessa prova é tão surpreendente que beirou aos 14% (quatorze por cento), muito acima do que comumente se observa nos concursos para delegado de polícia e, ainda, bem próximo do percentual atribuído a cada uma das disciplinas do bloco penal.

Essa mesma pegada foi reiterada por essa própria banca por ocasião da organização novamente do concurso de delegado de polícia do estado de Minas Gerais, todavia, agora no ano de 2021. O percentual de incidência do Direito Civil nesta prova se repetiu e a profundidade das questões também exigiu do candidato conhecimentos relacionados à jurisprudência e doutrina com um tom até acentuado em algumas questões. Para ilustrar, a seguir, será destrinchada uma questão desse certame.

QUESTÃO 03

Concurso: Delegado de Polícia Civil de Minas Gerais

Ano: 2021

Banca: FUMARC

(PC-MG -2021 – FUMARC) J. encontrou um lote vago e, embora soubesse que o bem era de propriedade de L., tomou posse e construiu um barracão para moradia dele e de sua família. Proposta a ação de reintegração de posse três anos após a invasão, J. apresentou defesa e alegou que sua posse é justa com base no princípio constitucional da função social da propriedade, porque o proprietário havia adquirido o mesmo há trinta anos e não o utilizava.

A tese de J.

- **A** não pode ser acolhida, porque ainda não há prazo para usucapião.
- **B** não pode ser acolhida, porque faltou prova de lesão ao princípio constitucional invocado.
- **C** não pode ser acolhida, porque, no Brasil, a propriedade é absoluta.
- **D** pode ser acolhida, porque, no Brasil, a propriedade não é absoluta.

Gabarito: Letra D

Perceba que para responder a essa questão, faz-se necessário conhecimento simultâneo do instituto da interversão do caráter da posse e do enunciado 237 do CJF (Conselho da Justiça Federal). Assim, no primeiro caso, são demandadas noções doutrinárias enquanto, na segunda hipótese, exige-se acompanhamento jurisprudencial.

Outra banca com um perfil de inclinação à jurisprudência é a FUNIVERSA, responsável pela organização da prova de delegado de polícia do Distrito Federal em 2015. Essa Fundação ensaiou trazer um conhecimento mais aprofundado do entendimento das Cortes Superiores, todavia, esta cobrança, ainda assim, veio associada ao estudo da letra da lei e da doutrina. Importante verificar a questão a seguir como exemplo:

QUESTÃO 04

Concurso: Delegado de Polícia Civil do Distrito Federal

Ano: 2015

Banca: Funiversa

(PC-DF -2015 – FUNIVERSA) Alexandre, em 1.º/1/2005, mediante ardil, obteve de Pedro R$ 50.000,00 pela venda de um imóvel de que não era proprietário. Tomando ciência do meio fraudulento mediante consulta no Registro de Imóveis competente, Pedro procurou imediatamente a autoridade policial, tendo sido o inquérito iniciado na mesma data em que fora consumado o delito. Apurada a questão no competente juízo criminal, Alexandre foi condenado como incurso no crime de estelionato simples, por sentença penal transitada em julgado em 1.º/1/2013, e por meio da qual restaram reconhecidas a existência do fato ilícito e sua autoria, bem como a obrigação de restituir à vítima a quantia indevidamente obtida e o pagamento a Pedro da importância de R$ 10.000,00 para os fins de reparar danos morais. Como o devedor até a presente data não pagou à vítima as quantias impostas na esfera penal, Pedro pretende ajuizar ação cível para haver de Alexandre as importâncias estipuladas na sentença condenatória criminal.

Com base nessa situação hipotética, assinale a alternativa correta.

- **A** Caso Pedro faleça, seus herdeiros, de acordo com a jurisprudência dominante do STJ, não terão legitimidade ativa para pleitear o pagamento da indenização fixada para recompor o dano moral reconhecido na sentença proferida pelo juízo criminal.
- **B** A prescrição da pretensão de reparação dos danos sofridos por Pedro começou a correr a partir do evento danoso.
- **C** Uma vez que a responsabilidade civil é independente da criminal, seria admissível, em tese, a rediscussão, no juízo cível, a respeito da autoria e da materialidade do fato imputado a Alexandre pela sentença penal condenatória proferida no juízo criminal.
- **D** De acordo com a jurisprudência dominante do STJ, o termo inicial para a contagem do prazo prescricional que atinge a pretensão de recomposição de danos, fixada na esfera criminal, é o trânsito em julgado da sentença penal condenatória que fixou a obrigação de indenizar, razão por que, *in casu*, não haveria falar em prescrição caso Pedro ajuizasse a demanda hoje.
- **E** Caso Alexandre seja proprietário de um único imóvel residencial onde resida com esposa e filhos, esse bem não poderá responder pelas obrigações de reparação de danos fixadas na sentença penal.

Gabarito: Letra D

De acordo com o gabarito oficial, a alternativa de letra D figura como assertiva correta. A resposta lastreia-se em tópico de jurisprudência do Superior Tribunal de Justiça. Acompanhar os informativos dos

Tribunais Superiores auxiliaria bastante na resolução de questões com esse perfil. A seguir, a transcrição do resumo do julgado correspondente:

> PROCESSUAL CIVIL E ADMINISTRATIVO. RESPONSABILIDADE CIVIL DO ESTADO. ACIDENTE DE TRÂNSITO. MORTE. INDENIZAÇÃO POR DANOS MORAIS. JULGAMENTO EXTRA PETITA. INEXISTÊNCIA. PRESCRIÇÃO. TERMO INICIAL. TRÂNSITO EM JULGADO DA SENTENÇA PENAL CONDENATÓRIA.
>
> [...] 4. **O termo inicial para contagem de prazo prescricional para propositura de ação indenizatória contra o Estado por ilícito penal praticado por seus agentes é a data do trânsito em julgado da sentença penal condenatória.** Precedentes do STJ. [...]
>
> (STJ – AgRg no REsp: 1197746 CE 2010/0109151-0, Relator: Ministro HERMAN BENJAMIN, Data de Julgamento: 20/03/2014, T2 – SEGUNDA TURMA, Data de Publicação: DJe 27/03/2014) (Grifo nosso)

Contudo, o estudo associado da doutrina, como proposto anteriormente, também viabilizaria o acerto da questão, pois este entendimento da Corte vem bastante explanado em qualquer obra de Direito Civil. Ademais, esse perfil de cobrança é excepcional, de modo que a grande maioria dos candidatos seria surpreendida por quesitos com esse conteúdo. Portanto, ideal é seguir na proposta mais comum e concentrar esforços na literalidade legal associada a uma boa doutrina especializada para preparação em concursos públicos.

Ainda que diante de questões como essas recém apresentadas, insistir no estudo focado na lei seca, portanto compulsando os ditames do Código Civil, complementado pela leitura de um material doutrinário sucinto afigura-se como a melhor alternativa. Mesmo em provas com esse perfil mais acentuado, o manejo de uma doutrina mais compacta supre tranquilamente seus anseios de aprovação no que tange ao Direito Civil.

O CEBRASPE, antigo CESPE, por sua vez, costuma exigir dos candidatos, dentre os assuntos mais cobrados, o conhecimento da Jurisprudência do STF e STJ, aliados à letra da lei e doutrina nas assertivas elaboradas. Tratam-se, em regra, de questões mais elaboradas, condensando, concomitantemente, as três fontes do Direito na mesma assertiva. Contudo, nas provas de delegado de polícia, a verticalidade reivindicada quanto aos entendimentos reiterados pelas Cortes Superiores no âmbito do Direito Civil é mais comedida, figurando nas questões, no máximo, aqueles enunciados já bastante consolidados ou os mais recentes informativos.

QUESTÃO 05

Concurso: Delegado de Polícia Civil do Espírito Santo

Ano: 2022

Banca: CEBRASPE

(PC-ES -2022 – CEBRASPE) Gilvan e Mariana mantinham relacionamento amoroso havia seis anos, quando Mariana engravidou. O casal contou aos familiares e amigos que a criança que estava a caminho era um menino e se chamaria Cauã. No entanto, às vésperas do nascimento do filho, Gilvan rompeu o relacionamento após ter descoberto que, havia três meses, Mariana mantinha outro relacionamento amoroso. Nascida a criança, Gilvan registrou-a com o nome de Enzo Cauã, em homenagem ao seu avô, sem consultar Mariana.

Nessa situação hipotética, em consonância com o entendimento do Superior Tribunal de Justiça, Mariana

A poderia requerer a supressão do prenome Enzo ainda que não tivesse combinado um nome previamente com Gilvan.

B não poderá requerer a alteração do nome de seu filho, em razão da imutabilidade do nome.

C poderá requerer, perante o cartório de registro civil, a exclusão do prenome Enzo, sob o argumento de que Gilvan violou o dever de lealdade familiar e a boa-fé objetiva.

D deverá requerer em juízo a exclusão do prenome Enzo e comprovar que Gilvan violou o dever de lealdade familiar e a boa-fé objetiva.

E poderá requerer em juízo a supressão do prenome Enzo desde que comprove o intuito de vingança de Gilvan.

Gabarito: Letra C

Assim, percebe-se que a banca, no gabarito oficial, acabou por conjugar o entendimento do Superior Tribunal de Justiça (REsp n° 1.905.614/SP, Rel.: Min. Nancy Andrighi, Órgão Julgador: 3ª Turma, j. em 4.5.2021 – Informativo n° 695) com as alterações legislativas trazidas pela Lei n° 6.015/1973.

Algumas questões dessa banca reivindicam ainda o conhecimento conjunto da doutrina e das disposições expressas do texto legal. Um exemplo disso é a questão a seguir transcrita e analisada, restando bastante claro como seu foco principal a literalidade normativa. Porém, para resposta plena, é crucial ao candidato uma pitada de discernimento doutrinário. Vejamos a assertiva:

QUESTÃO 06

Concurso: Delegado de Polícia Civil do Pernambuco

Ano: 2016

Banca: CEBRASPE

(PC-PE -2016 – CEBRASPE) A respeito dos elementos acidentais do negócio jurídico, assinale a opção correta.

A Situação hipotética: Maria celebrou contrato de doação de bem imóvel a João. Na negociação, ficou estipulado que a transferência do bem somente se aperfeiçoará quando da morte da doadora. Assertiva: Nessa situação, o evento morte funciona como condição.

B O encargo é elemento acidental característico dos negócios jurídicos que envolvam liberalidade. Em caso de inexecução do encargo pelo beneficiado, não há previsão de mecanismos de coerção direta ou indireta por parte do disponente.

C O termo não essencial é aquele que não admite o cumprimento do objeto do negócio jurídico após o seu vencimento.

D Denomina-se condição a cláusula acessória pela qual as partes subordinam a eficácia do negócio a acontecimento futuro e incerto.

E Em caso de nulidade do negócio jurídico, a condição voluntariamente declarada pelas partes não será alcançada, permanecendo válida.

Gabarito: Letra D

A alternativa correta equivale à assertiva de letra D. Chegar a essa conclusão, no entanto, demanda do postulante ao cargo de delegado de polícia o conhecimento da letra da lei correspondente ao artigo 121 do Código Civil, segundo o qual estipula: "Considera-se condição a cláusula que, derivando exclusivamente da vontade das partes, subordina o efeito do negócio jurídico a evento futuro e incerto".

Todavia, isso já seria suficiente para alertar o candidato da probabilidade de acerto da assertiva, porém a integral assimilação de resposta dependeria de saber a natureza acessória da condição, o que somente seria viável pela apreensão das percepções de doutrina.

Nesta questão, portanto, como alhures mencionado, a doutrina é cobrada de forma complementar, de modo que o seu estudo se revela importante para a compreensão do texto da lei, que muitas vezes sozinho, não é suficiente para o total entendimento da norma. Por isso, o estudo conciliado nos moldes aqui propostos, é a melhor ferramenta de aprovação.

Impende salientar, entretanto, uma constatação é indiscutível: todas as bancas cobram letra da lei! Isto é fato, porém é bom ficar atento às peculiaridades de cada comissão. De acordo com o levantamento das provas desde 2015, as organizadoras que não cobram um estudo aprofundado da jurisprudência e nem da doutrina geralmente são: Instituto Acesso e UEG. Das questões analisadas formuladas por estas bancas, a letra da lei acabou sendo a única fonte necessária para responder às assertivas.

QUESTÃO 07

Concurso: Delegado de Polícia Civil de Goiás

Ano: 2018

Banca: UEG

(PC-GO -2018 – UEG) Sobre a pessoa jurídica de direito privado, dispõe o Código Civil que:

Ⓐ as disposições acerca das associações aplicam-se subsidiariamente às sociedades empresárias e às sociedades simples.

Ⓑ começa sua existência legal com o pedido de inscrição de seus atos constitutivos perante o registro respectivo.

Ⓒ se extingue sua existência legal com a dissolução ou com a cassação, se for o caso, da autorização para seu funcionamento.

Ⓓ tem proteção dos direitos de personalidade apenas quanto ao nome, desde o respectivo registro até a dissolução.

Ⓔ as organizações religiosas serão regidas por lei própria, que poderá dispor sobre a organização e a estrutura interna.

Gabarito: Letra A

Percebe-se que nessa questão, a banca exigiu o conhecimento da literalidade das disposições do Código Civil, mais especificamente o teor constante do seu art. 44, § 2º. Isso confirma a manifestação acima acerca do perfil das questões dessas comissões organizadoras citadas, as quais estão presas ao texto normativo expresso.

Com a NUCEPE, todavia, vislumbra-se necessário o conhecimento tanto da letra da lei quanto da doutrina. Veja que esta banca não se inclina, em geral, sobre a jurisprudência, mas agrega, também, em algumas questões, posicionamentos de especialistas à letra da lei, não destoando desse estudo conciliado destas duas fontes do Direito. Essa constatação é validada pela análise da questão a seguir, pois ao mesmo tempo que exige a cognição das disposições previstas nos arts. 79 e 86 do Código

Civil, ainda requer a compreensão de institutos como a consuntibilidade e a subclassificação dos bens imóveis.

QUESTÃO 08

Concurso: Delegado de Polícia Civil do Piauí

Ano: 2018

Banca: NUCEPE

(PC-PI -2018 – NUCEPE) Marque a alternativa CORRETA no que tange aos bens:

A Os veículos à venda em uma concessionária são considerados bens consumíveis.

B delegacia são considerados bens imóveis em decorrência da lei.

C A delegacia é considerada um bem público de uso comum do povo.

D As portas, janelas de um determinado imóvel, bem como as armas que se encontram em exposição são considerados bem móveis.

E O dinheiro é considerado um bem intungível.

Gabarito: Letra A

Uma atenção maior às provas da FUNDATEC, pois a maioria das questões de Direito Civil elaboradas por esta banca exigem o conhecimento mais aprofundado dos temas, com a cobrança, também, dos Enunciados 37 e 539 do Conselho da Justiça Federal. Contudo, essa exigência não chega a inviabilizar a resposta do candidato, pois tais entendimentos figuram como complemento ou à fonte legal ou doutrinária, pois nessa questão abaixo conhecer o teor do art. 927 do Código Civil já permitiria identificar a alternativa correta.

QUESTÃO 09

Concurso: Delegado de Polícia Civil do Rio Grande do Sul

Ano: 2018

Banca: FUNDATEC

(PC-RS -2018 – FUNDATEC) Sobre ilicitude e responsabilidade civil, assinale a alternativa correta.

A Para a caracterização do ato ilícito previsto no Art. 187 do Código Civil brasileiro, é necessária a aferição de culpa e dano do autor do fato.

B Haverá obrigação de reparar o dano, independentemente de culpa, quando a atividade desenvolvida implicar, por sua natureza, risco para os direitos de outrem.

C Só é considerado ilícito o ato que, exercido em manifesto excesso aos limites impostos pelo seu fim econômico ou social, causar efetivo dano a alguém.

D Constitui hipótese de ilicitude civil, em qualquer circunstância, a conduta de lesionar a pessoa a fim de remover perigo iminente.

E O dano exclusivamente moral, provocado por omissão voluntária, em caso de prática de ato negligente, não conduz à caracterização de um ilícito civil.

Gabarito: Letra B

A VUNESP, por sua vez, merece uma atenção especial dos candidatos, haja vista a depender do certame ela pode adotar uma postura distinta. Por exemplo, o perfil do concurso de delegado de polícia de São Paulo difere diametralmente da roupagem manejada para a confecção das questões de Direito Civil da prova de Roraima. Em São Paulo, as assertivas de Direito Civil exigiram compreensão profunda da jurisprudência, posto em praticamente todas elas houve cobrança de posicionamentos dos Tribunais. De outra banda, a prova de Roraima foi focada na letra da lei.

Nesse estudo, não foi avaliado o perfil das questões de Direito Civil confeccionadas pela banca FGV. Explica-se o porquê! Sucede que essa banca organizou apenas dois concursos para delegado de polícia nos últimos anos, em sede dos quais não foi exigida essa disciplina em seu conteúdo programático. Deduz-se, assim, que tal comissão organizadora não opta pelo estudo do Direito Civil nos certames que elabora.

As demais bancas mantêm a tradição quanto à ênfase na literalidade legislativa. Poucas questões exploram pontos de jurisprudência ou até mesmo doutrina. São, essencialmente, focadas no propósito de frisar a letra da lei de modo a assegurar adequação em face da relevância da disciplina no contexto dos concursos para delegado de polícia.

Logo, ao escolher o certame de sua predileção, conhecendo bem as nuances da provável banca que o aplicará, você já sai bem na frente da concorrência e, inclusive, sabe a melhor forma de organizar o cronograma de estudo dos ditames da matéria civilista.

7 COMO ESTUDAR DIREITO CIVIL PARA PROVAS DE DELEGADO DE POLÍCIA

Por óbvio que o postulante ao cargo de delegado não irá conceber demasiado espaço em seu programa de estudos para o Direito Civil.

Provavelmente, a disponibilidade de esforço será compatível com a recorrência desta matéria nas respectivas provas de delegado. Claro que se você estiver se preparando para aqueles estados cuja incidência é maior, seu tempo destinado para essa disciplina será maior também. Todavia, em regra, como a exigência é diminuta, não irá exceder a, no máximo, um dia dentro do seu cronograma, o tempo reservado ao Direito Civil.

Dessa forma, o recomendável é o candidato não dispor do maior tempo de estudo para o Direito Civil, contudo afetar um período consciente e que comporte uma preparação inteligente para a prova dessa carreira. O ideal, então, é conduzir sua preparação combinando a análise da literalidade dos dispositivos legais com a resolução de questões comentadas e, ainda, a explicação doutrinária cirúrgica e pertinente fornecida em obras bem direcionadas à preparação para concurso. Seguindo essa receita, suas chances de aprovação otimizam sensivelmente.

Nessa perspectiva, é essencial tomar decisões de custo-benefício, sacrificando pontos de menor incidência e se dedicando àqueles de constante abordagem nestas provas, conforme quadro esquematizado acima elaborado. Quem estiver se preparando para o cargo de delegado deve fazer escolhas quanto ao estudo dos itens constantes do edital.

BEZERREGRA!!!

É mais inteligente, por exemplo, dispor de mais tempo para a Parte Geral do Direito Civil do que aos demais livros subsequentes do Código Civil. O quantitativo de dispositivos legais nesse tópico propedêutico é menor do que nos demais recortes da disciplina. São 232 (duzentos e trinta e dois) artigos na Parte Geral face aos 2046 (dois mil e quarenta e seis) enunciados normativos de todo o Diploma Civil. Da mesma forma, reservar um instante de estudo à responsabilidade civil vale bastante a pena, porque é um dos tópicos mais exigidos, além do seu conjunto de disposições legais compreender do artigo 927 ao artigo 954 do Código Civil. Assim, constam poucas normas para decorar.

Ademais, a estrutura e os conceitos da Parte Geral são menos complexos face aos institutos dos outros segmentos específicos. Sem contar, a probabilidade de cobrança é muito maior no que tange aos ditames gerais, seja porque apresentam relevantes interlocuções entre o Direito Civil e os demais ramos do Direito, seja em decorrência de efetivos dados estatísticos consubstanciados a partir da análise das provas anteriores para delegado de polícia.

Considerando a premissa segundo a qual não há como explorar os mais de 2000 (dois mil) artigos do Código Civil com o mesmo vigor, é interessante destinar mais empenho aos preceitos com maior constância de abordagem avaliativa. Não é razoável nem esperada a proposta de estudo que pretenda exaurir todo o conhecimento acerca das disposições civilistas.

Esse método de estudo integral não acontece sequer com o Direito Penal, pois há uma série de cláusulas do Código Penal que naturalmente acabam sendo relegados por conta da baixa ou nenhuma incidência em prova. Muitos tipos penais presentes nos regramentos de natureza criminal sequer configuram-se cotidianamente e, com sentido, acabam sendo deixados de lado. Quando muito, o estudo destes ditames é concentrado meramente na leitura da estrutura literal da figura típica sem maiores elucubrações doutrinárias ou jurisprudenciais até por conta da escassez ou inexistência de processos penais cujo objeto sejam tais infrações penais.

Nesse sentido, o fato da Parte Geral e da responsabilidade civil, simultaneamente, ostentarem maior incidência de prova e menor número de artigos dispostos, representa um elemento facilitador para sua preparação. Significa, assim, uma redução sensível daquilo que você precisa estudar.

Ademais, a Parte Geral não exige conhecimentos prévios nem cumulativos de outros tópicos do Direito Civil, uma vez que se trata da própria disciplina basilar. Vale ressaltar, caso se pretenda estudar a porção especial dos Contratos, por exemplo, deverá discernir bem os institutos da Parte Geral, do Direito das Obrigações e da Responsabilidade Civil. A mesma coisa, no que concerne à dedicação ao Direito das Sucessões, ramo que pressupõe domínio do Direito de Família e dos Direitos Reais.

Diante desse cenário, a Parte Geral, ainda, apresenta diversos aspectos de muita aderência ao cotidiano laborativo da autoridade policial, o que, sem dúvida, é ponderado quando da confecção de questões de prova para seleção desta carreira. Há, como alhures mencionado, muitos pontos de convergência entre a atuação do delegado de polícia e os institutos do Direito Civil, mostrando o quanto é necessário ter conhecimento acerca das regras civilistas.

Em um ou outro estado, contudo, o edital não se restringe ao Código Civil e acaba avançando sobre as leis esparsas. Nesse caso, as questões de Direito Civil passam a apresentar uma complexidade maior, fugindo, muitas vezes, da própria regra de literalidade e estendendo-se sobre a jurisprudência mais avançada. São exigidos conhecimentos mais aprofundados cuja demanda da prova revela-se até superior ao rotineiramente cobrado para o cargo de delegado de polícia e análoga à cognição reivindicada em outras carreiras jurídicas comumente mais aproximadas do Direito Civil.

Muito raro acontecer isso, todavia, como anteriormente referido, os editais para ingresso na carreira de delegado de polícia civil de Minas Gerais (2018 e 2021) seguiram esse desiderato. Nesses certames, foram cobrados para além do Código Civil, inclusive a legislação extravagante. Como se não bastasse, foram confeccionadas provas de perfil muito difícil no que tange às disposições civilistas com prevalência de refinamento teórico, doutrinário e jurisprudencial.

No entanto, isso não é o comum de ocorrer. Essas provas foram bastante específicas e revelam o perfil peculiar da proposta de exigência na seleção para autoridade policial nesse estado. Caso sua pretensão seja direcionada a integrar a carreira de delegado de polícia em Minas Gerais, sua preparação terá de empenhar mais disponibilidade para Direito Civil. Por outro lado, se não é o seu foco especial, então, procure acomodar o Direito Civil em sua programação, porém na dosagem proporcional.

A melhor maneira de ter êxito nas provas para delegado de polícia com o Direito Civil é concentrando o estudo na literalidade dos dispositivos do Código, mormente nas regras da Parte Geral e da Responsabilidade Civil, além de um olhar particular sobre as normas da LINDB. O número de questões cuja composição cobra letra da lei é, sem dúvida, a maciça maioria. Afinal, a Lei seca é de extrema importância, já que, com certeza, nas questões de Direito Civil, a fonte das respostas encontra-se concentrada na literalidade normativa.

FERNANDICA!!!

Você pode gravar a leitura dos artigos da lei enquanto os estuda pela primeira vez. Depois, como forma de facilitar a assimilação, pode ouvir a própria gravação, várias vezes, conciliando-a com o acompanhamento da releitura, visando a decorar as minúcias das disposições. Outra sugestão bacana é assinalar detalhes textuais dos artigos que mais caem, criando mecanismos fáceis de apreensão da literalidade legal.

Sugere-se, no entanto, que não se faça uma preparação somente visando à leitura da legislação positivada, estudando-a em separado de uma adequada doutrina direcionada aos propósitos da prova que se pretende enfrentar. Portanto, um estudo conciliado entre a literalidade normativa e a explicação teórica da disciplina repercute positivamente em resultados exitosos. No entanto, procure selecionar uma doutrina afinada com o perfil de concurso público, devendo seguir as sugestões anteriormente apresentadas.

Dessa forma, o entendimento dos institutos acerca dos quais você apresenta menor familiaridade, como se pressupõe ser com o Direito Civil, será bastante otimizado caso seja engendrado um estudo casado entre essas duas fontes do Direito. Infere-se, assim, a forma mais eficiente para resolução das questões propostas no certame.

Quanto à Jurisprudência, como dito acima, a incidência de questões explorando esta fonte do Direito nas provas de ingresso para a carreira de delegado de polícia é bem menor quanto ao Direito Civil. A extensão de julgados e a frequência de decisões em face dos vários temas do Direito Civil podem confundir o candidato pleiteante da carreira de delegado de polícia, mormente por conta da menor afinidade com a disciplina.

Para não se perder no estudo e encontrar eventuais dificuldades na compreensão dos julgados objetos das questões de concurso, inicialmente, deve selecionar os assuntos mais cobrados para explorar a jurisprudência relacionada a esses temas específicos. Assim, você pode separar um tempo para a leitura dos informativos mais recentes do STJ e do STF relacionados a estes pontos, grifando os detalhes mais importantes para quando revisar somente precisar reler as partes assinaladas.

Recomendável se cadastrar no sistema Push dos sítios eletrônicos do STF e STJ, de forma a receber os resumos de jurisprudência diretamente em seu *e-mail*. Isso, provavelmente, você já deve estar fazendo com relação àquelas matérias mais usuais da prova para delegado de polícia. Basta, então, destinar um tempo, também, para o estudo dos julgados do Direito Civil. Ademais, bastante interessante acessar com frequência o site elaborado pelo professor Márcio André, o Dizer o Direito, bem conhecido por condensar em uma linguagem fácil e cirúrgica a análise da jurisprudência.

De outra banda, diante de recentes modificações legislativas envolvendo a legislação penal, inclusive algumas delas afetando institutos do Direito Civil, é factível emergirem questões interdisciplinares. Vislumbra-se, então, como um dos prováveis pontos de exigência em prova, quesitos versando sobre a ampliação das hipóteses de perda do poder familiar a partir da inclusão do feminicídio dentre as disposições do artigo 1638, parágrafo único, inciso I, alínea a do Código Civil. No mesmo contexto, assertivas enfatizando disposições de ordem civil previstas na Lei Maria da Penha (Lei 11.340/06) e no Estatuto da Pessoa Idosa (Lei 10.741/03) são também bastante sugestivas para constar em provas de concursos para delegado de polícia.

8 PROVA DISCURSIVA DE DIREITO CIVIL

As ênfases atribuídas às fases objetiva e discursiva, obviamente, são distintas. Entretanto, o universo de temas principais não varia quase nada e a pouca incidência do Direito Civil, em ambas, é fator bastante marcante. Dessa forma, a disciplina civilista continua sendo satélite nos certames para delegado de polícia, embora ostente maior importância como elemento de aprovação na prova objetiva, por ser exigida em quantidade razoável de editais, não obstante, em regra, o baixo quantitativo de questões.

Na etapa discursiva, assim, tal disciplina é bem pouco explorada, não se apresentando dentre os principais focos do examinador. São bastante escassos os concursos para delegado de polícia que tenham trazido, para a prova dissertativa, questões envolvendo os ditames civilistas. Somente os certames da PCDF (2015), PCGO (2016), PCMS (2017), PCRJ (2021) e PCGO (2022) trouxeram a previsão dessa disciplina para a fase escrita.

Isso já era o esperado, pois o cerne da etapa discursiva, geralmente, concentra-se nas matérias relativas ao Direito Penal, Processo Penal, Legislação Penal Especial, Direito Constitucional e Direito Administrativo. Direito Civil, por sua vez, acaba alijado da exigência nessa fase do certame por conta de sua tímida presença nas provas de seleção da carreira de autoridade policial e de sua baixa predileção entre os aspirantes do cargo.

Como a etapa objetiva já se incumbiu de constar quesitos referentes às normas do Código Civil ou legislação correlata, a fase discursiva opta em deixar de lado sua cobrança. Entende-se que, para os interesses da função de delegado de polícia, ainda que pequena, a quantidade de questão disponível na fase de múltipla escolha já foi suficiente para ponderação da qualidade técnica dos candidatos e, consequentemente, recrutá-los. Assim, a extensa demanda dos assuntos criminais e sua primordial ligação cotidiana com a carreira de delegado de polícia impõem que sejam enfatizados muito mais seus tópicos, merecendo mais uma etapa de avaliação, enquanto o Direito Civil acaba em segundo plano.

De 2015 a 2023, como dito acima, somente 05 (cinco) concursos para Delegado de Polícia previram, para a fase discursiva, no edital, a disciplina Direito Civil. Isso leva a concluir que a tendência de questões dissertativas sobre este ramo jurídico, nesses certames, é excepcionalíssima, tendo em vista que mais de 70% dos concursos dessa carreira não abordaram o assunto nesta fase. Nada impede que nos próximos editais a matéria seja exigida, porém o cotejo com as estatísticas de concursos passados conduz à inferência de que sua probabilidade de cobrança na fase discursiva da prova de Delegado de Polícia é extremamente baixa.

FERNANDICA!!!

Para que o candidato consiga ter uma visão ampla acerca do exposto acima, foi confeccionada a seguinte tabelinha.

Editais que fizeram a previsão de Direito Civil nas discursivas	2015: PCDF 2016: PCGO 2017: PCMS 2021: PCRJ 2022: PCGO
Editais que NÃO fizeram a previsão de Direito Civil nas discursivas	2016: PCPA, PCPE 2017: PCAC, PCMA, PCMT, PCSP, PCAP 2018: PCBA, PCGO, PCMG, PCPI, PCRR, PCRS, PCSE 2019: PCES 2020: PCPR, PCPA, PCRN 2021: PCMG, PCMS, PCAM 2022: PCAL, PCBA, PCES, PCRO, PCRR, PCSP 2023: PCSP

Por outro lado, quando a disciplina civilista é reivindicada na fase discursiva, o candidato reputa uma dificuldade maior do que efetivamente existe para a produção de suas respectivas respostas, o que não faz sentido. O aspirante a delegado de polícia tem a tendência de criar empecilhos e mitos quanto a essas questões acerca do Direito Civil, considerando-as, equivocadamente, em um patamar de dificuldade bem acima daquele que realmente ostentam.

De fato, convive-se com tal receio por conta principalmente de não ser usual o manejo dessa matéria numa fase dissertativa para delegado de polícia. Ademais, a falta de costume em confeccionar respostas dissertativas no bojo do Direito Civil aliada a um desleixo peculiar dos candidatos a delegado de polícia quanto às regras civilistas, por conta de não constar em sua zona de preferência de estudo, faz com que muita gente perca pontos preciosos nesta etapa.

Contudo, as habilidades exigidas para resolução vindicada nos enunciados propostos pelo examinador nas questões discursivas não são, nem de perto, aptidões com as quais o candidato não seja capaz de dispor. Em geral, serão exigidas respostas conceituais acerca dos tópicos próprios da Parte Geral do Direito Civil ou mesmo a solução de um caso concreto envolvendo responsabilidade civil. Pode, ainda, aparecer algum quesito consubstanciado de forma interdisciplinar, o que parece mais crível e adequado, haja vista não trabalhar o Direito Civil com tanta ênfase numa fase mais rebuscada, ao passo que permite avaliar o domínio fundamental dos seus institutos correlacionando-os aos problemas do campo criminal.

Sempre prudente a análise de algumas questões cobradas naqueles concursos alhures mencionados em que se exigiu Direito Civil no conteúdo programático para desmistificar a dificuldade de lidar com a modalidade discursiva de avaliação. Para tanto, serão catalogados a seguir alguns exemplos dessas perguntas dissertativas.

QUESTÃO 01

Concurso: Delegado de Polícia Civil do Rio de Janeiro

Ano: 2021

Banca: CESPE

(PCRJ – 2021 - CESPE) Antônio comprometeu-se a construir em trinta dias um muro divisório entre sua propriedade e o imóvel do seu vizinho João, a fim de conter as águas das chuvas e impedir a fuga dos animais domésticos de João para o terreno ao lado. Passados dois meses sem a construção do muro, uma chuva torrencial devastou a plantação de João com as águas oriundas da propriedade de Antônio, tendo acarretado, ainda, o desaparecimento dos animas domésticos de João. Indignado, João interpelou Antônio, que, inconformado, recusou-se a construir o muro. Na situação descrita anteriormente, que alternativas restam a João, levando-se em consideração a situação de urgência? Fundamente sua resposta.

QUESTÃO 02

Concurso: Delegado de Polícia Civil de Goiás

Ano: 2022

Banca: AOCP

(PCGO – 2022 - AOCP) Sobre o dolo enquanto defeito do negócio jurídicos, responda: a) O que é dolo? b) Quais são suas consequências jurídicas? c) No que consiste o dolo enantiomórfico e quais são seus efeitos?

Percebe-se que na primeira questão, o conhecimento das regras legais seria suficiente para solucionar a demanda. Dessa forma, bastaria desenvolver a resposta com base no art. 249 e seu parágrafo único do Código Civil. No que tange à segunda questão, percebe-se uma inclinação mais doutrinária, porém nada que um preparado candidato à delegado de polícia não possa solver. Não obstante o foco da questão verse acerca do defeito do negócio jurídico, especificamente este, o dolo, tem íntima relação com as lições do Direito Penal. Logo, mesmo que o candidato não tenha grandes habilidades com o Direito Civil, poderia manejar em sua resposta o próprio conteúdo apreendido nos estudos do Direito Penal.

9 DIREITO CIVIL E A PROVA ORAL PARA DELEGADO DE POLÍCIA

Se existe uma preocupação constante entre os candidatos focados na carreira de delegado de polícia é, sem dúvida nenhuma, saber acerca da previsão da fase oral dentre as etapas do correspondente certame. É um interesse justificável, pois o pleiteante ao cargo precisa ter noção integral do processo seletivo ao qual vai se submeter além de saber organizar sua preparação para contemplar todas as etapas do concurso.

Não se trata de uma fase usualmente constante nas provas para delegado de polícia. Nem todos os certames trazem a previsão dessa etapa, não apresentando, portanto, a mesma recorrência de uma fase discursiva. Esta é muito mais comum e quase constante em todos os editais para delegado de polícia. Já a fase oral é bem mais sazonal, contando com limitada aparição no concurso de autoridade policial.

O Direito Civil, por seu turno, já não é uma disciplina recorrente sequer nas provas objetivas, muito menos ainda na etapa discursiva, quiçá na fase oral. Como foi visto, as provas discursivas que abordam Direito Civil já são bastante escassas, de modo que não faz também sentido, pelas mesmas razões, a exigência dessa disciplina no contexto programático da etapa oral.

A prova oral tem uma finalidade peculiar e não se coaduna com a perspectiva de cobrança de uma matéria satélite do concurso. O foco de uma prova oral é avaliar não mais apenas o candidato pelo seu grau de conhecimento das noções da disciplina, pois ele já foi averiguado nas etapas anteriores acerca disso, mas principalmente sua capacidade de aprofundamento teórico e sua expertise em solver demandas práticas a partir dos parâmetros conceituais do ramo do Direito indagado.

Assim, o propósito da etapa oral é examinar se o aspirante a delegado de polícia está apto a expor, a partir de uma oratória eloquente e o emprego erudito da língua portuguesa, a fundamentação de problemas práticos e teóricos que lhe sejam apresentados, bem como o manejo de teses jurídicas para lastrear questões constantes da avaliação. A ideia é avaliar se o candidato em uma situação de adversidade, pois indagado por uma banca composta de especialistas correndo o risco de comprometer toda a árdua trajetória naquele certame, é capaz de elaborar respostas orais satisfatórias e à altura da responsabilidade à qual pretende assumir.

Nas previsões editalícias passadas, somente esteve presente etapa oral em 21 (vinte e um) certames, sendo 01 (um) em 2012, 03 (três) em 2014, 04 (quatro) em 2017, mais 04 (quatro) em 2018, somente 01 (um) em 2019 (este foi cancelado), 03 (três) em 2021, 04 (quatro) em 2022 e somente 01 (um) em 2023 até o presente momento. Considerando o interregno entre 2015 a 2023, constaram fase oral em 17 (dezessete) editais dentre 33 (trinta e três) concursos para autoridade policial desenvolvidos nesse período. Em outros 16 (dezesseis) editais não houve cobrança de prova oral. É possível, dessa forma, compreender que a sua exigibilidade nos certames para delegado de polícia é de intensidade média.

O estado do Pará tinha uma tradição em estabelecer fase oral em seus certames para delegado de polícia. Contudo, as últimas provas vêm demonstrando uma tendência em sentido oposto. A prova oral praticamente foi abandonada nesse certame. Já outros estados que não tinham tradição nesse sentido, passaram a se aventurar nessa cobrança, como é o caso, por exemplo, do Espírito Santo e de Roraima.

Dentre os concursos que propuseram prova oral, apenas 03 (três) estabeleceram Direito Civil no conteúdo programático desta fase, quais sejam o estado do Mato Grosso do Sul em 2017 e o Rio de Janeiro em 2012 e no edital de 2021. A dispensa da disciplina civilista mostra a exata dimensão de tratamento secundário. Impressionante, no concurso para delegado de polícia em Minas Gerais, não ter havido previsão da disciplina Direito Civil na correspondente prova oral, haja vista, conforme alhures mencionado, foi um certame muito exigente quanto aos conhecimentos das normas civilistas na fase objetiva.

Tanto no Rio de Janeiro (2012 e edital de 2021) quanto no Mato Grosso do Sul (2017), onde houve estabelecimento do Direito Civil no rol de conteúdo da fase oral, é possível observar que o grau de dificuldade quanto à pontuação de prova foi bastante elevado. No Rio de Janeiro, por exemplo, o candidato precisava atingir, pelo menos, 50 (cinquenta) pontos equivalentes a metade do total em cada disciplina nos dois certames referenciados. Já no Mato Grosso do Sul, a exigência foi ainda mais severa, pois impôs média, calculada a partir das notas de cada membro da banca, em, no mínimo, 70 (setenta) pontos por matéria. Portanto, em ambos os casos, Direito Civil tinha peso relevante no certame, ainda que na etapa oral.

Por todo o exposto, a adoção das FERNANDICAS e BEZERREGRAS vastamente apresentadas nesta análise vão assegurar eficiência em sua preparação, repercutindo no êxito almejado! Assim, não se esqueça: Para garantir o distintivo no peito, a pistola na cintura e a coordenação das diligências policiais, você não pode deixar o Direito Civil de lado!

Direito EMPRESARIAL

Thiago Peralva Barbirato França

1 ESTRATÉGIA DE ESTUDOS

O Direito Empresarial é reconhecidamente a matéria jurídica que mais causa pavor aos estudantes para as carreiras policias. Em regra, os candidatos ao cargo de Delegado de Polícia possuem encanto pelas matérias criminais, e não podia ser diferente. Mas, com a alta qualidade dos novos profissionais que ingressam na segurança pública, é cada vez mais frequente investigações de crimes tributários e financeiros ligados a pessoas jurídicas.

Diante de uma investigação que envolva representantes de pessoa jurídica, o domínio do Direito Empresarial mostra-se essencial para o sucesso da investigação. Entretanto, nem todos os concursos para Delegado de Polícia exigem a matéria de Direito Empresarial.

O conteúdo de Direito Empresarial, em sua maioria, consta em títulos específicos do Código Civil, mas o estudo de seus dispositivos não é suficiente. É necessário conciliar o domínio da lei com os conceitos e classificações doutrinárias.

Muito embora pareça ser uma matéria de difícil compreensão, quando se estuda com uma disposição em aprender, tudo fica mais fácil.

Seu conteúdo não é extenso como ocorre com as outras matérias básicas e a incidência nas provas é baixa.

Por ser uma matéria que não está presente em todos os concursos para Delegado de Polícia, a preparação para essa matéria é quase que exclusivamente voltada para a prova objetiva.

Se sua incidência não é unânime nas provas objetivas, nas provas dissertativa e oral sua incidência é praticamente rara.

É de suma importância se atentar ao edital do concurso da possibilidade de ser cobrado o Direito Empresarial na segunda ou terceira fase do concurso.

Para a **prova objetiva**, tão importante quanto o estudo para as outras matérias, a **leitura de letra de lei é imprescindível**, já que uma boa parte da prova é extraída exatamente como consta nos dispositivos do Código Civil e legislação esparsa, a exemplo da Lei de Falências (Lei nº 11.101/95), Lei do Cheque (Lei nº 7.357/85) e Lei das SA's (Lei nº 6.404/76).

Outro ponto fundamental no estudo para a primeira fase consiste nos **conceitos e classificações doutrinárias**, que possui uma incidência relativamente alta nas provas.

Daí a importância de conciliar o estudo de letra de lei com a doutrina. Entretanto, conforme indicação a seguir, a doutrina utilizada tem que ser direcionada para concurso público, ou seja, uma obra objetiva e completa.

A jurisprudência também deve ser observada, mas com uma relevância não tão grande quanto às matérias penais. O estudo através da indicação bibliográfica a seguir, com as devidas atualizações através dos informativos do STF e STJ são suficientes.

A preparação para a prova dissertativa não é muito diferente, mas deve ser dada uma atenção maior aos conceitos e classificações doutrinários e às atualizações jurisprudenciais, sem, contudo, abrir mão da leitura da lei seca. Esse mesmo raciocínio se aplica ao estudo do Direito Empresarial para a prova oral, caso seja objeto de avaliação.

Vale ressaltar que mesmo tendo uma incidência rara nas provas discursiva e oral para Delegado de Polícia, sempre que essa matéria for objeto de avaliação nessas fases, não se deve negligenciar o estudo do Direito Empresarial.

É possível observar exemplos em concursos (Policia Civil do Distrito Federal) em que foram cobradas matérias que não são consideradas básicas para a atividade policial, como Processo Civil e Direito Tributário.

Assim, as fases de provas de conhecimento têm que ser estudadas com estratégias diferentes, cada uma em seu devido tempo. Quando estiver diante de uma prova objetiva, esqueça nesse momento a preparação para as demais etapas do concurso. Deixe para se dedicar para a prova dissertativa, quando for o momento. Da mesma forma acontece quanto à prova oral. Um erro muito comum entre os candidatos consiste no estudo para a prova objetiva já com pensamento em acertar eventual questão da prova oral.

2 INDICAÇÃO BIBLIOGRÁFICA

O estudo de Direito Empresarial requer uma bibliografia com leitura agradável e de conteúdo sucinto e completo.

Sem medo de errar, o livro "Sinopse para Concursos" da Juspodivm, escrito por André Santa Cruz, apresenta-se com uma das obras mais indicadas para o estudo do Direito Empresarial para concursos, especialmente para Delegado de Polícia.

Ainda dentro da Coleção "Sinopses para Concursos" da Editora Juspodivm, a obra produzida pela Professora Estefânia Rossignoli é considerada excelente para a preparação em Direito Empresarial. O livro possui conteúdo completo que abrange conceitos e classificações doutrinários, explicação dos principais dispositivos legais e entendimento jurisprudencial acerca de cada tema tratado, trazido através de quadros explicativos, que torna a leitura agradável e facilita o entendimento.

A obra "Manual de Direito Comercial" de Fabio Ulhoa Coelho também possui leitura agradável e conteúdo completo, entretanto, é mais indicada para o estudo acadêmico, durante cursos de graduação ou pós-graduação.

Para se manter atualizado com as decisões dos Tribunais Superiores para concursos, o Vade Mecum de Jurisprudência do Dizer o Direito, de Márcio André Lopes Cavalcante se apresenta imprescindível na preparação dos candidatos para todas as matérias, inclusive para o Direito Empresarial.

Aliado ao estudo do conteúdo e da jurisprudência, o candidato deve resolver constantemente questões de concursos anteriores, motivo pelo qual o "Revisaço para Delegado de Polícia" da Jurspodivm também se torna fundamental. Além das questões dos últimos concursos, a obra possui comentário sobre cada questão, além de dicas e conteúdo jurisprudencial sobre os principais temas.

Como dito acima, a matéria de Direito empresarial possui uma incidência pequena nas provas dissertativas e oral nos concursos para Delegado de Polícia. Sua preparação, em regra, deve ser direcionada para a prova objetiva, salvo quando essa matéria constar no edital como objeto de avaliação nas demais etapas do concurso.

A bibliografia acima indicada também se mantém para a preparação em todas as etapas do concurso para Delegado de Polícia e não somente para a prova objetiva. Entretanto, deve se dar uma maior atenção aos conceitos e classificações doutrinários e entendimentos jurisprudenciais quando o candidato estiver se preparando para prova dissertativa ou oral.

3 ANÁLISE GERAL DAS ÚLTIMAS PROVAS PARA DPC

A matéria Direito Empresarial não consta em todos os editais para Delegado de Polícia e, na maioria das vezes, tem seu conteúdo anexado à matéria de Direito Civil.

Mesmo quando há a previsão de conteúdos de Direito Empresarial no edital, a quantidade de questões dessa matéria não costuma ser alta. Entretanto, uma regra deve ser levada à risca: o candidato não pode negligenciar nenhuma matéria prevista no edital.

Ao se analisar últimas provas para Delegado de polícia, verificou-se que apenas em algumas delas possuíam a matéria de Direito Empresarial em seu conteúdo programático.

Segue abaixo análise com a indicação dos concursos que cobraram Direito Empresarial e o quantitativo de questões sobre essa matéria em cada prova.

	Estado	Ano	Nº Total de Questões	Nº de questões de Empresarial	Banca Examinadora
01	CEARÁ	2015	100	1 – 1%	VUNESP
02	DISTRITO FEDERAL	2015	100	3 – 3%	FUNIVERSA
03	PARÁ	2016	80	–	FUNCAB
04	PERNAMBUCO	2016	100	4 – 4%	CEBRASPE

	Estado	Ano	Nº Total de Questões	Nº de questões de Empresarial	Banca Examinadora
05	ACRE	2017	100	-	IBADE
06	GOIÁS*	2017	100	3 – 3%	CEBRASPE
07	MATO GROSSO	2017	80	-	CEBRASPE
08	AMAPÁ	2017	60	-	FCC
09	MATO GROSSO DO SUL	2017	100	-	FAPEMS
10	BAHIA	2018	100	2 – 2%	VUNESP
11	MARANHÃO	2018	100	3 -3%	CEBRASPE
12	MINAS GERAIS	2018	70	-	FUMARC
13	PIAUÍ	2018	100	-	NUCEPE
14	RIO GRANDE DO SUL	2018	120	-	FUNDATEC
15	SERGIPE	2018	150	3 – 2%	CEBRASPE
16	SÃO PAULO	2018	100	-	VUNESP
17	GOIÁS	2018	100	4 – 4%	UEG
18	ESPÍRITO SANTO*	2019	100	-	INSTITUTO ACESSO
19	Pará	2021	80	-	INSTITUTO AOCP
20	RIO GRANDE DO NORTE	2021	100	-	FGV
21	PARANÁ	2021	100	-	UFPR
22	MATO GROSSO DO SUL	2021	100	-	FAPEC
22	MINAS GERAIS	2021	70	-	FUMARC
23	PARAÍBA	2022	80	-	CEBRASPE
24	RIO DE JANEIRO	2022	100	-	CEBRASPE
25	AMAZONAS	2022	100	-	FGV

	Estado	Ano	Nº Total de Questões	Nº de questões de Empresarial	Banca Examinadora
26	SÃO PAULO	2022	100	-	VUNESP
27	ESPÍRITO SANTO	2022	80	-	CEBRASPE
28	BAHIA	2022	100	-	IBFC
29	RORAIMA	2022	60	-	VUNESP
30	RONDÔNIA	2022	100	-	CEBRASPE
31	GOIÁS	2022	100	2 - 2%	INSTITUTO AOCP
32	ALAGOAS	2023	120	-	CEBRASPE

*. Concurso anulado.

4 CONTEÚDO PROGRAMÁTICO DE DIREITO EMPRESARIAL

O conteúdo programático de Direito Empresarial não costuma ter diferenças significativas entre os concursos para Delegado de Polícia, o que possibilita ao candidato se preparar com bastante antecedência para dessa matéria.

Após análise de 18 provas aplicadas para Delegado de Polícia entre os anos de 2015 a 2023 foi possível verificar a seguinte distribuição de questões conforme tópico do conteúdo programático abaixo.

	Tópico do Conteúdo Programático Cobrado	Porcentagem
1	Direito Empresarial. Origem; evolução histórica; autonomia; fontes; características.	0
2	Empresário: caracterização; inscrição; capacidade; teoria da empresa e seus perfis.	1 - 4%
3	Teoria geral dos títulos de crédito. Títulos de crédito: letra de câmbio; cheque; nota promissória; duplicata. Aceite; aval; endosso; protesto; prescrição. Ações cambiais. integração das leis uniformes de Genebra no direito brasileiro	4 - 18%
4	Espécies de empresa. Responsabilidade dos sócios. Distribuição de lucros. Sócio oculto. Segredo comercial.	1 - 4%

	Tópico do Conteúdo Programático Cobrado	Porcentagem
5	Teoria geral do direito societário. Conceito de sociedade; personalização da sociedade. Classificação das sociedades: sociedades não personificadas; sociedades personificadas; sociedade simples; sociedade em nome coletivo; sociedade em comandita simples; sociedade em comandita por ações; sociedade cooperada; sociedades coligadas. Liquidação; transformação; incorporação; fusão; cisão; sociedades dependentes de autorização. 13.4 Sociedade limitada; Sociedade Anônima. Estabelecimento empresarial.	12 - 52%
6	Recuperação judicial; recuperação extrajudicial; falência do empresário e da sociedade empresária.	4 - 18%
7	Institutos complementares do direito empresarial: registro; nome; prepostos; escrituração; propriedade industrial.	1 - 4%
8	Sistema Financeiro Nacional: constituição; competência das entidades integrantes; instituições financeiras públicas e privadas; liquidação extrajudicial de instituições financeiras; sistema financeiro da habitação.	0

Obs.: percentual arredondado para facilitar o entendimento.
Total: 23 questões.

Como se percebe, o tópico sobre a Teoria Geral do Direito Societário possui a maior incidência nas provas, seguida pelos assuntos Títulos de Créditos e Falência do Empresário. Dentro da Teoria Geral do Direito societário se destaca uma grande quantidade de questões sobre estabelecimento empresarial e sociedades limitadas.

Em outra análise foi possível observar a maneira como as questões são abordadas em cada tópico do conteúdo. Alguns tópicos são cobrados exclusivamente entendimentos doutrinários e outros apenas o estudo da letra da lei associado ou não a entendimento jurisprudencial.

O quadro abaixo possibilita orientar a forma como o candidato deve ser preparar em relação a cada tópico do conteúdo.

	Tópico do conteúdo programático	Forma de estudo
1	Direito Empresarial. Origem; evolução histórica; autonomia; fontes; características.	DOUTRINA
2	Empresário: caracterização; inscrição; capacidade; teoria da empresa e seus perfis.	LEI SECA + DOUTRINA

	Tópico do conteúdo programático	Forma de estudo
3	Teoria geral dos títulos de crédito. Títulos de crédito: letra de câmbio; cheque; nota promissória; duplicata. Aceite; aval; endosso; protesto; prescrição. Ações cambiais. integração das leis uniformes de Genebra no direito brasileiro.	LEI SECA + DOUTRINA + JURISPRUDÊNCIA
4	Espécies de empresa. Responsabilidade dos sócios. Distribuição de lucros. Sócio oculto. Segredo comercial.	LEIS SECA + JURISPRUDÊNCIA
5	Teoria geral do direito societário. Conceito de sociedade; personalização da sociedade. Classificação das sociedades: sociedades não personificadas; sociedades personificadas; sociedade simples; sociedade em nome coletivo; sociedade em comandita simples; sociedade em comandita por ações; sociedade cooperada; sociedades coligadas. Liquidação; transformação; incorporação; fusão; cisão; sociedades dependentes de autorização. 13.4 Sociedade limitada; Sociedade Anônima. Estabelecimento empresarial.	LEI SECA + DOUTRINA + JURISPRUDÊNCIA
6	Recuperação judicial; recuperação extrajudicial; falência do empresário e da sociedade empresária.	LEI SECA + JURISPRUDÊNCIA
7	Institutos complementares do direito empresarial: registro; nome; prepostos; escrituração; propriedade industrial.	LEIS SECA + DOUTRINA
8	Sistema Financeiro Nacional: constituição; competência das entidades integrantes; instituições financeiras públicas e privadas; liquidação extrajudicial de instituições financeiras; sistema financeiro da habitação.	LEI SECA

Perceba que alguns tópicos devem ser estudados exclusivamente pela doutrina, já outros apenas por leitura do texto do Código Civil e das Leis esparsas.

A jurisprudência possui uma incidência menor no Direito Empresarial, entretanto, nos tópicos relacionados aos títulos de crédito, direito societário e falência, foi possível encontrar questões que exigiram entendimento dos Tribunais Superiores.

5 PRINCIPAIS PONTOS DO DIREITO EMPRESARIAL

Como se observa da tabela acima, as questões na prova de Direito Empresarial têm por base três tópicos do conteúdo programático: Títulos de Créditos, Direito Societário e Falência. Entretanto, orienta-se ao candidato não negligenciar nenhum tópico constante no edital, uma ou duas questões podem fazer a diferença no resultado final do concurso.

A seguir análise ponto a ponto do conteúdo programático de Direito Empresarial, com exemplos de questões sobre cada tópico.

5.1 Direito Empresarial. Origem; evolução histórica; autonomia; fontes; características

Tópico pouco explorado nos concursos públicos, não se observou nenhuma questão relacionada a esse tópico nas últimas provas, inclusive não consta de todos os conteúdos programáticos do Direito empresarial.

5.2 Teoria geral dos títulos de crédito. Títulos de crédito: letra de câmbio; cheque; nota promissória; duplicata. Aceite; aval; endosso; protesto; prescrição. Ações cambiais. Integração das leis uniformes de Genebra no direito brasileiro

Tópico bastante cobrado nas provas. No que se refere à Teoria Geral dos Títulos de Crédito, a leitura do Código Civil, entre os artigos 887 a 926, apresenta-se como imprescindível. Mas para o estudo dos títulos em espécie é necessário estudar as leis que regulamentam o cheque e a duplicata: Lei nº 7.357/85 (cheque), Lei nº 5.474/68 (duplicatas). Por fim, também é necessária especial atenção à Lei Uniforme de Genebra (LUG), Decreto nº 57.663/66.

QUESTÃO 73

(UEG - 2018 - Delegado de Polícia GO)

Cheque é título de crédito sacado contra instituição financeira e que:

A para a execução contra o emitente, tem prazo prescricional de 6 meses a contar de sua emissão.

B para execução contra o emitente, depende de prévio protesto por falta de pagamento.

C depois de prescrito, não pode estribar ação monitória relativa ao respectivo crédito.

D depois de prescrito, pode ser objeto de ação de locupletamento contra o emitente.

E pode ter o pagamento pelo banco sacado sujeito a termo, mas não a condição.

Gabarito: D

5.3 Espécies de empresa. Responsabilidade dos sócios. Distribuição de lucros. Sócio oculto. Segredo comercial

As questões observadas dentro deste tópico se referem à responsabilidade dos sócios, que está atrelada ao direito societário.

QUESTÃO 73

(Cebraspe 2016 – Delegado de Polícia PE)

Considerando a legislação em vigor a respeito da responsabilidade dos sócios nos diversos tipos societários, assinale a opção correta.

A Nas sociedades cooperativas, o contrato social deverá prever, necessariamente, a responsabilidade ilimitada aos sócios.

B O acionista responde ilimitadamente com o próprio patrimônio no que se refere às obrigações assumidas pela sociedade anônima.

C Nas sociedades anônimas, os acionistas respondem solidariamente pela integralização do capital social.

D Nas sociedades limitadas, os sócios respondem solidariamente pela integralização do capital social.

E Na sociedade comandita por ações, todos os sócios respondem ilimitadamente pelos débitos societários.

Gabarito: D

QUESTÃO 66

(Cebraspe 2018 – Delegado SE)

Determinada sociedade por quotas de responsabilidade limitada compra peças de uma sociedade em comum e as utiliza na montagem do produto que revende. A sociedade que vende as peças funciona sem registro na junta comercial e, assim, seus sócios responderão ilimitadamente pelas obrigações sociais. C/E

Gabarito: C

5.4 Teoria geral do direito societário. Conceito de sociedade; personalização da sociedade. Classificação das sociedades: sociedades não personificadas; sociedades personificadas; sociedade simples; sociedade em nome coletivo; sociedade em comandita simples; sociedade em comandita por ações; sociedade cooperada; sociedades coligadas. Liquidação; transformação; incorporação; fusão; cisão; sociedades dependentes de autorização. Sociedade limitada; Sociedade Anônima. Estabelecimento empresarial

Esse Tópico explora um dos temas mais importante do Direito Empresarial. Aqui se encontra a grande maioria das questões elaboradas para Delegado de Polícia. Os assuntos mais recorrentes nas provas são as sociedades não personificadas, sociedade limitada, sociedade anônima e, principalmente, estabelecimento empresarial.

O direito societário está regulamentado no Código Civil entre os artigos 981 a 1.141, mas a sociedade anônima possui regulamentação própria, a Lei nº 6.404/76, conhecida como Lei das SA). Já o estabelecimento empresarial consta dos artigos 1.142 ao 1.149, também do Código Civil.

QUESTÃO 74

(UEG - 2018 - Delegado de Polícia GO)

Quanto à sociedade limitada:

A A responsabilidade de cada sócio é limitada à integralização das quotas sociais por ele subscritas ou adquiridas.

B Apenas pode ter conselho fiscal se o contrato social previr a regência supletiva pelas normas da sociedade anônima.

C Seus atos constitutivos podem ser registrados em junta comercial ou em registro civil de pessoas jurídicas, a depender do objeto social.

D Pode nomear pessoa jurídica como administrador, desde que a designação seja feita pelo contrato social.

E A omissão do termo "limitada" no nome empresarial não acarreta a responsabilidade ilimitada dos sócios se a cláusula de limitação de responsabilidade constar do contrato social.

Gabarito: C

QUESTÃO 18

(Cebraspe 2018 - Delegado de Polícia MA)

Considere que determinada sociedade limitada constituída por três sócios, sendo um deles o sócio administrador, ainda não esteja com seu capital social totalmente integralizado. Nessa situação, a responsabilização

A deverá recair primeiramente sobre os sócios que ainda não tiverem integralizado suas quotas de capital social.

B dos sócios restringir-se-á aos valores de suas quotas de capital.

C dos sócios será subsidiária, devendo o sócio administrador ser responsabilizado em primeiro lugar.

D será do sócio administrador, em razão de suas atribuições sociais.

E será solidária em face da não integralização total do capital social.

Gabarito: E

QUESTÃO 73

(Venesp 2018 – Delegado de Polícia BA)

Com relação ao estabelecimento empresarial, assinale a alternativa correta.

A O contrato que tenha por objeto a alienação, o usufruto ou arrendamento do estabelecimento, só produzirá efeitos quanto às partes e a terceiros depois de averbado à margem da inscrição do empresário, ou da sociedade empresária, no Registro Público de Pessoas Jurídicas, e de publicado na imprensa local.

B O adquirente do estabelecimento responde pelo pagamento dos débitos anteriores à transferência, mesmo não contabilizados, continuando o devedor primitivo subsidiariamente obrigado, pelo prazo de três anos, a partir, quanto aos créditos vencidos, da publicação, e, quanto aos outros, da data do vencimento.

C A transferência do estabelecimento importa a sub-rogação do adquirente nos contratos estipulados para exploração do estabelecimento, se não tiverem caráter pessoal, podendo os terceiros rescindir o contrato em noventa dias a contar da publicação da transferência, se ocorrer justa causa, ressalvada, neste caso, a responsabilidade do alienante.

D Não havendo autorização expressa, o alienante do estabelecimento não pode fazer concorrência ao adquirente, nos dez anos subsequentes à transferência; no caso de arrendamento ou usufruto do estabelecimento, a proibição persistirá durante o prazo contratual, não podendo ser superior a cinco anos.

Ⓔ A cessão dos créditos referentes ao estabelecimento transferido produzirá efeito em relação aos respectivos devedores, desde o momento da assinatura do contrato, e, a partir da publicação da transferência, o devedor que pagar ao cedente, mesmo de boa-fé, terá que pagar novamente ao adquirente.

Gabarito: C

QUESTÃO 80

(Cebraspe 2018 – Delegado GO)

Depende do consentimento de todos os sócios ou acionistas – salvo em caso de previsão no ato constitutivo, hipótese em que o dissidente poderá retirar-se da sociedade – a operação societária denominada

Ⓐ incorporação.

Ⓑ fusão.

Ⓒ cisão.

Ⓓ liquidação.

Ⓔ transformação.

Gabarito: E

QUESTÃO 81

(Cebraspe 2018 – Delegado GO)

Assinale a opção correta no que se refere ao direito societário.

Ⓐ Compete ao poder público municipal do local da sede autorizar o funcionamento de sociedades cujo funcionamento dependa de autorização do Poder Executivo.

Ⓑ É nulo todo o contrato social de sociedade limitada que contenha cláusula que exclua qualquer sócio da participação nos lucros e nas perdas.

Ⓒ A sociedade em comum e a sociedade de fato ou irregular são não personificadas, conforme classificação do Código Civil.

Ⓓ O sócio remisso pode ser excluído da sociedade pelos demais, caso em que deve ser-lhe devolvido, com os abatimentos cabíveis, o montante com o qual tenha contribuído para o capital social.

Ⓔ Os tipos societários previstos no Código Civil são exemplificativos, podendo as sociedades organizar-se de formas distintas das expressamente listadas.

Gabarito: D

QUESTÃO 67

(Cebraspe 2018 – Delegado SE)

O contrato social da sociedade limitada pode prever regência supletiva pelas normas das sociedades anônimas, mas, se não o fizer, serão aplicadas as regras das sociedades simples no caso de omissões de normas específicas da sociedade limitada. C/E

Gabarito: C

5.5 Recuperação judicial; recuperação extrajudicial; falência do empresário e da sociedade empresária

A Lei de Falências (Lei nº 11.101/05) possui significativa incidência nos concursos públicos, principalmente no que se refere à recuperação judicial, sendo observado uma alta incidência nas últimas provas.

QUESTÃO 75

(UEG – 2018 – Delegado de Polícia GO)

Dispõe a Lei n. 11.101/2005, sobre a recuperação judicial, que:

A o plano de recuperação judicial aprovado e homologado implica novação de todos os créditos constituídos até a data da homologação. b) o deferimento da recuperação judicial não afasta o devedor ou seu administrador da posse e da gestão da empresa.

C a alienação pelo devedor em recuperação de bem objeto de garantia real, a supressão da garantia ou sua substituição serão admitidas mesmo sem expressa concordância do respectivo credor.

D distribuindo o pedido de recuperação judicial, o devedor não pode alienar ou onerar bens ou direitos de seu ativo permanente, salvo evidente utilidade reconhecida pelo administrador judicial.

E o devedor em recuperação deve ostentar em seu nome empresarial a expressão "em recuperação judicial" desde a propositura da ação até a homologação do plano de recuperação aprovado pelos credores.

Gabarito: B

QUESTÃO 20

(Cebraspe 2018 – Delegado MA)

Acerca do procedimento penal estabelecido na Lei n.º 11.101/2005, que dispõe sobre a recuperação judicial e extrajudicial e sobre a falência do empresário e da sociedade empresária, assinale a opção correta.

A Por se tratar de legislação especial, as disposições do CPP não são aplicadas subsidiariamente nas hipóteses de procedimento penal previstas na lei em questão.

B As ações penais relativas aos crimes previstos na lei em apreço devem ser distribuídas por sorteio entre as varas de execuções penais da jurisdição.

C As ações penais relativas aos crimes previstos na lei em pauta são de natureza pública condicionada.

D O MP, verificando a ocorrência de qualquer crime previsto na referida lei, promoverá a competente ação penal.

E Decorrido o prazo legal sem que o representante do MP ofereça denúncia quanto aos crimes previstos na lei em tela, o procedimento será arquivado.

Gabarito: D

QUESTÃO 74

(Vunesp 2018 – Delegado de Polícia BA)

Poderá requerer a recuperação judicial o devedor

A que, no momento do pedido, exerça regularmente suas atividades empresariais pelo período mínimo de seis meses.

B que obteve recuperação judicial anterior, desde que decorridos ao menos 2 anos da publicação da sentença concessiva desta.

C condenado por crimes falimentares, desde que de corridos ao menos 3 anos, bem como pelo cumprimento da penalidade imposta.

D falido, desde que estejam declaradas extintas, por sentença transitada em julgado, as responsabilidades decorrentes da falência.

E empresa pública ou sociedade de economia mista exercente de atividade econômica não sujeita ao regime de monopólio.

Gabarito: D

QUESTÃO

(INSTITUTO AOCP - 2022 – Delegado de Polícia GO)

Em relação à Lei nº 11.101/2005, que regula a recuperação judicial, a extrajudicial e a falência do empresário e da sociedade empresária, assinale a alternativa INCORRETA.

Alternativas

Ⓐ A Lei nº 11.101/2005 não se aplica às empresas públicas e às sociedades de economia mista.

Ⓑ É competente para deferir a recuperação judicial o juízo do local do principal estabelecimento do devedor ou da filial de empresa que tenha sede fora do Brasil.

Ⓒ A conciliação e a mediação deverão ser incentivadas em qualquer grau de jurisdição, inclusive no âmbito de recursos em segundo grau de jurisdição e nos Tribunais Superiores, e não implicarão a suspensão dos prazos previstos nesta Lei, salvo se houver consenso entre as partes em sentido contrário ou determinação judicial.

Ⓓ O processamento da recuperação judicial ou a decretação da falência não autoriza o administrador judicial a recusar a eficácia da convenção de arbitragem, não impedindo ou suspendendo a instauração de procedimento arbitral.

Ⓔ O juízo da falência é indivisível e competente para conhecer as ações sobre bens, interesses e negócios do falido, incluídas as causas trabalhistas e fiscais.

Gabarito: E

5.6 Institutos complementares do direito empresarial: registro; nome; prepostos; escrituração; propriedade industrial

Assuntos com pouca incidência nas provas analisadas, destacando-se o estudo das marcas, patentes e crimes contra propriedade industrial.

QUESTÃO 19

(Cebraspe 2018 – Delegado MA)

No âmbito dos crimes contra a propriedade industrial, constitui concorrência desleal

Ⓐ utilizar sinal de propaganda alheio, de modo a criar confusão entre os produtos ou estabelecimentos.

B reproduzir, sem autorização do titular, marca registrada, de modo que se possa induzir confusão.

C fabricar, sem autorização do titular, produto objeto de patente de invenção.

D utilizar denominação, sinal ou qualquer outra forma que indique procedência que não a verdadeira.

E utilizar, sem autorização do titular, processo que seja objeto de patente de invenção.

Gabarito: A

5.7 Sistema Financeiro Nacional: constituição; competência das entidades integrantes; instituições financeiras públicas e privadas; liquidação extrajudicial de instituições financeiras; sistema financeiro da habitação

Tópico com raríssima incidência nas provas para Delegado de Polícia, não sendo encontrada nenhuma questão sobre esses assuntos nos últimos oito concursos em que foi exigido o Direito Empresarial.

6 ANÁLISE DAS QUESTÕES DE DIREITO EMPRESARIAL

As provas de Direito Empresarial, em concurso para Delegado De Polícia, têm por tradição cobrar a literalidade do Código Civil e das leis esparsas. Também se observa questões relacionadas a Teorias, conceitos e classificações doutrinários. Questões relacionadas a entendimentos jurisprudenciais não se mostra com grande incidência, ao contrário de outros ramos do direito.

Ao analisar as oito últimas provas de Direito Empresarial aplicadas para Delegado de Polícia é possível constatar que as questões extraídas da lei seca representam quase 80% das provas. Em seguida, questões retiradas de Teorias, conceitos e classificações doutrinários representam 14%. E, por fim, com uma incidência menor, as questões que exigem entendimento atual dos Tribunais Superiores, com apenas 7% das provas, como pode ser observado no gráfico abaixo.

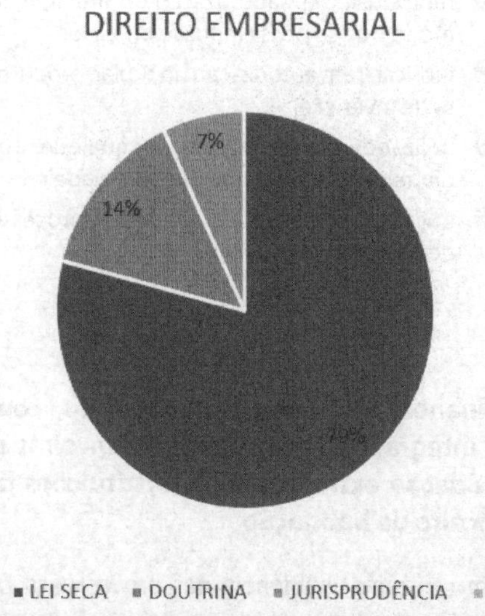

LEI SECA	DOUTRINA	JURISPRUDÊNCIA
22 – 79%	4 – 14%	2 – 7%

Total de questões de Direito Empresarial encontradas: 28 = 100%

Como se observa, o estudo da lei seca é fundamental na preparação do candidato, especialmente em Direito empresarial, quando esse percentual é ainda maior em relação à doutrina e jurisprudência, comparando com os outros ramos do direito.

Esse é o panorama das questões nas provas objetivas. Quando se refere a uma preparação para prova dissertativa ou até mesmo prova oral em Direito Empresarial para Delegado de Polícia, o candidato tem que ter uma maior dedicação nos conceitos e classificações doutrinários e entendimentos jurisprudenciais.

7 CONSIDERAÇÕES FINAIS

O Direito Empresarial não forma o bloco de matérias principais para o concurso de Delegado de polícia, em médias apenas 3% da prova são de questões sobre essa matéria, sem contar que nem sempre ela está presente no edital.

Entretanto, não se recomenda negligenciar Direito Empresarial e estudar somente as matérias que mais são cobradas, cada ponto a mais no final fará a diferença. Muitas vezes significa a diferença entre estar dentro e fora do número de vagas. Essa seletividade durante a preparação configura um dos principais erros do candidato que não alcançam a aprovação.

Deve ser dado uma atenção especial às matérias base, sim! Mas, jamais deixar de estudar as matérias secundárias.

Da análise feita dos últimos concursos, como se verifica nas tabelas e gráfico acima, permite ao candidato se preparar com estratégia para o Direito Empresarial. Foi possível perceber que o estudo da lei seca, principalmente do texto do Código Civil, representa a maneira mais adequada para essa preparação e, sempre que possível, conciliando com a doutrina e jurisprudência.

Para muitos, a dificuldade para se ter uma boa compreensão nessa matéria é grande, mas saiba que todo o esforço despendido durante a preparação será recompensado no final.

Direito TRIBUTÁRIO

Anna Victoria Medeiros Escorel Almeida Henrique

1 BIBLIOGRAFIA INDICADA

Analisando os resultados das provas anteriores dos concursos de Delegado de Polícia Civil, é visível que os candidatos estão praticamente "gabaritando" as quatro matérias consideradas de maior importância, a citar administrativo, constitucional, penal e processo penal, sendo o diferencial feito em matérias, até então, consideradas de "menor peso" como tributário. Percebe-se que um ponto a mais é capaz de fazer com que o candidato suba diversas posições.

Ressalta-se que tributário é uma matéria pequena, e, nos certames de policiais é cobrado de forma objetiva, privilegiando a abordagem da lei seca. A doutrina cobrada é a basilar, sendo suficiente um material resumido. Não podemos nos esquecer da crescente cobrança de posições jurisprudenciais dos tribunais superiores.

Cada vez mais constante é a divulgação de operações da Polícia Civil visando ao combate de crimes tributários. Essa modalidade de crime de colarinho branco é responsável por tirar do Estado bilhões anualmente, o que gera um desfalque irremediável na saúde, educação e segurança, matando, indiretamente, centenas de pessoas. Tal fato vem sendo levado em consideração para aumentar a importância da repressão dessas práticas delitivas, sendo indispensável o conhecimento pelo Delegado de Polícia de todas as nuances do Direito Tributário.

Dito isso, vamos a análise da bibliografia.

É importante ressaltar que devido a imensidão de matérias dos conteúdos programáticos, o seu material de direito tributário deve guardar uma característica: ser suficiente, nem mais, nem menos que o necessário. Como descobrimos isso? Através da análise estratégica das provas passadas, informações que lhe serão passadas nessa obra.

Não podemos menosprezar que o estilo de escrita do autor deve ser considerado na escolha do livro, a afinidade ajuda a fomentar o prazer na hora de estudar. A escolha de uma boa bibliografia é uma das estratégias mais importantes a ser tomada, uma leitura desagradável gera inconstância, não rende, e, terminamos por dispensar mais rápido.

Levando-se em consideração as inúmeras matérias que caem no concurso de Delegado de Polícia, e que o candidato terá outros livros para ler, é importante uma doutrina objetiva e ao mesmo tempo completa. Que trate a matéria de forma didática e esquematizada, englobando a jurisprudência e a lei seca.

Vale salientar, que mesmo quando não é cobrado como uma matéria isolada, o conhecimento tributário é abordado dentro de Direito Constitucional, o qual aborda o Sistema Tributário Nacional e dentro de Penal e Processo Penal, quanto aos crimes tributários.

O Direito Tributário é uma matéria cobrada de forma relativamente simples nas provas de Delegado. Um bom resumo atende perfeitamente as exigências, o que é o caso da sinopse da editora Juspodivm, do autor Roberval Rocha. Tal obra é prática, sistematizada e objetiva, sem deixar de mencionar o, importantíssimo, entendimento jurisprudencial correlato à matéria.

Não menos importante, é indispensável um VADE-MECUM atualizado. A leitura do texto normativo é fundamental na preparação para concursos jurídicos, por isso, dediquei um tópico específico para esse assunto mais a frente, tendo em vista a grande dificuldade que os concurseiros enfrentam neste tipo de estudo. Nesse momento quero te indicar o CADERNO DE ESTUDOS DA LEI SECA, da editora Juspodivm.

Por fim, o estudo da jurisprudência pode ser feito no site do STF e STJ e caso você precise de esclarecimentos maiores, o "Dizer o Direito", site e obras, estão aí para te suprir completamente. Indico a obra VADE MECUM DE JURISPRUDÊNCIA, do autor Marcio André L Cavalcante, Editora Juspodivm. E também o livro SÚMULAS DO STF e do STJ do mesmo autor e editora.

2 ANÁLISE DO CONTEÚDO PROGRAMÁTICO DOS ÚLTIMOS EDITAIS

Para vencer o jogo, é crucial entender suas regras. Com a estratégia correta você ganha tempo, e, consegue de forma mais eficaz dar o *checkmate*. A primeira tática de preparação é conhecer qual a forma que você poderá ser "atacado", ou seja, qual o conteúdo programático, o que será cobrado.

Analisando os últimos editais propostos para Delegado de Polícia Civil, quanto a matéria de direito tributário, pude perceber que tal disciplina não é cobrada em todos os certames, bem como, o conteúdo programático não é uniforme em todos os concursos, ou seja, há uma variação de conteúdos de acordo com o edital de cada Estado. Existem assuntos que estão sempre presentes e outros que oscilam entre os editais.

Quase que de forma unânime são cobrados os seguintes conteúdos:

- Tópico 1 – **Introdução e Sistema Tributário Nacional:** O Estado e o poder de tributar, Conceitos e Princípios, limitações ao poder de tributar.
- Tópico 2 – **Tributo:** Conceito e espécies.
- Tópico 3 – **Normas Gerais de Direito Tributário**
- Tópico 4 – **Obrigação Tributária e Responsabilidade Tributária:** conceito, espécies, fato gerador, hipótese de incidência, sujeitos ativo e passivo, solidariedade, capacidade tributária, domicílio tributário. Responsabilidade (Responsabilidade por dívida própria e por dívida de outrem, solidariedade, sucessão, responsabilidade pessoal e de terceiros, responsabilidade subjetiva)
- Tópico 5 – **Crédito Tributário:** conceito, natureza, lançamento, revisão, suspensão, extinção e exclusão, prescrição, decadência e repetição do indébito.
- Tópico 6 – **Responsabilidade Tributária:** Responsabilidade por dívida própria e por dívida de outrem, solidariedade, sucessão, responsabilidade pessoal e de terceiros, responsabilidade subjetiva
- Tópico 7 – **Tributos da União, dos estados, do DF e dos municípios**

- Tópico 8 – **Processo Judicial Tributário:** execução fiscal, exceção de pré-executividade, embargos do executado, ação anulatória de débito fiscal

- Tópico 9 – **Do ilícito tributário:** ilícito administrativo tributário, ilícito penal tributário

3 BANCAS EXAMINADORAS

Os estudos não se resumem ao conteúdo, faz-se mister conhecer a banca examinadora. Cada entidade elaboradora tem um estilo próprio, isso significa que dois editais podem render provas completamente diferentes, mesmo que exijam o mesmo conteúdo programático. Sendo assim, vale a pena pesquisar as peculiaridades de cada banca, como forma de melhorar o desempenho.

Vamos analisar o estilo das duas principais bancas elaboradoras de concursos de Delegado de Polícia, cujos editais cobraram Direito Tributário: Cespe e Vunesp.

3.1 CEBRASPE (CESPE/UNB)

A última prova de Delegado da Polícia Civil que elaborou foi a de Alagoas, em 2023. A banca tem por características questões interpretativas, faz-se necessário além do domínio da legislação, o conhecimento dos novos entendimentos dos tribunais.

É importante estudar o tributário dentro da Constituição Federal, sem esquecer sua correlação com o direito penal e as leis penais especiais. Para passar em um concurso CESPE você não pode apenas decorar definições, é preciso compreender o assunto de forma sistêmica.

O CESPE, em regra, elabora provas contextualizadas e atuais, com cobrança de classificação doutrinária.

Uma dica para quem vai enfrentar provas dessa banca é intensificar o estudo da jurisprudência, principalmente as mais recentes, as mudanças de entendimento dos Tribunais Superiores.

3.2 VUNESP

A última prova de Delegado da Polícia Civil que elaborou foi a de Roraima, em 2022. A Vunesp, Fundação para o vestibular da Universidade

Paulista, é uma banca que, na matéria de direito tributário, se caracteriza por trazer questões mais acessíveis, sem muita complexidade e com um grau de dificuldade um pouco menor.

A Vunesp tende a optar por questões de múltipla escolha, com, normalmente, cinco assertivas em que o candidato deve marcar a correta ou incorreta. Sendo consideradas mais simples, as provas da Vunesp costumam cobrar praticamente todo conteúdo programático.

Na parte de Direito Tributário, a Vunesp, em regra, exige o conhecimento da legislação, não precisa ficar lendo doutrina e jurisprudência, são aquelas chamadas questões literais ou "decorebas".

Salvaguardar-se a importância de saber interpretar os enunciados, algumas questões reproduzem notícias o que faz necessário que você aprenda a contextualizar o caso concreto com o conteúdo abordado.

No entanto, nas últimas provas, mostrou uma evolução no grau de exigência, aumentou a dificuldade de análise das questões, começando a cobrar teorias doutrinárias.

Uma dica para quem vai enfrentar provas dessa banca é redobrar a leitura da lei. Questões que prezam pela literalidade, repetem os dispositivos legais.

3.3 ANÁLISE FINAL

Concluo esse estudo com um alerta, pesquisas de perfil de banca devem ser um adicional a sua preparação e nunca um determinante. Análise a banca que você vai enfrentar, é importante entender como a banca vai se posicionar, focando no que é prioritário.

Entretanto, é excessivamente arriscado basear toda a preparação para alguma das fases em um levantamento de dados, que embora revelador, é apenas indicativo do que tem mais probabilidade de ser exigido. Hoje, a maioria das bancas vem mudando a sua postura, e é visível a cobrança de todos os pilares de aprovação (assunto tratado posteriormente) independente de qual seja a instituição elaboradora do certame.

4 ANÁLISE GERAL DAS ÚLTIMAS PROVAS OBJETIVAS

Tendo por base as últimas provas de Delegado de Polícia Civil, aplicadas em desde 2015 até o presente ano, podemos separar as questões de Direito Tributário, de acordo com o conteúdo programático para saber quais temas foram mais frequentes nas arguições elaboradas pelas bancas examinadoras.

As provas analisadas foram as seguintes:

ESTADO	ANO	BANCA	N° DE QUESTÕES
DF	2015	FUNIVERSA	7
GO	2016	CESPE	5
PE	2016	CESPE	9
MA	2017	CESPE	2
BA	2018	VUNESP	2
GO	2018	UEG	5
PI	2018	NUCEPE	6
SE	2018	CESPE	1
PF	2021	CESPE/CEBRASPE	6
RN	2021	FGV	3
PB	2022	CESPE/CEBRASPE	1
AM	2022	FGV	3
RO	2022	CESPE/CEBRASPE	4
GO	2022	INSTITITUTO AOCP	5

Analisei ao todo quatorze provas, na parte exclusiva de Direito Tributário, visto que não foram quantificadas as questões referente a matéria dentro de Constitucional, Penal, Processo Penal e Lei Penal especial, as quais serão abordadas em capítulo próprio, foram identificadas 59 questões.

Após a análise das provas objetivas, foi possível identificar a seguinte distribuição de questões conforme os tópicos do conteúdo programático:

Ponto do edital	Quantidade de questões	Porcentagem
1-Introdução e Sistema Tributário Nacional	11	18,64%
2- Tributo e Tributos em espécie	14	23,72%
3- Normas Gerais	1	1,69%
4- Obrigação Tributária e Responsabilidade Tributária	10	16,94%
5-Crédito Tributário	14	23,72%
6- Processo Judicial Tributário	4	6,77%
7- Ilícito Tributário	2	3,38%
8- Legislação Tributária	1	1,69%
9 Administração Tributária	2	3,38%

Gráfico Assunto:

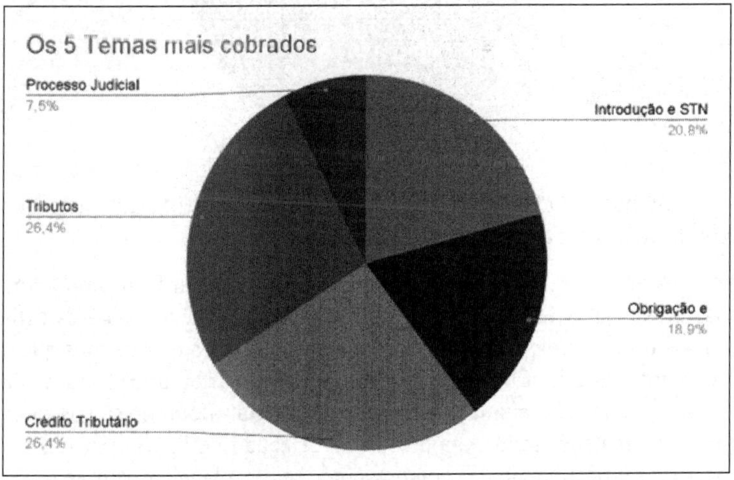

Ressalta-se que, na análise das questões e na identificação conforme os itens do conteúdo programático, alguns assuntos poderiam ser colocados em mais de um tópico, pois mesclam conteúdos diversos. Nestes casos, optou-se por identificá-las conforme o objeto preponderante arguido pelo examinador.

Nas últimas provas objetivas foi possível identificar a seguinte distribuição dos itens conforme o parâmetro "lei seca", "jurisprudência" e "doutrina":

Item	Quantidade	Porcentagem
Doutrina	16	27,11%
Jurisprudência	8	13,55%
Lei seca	35	59,32%

Gráfico:

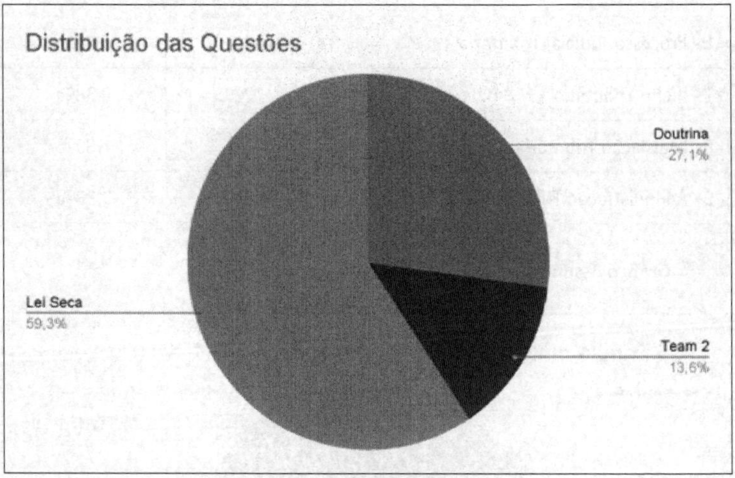

As quantidades são definidas apenas por aproximação, visto que alguns itens acabam mesclando conhecimentos.

A análise quantitativa aproximada serve para verificar um padrão nas provas já realizadas e, de certa forma, uma tendência para os concursos futuros. Colocando os dados acima em gráfico percebemos que a Parte introdutória, Obrigação Tributária, Crédito Tributário, Tributos da União. Estado, DF e municípios e Processo Judicial Tributário são os cinco assuntos mais cobrados nas provas de Delegado de Polícia. Salvaguarda-se que, objetivamente, comprovamos que o planejamento deve ser focado no estudo da letra de lei e em um bom resumo doutrinário.

Outra constatação muito evidente, é a de que o examinador de Direito Tributário pende a cobrar a matéria contida na Constituição acerca do ponto. Portanto, se faz mister a leitura dos artigos 145 ao 169 da nossa Carta Magna. No Código Tributário Brasileiro destaca-se a leitura dos artigos 139 a 185. Por fim, é imprescindível a leitura da lei n° 6.830/80, que dispõe sobre a cobrança judicial da Dívida Ativa da Fazenda.

5 ANÁLISE ESPECÍFICA

5.1 PROVA DE DELEGADO DE POLÍCIA CIVIL DO DISTRITO FEDERAL - ANO 2015

Banca: Funiversa		
Assunto	**Quantidade**	**Porcentagem**
Introdução	1	14, 28%
Conceito e espécies de Tributo	1	;14, 28%
Normas Gerais	1	14, 28%
Obrigação Tributária	1	14,28%
Crédito Tributário	1	14,28%
Tributos	2	28, 57%
Total	**7 questões de Direito Tributário**	-

Pilares:

Item	Quantidade	Porcentagem
Doutrina	5	71,42%
Lei Seca	2	28, 57%

5.2 PROVA DE DELEGADO DE POLÍCIA CIVIL DE GOIÁS - ANO 2016

Banca: Cespe		
Assunto	**Quantidade**	**Porcentagem**
Introdução	2	40%
Obrigação Tributária	2	40%
Tributos	1	20%
Total	**5 questões de Direito Tributário**	-

Pilares:

Item	Quantidade	Porcentagem
Doutrina	3	60%
Lei Seca	1	20%
Jurisprudência	1	20%

5.3 PROVA DE DELEGADO DE POLÍCIA CIVIL DE PERNAMBUCO – ANO 2016

Banca: Cespe		
Assunto	**Quantidade**	**Porcentagem**
Introdução	1	11,11%
Conceito e espécies de Tributo	1	11,11%
Obrigação Tributária	2	22,22%
Crédito Tributário	4	44,44%
Processo Jurídico	1	11,11%
Total	**9 questões de Direito Tributário**	–

Pilares:

Item	Quantidade	Porcentagem
Doutrina	1	11,11%
Lei Seca	6	66,66%
Jurisprudência	2	22,22%

5.4 PROVA DE DELEGADO DE POLÍCIA CIVIL DO MARANHÃO – ANO 2017

Banca: Cespe		
Assunto	**Quantidade**	**Porcentagem**
Processo Judicial Tributário	1	50 %
Ilícito Tributário	1	50%
Total	**2 questões de Direito Tributário**	–

Pilares:

Item	Quantidade	Porcentagem
Jurisprudência	2	100%

5.5 PROVA DE DELEGADO DE POLÍCIA CIVIL DA BAHIA – ANO 2018

Banca: Vunesp		
Assunto	**Quantidade**	**Porcentagem**
Obrigação Tributária	1	50%
Crédito Tributário	1	50%
Total	**2 questões de Direito Tributário**	-

Pilares:

Item	Quantidade	Porcentagem
Lei Seca	2	100%

5.6 PROVA DE DELEGADO DE POLÍCIA CIVIL DE GOIÁS – ANO 2018

Banca: UEG		
Assunto	**Quantidade**	**Porcentagem**
Introdução	2	40%
Obrigação Tributária	1	20%
Crédito Tributário	1	20%
Tributos	1	20%
Total	**5 questões de Direito Tributário**	-

Pilares:

Item	Quantidade	Porcentagem
Doutrina	5	100%

5.7 PROVA DE DELEGADO DE POLÍCIA CIVIL DO PIAUÍ – ANO 2018

Banca: NUCEPE		
Assunto	**Quantidade**	**Porcentagem**
Introdução	1	16,66%
Obrigação Tributária	1	16,66%
Crédito Tributário	2	33,33%
Tributos	1	16,66%
Processo Jurídico Tributário	1	16,66%
Total	**6 questões de Direito Tributário**	**–**

Pilares:

Item	Quantidade	Porcentagem
Lei Seca	5	83,33%
Jurisprudência	1	16,66%

5.8 PROVA DE DELEGADO DE POLÍCIA CIVIL DE SERGIPE – ANO 2018

Banca: CESPE		
Assunto	**Quantidade**	**Porcentagem**
Introdução	1	100%
Total	**1 questão de Direito Tributário**	**–**

Pilares:

Item	Quantidade	Porcentagem
Doutrina	1	100%

5.9 PROVA DE DELEGADO DE POLÍCIA FEDERAL – ANO 2021

Banca: CESPE		
Assunto	**Quantidade**	**Porcentagem**
Tributos em espécie	3	50%
Introdução	1	16,66%
Crédito Tributário	1	16,66%
Legislação Tributária	1	16,66%
Total	**6 questão de Direito Tributário**	-

Pilares:

Item	Quantidade	Porcentagem
Jurisprudência	1	16,66%
Lei	5	83,33%

5.10 PROVA DE DELEGADO DE POLÍCIA CIVIL DO RIO GRANDE DO NORTE – ANO 2021

Banca: CESPE		
Assunto	**Quantidade**	**Porcentagem**
Espécies tributárias	2	66,66%
Infrações tributárias	1	33,33%
Total	**3 questão de Direito Tributário**	-

Pilares:

Item	Quantidade	Porcentagem
Jurisprudência	1	33,33%
Lei	2	66,66%

5.11 PROVA DE DELEGADO DE POLÍCIA CIVIL DA PARAÍBA – ANO 2022

Banca: CESPE		
Assunto	**Quantidade**	**Porcentagem**
Crédito tributário	1	100%
Total	**1 questão de Direito Tributário**	**–**

Pilares:

Item	Quantidade	Porcentagem
Lei	1	100%

5.12 PROVA DE DELEGADO DE POLÍCIA CIVIL AMAZONAS – ANO 2022

Banca: CESPE		
Assunto	**Quantidade**	**Porcentagem**
Tributos em espécie	1	33,33%
Administração Tributária	1	33,33%
Crédito tributário	1	33,33$
Total	**3 questão de Direito Tributário**	**–**

Pilares:

Item	Quantidade	Porcentagem
Lei	3	100%

5.13 PROVA DE DELEGADO DE POLÍCIA CIVIL DE RONDÔNIA – ANO 2022

Banca: CESPE		
Assunto	**Quantidade**	**Porcentagem**
Tributos em espécie	2	50%
Obrigação tributária	1	25%
Administração tributária	1	25%
Total	**4 questão de Direito Tributário**	**–**

Pilares:

Item	Quantidade	Porcentagem
Jurisprudência	1	25%
Lei	3	75%

5.14 PROVA DE DELEGADO DE POLÍCIA CIVIL DE GOIÁS – ANO 2022

Banca: CESPE		
Assunto	**Quantidade**	**Porcentagem**
Introdução	1	20%
Crédito tributário	2	40%
Processo tributário	1	20%
Obrigação tributária	1	20%
Total	**5 questão de Direito Tributário**	-

Pilares:

Item	Quantidade	Porcentagem
Lei	5	100%

6 PROVA DISCURSIVA E ORAL

Tributário ainda não foi cobrado de forma específica em provas escritas e orais para o cargo de Delegado de Polícia. Salvaguarda-se que, constantemente, é cobrado de forma implícita dentro de Direito Constitucional, Penal, Processo Penal e Lei Penal Especial.

7 RAIO-X DOS PONTOS ESPECÍFICOS MAIS RELEVANTES NAS PROVAS OBJETIVAS

As tabelas e os gráficos acima permitem observar que a parte inicial e o Sistema Tributário Nacional, obrigação tributária e responsabilidade tributária, crédito tributário, processo judicial tributário e tributos são os assuntos mais cobrados nas questões sobre Direito Tributário. De uma maneira geral, praticamente todos esses tópicos mais relevantes foram objetos de arguição nos últimos concursos de Delegado de Polícia Civil.

➔ Tópico 1: **Introdução e Sistema Tributário Nacional:** O Estado e o poder de tributar, Conceitos e Princípios, limitações ao poder de tributar.

- Constitui, aproximadamente, 18,6% das questões cobradas.
- A cobrança é predominantemente doutrinária, exige o domínio das principais teorias sobre o assunto.
- O quantitativo de questões cobradas com base neste ponto é bem sintomático da tendência do examinador em cobrar do candidato o conhecimento constitucional do Direito Tributário.

QUESTÃO

(2022-PC/RO-CESPE) Assinale a opção em que é apresentado exemplo de tributo que se submete ao princípio da anterioridade, mas que não está sujeito ao princípio da anualidade.

A empréstimo compulsório

B contribuição social

C imposto

D taxa

E contribuição de melhoria

Resposta: Alternativa B

Para responder essa questão, faz-se mister entender a diferença entre anterioridade anual e nonagesimal e quais tributos se submetem ou não a cada uma.

QUESTÃO

(2018-PC/GO-UEG) O sistema tributário nacional é integrado por um conjunto de princípios e regras que limitam o exercício do poder de tributar do Estado. Acerca do exercício da competência tributária verifica-se que

A a anterioridade aplicável ao direito penal tem igual aplicação na seara tributária, sendo vedada qualquer alteração na legislação tributária, ainda que não corresponda a aumento do tributo.

B é vedada a cobrança de tributos antes de decorridos noventa dias da data em que haja sido publicada lei que os instituiu, aumentou ou reduziu.

C a imunidade religiosa é consectária da garantia fundamental da liberdade religiosa, que tem alcance além do templo religioso.

D a vedação do não-confisco ao Estado, no exercício de seu poder de tributar, limita a perda de bens no âmbito criminal.

E as regras de imunidade tributária devem ser interpretadas restritivamente, na medida em que correspondem a benefícios fiscais aos contribuintes.

Resposta: Alternativa C

Para responder essa questão, faz-se mister entender os princípios tributários, vetores que norteiam a aplicação do direito. O princípio é o pilar que fundamenta as regras jurídicas positivas. Conforme art. 150, VI, b e c da CF, a imunidade religiosa é resultado da garantia fundamental da liberdade religiosa, que tem alcance além do templo religioso. STF é pacífico no sentido de a imunidade religiosa abranger não somente os prédios destinados ao culto, mas, também, o patrimônio, a renda e os serviços relacionados com a finalidades essenciais das entidades religiosas. A imunidade referente ao IPTU persistirá ainda que as entidades religiosas sejam apenas locatárias do imóvel.

Tópico 2: **Obrigação Tributária e Responsabilidade Tributária**

- Constitui, aproximadamente, 16,9% das questões
- A cobrança é predominantemente através da letra de lei

QUESTÃO

(2018-PC/PI-Nucepe) Considerando o previsto no Código Tributário Nacional sobre a obrigação tributária, assinale a alternativa **CORRETA.**

A A obrigação acessória decorre da legislação tributária e tem por objeto as prestações, positivas ou negativas, nela previstas no interesse da arrecadação ou da fiscalização dos tributos. Ademais, pelo simples fato da sua inobservância, converte-se em obrigação principal relativamente à penalidade pecuniária.

B O sujeito passivo da obrigação tributária principal é denominado responsável, quando tenha relação pessoal e direta com a situação que constitua o respectivo fato gerador.

C A capacidade tributária passiva coincide com a capacidade civil. Assim, os considerados civilmente incapazes são desprovidos de capacidade tributária passiva.

D Em regra, a responsabilidade por infrações da legislação tributária depende da intenção do agente ou do responsável e da efetividade, natureza e extensão dos efeitos do ato.

E Considerando que a escolha do domicílio tributário é ato de natureza personalíssima, é vedado à autoridade administrativa recusar o domicílio eleito.

Resposta: Alternativa A

Para responder essa questão precisa do entendimento doutrinário e legal. A Obrigação Tributária é a relação jurídica entre o contribuinte e o fisco, que tem como objetivo uma prestação e que nasce quando a situação prevista pela hipótese de incidência da norma tributária ocorre no mundo real.

QUESTÃO

(2022-PC/RO-CESPE) Ao estabelecer as limitações ao poder de tributar, a Constituição Federal de 1988 atribuiu aos entes públicos a prerrogativa de promover a substituição tributária. Acerca desse tema, assinale a opção correta.

A A substituição tributária constitui crédito do contribuinte para futuras compensações tributárias, caso o fato gerador não se realize.

B A substituição tributária se aplica aos impostos, mas não às contribuições.

C A substituição tributária pode ser instituída por decreto, desde que editado pelo respectivo chefe do Poder Executivo do ente tributante.

D A substituição tributária consiste em atribuir a condição de responsável pelo pagamento de certos tributos a sujeito passivo de obrigação tributária.

E A substituição tributária é aplicada a fatos geradores que já tenham ocorrido, mas cujo tributo ainda não tenha vencido, e a fatos geradores que ainda devam ocorrer posteriormente.

Resposta: Alternativa D

Para responder essa questão, faz-se mister o entendimento do dispositivo constitucional previsto no art. 150, §7°.

→ Tópico 3: **Crédito Tributário**

- Constitui, aproximadamente, 23,72% das questões
- A cobrança é bem homogênea, exige do candidato doutrina, lei seca e jurisprudência

QUESTÃO

(2018-PC/GO-UEG) O lançamento da obrigação tributária, como ato privativo da Administração Tributária, constitui o crédito tributário. Quanto ao Crédito Tributário e seus consectários, constata-se que

A no lançamento tributário praticado no âmbito de operação de fiscalização, a Administração Tributária tem prerrogativa de requisição de força policial.

B a investigação por crime contra ordem tributária tem como pressuposto para atuação da autoridade policial lançamento tributário válido

C os crimes contra ordem tributária são todos materiais, na medida em que demandam efetiva supressão da arrecadação tributária.

D entre as causas de extinção do crédito tributário, o parcelamento do tributo, quando já instaurada persecução penal, constitui causa de extintiva da punibilidade.

E a isenção tributária como causa de extinção do crédito tributário corresponde à perda do ius puniendi do Estado em matéria de crimes contra ordem tributária.

Resposta: Alternativa A

Conhecimento doutrinário e legal é exigido para responder essa questão. O Crédito Tributário decorre da Obrigação Tributária e tem a mesma natureza dessa, mas é constituído posteriormente a ela, quando do lançamento.

QUESTÃO

(2022-PC/PB-CESPE) Caso uma empresa alegue, em juízo, que não deve pagar determinado tributo, terá ela razão se demonstrar

A ter sido anistiada, por dispositivo legal, do pagamento do referido tributo.

B ser isenta do pagamento de tributo por expressa disposição constitucional.

C ser imune ao pagamento do referido imposto, por expressa disposição constitucional.

D ter sido beneficiada por prescrição em face de a administração tributária não ter constituído o crédito em tempo hábil.

E ter ocorrido a decadência em razão da perda do prazo de ajuizamento da ação de execução fiscal.

Resposta: Alternativa C

Tributário

A questão exige conhecimento sobre a base conceitual de imunidade, isenção, anistia, prescrição e decadência tributárias.Ser imune ao pagamento do referido imposto, por expressa disposição constitucional, dispensa o contribuinte da obrigação de efetuar o pagamento. As imunidades são previstas na Constituição Federal. Note-se o acerto do enunciado ao tratar de imunidade (com previsão constitucional) que tem o condão de dispensar o contribuinte do pagamento de determinado tributo.

➔ Tópico 4: Tributos

- Constitui, aproximadamente, 23,72% das provas
- A cobrança é predominantemente através da doutrina e lei seca.

QUESTÃO

(2022-PC/AM-FGV) Sindicato de Delegados de Polícia do Estado Gama adquiriu por R$ 900.000,00 sua nova sede, localizada no centro da capital do referido Estado. Acerca desse cenário, e à luz da Constituição Federal de 1988, o sindicato

A) deverá recolher o Imposto sobre a Propriedade Territorial Urbana (IPTU), imposto de competência estadual, em razão de ser proprietário do imóvel.

B) deverá recolher o Imposto sobre a Propriedade Territorial Urbana (IPTU), imposto de competência municipal, em razão de ser proprietário do imóvel.

C) deverá recolher o Imposto sobre a Transmissão *Inter Vivos* (ITBI), imposto de competência municipal, em razão da aquisição do imóvel.

D) não deverá recolher o Imposto sobre a Transmissão *Inter Vivos* (ITBI), imposto de competência municipal, em razão da aquisição do imóvel.

E) não deverá recolher o Imposto sobre a Transmissão *Inter Vivos* (ITBI), imposto de competência estadual, em razão da aquisição do imóvel.

Deputados. **Resposta:** Alternativa D

Trata-se de questão que exige do candidato o domínio da lei, lembrando do art. 32,§1° e 156,II, ambos da CF.

QUESTÃO

(2021-PC/RN-FGV) Um auditor fiscal da Receita Federal foi impedido de ingressar num imóvel rural para exercer a fiscalização quanto ao ITR. Em virtude disso, requisita o auxílio da força pública estadual, que se recusa a ir até o local. Diante desse cenário, é correto afirmar que

- **A** sendo o ITR um tributo instituído pelo Estado, o auxílio deve ser prestado pela própria força pública estadual;
- **B** sendo o auditor fiscal da Receita Federal uma autoridade federal, o auxílio deve ser prestado pela força pública federal,e não pela estadual;
- **C** sendo o ITR fiscalizado e arrecadado pelo Município, por convênio com a União, o auxílio deve ser prestado pela força pública municipal,e não pela estadual;
- **D** ainda que o ITR não seja tributo estadual, o auxílio deve ser prestado pela força pública de qualquer ente federado;
- **E** por não se configurar fato definido em lei como crime ou contravenção, não cabe auxílio a ser prestado pelas forças públicas.

Resposta: Alternativa D

Tributário

Trata-se de questão que exige do candidato o domínio da lei, lembrando do art. 153,VI, da CF e art. 200 do CTN.

Tópico 5: Procedimento Judicial Tributário

- Constitui, aproximadamente, 6,77% das questões
- A cobrança é predominantemente através da lei e jurisprudência

QUESTÃO

(2022-PC/RO-INSTITUTO AOCP) De acordo com o Código Tributário Nacional, caso seja ajuizada ação de execução fiscal com base em certidão da dívida ativa que não contenha todas as informações necessárias e indispensáveis, tal omissão

- **A** é causa para que o juiz, a qualquer momento, de ofício, determine a complementação das informações, desde que antes de proferida a sentença.
- **B** pode não afetar o curso do processo de cobrança, se o juiz entender que determinada informação não seja de fato relevante
- **C** torna nulo o processo de cobrança, devendo a administração tributária consertar a certidão e promover nova ação.
- **D** somente afetará a cobrança caso o sujeito passivo a argua na primeira oportunidade de falar nos autos.

E é causa de nulidade do processo de cobrança dela decorrente, podendo a nulidade ser sanada até a decisão de primeira instância

Resposta: Alternativa E

O estudo do Processo Judicial Tributário aborda as diversas ações que poderão ser manejadas para discutir algum aspecto que envolva relações jurídicas de direito tributário. Para resolver essa questão bastaria o conhecimento dos artigos 202 e 203 do CTN.

QUESTÃO

(2022-PC/GO-INSTITUTO AOCP) Tício da Silva está sendo executado pela Fazenda Pública do estado de Goiás por falta de pagamento de determinado tributo. A respeito dos embargos na execução fiscal, é correto afirmar que

A são admissíveis embargos do executado antes de garantida a execução.

B será admitida reconvenção e compensação, e as exceções, salvo as de suspeição, incompetência e impedimentos, serão arguidas como matéria preliminar e serão processadas e julgadas com os embargos.

C recebidos os embargos, o Juiz mandará intimar a Fazenda, para impugná-los no prazo de 30 (trinta) dias, designando, em seguida, audiência de tentativa de conciliação.

D caso sejam oferecidos os embargos, a Fazenda Pública manifestar-se-á sobre a garantia da execução.

E não sendo embargada a execução ou sendo rejeitados os embargos, no caso de garantia prestada por terceiro, será este intimado, sob pena de contra ele prosseguir a execução nos próprios autos, para, no prazo de 15 (quinze) dias, remir o bem, se a garantia for real; ou pagar o valor da dívida, juros e multa de mora e demais encargos, indicados na Certidão de Dívida Ativa pelos quais se obrigou se a garantia for fidejussória.

Resposta: Alternativa E

Para responder essa questão, faz-se mister o conhecimento da lei, mas precisamente o art. 19 da Lei n° 6.830/80.

8 ESTUDO PRÉ-EDITAL E PÓS-EDITAL DA MATÉRIA

Estudar com antecedência permite que você "esgote" todo o conteúdo exigido, é a hora de trabalhar suas dificuldades para que elas não venham a te atrapalhar. Em suma, o estudo pré-edital deve conter momentos teóricos e práticos, buscando esgotar o conteúdo programático, através do estudo da doutrina, lei seca e jurisprudência. Não restrinja seu estudo nessa fase aos tópicos mais cobrados em prova, pois estamos falando de, apenas, uma probabilidade. Não se pode olvidar, que alguns pontos podem ser cobrados de forma mais complexa, inclusive em provas discursivas e orais, dentro de outras disciplinas.

Não espere o edital ser publicado para começar a estudar. A principal chave para um bom desempenho é uma preparação de médio/longo prazo equilibrada, voltada ao certame como um todo.

O estudo pós edital é estratégico, você vai analisar o último edital, focar no estudo da banca e dos temas mais cobrados. Vale salvaguardar, o último concurso desejado deve ser seu guia, no entanto, fique alerta para avaliar as recentes atualizações dos conteúdos.

Nesta etapa, é importante você ter elaborado um resumo estratégico, visto que é impossível estudar por aqueles extensos cadernos que você elabora. Resolva questões da banca, leia os artigos de lei mais cobrados e revise o máximo de assuntos possíveis, priorizando aqueles que têm maior probabilidade de incidência. Acredito que com o estudo da lei seca, jurisprudência e resoluções de questões é o suficiente nesta etapa.

9 DICAS FINAIS

Elabore um bom cronograma para que se vença o edital, alternando o estudo de forma eficaz entre os pilares da aprovação: lei, doutrina, jurisprudência e prática por meio de resolução de questões cobradas nas últimas provas, daquilo que foi estudado.

Por fim, e mais importante, creia que é capaz, afinal, crer é o primeiro passo para qualquer concretização de objetivos na vida. Mantenha a constância, esqueça a justificativas, você aprendeu a regra do jogo, caminhe.

Medicina
LEGAL

Lúcio Valente

1 ESTRATÉGIA DE ESTUDOS

Medicina Legal é uma das poucas disciplinas não jurídicas cobradas para concursos de delegado. Por isso, alguns alunos têm certa dificuldade, principalmente em razão das diversas nomenclaturas médicas.

Uma dica interessante para melhor memorizar esses termos é usar o aplicativo de revisão ANKI. Ele é gratuito e está disponível no site: https://apps.ankiweb.net. Com ele, você consegue criar um sistema de *flashcards* e conseguirá chegar com as informações bem consolidadas na memória.

Em geral, o estudo de uma boa sinopse ou resumo já é o suficiente para ir muito bem na maioria das provas, a não ser que a banca adote um autor específico, como é o caso da PCRJ, como veremos.

O domínio, mesmo que básico, de Medicina Legal pelo do delegado é essencial para que exerça sua função a contento. Isso porque é a autoridade policial que determina os exames e perícias que servirão para a investigação policial.

2 PREPARAÇÃO EM MEDICINA LEGAL PARA PROVA OBJETIVA

As provas objetivas vão exigir do candidato a memorização dos termos, conceitos e classificações de Medicina Legal. É um trabalho de "decoreba" mesmo. Não há um banco de questões tão grande em provas de delegado. No levantamento que fizemos nos últimos cinco anos, contabilizamos apenas 86 questões.

Considerando isso, o candidato deverá buscar questões de outros certames, jurídicos ou não para consolidar seus estudos.

Vou listar aqui os materiais que mais uso para estudo e pesquisa para preparação das minhas aulas. Não estou excluindo outras obras, certamente há outras não listadas aqui de excelente qualidade, mas só posso indicar o que uso. Por isso, vamos lá[1]:

➔ **MEDICINA LEGAL E NOÇÕES DE CRIMINALÍSTICA (2022), Editora Foco; 11ª edição (6 julho 2022).** Autora: Neusa Bittar

Este livro preza pela clareza e objetividade. Em que pese ser bastante resumido, eu indico principalmente para quem está tendo o primeiro contato com a disciplina. Particularmente, gosto muito da formatação do livro, que facilita muito a leitura.

➔ **CARREIRAS POLICIAIS – MEDICINA LEGAL (2023),** JusPodivm, 4ª edição. Autores: Pedro Henrique Neves e Paulo Furtado

Material bastante objetivo e direcionado. Por se tratar de um material criado especialmente para carreiras policiais, há o facilitador de trazer questões atualizadas. Os autores são delegado, o que faz com que o livro analise mais detidamente alguns aspectos jurídicos da disciplina.

➔ **SINOPSES PARA CONCURSOS – V.41 – MEDICINA LEGAL (2023),** 8ª edição revista, ampliada e atualizada. Autor: Wilson Luiz Palermo Ferreira

O professor Wilson é examinador de concurso (PCRJ) e delegado de polícia na PCRJ. Em que pese ser uma sinopse, o material é bastante completo e muito rico para concursos.

Existem outros autores mais tradicionais. Mas, para fins de concursos, qualquer das obras acima são indicadas.

Por fim, os professores e autores de Medicina Legal se socorrem bastante ao site http://www.malthus.com.br, onde há um repositório de imagens muito grande e nos ajudam a entender muitos dos termos médicos._

1. A sequência não indica ordem de preferência.

3 PREPARAÇÃO EM MEDICINA LEGAL PARA A PROVA DISCURSIVA

Em geral, a disciplina Medicina Legal será cobrada em provas objetivas de determinados concursos para delegado.

Analisando-se as questões respectivas dos últimos certames, percebe-se que a exigência não é muito aprofundada e pode ser alcançada com o estudo das obras indicadas.

Como exemplo, na prova para delegado PCRJ, realizada em 2012, foi cobrada a seguinte questão:

Em relação ao uso de derivados etílicos, responda aos seguintes itens:

a) Descreva o quadro clínico da embriaguez pelo álcool.

b) Um agente ingeriu uma boa quantidade de álcool, encontra-se bastante embriagado, irritado e agressivo. Analise a importância médico-legal dessa fase.

Para ser capaz de responder a essa questão satisfatoriamente, o candidato deverá ter conhecimentos o álcool no organismo revela-se por reações físicas, neurológicas e psíquicas:

Reações físicas	Reações neurológicas	Reações psíquicas
Congestão das conjuntivas, taquicardia, taquipnéia e hálito alcoólico-acético	Alteração do equilíbrio, da marcha, há perturbações da coordenação motora. As alterações do equilíbrio manifestam-se pelo **SINAL DE ROMBERG**, em que o examinador pede para o paciente permanecer em pé com os pés juntos, mãos ao lado do corpo e olhos fechados por um minuto. A marcha do embriagado tem a denominação de marcha ebriosa, cerebelar ou em ziguezague. As alterações de coordenação motora traduzem-se no movimento e na fala.	Essas alterações começam de maneira progressiva pelas alterações do humor, do senso ético, da atenção, da sensopercepção, do curso do pensamento e da associação de ideias. Pouco a pouco o indivíduo apresenta atitudes caracterizadas pelo exagero e pelo ridículo

Já em 2018, o CESPE/CEBRASPE cobrou a seguinte questão no concurso de Delegado PCMA:

O corpo de um homem jovem foi encontrado à margem de um lago. Havia três dias que ele era procurado pelos bombeiros, desde que o bote em que estava com um amigo foi a pique durante uma pescaria. Conforme relatado à autoridade policial, o suposto amigo conseguiu nadar e se salvar. Durante a investigação do fato, surgiram rumores de que teria ocorrido uma briga a bordo, e que um dos indivíduos teria golpeado a cabeça do outro com um remo, momentos antes do naufrágio. Assim, duas hipóteses foram aventadas pela autoridade policial: a) naufrágio e morte por afogamento; b) morte por traumatismo cranioencefálico decorrente de ação de instrumento contundente, com posterior lançamento do corpo à água para simular afogamento. Realizado o exame necroscópico, o laudo do perito médico-legista afastou a hipótese de morte por traumatismo cranioencefálico e concluiu pela hipótese de naufrágio seguido de morte por afogamento em razão dos vestígios encontrados, os quais, além de corroborarem essa hipótese, também compatibilizaram-se com o fato de o cadáver ter permanecido submerso em água por três dias. Disserte a respeito dos principais vestígios que se espera tenham sido encontrados pelo perito médico-legista durante o exame necroscópico para esclarecer a causa e as circunstâncias da morte na situação hipotética acima descrita. Ao elaborar seu texto, identifique:1 quatro vestígios – externos e(ou) internos – sugestivos de morte por afogamento em apreço; [valor: 10,00 pontos]2 quatro vestígios – externos e(ou) internos – esperados em um cadáver submerso em água por três dias, independentemente da causa da morte. [valor: 4,25 pontos]

A questão apresentada exige do candidato um profundo conhecimento em Medicina Legal, especialmente no que concerne à identificação dos vestígios relacionados à causa e circunstâncias da morte. No caso hipotético descrito, o examinador espera que o candidato identifique corretamente os vestígios associados a uma morte por afogamento e também os vestígios decorrentes da permanência de um cadáver na água por três dias.

Para a primeira parte da questão, os vestígios esperados de morte por afogamento incluem achados externos como petéquias, cianose e cogumelo de espuma, além de achados internos como líquido nas vias aéreas e manchas de Paltauf. Já para a segunda parte, os vestígios de um corpo submerso por três dias incluem "mãos de lavadeira" (decorrente da maceração da pele), lesões causadas pela ação da fauna aquática e o destaque da pele em algumas áreas.

Para se preparar para questões semelhantes, o candidato deve estudar aprofundadamente o tema de Medicina Legal, com foco em necropsia e identificação de vestígios relacionados a diferentes causas de morte. Além disso, é vital familiarizar-se com a literatura técnica da área, estudos de caso e jurisprudências que possam elucidar situações similares. A capacidade de correlacionar os vestígios com as respectivas causas e circunstâncias da morte será crucial para o sucesso na resposta a essas questões.

Em 2021, a prova de Delegado da PCRJ, organizada pela banca examinadora CEBRASPE, apresentou a seguinte questão:

Um homem de 33 anos de idade, após libação alcoólica e consumo de drogas, envolveu-se em uma briga com um casal e, em seguida, foi encontrado morto, com sinais de asfixia. Não foram exploradas laboratorialmente as evidências cadavéricas, e a necropsia apontou um conjunto de evidências fracas que levaram à causa mortis de esganadura. A partir da situação hipotética precedente, discorra sobre o valor de eventual exumação meses após a inumação do cadáver mencionado, abordando seu enquadramento no Código de Processo Penal (CPP), a dinâmica básica dessa perícia, sua técnica básica e respectiva finalidade.

Sugestão de resposta:

A exumação, no caso discutido, é fundamental para possibilitar uma investigação mais detalhada, evitando confusões que possam ter ocultado a real causa da morte, seja ela médica ou jurídica. Essa prática está regulamentada nos artigos 163 a 166 do CPP. Assim, para determinar ou refutar a hipótese de estrangulamento, o delegado solicitará uma perícia agendada previamente. Identificado o local de sepultamento, o corpo será exumado e os especialistas analisarão todos os aspectos relevantes ao caso. Ao término, um relatório detalhado será elaborado. O processo envolve o desenterramento e documentação fotográfica do cadáver em sua posição original. Em seguida, buscam-se evidências específicas, coletam-se amostras para análises toxicológicas e podem-se examinar o solo e outros indícios para estudos laboratoriais. O objetivo é elucidar a causa exata da morte, esclarecer inconsistências ou confirmar diagnósticos, servindo também para questões de saúde pública ou eventual traslado do corpo.

Em outra oportunidade, a disciplina foi assim cobrada:

(Delegado-PCMS-2013) O ferimento único por impacto de projétil deflagrado de arma de fogo trata-se de evento complexo, uma vez que há energias diversas agindo sobre o corpo flácido, tais como: o tipo e o calibre de munição empregada, a resistência do material atingido, o ângulo de incidência, a distância do disparo e ulteriores eventuais. Determine os aspectos morfológicos dos elementos de vizinhança ao ferimento de entrada perpendicular frontal no corpo flácido, deflagrado por projétil único de arma curta, na classificação quanto à distância: apoiados, curta distância e longa distância.

A questão está cobrando do candidato o assunto relacionado a "Traumatologia Forense", especificamente no tópico de ferimentos provocados por armas de fogo. Dentro da Traumatologia Forense, a análise de ferimentos por projéteis de arma de fogo é uma subárea de grande importância, uma vez que tais ferimentos têm características distintas e podem fornecer informações valiosas sobre a natureza do disparo, a distância, a posição da vítima, entre outras circunstâncias do evento traumático.

Para acertar a questão, o candidato deve revisar os seguintes tópicos sobre Traumatologia Forense:

Características dos Ferimentos de Entrada: compreender os aspectos morfológicos do ferimento de entrada, como a presença de orla de enxugo, esmagamento cutâneo, aspecto estelar, entre outros.

Efeitos da Distância do Disparo: diferenciar as características presentes em ferimentos causados por disparos a curta distância, longa distância e com a arma apoiada.

Tatuagem e Resíduos de Pólvora: entender o que é a tatuagem, por que ela ocorre, e como diferenciá-la de outras alterações na pele ao redor do ferimento.

Tipos de Armas e Munições: ter noção básica sobre os diferentes tipos de armas (curtas e longas) e as características das munições que podem influenciar o tipo de ferimento.

Ferimentos de Saída: embora a questão não aborde diretamente, é sempre útil ter uma compreensão dos ferimentos de saída, suas características e como diferenciá-los dos ferimentos de entrada.

4 PREPARAÇÃO EM MEDICINA LEGAL PARA A PROVA ORAL

A prova oral é uma prova psicológica. É interessante ver como as perguntas feitas, se colocadas no papel e lidas com calma, não são mais difíceis do que aquelas da prova discursiva. Na verdade, em geral, são bem mais fáceis.

O que vejo é que o candidato perde para ele mesmo. Por isso, é muito importante se manter psicologicamente preparado. E como fazer isso?

A primeira coisa que aprendi foi aplicar a mentalização. Todos os dias, antes de dormir, repita para você mesmo que você ficará muito calmo durante a prova. Tente imaginar-se realizando o exame de forma calma e consciente. Veja seu rosto de satisfação ao responder a cada pergunta do examinador. Mentalize isso e ensine o seu subconsciente a acreditar nessas cenas. Acredite, é um instrumento poderoso.

Se você tiver algum problema psicológico mais sério, considere procurar ajudar profissional. Há técnicas clínicas excelentes para melhorar a autoconfiança e assertividade.

Cuidado com os erros de Português. Em determinada prova oral para o Ministério Público, um candidato ia muito bem, mas cometeu alguns deslizes no uso da língua. Coisas bobas e que eu atribuo a, talvez, um regionalismo. Acabou sendo reprovado, apesar de ter respondido, a meu ver corretamente, a maioria das questões.

Use o examinador a seu favor. Em uma determinada prova, o examinador perguntou ao candidato sobre um instituto jurídico dando a ele um nome estranho. O candidato, de forma inteligente, perguntou ao examinador se aquele nome possuía algum sinônimo ou outra terminologia na doutrina. O examinador disse que sim e citou a outra terminologia. Assim, o candidato conseguiu responder a questão. Não é proibido tirar dúvidas com o examinador. O máximo que ele pode dizer é não.

Faça simulados de prova oral. Você pode criar questões potenciais de provas e pedir para alguém lhe tomar a matéria. Marque o tempo e busque simular as condições da prova.

Dificilmente o examinador fará perguntas que exijam o mero conhecimento da lei penal especial. Por isso, o aprofundamento nos debates mais importantes, como falado mais acima, será de fundamental importância na sua preparação.

Em provas orais de Medicina Legal, o objetivo da banca é avaliar o conhecimento do candidato sobre os aspectos médico-legais relacionados à investigação de crimes, causas de morte, avaliação de lesões, entre outros. Também se avalia a capacidade de raciocínio lógico, expressão verbal clara, e habilidade de argumentação. Abaixo estão cinco exemplos de questões que podem ser feitas em uma prova oral de Medicina Legal:

1. Questões Conceituais:

   O que é tanatologia forense? E quais são os principais sinais de morte imediata, intermediária e tardia?

2. Casos Práticos:

   Imagine que um corpo foi encontrado em um ambiente fechado com um forte odor de gás. Não há sinais evidentes de violência no corpo. Quais seriam seus procedimentos iniciais como perito e quais hipóteses você consideraria para a causa da morte?"

3. Questões de Procedimento:

   Em um exame de corpo de delito direto em uma suposta vítima de lesão corporal, quais são os passos que você seguiria para determinar a gravidade da lesão e sua possível relação com o evento relatado?

4. Questões sobre Especificidades da Medicina Legal:

   Explique o conceito de 'imputabilidade penal' e como as avaliações médico-legais podem determinar se um indivíduo é imputável ou inimputável."

5. Situações Complexas e Ética Profissional:

   Você foi designado para realizar uma avaliação em uma vítima de suposto abuso sexual. Durante a avaliação, a vítima parece extremamente ansiosa e relutante em fornecer detalhes. Como você conduziria esse exame, garantindo a integridade da vítima e a coleta adequada de evidências?

5 IMPORTÂNCIA DA MEDICINA LEGAL NA ATIVIDADE POLICIAL

A medicina legal auxilia o Direito. O papel fundamental da matéria é preencher a lacuna existente na legislação com conhecimentos médicos.

A investigação policial possui finalidade bem determinada no sistema processual brasileiro, qual seja, a de ser um filtro de imputação para que o detentor da ação penal tenha elementos mínimos para ingressar com a ação penal.

Isso deve ser bem ressaltado porque, como se sabe, a investigação serve a provar autoria, materialidade e circunstâncias, sendo esses pontos trazidos aos autos através de rastros deixados pelo crime e pelos fatos que os circundam.

O maior conhecimento técnico por parte do delegado permite com que ele exatamente o que buscar para identificar os elementos essenciais que identificam os objetivos da investigação.

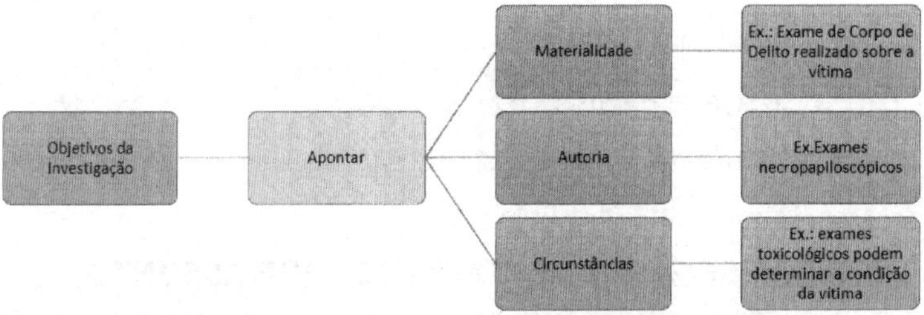

É importante ter em mente as principais divisões da matéria:

ANTROPOLOGIA	Estuda o ser humano a partir de sua morfologia (forma), objetivando sua identificação quanto ao sexo, à idade, à espécie, entre outros elementos.
TANATOLOGIA	Estuda a morte. Seus tipos, suas causas, sua cronologia.
TRAUMATOLOGIA	Estuda o trauma, o modo de ação dos agentes vulnerantes e as lesões acarretadas.
SEXOLOGIA	Estuda os vestígios decorrentes dos Crimes contra a Liberdade Sexual, Infanticídio, Aborto, bem como os desvios sexuais e Parafilias.
TOXICOLOGIA	Estuda as ações dos tóxicos e venenos.
PSIQUIATRIA FORENSE	Estuda os distúrbios mentais, visando diagnosticar imputabilidade penal e periculosidade do agente.

6 ANÁLISE GERAL DAS ÚLTIMAS PROVAS PARA DPC

Segue abaixo análise sobre os concursos realizados para Delegado de Polícia entre os anos de 2015 a 2023, constando o estado ao qual foi realizado o certame; o ano; o número total de questões cobradas na prova; o número de questões de Medicina Legal em cada prova; e a banca organizadora.

Os temas de Medicina Legal mais frequentemente cobrados nas provas de Delegado listadas por ordem de cobrança:

- Traumatologia Forense
- Tanatologia Forense

- Agentes Vulnerantes Físicos Mecânicos
- Balística Forense)
- Antropologia Forense
- Asfixiologia Forense
- Sexologia Forense
- Energias Vulnerantes Físicas e não mecânica

7 ANÁLISE GERAL DE COBRANÇA POR ASSUNTO

TEMA	Nº QUESTÕES	%
Conceito	1	1,16
Antropologia forense	8	9,30
Tanatologia forense	20	23,25
Traumatologia forense	28	32,55
Sexologia forense	9	10,46
Toxicologia forense	4	4,65
Psicologia forense	6	6,97
Documentos médico legais	9	10,46

Observa-se, portanto, grande incidência dos temas Tanatologia Forense e Traumatologia forense, representando 56% das questões, aproximadamente.

A Tanatologia estuda a morte. Seus tipos, suas causas, sua cronologia. Já a Traumatologia estuda o trauma, o modo de ação dos agentes vulnerantes e as lesões acarretadas.

Dentro do estudo da Tanatologia, é importante revisar: o conceito e diagnóstico da morte; fenômenos cadavéricos; cronotanatognose – comoriência – promoriência; inumação e exumação; causas jurídicas da morte; morte súbita, suspeita, mediata e agônica.

Já em relação à Traumatologia, o mais importante é entender as ações contundentes, perfurantes, cortantes, perfurocortantes, cortocontusas, perfurocontundentes.

Vejamos um exemplo de questão cobrada na prova de delegado de polícia da PCGO, aplicada em 2018, cuja a banca examinadora foi a UEG:

QUESTÃO

As asfixias mecânicas se enquadram na categoria dos traumas de natureza fisicoquímica. Nos casos das constrições cervicais – enforcamento, estrangulamento e esganadura – as asfixias demonstram sinais característicos que as diferenciam entre si. Nesse sentido, verifica-se o seguinte:

- **A** num enforcamento, diferentemente de um estrangulamento, é possível reconhecer o material empregado no laço, a partir da marca deixada na pele.
- **B** a esganadura só ocorre na forma dolosa, uma vez que as formas acidental e culposa são afastadas pelo mecanismo de ação empregado.
- **C** nos estrangulamentos, os sinais são constituídos de equimose facial associada a marcas ungueais, os quais permitem a identificação do agressor.
- **D** uma suspensão incompleta, num caso de enforcamento, aponta, direta e inquestionavelmente, para um homicídio por execução da vítima.
- **E** dentre as asfixias por constrição cervical, a mais rápida delas em termos de ocorrência da morte é representada pelo estrangulamento.

Comentários: a esganadura é a asfixia por constrição anterolateral do pescoço, impeditiva da passagem do ar atmosférico pelas vias aéreas. A força que age sobre o pescoço gerando compressão é sempre efetuada pelas mãos do agressor, não havendo laços. Item B é o correto.

Medicina Legal

8 ANÁLISE GERAL DE COBRANÇA POR PROVA

Nessa separação, você terá um detalhamento maior de cada prova.

* Amapá, Distrito Federal e Mato Grosso não trouxeram medicina legal no edital.

Prova: CESPE- PCAL 2023

Tema	Número de Questões
Infortunística	1
Balística	2

Tema	Número de Questões
Traumatologia Forense	5
Agentes Vulnerantes Físicos Mecânicos	1
Perícia	1
Tanatologia Forense	2
Energias Vulnerantes Físicas e não mecânica	1

⊕ **Prova: INSTITUTO AOCP – 2022 – PC-GO – Delegado de Polícia Substituto**

Tema	Número de Questões
Agentes Vulnerantes Físicos Mecânicos	1
Traumatologia Forense	1
Tanatologia Forense	1

⊕ **Prova: CESPE / CEBRASPE – 2022 – PC-RO – Delegado de Polícia**

Tema	Número de Questões
Traumatologia Forense	1
Toxicologia Forense	2
Sexologia Forense	1
Documentoscopia Forense	1

⊕ **Prova: IBFC – 2022 – PC-BA – Delegado de Polícia – (Reaplicação)**

Tema	Número de Questões
Criminalística	1
Epidemiologia Forense	1

⊕ **Prova: CESPE / CEBRASPE – 2022 – PC-ES – Delegado de Polícia**

Tema	Número de Questões
Criminalística	1
Tanatologia Forense	1

Tema	Número de Questões
Policiologia Científica	1
Infortunística	1
Vitimologia Forense	1
Antropologia Forense	1
Datiloscopia	1
Balística Forense	1

Prova: VUNESP - PCSP -2022

Tema	Número de Questões
Toxicologia	1
Agentes Vulnerantes Físicos Mecânicos	1
Traumatologia Forense	1
Asfixiologia Forense	1

Prova: FGV - 2022 - PC-AM - Delegado de Polícia - Edital nº 01

Tema	Número de Questões
Antropologia Forense	1
Traumatologia Forense	1
Sexologia Forense	1
Tanatologia Forense	1

Prova: CESPE / CEBRASPE - 2022 - PC-RJ - Delegado de Polícia

Tema	Número de Questões
Asfixiologia Forense	1
Tanatologia Forense	3
Agentes Vulnerantes Físicos Mecânicos	2
Toxicologia	1
Traumatologia Forense	3

Tema	Número de Questões
Balística	1
Química Médico-legal	1
Sexologia Forense	3
Energias Vulnerantes Físicas e não mecânica	1

➲ Prova: CESPE / CEBRASPE - 2022 - PC-PB - Delegado de Polícia Civil

Tema	Número de Questões
Traumatologia Forense	4
Energias Vulnerantes Físicas e não mecânica	4
Perícia	1
Asfixiologia Forense	2
Tanatologia Forense	1
Sexologia Forense	1
Psiquiatria Forense	1

➲ Prova: FUMARC - 2021 - PC-MG - Delegado de Polícia Substituto

Tema	Número de Questões
Agentes Vulnerantes Físicos Mecânicos	1
Traumatologia Forense	1
Tanatologia Forense	4
Sexologia Forense	2
Antropologia Forense	1
Asfixiologia Forense	1

➲ Prova: FAPEC - 2021 - PC-MS - Delegado de Polícia

Tema	Número de Questões
Asfixiologia Forense	1
Tanatologia Forense	1

Prova: NC-UFPR - 2021 - PC-PR - Delegado de Polícia

Tema	Número de Questões
Antropologia Forense	1
Sexologia Forense	1
Agentes Vulnerantes Físicos Mecânicos	2
Balística	1
Traumatologia Forense	2
Perícia	1
Medicina Legal - Conceito	1

Prova: FGV - 2021 - PC-RN - Delegado de Polícia Civil Substituto

Tema	Número de Questões
Asfixiologia Forense	2
Balística	1
Traumatologia Forense	1
Toxicologia	1
Antropologia Forense	1

Prova: INSTITUTO AOCP - 2021 - PC-PA - Delegado de Polícia Civil

Tema	Número de Questões
Antropologia Forense	1
Asfixiologia Forense	1
Sexologia Forense	1
Genética forense	1
Agentes Vulnerantes Físicos Mecânicos	1
Balística	1
Traumatologia Forense	1

➔ Prova: CESPE / CEBRASPE - 2020 - PC-SE - Delegado de Polícia - Curso de Instrução

Tema	Número de Questões
Agentes Vulnerantes Físicos Mecânicos	1
Balística	4
Traumatologia Forense	4
Antropologia Forense	6
Genética forense	2
Psiquiatria Forense	4

➔ ACRE – 2017 – IBADE – 5 questões

TEMA	Nº QUESTÕES	ANULADAS
Conceito		
Antropologia forense		
Tanatologia forense	1	
Traumatologia forense	2	
Sexologia forense	2	
Toxicologia forense		
Psicologia forense		
Documentos médico legais		

➔ BAHIA – 2018 – VUNESP – 2 questões

TEMA	Nº QUESTÕES	ANULADAS
Conceito		
Antropologia forense		
Tanatologia forense		
Traumatologia forense	1	
Sexologia forense		
Toxicologia forense		
Psicologia forense		
Documentos médico legais	1	

➔ CEARÁ – 2015 – VUNESP – 5 questões

TEMA	Nº QUESTÕES	ANULADAS
Conceito		
Antropologia forense		
Tanatologia forense	1	
Traumatologia forense	2	
Sexologia forense	1	
Toxicologia forense	1	
Psicologia forense		
Documentos médico legais		

➔ ESPÍRITO SANTO – 2019 – INSTITUTO ACESSO – 4 questões

TEMA	Nº QUESTÕES	ANULADAS
Conceito	1	
Antropologia forense	2	
Tanatologia forense		
Traumatologia forense	1	
Sexologia forense		
Toxicologia forense		
Psicologia forense		
Documentos médico legais		

➔ GOIÁS 2017 (prova anulada) – CEBRASPE – 6 questões

TEMA	Nº QUESTÕES	ANULADAS
Conceito		
Antropologia forense	1	
Tanatologia forense		
Traumatologia forense	2	
Sexologia forense	1	

TEMA	Nº QUESTÕES	ANULADAS
Toxicologia forense		
Psicologia forense	1	1
Documentos médico legais	1	

➔ GOIÁS – 2018 – UEG – 5 questões

TEMA	Nº QUESTÕES	ANULADAS
Conceito		
Antropologia forense		
Tanatologia forense	1	
Traumatologia forense	2	
Sexologia forense		
Toxicologia forense		
Psicologia forense	1	
Documentos médico legais	1	

➔ MARANHÃO – 2018 – CESPE – 6 questões

TEMA	Nº QUESTÕES	ANULADAS
Conceito		
Antropologia forense	1	
Tanatologia forense	1	
Traumatologia forense	1	1
Sexologia forense	1	
Toxicologia forense		
Psicologia forense	1	
Documentos médico legais	1	

➔ MINAS GERAIS – 2018 – FUMARC – 10 questões

TEMA	Nº QUESTÕES	ANULADAS
Conceito		
Antropologia forense		

TEMA	Nº QUESTÕES	ANULADAS
Tanatologia forense	2	
Traumatologia forense	1	
Sexologia forense	1	
Toxicologia forense	2	
Psicologia forense	1	1
Documentos médico legais	3	

MATO GROSSO DO SUL – 2017 – FAPEMS – 2 questões

TEMA	Nº QUESTÕES	ANULADAS
Conceito		
Antropologia forense		
Tanatologia forense	1	
Traumatologia forense	1	
Sexologia forense		
Toxicologia forense		
Psicologia forense		
Documentos médico legais		

PARÁ – 2016 – FUNCAB – PROVA ANULADA – 5 questões

TEMA	Nº QUESTÕES	ANULADAS
Conceito		
Antropologia forense		
Tanatologia forense	1	
Traumatologia forense	2	
Sexologia forense	2	
Toxicologia forense		
Psicologia forense		
Documentos médico legais		

⊖ PARÁ – 2016 – FUNCAB – REAPLICAÇÃO – 5 questões

TEMA	Nº QUESTÕES	ANULADAS
Conceito		
Antropologia forense	1	
Tanatologia forense	1	
Traumatologia forense	3	
Sexologia forense		
Toxicologia forense		
Psicologia forense		
Documentos médico legais		

⊖ PERNAMBUCO – 2016 – CEBRASPE – 6 questões

TEMA	Nº QUESTÕES	ANULADAS
Conceito		
Antropologia forense		
Tanatologia forense	2	1
Traumatologia forense	1	1
Sexologia forense	1	
Toxicologia forense		
Psicologia forense	1	
Documentos médico legais	1	

⊖ PIAUÍ – 2018 – NUCEPE – 5 questões

TEMA	Nº QUESTÕES	ANULADAS
Conceito		
Antropologia forense	1	
Tanatologia forense	1	

TEMA	Nº QUESTÕES	ANULADAS
Traumatologia forense	3	1
Sexologia forense		
Toxicologia forense		
Psicologia forense		
Documentos médico legais		

RIO GRANDE DO SUL – 2018 – FUNDATEC – 5 questões

TEMA	Nº QUESTÕES	ANULADAS
Conceito		
Antropologia forense		
Tanatologia forense	1	
Traumatologia forense	2	1
Sexologia forense		
Toxicologia forense	1	
Psicologia forense		
Documentos médico legais	1	

SERGIPE – 2018 – CESPE – 10 questões

TEMA	Nº QUESTÕES	ANULADAS
Conceito		
Antropologia forense	1	
Tanatologia forense	4	
Traumatologia forense	3	1
Sexologia forense		
Toxicologia forense	1	
Psicologia forense	1	
Documentos médico legais		

⊖ SÃO PAULO – 2018 – VUNESP – 5 questões

TEMA	Nº QUESTÕES	ANULADAS
Conceito		
Antropologia forense		
Tanatologia forense	4	
Traumatologia forense	1	
Sexologia forense		
Toxicologia forense		
Psicologia forense		
Documentos médico legais		

ANOTAÇÕES

ANOTAÇÕES

ANOTAÇÕES

ANOTAÇÕES

ANOTAÇÕES

ANOTAÇÕES

ANOTAÇÕES

EDITORA
JusPODIVM
www.editorajuspodivm.com.br

Impresso por:

Docuprint
CNPJ 01.036.332/0001-99

JUS3057